山东乡村振兴

蓝皮书 2021—2022

Blue Book of Rural Revitalization in Shandong Province

(2021-2022)

中共山东省委党校（山东行政学院）

中国社会科学院哲学研究所 ◎ 编

山东乡村振兴研究院

主　编　朱光明　冯颜利

副主编　徐加明　刘　岳

人民出版社

目　录

总　报　告

地市分报告

总 报 告

扛牢农业大省责任
打造乡村振兴齐鲁样板取得新进展

徐加明 ①

摘要：全面推进乡村振兴是以习近平同志为核心的党中央着眼于统筹中华民族伟大复兴战略全局和世界百年未有之大变局作出的重大战略部署。"三农"问题是关系国计民生的根本性问题，解决好"三农"问题是全党工作重中之重，全面推进乡村振兴是新时代"三农"工作总抓手，是全面提升农村生产力水平、促进农村全面进步、进而实现农业农村现代化的根本途径。打造乡村振兴齐鲁样板是习近平总书记交给山东的光荣而艰巨的政治任务。当前，应对国内外各种风险挑战，基础支撑在"三农"，迫切需要稳住农业基本盘，守好"三农"基础。党中央认为，新发展阶段"三农"工作依然极端重要，须臾不可放松，务必抓紧抓实。山东努力实践新时代"三农"工作新要求，清醒把握政治任务，坚决扛牢农业大省责任。坚决扛牢粮食安全责任，坚决完成稳定粮食种植面积和产量这个硬任务，坚决遏制耕地"非农化"、防止"非粮化"，加快高标准农田建设，深入实施种子工程攻坚行动，推进农业关键核心技术攻关。持续巩固拓展脱贫攻坚成果，做好同全面推进乡村振兴有效衔接。突出培育壮大特色优势产业，加强精神文明建设，实施乡村建设行动，改善农村人居环境，推动城乡融合发展，建设现代海洋牧场。持续深化农村改革，扎实推进县域综合改革试点试验任务落实，加强政策、资金集成，着力破解要素制约，确保土地公有制性质不改变、耕地红线

---

① 作者简介：徐加明，山东省委党校（山东行政学院）经济学教研部教授。

不突破、农民利益不受损。山东健康有序推进乡村振兴，各地围绕"五大振兴"探索形成了许多行之有效、各具特色的经验做法。积极培育新型农业经营主体，打造全产业链，实现一二三产业融合；以行政区划、流域或片区等为单元，统筹规划布局，实现区域整体提升；围绕解决"谁来种地，地怎么种"问题，积极推动土地流转，发展适度规模经营；借助新一代信息技术，推动电商农业等新业态快速成长，集聚了一大批现代化、复合型人才服务乡村振兴；统筹山水林田湖草沙系统治理，让自然资本保值增值、绿色产业富民惠民；赓续红色基因与传承中华优秀传统文化结合起来，传统乡村焕发新生机；发挥基层党组织优势，通过党组织领办新型合作经济组织，构建集体与农户之间新的利益联结机制；创新基层组织设置和活动方式，以组织联合促进融合发展、协同治理；推动各类资源要素向乡村聚集，为推动乡村振兴提供强力支持。山东努力开创新时代"三农"工作新局面，立足"三新一高"，以农业农村现代化优先为总目标，突出打造乡村振兴齐鲁样板这个总抓手，工作再聚焦、措施再细化、力度再加强。坚定农业大省政治责任，坚持实事求是，从各地实际出发，充分考虑发展水平、资源禀赋、历史文化等因素，不断提高"三农"工作创新力。坚持人民至上，充分尊重农民、优先开展民心关注的工作，引导农民自觉自愿参与乡村振兴，迈上共同富裕之路。坚持系统观念，创新统筹办法，提高统筹效能，用好政策工具包、考核指挥棒，不断加大工作力度，切实提升统筹整合实效。

关键词：政治责任；农业大省；乡村振兴齐鲁样板

民族要复兴，乡村必振兴。党的十九大报告提出实施乡村振兴战略，总体要求是产业兴旺、生态宜居、乡风文明、治理有效、生活富裕。2018年3月8日，习近平总书记在参加十三届全国人大一次会议山东代表团审议时指出，山东要充分发挥农业大省优势，打造乡村振兴齐鲁样板，推动乡村产业振兴、人才振兴、文化振兴、生态振兴和组织振兴。党的十九届五中全会对全面推进乡村振兴又提出了新的要求，就是要落实加快构建新发展格局的要求，巩固和完善农村基本经营制度，深入推进农业供给侧结构性改革，把乡村建设摆在社会主义现代化的重要位置，全面推进"五大振兴"，从而充分发挥农业产品供给的生态屏障、文化传承的功能，走通中国特色社会主义乡村振兴道路。当前，从容应对百年变局和世纪疫情，推动经济社会平稳健康发展，必须着眼国家重大战略需要，稳住农业基本盘、做好"三农"工作，接续全面推进乡村振兴，确保农业稳产增产、农民稳步增收、农村稳定安宁。2021 年是"十四五"开局之年，山东省委省政府认真学习贯彻习近平总书记关于"三农"工作重要论述和对山东工作重要指示要求，切实把思想和行动统一到党中央决策部署上来，充分认识"三农"工作在新发展阶段的极端重要性，坚决扛牢农业大省责任、以实际行动增强"四个意识"、坚定"四个自信"、做到"两个维护"、捍卫"两个确立"，坚持问题导向、目标导向、结果导向，优化工作机制，注重总结经验，持续改进作风，切实稳住农业基本盘，聚焦农业强、农村美、农民富，统筹、融合、健康有序推动乡村"五个振兴"，打造乡村振兴齐鲁样板取得重要阶段性成效，努力开创新时代"三农"工作新局面。①

一、坚决扛牢农业大省责任

2021 年，山东坚持以习近平新时代中国特色社会主义思想为指导，全面贯彻落实党的十九大和十九届历次全会精神，认真落实习近平总书记对山东工作的重要指示要求，深刻领会习近平总书记关于"三农"工作的重要论述，统筹疫情防控和经济社会发展，努力实践新阶段"三农"工作新要求，坚决扛牢农业大省责任。扛牢粮食安全责任，抓紧抓牢粮食生产，坚决稳定粮食种植面积和产量这个硬任务不打折扣。保耕地、强种业，坚决遏制耕

---

① 报告中使用数据，凡未注明出处的，依据是 2022 年 1 月 7 日省委农业农村委员会召开第五次全体会议和 2022 年 4 月 12 日打造乡村振兴齐鲁样板专题会议。

地"非农化"、防止"非粮化"，加快高标准农田建设，深入实施种子工程攻坚行动，推进农业关键核心技术攻关。持续巩固拓展脱贫攻坚成果，做好同全面推进乡村振兴有效衔接。政策衔接抓得实、抓得好，严格执行5年过渡期，优化调整现有政策，不搞"急刹车"；持续抓好资产衔接，不断提高扶贫项目和扶贫资产的效益；强化各级各部门在"三农"工作上的责任担当，加强"三农"干部队伍建设，努力做好队伍衔接，确保机构和队伍总体稳定，建立健全长效工作机制。全面推进乡村振兴，突出培育壮大特色优势产业，加强精神文明建设，实施乡村建设行动，改善农村人居环境，推动城乡融合发展，建设现代海洋牧场，确保各项工作落地见效。持续深化农村改革，扎实推进县域综合改革试点试验任务落实，加强政策、资金集成，着力破解要素制约，确保土地公有制性质不改变、耕地红线不突破、农民利益不受损。

（一）学深悟透习近平总书记关于"三农"工作的重要论述

坚决贯彻落实习近平总书记重要讲话精神和对山东工作重要指示要求。习近平总书记关于"三农"工作的重要论述，全面系统、博大精深，是做好新时代"三农"工作的根本遵循和行动指南。2021年2月25日，习近平总书记在全国脱贫攻坚总结表彰大会上发表重要讲话，全面总结了脱贫攻坚取得的重大历史性成就，系统阐述了中国特色减贫道路、中国特色反贫困理论和脱贫攻坚精神。2021年8月17日，习近平总书记在中央财经委第十次会议上强调，要促进农民农村共同富裕，巩固拓展脱贫攻坚成果，全面推进乡村振兴，加强农村基础设施和公共服务体系建设，改善农村人居环境。2021年10月，习近平总书记亲临山东视察，主持召开深入推动黄河流域生态保护和高质量发展座谈会，他强调农业现代化要向节水要效益，向科技要效益，发展旱作农业，推进高标准农田建设；要加强种质资源、耕地保护和利用等基础设施研究，转变育种观念，努力在关键核心技术和重要创新领域取得新突破，将科技成果加快转化为现实生产力；扎实做好安居富民工作，统筹推进搬迁安置、产业发展、创业就业、公共设施和社区服务体系建设，确保人民群众搬得出、稳得住、能发展、可致富。2021 年 12 月 8—10 日，习近平总书记在中央经济工作会议上强调，要把提高农业综合生产能力放在更加突出的位置，持续推进高标准农田建设，深入实施种业振兴行动，提高农机装备水平，保障种粮农民合理收益，中国人的饭碗任何时候都要牢牢端在自己手中。2021 年 12 月中旬，习近平总书记在主持召开中央政治局常委会会议专题研究"三农"工作时指出：应对各种风险挑战，必须着眼国家战略需要，稳住农业基本盘、做好"三农"工作，措施要硬，执行力要强，确保稳产保供，确保农业农村稳定发展。山东省委先后主持召开全省党员领导干部会议、省委常委会会议、省委十一届十四次全会等，深入学习贯彻党的十九届六中全会精神和习近平总书记重要讲话精神、重要指示要求，锚定"走在前列、全面开创""三个走在前"总遵循、总定位、总航标，明确落实责任分工，制定贯彻落实习近平总书记视察山东重要指示要求，着力推动乡村振兴走在前的实施方案，在全省迅速兴起学习贯彻热潮。又先后专题召开农村工作会议、脱贫攻坚表彰暨乡村振兴工作推进会议以及耕地、种业等会议，纵深推进各项工作。省委、省政府主要负责同志多次深入农村开展调研，研究谋划、推动解决实际问题，压实五级书记抓乡村振兴责任。

1. 健全完善推进机制。强化制度支撑，制定全面推进乡村振兴 33 条意见、乡村人才振兴 31 条措施等，出台《山东省乡村振兴促进条例》。深化省部共建，省政府与农业农村部印发《共同推进现代农业强省建设方案（2021—2025 年）》，聚焦聚力现代农业强省建设。出台《山东省分类推进乡村振兴的实施意见》，将全省 136 个县（市、区）分类，探索差异化推进乡村振兴的新路径。深入推进市县党政领导班子和领导干部推进乡村振兴战略实绩考核工作，把推进乡村振兴战略实绩考核工作整体纳入各市高质量发展综合绩效考核，调高分值占比，在 2020 年基础上，进一步突出了结果导向。

2. 守正创新，思想铸魂。坚持守正创新、多策并举，强化思想铸魂，促进乡风文明建设。深入开展党的理论百姓宣讲活动，突出基层宣讲，组建基层党支书、百姓志愿服务等宣讲团深入乡村宣讲，推动党的创新理论在基层落地生根。落实文化惠民行动，提高县（市、区）公共文化服务水平，组织推出"习语润心""明理胡同""庄户学院"等基层宣讲品牌。深入开展"三下乡"和"我们的中国梦"文化进万家等活动，持续组织送戏下乡、农村公益电影放映。广泛开展"强国复兴有我""咱们的新时代"等宣教活动，深化"四德工程"建设，大力选树乡村振兴山东好人、最美人物的模范典型。创新推动农村文明实践、文明创建、文明培育等相关实施方案。按照有场所、有队伍、有活动、有项目、有实绩等标准建设新时代文明实践中心，把电影、图书、表演、宣讲、人气等向乡村文明实践中心聚集。依托城乡公益性岗位配备文明实践专管员，精准对接基层群众需求。推动乡村文明建设，大力倡导美德健康生活方式，确定农村示范点和基层辅导员。开展线上"文明居家抗疫情、美德健康护家园"等主题活动。开展创建命名表彰文明村镇、广泛推动农村诚信建设，开展乡村"复兴少年宫"建设试点。开展"反对浪费、文明办事"行动。搭建"五个大家"群众文化平台，开展"新时代乡村阅读季"暨农家书屋万场主题阅读活动。制定加强乡村特色文化资源开发利用方案。推动"山东手造"赋能乡村产业振兴，支持旅游民宿集聚区、乡村旅游重点村镇建设。

3.持续建强农村基层组织。深化拓展"莱西会议"经验，坚持抓基层、强基础、固基本。高质量完成村"两委"换届工作，全省村级党组织书记"一肩挑"达到97.7%，大专以上学历占46.1%，比上届提高18.8个百分点，每个村均配备35岁以下年轻干部。全面实行村党组织、村民委员会职责任务清单管理，整治规范村级办公服务场所挂牌工作。把促进农民增收作为"三农"工作的中心任务，深化村党组织领办合作社路子，促进村集体和农民群众"双增收"。深入推进实施城乡公益性岗位扩容提质行动，安置乡村公益岗32万人次，重点消纳农村剩余劳动力，增加农民工资性收入。① 各

---

① "走在前、开新局"主题系列新闻发布会大众网专题，http://www.dzwww.com/2022fbh/zzqkxjztxlxwfbh/。

级选派第一书记和工作队队员3.4万余名，实现对脱贫村和易地扶贫搬迁村、乡村振兴任务重的村、党组织软弱涣散村全覆盖。

（二）狠抓粮食稳产保供和产业高质高效发展

山东深入贯彻党中央、国务院决策部署，围绕推进现代农业强省建设，狠抓粮食和重要农产品供给，持续提高农业质量效益，加强要素保障和科技装备支撑，深入推进产业融合发展、绿色发展、创新驱动等六大行动，出台《山东省推进农业全产业链高质量发展五年行动方案》。"粮食安全是'国之大者'。悠悠万事，吃饭为大。民以食为天。"[1] 实施乡村振兴战略，必须把确保重要农产品特别是粮食供给作为首要任务，把提高农业综合生产能力放在更加突出的位置。近年来，山东深入探索村党组织领办合作社的新路子，积极培育新型农业经营主体，促进村集体和农民群众"双增收"，不断夯实农业基础。目前，全省村党组织领办合作社达到4万多家、入社农户440多万户[2]。2021年，全省农村居民人均可支配收入达到20794元，首次突破2万元关口[3]。脱贫攻坚成果持续巩固拓展，乡村振兴进程全面提速。

1.坚持底线思维，不失时机发展粮食生产。严格落实粮食安全党政同责要求，逐级压实责任，坚决守住粮食安全底线。针对2021年出现的农情特点，山东各地努力克服小麦条锈病、严重秋汛等不利因素影响，全省粮食播种面积平稳增长，单产、总产再创历史新高，是全国5个粮食总产增加10亿斤以上省份之一，受到农业农村部通报表扬[4]。山东是全国率先在有条件的地方开展"吨半粮"生产能力创建的省份。2021年，德州启动"吨半粮"

---

① 习近平：《论"三农"工作》，中国文献出版社2022年版，第330页。

② "走在前、开新局"主题系列新闻发布会大众网专题，http://www.dzwww.com/2022fbh/zzqkxjztxlxwfbh/。

③ "走在前、开新局"主题系列新闻发布会大众网专题，http://www.dzwww.com/2022fbh/zzqkxjztxlxwfbh/。

④ "走在前、开新局"主题系列新闻发布会大众网专题，http://www.dzwww.com/2022fbh/zzqkxjztxlxwfbh/。

生产能力创建，力争用 5 年时间创建全国首个大面积"吨半粮"示范区。出台粮食减损行动方案，健全节粮减损长效机制。

2. 突出问题导向，紧紧抓住种子和耕地这"两个要害"。制定出台种业振兴行动方案，实施农业良种工程，建成国内领先的小麦、玉米、大豆、蔬菜等 10 个协同创新育种平台。强化耕地保护和建设，在全国率先开展高标准农田整县推进，累计建成高标准农田 6778 万亩，主要农作物良种覆盖率达到 98%以上，对耕地保护工作突出的乡镇（街道）予以奖励[①]。2021 年全国高标准农田建设现场会在德州市齐河县召开。加大黄河三角洲轻中度盐碱地保护性开发，大力推广盐碱地大豆种植，培育成功大豆"齐黄 34"，实打亩产 302.6 公斤，实现了大豆在盐碱地上的单产突破。

3. 瞄准主攻方向，加快培育农业新动能。启动实施推进农业全产业链高质量发展五年行动。持续打造产业融合发展平台，累计创建国家优势特色产业集群 6 个、获批创建国家农业现代化示范区 6 个、国家现代农业产业园 3 个、省级以上现代农业产业园 100 个、国家级农业产业强镇 19 个、省级以上农业产业强镇 336 个、省级乡土产业名品村 2753 个，县、乡、村三级产业联动发展格局初步形成。制定出台《山东省建设现代农业强县财政激励政策实施方案》，每年评定 10 个现代农业强县，每个给予 1 亿元专项资金奖励，激发县域发展现代农业的内生动力[②]。

（三）突出重点任务落地落实，健康有序推进美丽宜居乡村建设

美丽宜居乡村建设，要始终遵循"充分尊重群众意愿、充分保障群众权益"工作原则，以改善乡村人居环境、优化公共服务供给体系、提升乡村治理能力和实现城乡融合发展为主要目标，注重通过党建引领的方式，充分发

---

① "走在前、开新局"主题系列新闻发布会大众网专题，http://www.dzwww.com/2022fbh/zzqkxjztxlxwfbh/。

② 山东省财政厅、山东省农业农村厅：《关于印发山东省建设现代农业强县财政激励政策实施方案的通知》，鲁财农〔2021〕39 号。

动群众的参与、协商与监督等作用,切实维护群众自身利益。"要围绕农民群众最关心最直接最现实的利益问题,加快补齐农村发展和民生短板,让亿万农民有更多实实在在的获得感、幸福感、安全感。"[1] 美丽宜居乡村建设要从增强农民体验感、幸福感出发,统筹规划学校、医院、养老、公厕、农机具场所、图书馆以及文体活动场所等方面的便捷实用要求,设计建设新型农村社区,切实提升农村公共服务和准公共产品的供给能力。

1. 巩固拓展脱贫攻坚成果同全面推进乡村振兴有效衔接。出台巩固拓展脱贫攻坚成果同全面推进乡村振兴有效衔接 20 条措施,5 年过渡期内保持各项帮扶政策总体稳定。完成黄河滩区居民迁建工程建设任务,60 万滩区群众圆了安居梦[2]。出台支持政策,对省乡村振兴重点帮扶县,开展衔接乡村振兴集中推进区建设。健全防止返贫动态监测和帮扶机制,2021 年以来,全省新识别认定监测帮扶对象 2 万人,累计纳入 5.61 万人,全部落实针对性帮扶措施,有效防止了返贫和新致贫。[3]

2. 稳妥推进乡村建设。深入开展农村人居环境整治提升,90%的县(市、区)实施户厕改造规范升级,新增完成 4000 个行政村(社区)生活污水治理。推进农村基础设施建设,新改建"四好农村路"1 万公里,改造清洁取暖 200 余万户,农村自来水普及率达到 97%[4]。制定出台了《农村人居环境整治提升五年行动实施方案》。扎实做好"合村并居"问题整改,进一步压实工作责任,加快安置区建设进度,加强安全质量管理。

3. 加强农村精神文明建设。推动习近平新时代中国特色社会主义思想进乡村、进农家,连续 9 年举办"中国梦"系列百姓宣讲。新时代文明实践中

---

① 习近平:《论"三农"工作》,中国文献出版社 2022 年版,第 282 页。

② 中国共产党山东省第十二次代表大会报告(全文),山东宣传网,http://www.sdxc.gov.cn/sy/tt/202206/t20220610_10369932.htm。

③ "走在前、开新局"主题系列新闻发布会大众网专题,http://www.dzwww.com/2022fbh/zzqkxjztxlxwfbh/。

④ 山东加强民生改善创新推动民生事业取得新成效新闻发布会,http://sd.iqilu.com/v5/live/pcQwfb/142539html。

心（所）实现县乡两级全覆盖。建设全国乡村教育振兴先行区，遴选 65 个乡镇（街道）开展教育强镇筑基试点。全省乡镇（街道）综合文化站、行政村（社区）综合性文化服务中心建成率分别达 99.6%、100%。①

（四）勇于改革，落实好优先保障农业农村发展的各项制度创新

厘清、理顺、调整和深化现有政策体系，加强政策制度创新，实现政策体系相互衔接、相互贯通。"要向改革要动力，加快建立健全城乡融合发展体制机制和政策体系。要健全多元投入保障机制，增加对农业农村基础设施建设投入，加快城乡基础设施互联互通，推动人才、土地、资本等要素在城乡间双向流动"②。注重梳理既有政策的相关内容，整合交叉重叠的部门政策，缓解全局性政策与局部性政策之间的冲突。在政策融合层面，加大土地政策创新与单项发展政策的整合力度，形成城乡融合发展的有机衔接，科学把握乡村振兴中高质量发展、高品质生活、高水平治理、高素质人才的内在逻辑。

1.加强乡村人才队伍支撑。深入推进基层职称制度改革，4.2 万人通过"定向评价、定向使用"获得基层职称，9 万余人通过"直评"获得中高级职称并落实待遇，有效增强了"田秀才""土专家"的获得感。济宁培育"乡村振兴合伙人"、威海招募"乡村规划师"、聊城"棚二代"返乡创业等。新招收公费师范生、医学生、农科生 7991 名。山东农业大学等 8 所院校获评"乡村振兴人才培养优质校"，数量居全国首位。新型经营主体不断壮大，全省家庭农场发展到 9.87 万户，农民合作社 24.21 万家。③

2.强化农村集体产权、土地等制度创新。强化农村集体产权制度改革整

---

① "走在前、开新局"主题系列新闻发布会大众网专题，http://www.dzwww.com/2022fbh/zzqkxjztxlxwfbh/。

② 习近平：《论"三农"工作》，中国文献出版社 2022 年版，第 279—280 页。

③ "走在前、开新局"主题系列新闻发布会大众网专题，http://www.dzwww.com/2022fbh/zzqkxjztxlxwfbh/。

省试点成果利用，全省农村集体经济组织归属确权资产总额7318.78亿元。实施乡村振兴政策集成改革试点，将发展壮大村集体经济、加快实现共同富裕等作为试点重要内容，释放政策叠加协同效应。全省承包地流转面积超过4400万亩，生产托管服务面积超过2亿亩次①。各地稳慎有序推进集体经营性建设用地入市，全省共有975宗集体经营性建设用地成功入市，成交总面积2.69万亩。在1492个村实施财政资金扶持发展村级集体经济项目，示范带动各地发展壮大村集体经济。

3.拓展多元投资渠道，加大投入力度。深化涉农资金统筹整合，省级统筹安排乡村振兴重大专项资金480亿元，比上年增长9.09%。土地出让收入用于农业农村比例达到6%以上。强化政策性担保赋能，省农担公司在保项目10.73万个，在保余额568亿元，同比增长116%。筑牢民生底线，全省农村低保标准、特困人员基本生活标准分别达到每人每月634元、882元，分别比2020年提高14%、15%。②

二、打造乡村振兴齐鲁样板取得重要阶段性成效

党的十八大以来，习近平总书记从党和国家事业全局高度出发，对农业农村发展重大理论和实践问题进行深刻阐述，提出一系列重要思想、重要论述、重大判断和重大决策，指引农业农村发展取得历史性成就、发生历史性变革。山东坚定不移统筹推进"五个振兴"的总遵循，强化规划引领，尊重群众意愿，把握发展规律，认真落实政策，推动乡村振兴健康有序进行。夯实产业振兴这个基础，加快塑造农业全产业链，确保粮食和重要农产品稳产保供；抓住人才振兴这个关键，努力在农村招才引智、自主培养、人尽其才

---

① "走在前、开新局"主题系列新闻发布会大众网专题，http://www.dzwww.com/2022fbh/zzqkxjztxlxwfbh/。

② "走在前、开新局"主题系列新闻发布会大众网专题，http://www.dzwww.com/2022fbh/zzqkxjztxlxwfbh/。

上出新招见实效；铸牢文化振兴这个灵魂，持续深化乡村文明行动，扎实推进新时代文明实践中心建设；守住生态振兴这个根本，统筹抓好农村户厕改造、生活污水处理、农业面源污染防治；强化组织振兴这个保障，加强乡村带头人队伍建设，推动村党组织领办合作社工作提质扩面。2021年，山东坚决扛牢农业大省责任，聚焦农业稳产增产、农民稳步增收、农村稳定安宁，巩固拓展脱贫攻坚成果，深化农业供给侧结构性改革，扎实有效推进乡村发展、乡村建设、乡村治理等重点工作，促进城乡融合发展，农民农村共同致富，粮食等重要农产品供给保障有力，农业整体实力持续提升，乡村面貌持续改善，"三农"工作取得新局面，农林牧渔业总产值率先过万亿元，海洋经济总量稳居全国第二，国家级海洋牧场占全国近40%，打造乡村振兴齐鲁样板取得重要阶段性成效①。

（一）农业整体实力持续提升

2021年粮食播种面积、单产、总产实现"三增"。新建高标准农田665万亩，粮食播种面积增加110.3万，生猪产能恢复到常年水平②。国际粮食减损大会在山东成功举办。蔬菜、果品、畜产品、水产品等重要农产品供给平稳充足。农业经济整体实力持续提升。寿光蔬菜、烟台苹果等4个优势特色产业集群迈向千亿级。林牧渔业总产值在上年率先突破万亿元大关的高基数上，继续保持快速增长。农民收入持续增加。农村居民人均可支配收入前三季度增速高出城镇居民3.2个百分点，城乡居民收入比缩小到2.11：1，比上年同期缩小0.06。乡村面貌持续改善。深入开展农村人居环境整治提升，统筹推进农村基础设施建设，农村整体面貌发生明显变化。充分尊重群众首创精神，"诸城模式""潍坊模式""寿光模式"进一步创新提升，代村、

---

① "走在前、开新局"主题系列新闻发布会大众网专题，http://www.dzwww.com/2022fbh/zzqkxjztxlxwfbh/。

② 2022年山东省政府工作报告，http://news.sdnews.com.cn/zchz/dbq/202202/t20220209_3991531.htm。

三涧溪村等先进典型展现新作为，泰安九女峰、五莲白鹭湾等新典型不断涌现。

1.粮食稳产增产，产量和质量实现双突破。全年粮食播种面积12532.7万亩、增加110.3万亩，粮食总产突破1100亿斤大关，连续8年稳定在千亿斤以上，在2020年度粮食安全省长责任制考核中评为优秀等次[①]。生猪产能恢复到常年水平，蔬菜、水果、畜禽、水产等"菜篮子"产品稳定供给。"菜篮子"产品产量多年稳居全国前列，常年蔬菜产量稳定在8000万吨左右，肉蛋奶总产量1500万吨左右，水产品产量800万吨左右。[②]

2.新产业、新业态加快培育，产业融合发展取得新成效。产业集聚发展加快，累计创建国家级优势特色产业集群4个，现代农业产业园11个，特色农产品优势区17个，绿色发展先行区2个，农业产业强镇78个。农业经营主体培育壮大，累计培育家庭农场10.4万家，农民专业合作社24.5万户，农业产业化省级以上重点龙头企业1133家。休闲农业健康发展，累计创建中国美丽休闲乡村63个，全国休闲农业重点县2个[③]。国家级海洋牧场示范区54个，占全国近40%，各类农业社会化服务主体超过10.6万个，一大批"田秀才""土专家"活跃在田间地头[④]。淄博市打造数字农业农村中心城市、曹县发展电商淘宝村等乡村旅游、农村电商等新产业、新业态蓬勃发展。全国农产品数字化百强县，山东有17个县（市）上榜，数量最多。以滨州中裕为"链主"打造全省小麦全产业链重点链，支持栖霞、诸城、乐陵建设全国农业全产业链典型县。乡镇商贸中心加快建设，率先实现"快递进村"全

①　2022年山东省政府工作报告，http://news.sdnews.com.cn/zchz/dbq/202202/t20220209_3991531.htm。

②　"走在前、开新局"主题系列新闻发布会大众网专题，http://www.dzwww.com/2022fbh/zzqkxjztxlxwfbh/。

③　2021年山东省国民经济和社会发展统计公报，http://tjj.shandong.gov.cn/art/2022/3/2/art_6196_10294366.html。

④　"走在前、开新局"主题系列新闻发布会大众网专题，http://www.dzwww.com/2022fbh/zzqkxjztxlxwfbh/。

覆盖。家庭农场、农民合作社、农业龙头企业、农业社会化服务组织等新型农业经营主体数量均居全国前列，成为推动乡村产业振兴的重要力量。

3.加快基础设施向乡村延伸，乡村建设取得新进展。启动实施农村基础设施网建设行动计划，统筹推进农村路网建设、供水保障等八大行动，加快推动城镇基础设施向农村延伸。深入开展农村人居环境整治提升五年行动，抓住重要时间节点，实施村庄清洁行动"系列战役"。推动乡村从"一处美"向"全域美"转变。统筹推进农村道路、清洁取暖、自来水等基础设施建设。农村地区清洁取暖改造100万户以上、危房改造7900户以上，让农村取暖更干净、居住更安全[1]。排查农房2345.9万户，动态开展危房改造1.7万户，新增清洁取暖208.4万户，完成改厕4.3万户[2]。农村教育、医疗卫生、社会保障等公共服务水平进一步提升。

4.持续提升农村人居环境整治行动，生态环境呈现新面貌。深入开展农村人居环境整治提升五年行动，累计创建省级美丽乡村示范村2500个[3]。农村人居环境整治持续推进，面源污染、白色污染、黑臭水体等得到有效治理，农村户厕改造累计完成1096.4万户，农村生活污水治理累计完成2.6万多个行政村，生活垃圾无害化处理的行政村达到95%，新创建省级以上美丽乡村示范村500个。高青县通过生态修复和环境提升，把风吹沙满天的黄河灌区沉沙池打造成天鹅湖风景区；蒙阴县依托山多林多的特点，大力发展生态林果，"蒙阴蜜桃"品牌价值超过260亿元[4]。

5.乡村治理迈出新步伐，乡村文明焕发新气象。全面实施村党组织带头

---

[1] 山东加强民生改善创新推动民生事业取得新成效新闻发布会，http://sd.iqilu.com/v5/live/pcQwfb/142539html。

[2] 2021年山东省国民经济和社会发展统计公报，http://tjj.shandong.gov.cn/art/2022/3/2/art_6196_10294366.html。

[3] "走在前、开新局"主题系列新闻发布会大众网专题，http://www.dzwww.com/2022fbh/zzqkxjztxlxwfbh/。

[4] "走在前、开新局"主题系列新闻发布会大众网专题，http://www.dzwww.com/2022fbh/zzqkxjztxlxwfbh/。

人队伍整治优化提升行动、过硬党支部建设"百万千计划"。新选派轮换第一书记 1.1 万名、工作队员 1.9 万名，普遍实施民主协商议事、村级法律顾问、村级事务监督等制度。县、乡两级新时代文明实践中心基本实现全覆盖。扎实开展"摒弃婚丧陋习、深化移风易俗"文明实践专项行动中，乡村治理迈出新步伐。广饶县刘集后村红色教育和枣庄市薛城区中陈郝村古村落保护等典型做法，带动了周边广大乡村的乡风文明建设。

6. 科技强农成效显著，农业科技装备支撑能力大大增强。积极推进种业振兴行动，现代农业种业迅速发展，培育出玉米、小麦、大豆、马铃薯等作物品种，多次刷新全国高产纪录。省农科院研发的小麦基因转化技术体系达到国际领先水平。山东农业大学在全球首次找到并克隆关键因素，为解决小麦赤霉病世界性难题做出了突出贡献。农机装备研发应用能力强，农机装备短板不断拉长，聚焦智慧农业与智能农机装备研发、农产品加工等突破了一批核心技术，大功率高端智能拖拉机打破国外农机巨头垄断格局。创新实施乡村振兴科技提升行动，聚焦地方优势特色产业发展开展联合攻关。北京大学现代农业研究院建成启用。农业重大技术协同推广计划重点围绕粮食作物、经济作物、畜牧水产等支柱产业开展工作，成绩显著。

7. 持续发力，脱贫攻坚成果得到巩固提升。巩固拓展脱贫攻坚成果同乡村振兴有效衔接，继续对 190.2 万脱贫享受政策人口进行帮扶，持续巩固"两不愁三保障"和农村饮水安全成果①。确定 20 个县（市、区）作为省乡村振兴重点帮扶县，及时出台一系列帮扶支持政策，省财政率先安排衔接资金 31 亿元。着力加大民生投入，省级教育资金增长 10%，社会保障和医疗卫生资金增长 12%，乡村振兴资金增长 10%，带动各级财政增加投入，确保民生支出占比保持在 80% 左右②。开展衔接乡村振兴集中推进区建设。农村

---

① "走在前、开新局"主题系列新闻发布会大众网专题，http://www.dzwww.com/2022fbh/zzqkxjztxlxwfbh/。

② 山东加强民生改善创新推动民生事业取得新成效新闻发布会，http://sd.iqilu.com/v5/live/pcQwfb/142539html。

危房改造 1.7 万户。①

（二）打造乡村振兴齐鲁样板典型经验

山东健康有序推进乡村振兴，各地围绕"五大振兴"探索形成了许多行之有效、各具特色的经验做法。以龙大、得利斯、滨州中裕等为代表的一批农业产业化龙头企业，在"公司＋农户"基础上，带动发展农民合作社、家庭农场、专业大户等新型农业经营主体，把小农户与现代农业发展更加紧密地衔接起来，打造全产业链，实现一二三产业融合。以行政区划、流域或片区等为单元，统筹规划布局，通过产业聚合、资源整合、组织联合等方式，实现区域整体提升。围绕解决"谁来种地，地怎么种"问题，结合土地流转，将农业生产的一个或多个环节委托给社会化服务组织，发展适度规模经营。借助新一代信息技术，使无人机撒药、App 种菜、"直播带货"等成为新农活，推动电商农业等新业态快速成长。各地培养造就了一大批"土专家""田秀才"，集聚了一大批现代化、复合型人才服务乡村振兴。统筹山水林田湖草沙系统治理，打开"绿水青山"变"金山银山"的通道，让自然资本保值增值、绿色产业富民惠民。把赓续红色基因与传承优秀传统文化结合起来，挖掘活化古村落、传统手工技艺、革命遗址等资源，发展研学教育、旅游体验等，传统乡村焕发新生机。发挥基层党组织优势，通过党组织领办新型合作经济组织，构建集体与农户之间新的利益联结机制。创新基层组织设置和活动方式，村与村、村与企业、村与合作社等组建联合党委或党建联合体，以组织联合促进融合发展、协同治理。各类金融机构、科研院所、国有企业、社会组织等，发挥自身优势，撬动各类资源要素向乡村聚集，为推动乡村振兴提供了强力支持。

贯彻落实习近平总书记关于"三农"工作重要论述和视察山东一系列重

---

① 2022 年山东省政府工作报告，http://news.sdnews.com.cn/zchz/dbq/202202/t20220209_3991531.htm。

要讲话精神，山东在推进乡村振兴过程中，立足齐鲁实际、着眼样板打造，相继出台了乡村振兴战略规划，全面夯实五级书记抓乡村振兴的政治责任，努力把乡村振兴齐鲁样板打造成"五个振兴"的样板、"三生三美"融合发展的样板、"百花齐放"的样板。

1.寿光模式。产业振兴是乡村振兴齐鲁样板的基础重点，寿光市紧紧围绕发展现代农业，促进农村一二三产业融合发展。寿光模式就是以蔬菜产业化引领农业与非农产业协调发展带动"城乡融合、农民富裕、特色城镇化"为主要特征，遵循了一二三产业融合发展的内在逻辑，突出了"农业农村优先发展"政策，取得了"实践成效显著、地方特色鲜明、发展动力持续、社会认同广泛、借鉴推广度高"的发展效应。寿光模式的形成发展，是综合多种发展要素共同作用的结果，其新时代内涵是：以农业供给侧结构性改革为主线，以蔬菜品牌化和生产标准化为引领，以农业与二三产业融合发展为抓手，积极推动农业工场化、农民职业化、乡村宜居化、城市智慧化和城乡一体化。

以寿光模式为样板，山东发挥农业产业化经营的经验优势，各地农业业态创新更加活跃、经营主体更加多元、利益联结更加紧密，推动农村一二三产业融合发展，让农民更多分享一二三产业"全链条"收益，着力落实习近平总书记提出的把产业发展落到促进农民增收上来，全力以赴消除农村贫困，推动乡村生活富裕的要求。[①]

2.朱家林田园综合体。生态振兴是乡村振兴齐鲁样板的关键标志，沂南县朱家林田园综合体建设试点项目，是山东省唯一的国家级田园综合体及乡村振兴齐鲁样板实践中的精品之作，已然成为一种模式，探索出了一条农村经济社会全面发展的新模式、新业态、新路径。基本建成了以政府为引导，以农村集体组织、农民合作社为建设主体，以农业、旅游、文化方面的创新

---

① 2018年3月8日，习近平总书记在参加十三届全国人大一次会议山东代表团审议时发表讲话。

创业为方向，青年创客、社会资本广泛参与的，集创意农业、农事体验、田园社区于一体的"独具特色的创意型田园综合体"。同时，朱家林田园综合体本身处在革命老区，沂蒙精神就是在这片土壤上培养起来的，这里的土壤创造了一种创新、创业、创造的土壤和环境，走出了一条自己的特色化路子，并在全国范围内脱颖而出。

以朱家林田园综合体为样板，山东坚持大力开展农村环境整治、农业污染治理、村庄绿化提升等行动，通过大力打造农业产业集群、稳步发展创意农业、开发农业多功能性，推进农业产业与旅游、教育、文化、康养等产业深度融合，实现田园生产、田园生活、田园生态的有机统一和一二三产业的深度融合，打造山清水秀、风景如画、生态宜居的美丽家园。

3.农民创业园（孵化基地）平台（"农创平度"品牌）。乡村振兴必须强化乡村人才支撑，把人力资本开发放在首要位置，打造一支强大的乡村振兴人才队伍。"农创平度"品牌的突出特点就是建机制、搭平台、优环境，多措并举，努力推进乡村人才振兴工作的典范。"农创平度"推行"农创＋名品＋科技＋电商＋旅游＋扶贫＋金融"模式，搭建集聚农民创业园(孵化器)，实现产业融合发展。结合实施"雁归工程"，以乡情乡愁为纽带，吸引聚集各类优秀"雁归"乡土人才回乡创业，回到农村培育成为新型职业农民。目前，搭建"农创平度"农民创业园（孵化基地）4家，其共同点是以返乡"农民创客"为主体，通过搭建大棚设施栽培种植养殖、粮油蔬菜果木种子、农业电商等农民创业园（孵化基地）平台，鼓励聚集农民在乡创业增收。

以"农创平度"品牌为样板，探索出农民创新创业的新路子、新模式、新样板，这是山东多年来不断强化打造乡村振兴齐鲁样板人才支撑的重要途径。就是要突出问题导向，围绕全省乡村人才振兴遇到的难题，在思想观念、办法创新、体制机制等多方面不断突破，推动各类人才、智力、技术等下乡，加快乡村人力资本开发。加强乡村人才培育使用，重点抓好乡村振兴镇村干部队伍、经营管理人才队伍、专业人才队伍、高素质农民队伍等"四支主力队伍"建设，加快乡村人才振兴。

4."莱西经验"。"莱西经验"是打造乡村组织振兴的典型样板。"莱西经验"就是围绕乡村振兴战略目标，不断强化党组织统领，通过健全"党组织＋经济组织、自治组织、人才队伍、文化组织、社区组织"等工作机制。"莱西经验"的核心是为人民服务，即以党支部建设为核心，搞好村级组织配套建设，强化整体功能；以村民自治为基础，搞好民主政治配套建设，启动内部活力；以集体经济为依托，搞好社会化服务配套建设，增强村级凝聚力。新时代深化拓展"莱西经验"，就是要坚持和加强党对农村工作的全面领导，切实发挥农村党支部的战斗堡垒作用，不断完善村级组织配套建设，提高村民自治的积极性，大力发展村集体经济，以组织振兴带动乡村全面振兴。

以"莱西经验"为样板，山东始终把农村基层组织建设作为一项战略性、全局性、长期性任务来抓，围绕"有人管事、有章理事、有钱办事"细化措施、持续用力。各级组织部门始终将巩固农村党支部的领导地位作为指导农村基层党组织建设的一条红线，坚持抓党建促脱贫攻坚、促乡村振兴，扎实抓好村党组织带头人队伍建设，进一步规范村级各方面工作，持续加大村级运转基本保障，着力为打造乡村振兴的齐鲁样板提供坚强组织保证。

5.中国"淘宝村"（曹县经验）。"曹县经验"探索了一条实现乡村振兴、打赢脱贫攻坚战的农村电子商务发展路径，创造了可复制、可推广的曹县电商发展新模式。曹县电商发展从以大集镇丁楼村、孙庄村等草根创业为代表的电商发展 1.0 模式，到以淘宝产业园为标志的电商发展 2.0 模式，再到以"宜产、宜居、宜业、宜游"的 e 裳小镇为象征的电商发展 3.0 模式，成为全球最大的木制品跨境电商基地、全国最大的演出服饰产业基地和全国第二大山东省最大的淘宝村集群。

以"曹县经验"为样板，山东高度重视农村电商，营造良好发展氛围。农村电商激发农村居民创业活力，产业振兴，生活富裕，吸引人才返乡创业；通过"支部＋电商"的发展模式，探索了电商带头人治理乡村的新模式，带动了农村信息交流开放，实现了传统农业生产方式和居民生活方式的转变，为农村带来了美丽与文明，形成了"电子商务促进乡村振兴"的齐鲁样板。

6. 茌平耿店村"棚二代"。习近平总书记"点赞"耿店村是"鲁西小寿光"，充分肯定了耿店村吸引年轻人回村发展大棚蔬菜的做法。从当初的"孔雀东南飞"，到如今的"归雁返乡"，茌平区贾寨镇耿店村的"棚二代"们凭借在外拼搏积累的见识、经验，在家乡播种和耕耘新的梦想，释放了乡村振兴的"乘法"效应。耿店村蔬菜产业越做越大，成立了茌平绿冠蔬菜农民专业合作社，建起了占地4公顷的育苗场，注册了"棚二代""耿店村"商标。耿店村还和江苏绿港现代农业公司合作，建设了"棚二代"农业科技示范园。此外，村里11座居民楼拔地而起，水、电、暖、气等生活配套设施一应俱全，吸引更多在外打工的青年回乡创业。

以耿店村"棚二代"为样板，山东针对返乡创业的年轻人，在土地流转、农村金融、水电安装等方面提供便利，真正帮他们解决后顾之忧，让他们可以轻松创业。越来越多在外打工的青年选择回村"扣棚"，并在农村实现了自己的创业梦想，也让农村充满了生机。同时，村干部初心不改，勇担新使命，努力把村党支部打造成团结干事的战斗堡垒，奠定了乡村振兴齐鲁样板的组织保障。

7. 东明玉皇新村（玉皇庙模式）。玉皇庙村已成为山东省打造乡村振兴齐鲁样板的一张璀璨名片，体现了当代青年真情关注民生多艰、以新技术新理念畅通农业富民之路的为民情怀。新时代的玉皇庙村党支部，为加快实现农业新旧动能转换，打造了以特色种植为基础，农产品加工储运、休闲农业与乡村旅游等联动协调发展的综合型产业和水韵玉皇现代乡村田园综合体，发展农业新六产，千方百计拓宽就业渠道，带领农民朋友增收致富。团中央书记处书记（挂职）、村支部书记关志洁真正地把国家脱贫的号召印在了心里，带动村民一起形成了艰苦奋斗、心向集体、无私奉献为核心村魂——"玉皇精神"。

以"玉皇庙模式"为样板，山东在打造乡村振兴齐鲁样板中，发挥一个党员就是一面旗帜、一个支部就是一座堡垒，加强支部建设，要带领群众过上好日子，挖掘本地传统文化和民俗文化，让农民增强文化自信，找到精神慰藉和寄托，把爱党爱国主义教育融入村庄建设之中。

8."栖霞探索"。烟台市栖霞探索了一条"村党支部领办合作社蹚出壮大集体经济新路子"，以党支部领办合作社提升组织力，激活乡村振兴各种要素的积极性。"栖霞探索"就是充分激发基层党组织的内生动力，切实发挥好在脱贫攻坚中的战斗堡垒作用，而党支部领办合作社就是一条有效路径，通过合作社把群众组织起来抱团发展、强村富民，建立村集体与群众的经济利益共同体，实现"支部有作为、党员起作用、集体增收入、群众得实惠"，为全国提供了可复制、可推广的乡村振兴经验。

以"栖霞探索"为样板，山东不断强化党组织政治引领功能，大力推行党支部领办合作社，充分利用其联结群众、发展产业的优势，建立起村集体与群众利益共享、风险共担的共同体，有效助推广大乡村踏上脱贫致富"快车道"。

9.西铺头村（"未来村"）。威海文登区米山镇西铺头村通过打造"未来村"，描绘出乡村振兴的美好景象。生活美、家园好，新农民越发有奔头，美丽和谐的西铺头村倾心打造"未来村"的初衷，就是形成"外在环境乡土气息浓郁、生活条件现代高端时尚"的新农村。西铺头村发展壮大，立足村情，注重农民主体的培育，一个专家带起一个产业，把普通老百姓变成懂技术的"新农人"是乡村振兴的持久动力。

以西铺头村通过打造"未来村"为样板，山东为乡村人才振兴提供舞台，为农村发展提供智力支持。农村发展在完成基础设施和基础产业原始积累后，人才的支撑成为乡村振兴必须要突破的瓶颈，从搭建学习平台开始，为群众创造学习机会，帮助他们锻炼成长，把原本在外的本村人才留下、把国内顶尖的专家请来、让普通农民变成技术工人，激励各类人才在农村广阔天地大施所能、大展才华、大显身手。

10.代村模式。2018年，习近平总书记在全国"两会"期间到山东代表团参加审议时，对兰陵县代村推动乡村振兴的实践给予充分肯定。代村地处山东省临沂市兰陵县城西南隅，是个标准的城郊村。城郊融合类村庄，代村具有率先振兴的区位条件和资源禀赋：土地具有巨大的增值空间、交通便利、人流密集、可以充分利用城市公共资源。近年来，王传喜同志担任村支部书记和村委会主任，他带领村两委和干部群众，依托城郊村独有的历史、人文、区域、农业等资源优势，通过盘活土地资源、发展特色产业、壮大集体经济、用好"四雁"队伍、培育乡风文明、践行"两山"理论、发挥党建作用等方面的创新实践，推动乡村产业振兴、人才振兴、文化振兴、生态振兴、组织振兴，经过近20年的不懈奋斗，把一个古老落后的村落建成了一个处处焕发出生机的现代美丽乡村和现代农业示范区，成功地走出了一条城郊村率先振兴的路子。

以"代村模式"为样板，山东从代村模式的发展历程和实践经验进行审视分析，总结其发展具有的独特性和普遍性，为打造乡村振兴齐鲁样板，构建了城郊村乡村振兴的典型模式。"代村模式"就是充分发挥土地增值空间巨大、交通便利、人流密集消费旺盛、城市公共资源丰富的城郊优势，抓住乡村振兴战略的政策机遇，破解了人才不足、资金缺乏、制度不活等诸多制约因素，培育特色主导产业发展壮大集体经济，并以提高农民幸福感为根本，成功走出了一条城郊村率先振兴的路子，对于推进我国城郊村乡村振兴具有重要的理论和实践价值。

11.建设"头雁"队伍。农村基层组织是党在农村全部工作和战斗力的基础。郯城县着眼于建设一支胜任乡村振兴时代要求的高素质"头雁"队伍，探索推行了农村党组织书记专业化管理。主要针对优秀的农村党组织书记，在不改变其身份、来源和工作性质的前提下，参照乡镇事业人员管理模式，通过提级管理、提升责任、提高待遇等，逐步建立起选拔使用、管理考核、激励保障机制，推动建成一支懂农业、爱农村、爱农民的扎根农村的基层组织干部队伍。

以"建设'头雁'队伍"为样板，山东在基层治理实践中逐步探索推行农村党组织书记专业化管理，不仅使他们在经济上得到了实惠、荣誉上得到了提升，更强化了责任心和服务力的提升，使得他们在用权上更加谨慎、自律上更加严谨、服务上更加高效，使每个岗位的权、责、利相当，即有什么样的权力、就负什么样的责任、取得相应的待遇，做到人尽其才、才尽其用，打造一支有本领、能担当、业绩好、威信高的乡村振兴干部队伍。

12.三泉溪暖。在千年古村三涧溪有一个远近著名的"家"字，"家"字头上这一点，有了新时代的内涵，这一点正是党组织。他们围绕树立基层党建标杆、乡村振兴样板，把支部建在产业上。围绕做大做强产业、多渠道助农增收，积极探索"支部领办、合作经营"路子，在"集体经济合作社"基础上，组建土地、劳务、旅游和置业股份合作社四大合作社，每个合作社都是党员带头先干，蹚出路子后，再把村民吸收进来，实现了由乱到治、由治到富的乡村振兴新活力。

以"三涧溪村"为样板，山东充分发挥党建引领作用，不断强化基层党组织的政治功能和组织力，推动产业发展、保护生态环境、汇聚人才资源、建设文明村风家风、壮大村级集体经济，探索构建起农民持续较快增收长效机制，让农民致富路越走越宽广，收入一天更比一天高、生活一天更比一天好的可复制、可推广、可借鉴的乡村振兴新路径。

总起来看，推进乡村振兴齐鲁样板标准体系建设的实践模式，带有普遍性和共性经验和做法是：

第一，乡村振兴首要的问题就是切实搞好顶层规划和设计。各级党委政府在统筹安排各类型乡村振兴工作，都要进行专题调研，摸清底数，掌握情况，找准问题，分析优势，提出建议，为制定具体政策措施奠定基础。二是研究制定专门发展规划，要根据发展现状、区位条件、资源禀赋等，分门别类，为集聚提升类村庄、城郊融合类村庄、特色保护类村庄和搬迁撤并类村庄4种不同类型，具体制定村庄规划，分类推进，不搞一刀切。三是充分认识带头人在乡村振兴中的关键作用，大力实施"头雁工程"。火车跑得快，全靠车头带。农村基层党组织建设在乡村振兴过程中都具有基础性、关键性的作用。增强实施乡村振兴战略，要充分发挥好乡村党组织和"头雁"的作用，"打造千千万万个坚强的农村基层党组织，培养千千万万名优秀的农村基层党组织书记，为乡村振兴提供坚强的政治保证和组织保证"。四是充分发挥不同乡村的比较优势，培育特色主导产业发展壮大集体经济。发展壮大集体经济是破解乡村振兴制约因素、推进农业供给侧结构性改革、实现乡村产业振兴的重要途径。习近平总书记在《摆脱贫困》中指出，"集体经济是农民共同致富的根基，是农民走共同富裕道路的物质保障"①。要牢牢抓住了集体经济这个"牛鼻子"，为形成代村乡村振兴新机制奠定了坚实基础，为农村基层党组织建设提供了重要物质保障，还为实现城乡融合发展、引领农民实现共同富裕提供产业支撑。五是以提高农民幸福感为根本，推动乡村全面率先振兴。坚持以人民为中心，是习近平新时代中国特色社会主义思想的核心内容。乡村振兴归根到底是人的振兴，在实施过程中要坚持发展为了人民、发展依靠人民、发展成果由人民共享。乡村振兴是为农民谋福祉的事业，主体就是农民，在实施乡村振兴的过程中，要围绕农民群众最关心最直接最现实的利益问题，尊重群众主体地位，充分调动农民的积极性、主动性和创造性，让亿万农民在乡村振兴过程中有更多实实在在的获得感、幸福感、安全感。

三、努力开创新阶段"三农"工作新局面

坚持以习近平新时代中国特色社会主义思想为指导，全面落实习近平总书记关于"三农"工作的重要论述和视察山东重要指示要求，努力开创新阶段"三农"工作新局面。"应对各种风险挑战，必须着眼国家战略需要，稳住农业基本盘、做好'三农'工作，措施要硬，执行力要强，确保稳产保供，确保农业农村稳定发展。"② 目前，立足于应对百年变局和世纪疫情，推动经

---

① 习近平：《摆脱贫困》，福建人民出版社 1992 年版，第 143 页。
② 习近平：《论"三农"工作》，中国文献出版社 2022 年版，第 327 页。

济社会平稳健康发展，必须坚持和加强党对"三农"工作的全面领导。做好"三农"工作，对于稳住农业基本盘，对于保持平稳健康的经济环境、国泰民安的社会环境、风清气正的政治环境具有特殊重要意义。按照中央经济工作会议、中央农村工作会议部署，山东锚定"走在前列、全面开创""三个走在前"，聚焦农业稳产保供、农民稳步增收、农村稳定和谐，坚持和加强党对农村工作的全面领导，全力保障粮食和重要农产品有效供给，巩固拓展脱贫攻坚成果，扎实推进乡村"五个振兴"，统筹推进乡村发展、乡村建设、乡村治理等重点工作，不断改善群众生活、促进共同富裕，推动打造乡村振兴齐鲁样板取得新进展、农业农村现代化迈出新步伐。当前，山东打造乡村振兴齐鲁样板正处全面推进、全面提升的关键阶段。要立足"三新一高"，清醒认识、理解、把握新发展阶段，完整、准确、全面贯彻新发展理念，全面服务和融入新发展格局，以农业农村现代化优先为总目标，突出打造乡村振兴齐鲁样板这个总抓手，努力开创新阶段"三农"工作新局面。这就要求工作再聚焦、措施再细化、力度再加强。努力实现产业质量高、生产保障好，粮食等重要农产品得到有效保障，农产品深度加工，一二三产业深度融合；乡村颜值高，人居环境好，绿色低碳循环的生产生活方式逐步形成，农村天更蓝、水更绿、空气更清新；文化品位高，精神面貌好，乡村公共文化服务供给丰富，群众思想道德水平提升，文明乡风良好家风、淳朴民风成为风尚；治理效能高、乡里关系好，基层党组织坚强有力，形成自治、法治、德治、智治结合的乡村治理体系，乡村社会稳定和谐；生活品位高、民生福祉好，农民收入稳定增长，城乡居民生活差距持续缩小，共同富裕取得明显进展；融合标准高、城乡发展好，城乡要素资源合理流动，基础设施互联互通、公共服务同质共享，城乡发展互促互进、共同繁荣。要胸怀"国之大者"，从全局上认识和把握乡村振兴战略。坚定农业大省政治责任，坚持实事求是，从各地实际出发，充分考虑发展水平、资源禀赋、历史文化等因素，不断提高"三农"工作创新力。坚持人民至上，充分尊重农民、优先开展民心关注的工作，引导农民自觉参与乡村振兴，迈上共同富裕之路。坚持系统观念，创新统筹办法，提高统筹效能，用好政策工具包、考核指挥棒，健康有序推进"五个振兴"。当前，要突出抓好贯彻落实习近平总书记关于耕地保护的重要指示要求，坚定不移守牢耕地红线，坚决遏制耕地"非农化"、基本农田"非粮化"。有序开展耕地种植用途管控，加强动态监测，稳妥推进耕地恢复，落实最严格的耕地保护制度。压实地方党委政府主体责任，逐级签订耕地保护目标责任书，确保工作落实落地。把深入推进涉农资金统筹整合作为支持乡村振兴的重要抓手，不断加大工作力度，切实提升统筹整合实效。

（一）始终把维护粮食安全重大责任放在首要位置

山东是农业大省，要把维护国家粮食安全的责任放在首要位置。粮食和重要农产品稳产保供是"三农"工作的头等大事。要统筹抓好疫情防控和乡村产业发展，牢牢守住保障国家粮食安全底线，加快构建现代农业产业体系、生产体系、经营体系，为打造乡村振兴齐鲁样板夯实产业基础。必须守好耕地保护红线，落实最严格的耕地保护制度。落实耕地保护军令状，作为刚性指标严格考核、一票否决、终身追责；落实耕地保护党政同责，落实耕地利用优先序，严守生态保护红线、永久基本农田、城镇开发边界三条控制线；坚决遏制耕地"非农化"、基本农田"非粮化"。严格落实耕地利用优先序，耕地主要用于粮食和棉、油、糖、蔬菜等农产品及饲草饲料生产，永久基本农田，重点用于粮食生产。严禁占用永久基本农田种树、挖塘养鱼、挖湖造景和发展设施农业，对耕地转为其他农用地及农业设施建设用地严格实行"进出平衡"。高质量完成高标准农田建设任务，统筹抓好土地集约节约利用、盐碱地综合开发等工作，支持有条件的地方创建"吨半粮"县。逐步完善粮食生产支持政策，加大对产粮大县奖励力度，完善粮食生产支持政策和主产区利益补偿机制。切实调动地方政府抓粮和农民种粮"两个积极性"，确保粮食播种面积只增不减，生产能力稳定在 1100 亿斤以上。落实增加大豆生产任务，积极争取国家政策支持，在沿黄、沿湖等优势产区大力推广玉米大豆带状复合种植。不断优化蔬菜、水果、畜牧产品、水产品等重要农产品供应，稳定"菜篮子"产品保障水平。落实习近平总书记关于种业科技自立自强、种源自主可控的重要指示精神，实施现代种业振兴行动，开展种源"卡脖子"技术攻关，建好种质资源库，加快建设区域性种业创新基地，培养一批高产、优质、专用品种，不断提高良种覆盖率、增产贡献率。大力发展设施农业、高效节水灌溉农业，建设农业机械化强省。全面提高农业质量效益。实施农业科技创新计划。推进农业全产业链发展，支持预制菜、乳业等产业发展，培育烟台苹果、寿光蔬菜、半岛渔业、沿黄肉牛等百亿级、千亿级优势特色产业集群。深入实施"百园千镇万村"工程，提高黄河三角洲农业高新技术产业示范区、潍坊国家农业开放发展综合试验区建设水平，创建海洋领域国家农业高新技术产业示范区。加快农业数字化转型。

（二）不断探索创新农业生产经营方式

产业振兴是乡村振兴的重中之重，关键在于不断创新农业生产经营方式。第一，要加快培育农业全产业链，促进农村一二三产业融合发展和农业高质量发展。在培育特色上持续用力，优化特色产业培育方案。促进品种培优、品质提升、品牌打造和标准化生产。加快建设特色农产品优势区，争取国家政策支持，继续开展现代化海洋牧业建设综合试点。打造一批农业现代化示范区和优势特色产业集群。要落实好现代农业强县等激励政策，打造一批千亿级、百亿级农业全产业链重点链，锻造一批农产品加工强县，推进农业全产业链高质量发展。围绕拓展农业多种功能，利用特有农业资源、民俗资源，大力发展体验农业、创意农业、中央厨房、农商直供等融合型新产业。第二，必须坚持家庭经营的基础性地位不动摇，要在稳定完善农村基本经营制度的基础上，精心培育农业龙头企业，规范提升农民合作社，加快发展专业大户、家庭农场，提档升级农业社会化服务组织，构建立体式、复合型现代农业经营体系。要围绕小农户与现代农业发展有机衔接，组织小农户、服务小农户、提升小农户，发挥邮政、供销等作用，突出发展多环节、全程化生产托管等服务模式。健全完善利益联结机制，支持小农户参与农业多功能拓展、乡村多元价值开发，建立契约型、分红型、股权型等利益分享机制，让小农户成为现代农业发展的直接受益者。开展农业专业化、社会化服务机制创新试点，将先进适用的品种、投入品、技术、装备导入小农户。第三，农业的出路在现代化，农业现代化关键在科技进步。科技兴农种业优先，要加快推进现代种业振兴，围绕农作物、畜禽、水产三大板块，持续推进创新平台建设和新品种研发。扩建省农作物种质资源库，加强种质资源保护利用，推动种业全产业链改造升级。提升农业技术装备水平，加快研发推广大中型、智能化、复合型农机装备，前瞻布局研发一批农用无人机、农业机器人产品，确保继续在全国走在前列。加快设施农业改造提升，整县推进农产品产地仓储保鲜冷链物流设施建设，推动冷链物流服务网络向农村延伸。持续加强农业防灾减灾能力建设，完善水旱灾害检测预警预报、防汛抢险技术支撑机制，提升气象为农业服务水平。强化农村基层动植物检疫防控体系建设。第四，加快农村农业数字赋能发展。数字赋能是山东实现农业由大到强转变的战略支撑，对提升农业生产经营水平，促进农民农业共同富裕具有重要意义。加快发展智慧农业，在种植、加工、流通、销售等环节，培育一批智慧大棚、数字果园、数字车间、智慧物流、农村电商等应用场景，加快农机、灌溉设施、渔船等农机装备数字化改造，探索建设乡村"产业大脑"，加快推进"三农"基础数字归集。推进农村信息基础设施建设，推动农村生产生活和公共服务等数字化、智能化升级提升。

（二）突出农村人居整治重点任务，扎实稳妥推进乡村建设

落实乡村建设行动方案，明确重点任务，突出农村人居环境整治，加快研究制定具体实施方案。贯彻落实中央全面加强基础设施建设的部署。抓好农村基础设施建设，在农田水利设施、规模化供水工程等方面，谋划建设一批重大项目，加快补上农村基础设施短板。美化乡村生态环境，加快推进绿色发展。抓好农村人居环境整治五年行动，高质量推进改厕、清洁取暖、污

水处理、生活垃圾治理。推进村貌提升，推进美化、绿化、亮化等工作。大力发展高效节能节水农业、旱作农业和生态循环农业。加快建设农业绿色发展先行区。发挥县域在城乡融合发展支撑作用，完善农村基础设施网络，推进城乡基本公共服务均等化，重点加强教育、医疗、养老等基本公共服务建设，提高农村居民受公共服务的可及性、便利性。高度重视农村自建房安全问题，深入排查消除农村安全隐患。实施数字基础设施升级、智慧农业创新等重大行动。坚持互联互通、共建共享，从横向上看，统筹各相关涉农数据开放共享；从纵向上看，联动各级信息互通一致，避免重复建设和资源浪费，不断提升干部群众的数字素养与技能。坚持物质文明和精神文明，推动党的创新理论走进千家万户，教育引导农民践行社会主义核心价值观，持续营造积极向上的良好气氛，扎实开展乡风文明行动，破除封建迷信和陈规陋俗，普及疫情防控知识，推进全民健身计划，提高群众健康管理能力。强化历史文化名镇名村和传统村落、农业文化遗产、乡村特色风貌保护。

（三）拓宽增收渠道，促进农民富裕富足

千方百计增加农民收入，促进农民富裕富足。围绕增加农民家庭经营性收入、工资性收入、财产性收入和转移性收入，大力发展乡村富民产业，拓宽农民就业渠道。盘活用好农村资源资产，落实强农惠农富农政策，让更多农民群众勤劳致富。做好脱贫享受政策人口帮扶工作，完善监测帮扶机制，巩固"两不愁三保障"和饮水安全成果，推动巩固拓展脱贫攻坚成果同乡村振兴有效衔接，坚决守住不发生规模性返贫底线。乡村振兴的前提是巩固拓展脱贫攻坚成果，要持续抓紧抓好，让脱贫群众生活更上一层楼，确保脱贫人口帮扶措施落实到位。扎实做好黄河滩区居民迁建和易地搬迁安置区后续工作，确保群众搬得出、稳得住、能发展、可致富。发挥政策的最大效果，努力实现人岗相适，突出把困难群众安置好的工作重点。持续抓好农业现代化示范区、优势特色产业集群、现代农业产业园、海洋牧场等载体平台，延长产业链、贯通供应链、提升价值链。因地制宜，发展乡村旅游、休闲农

业、创意农业、直播带货等新产业新业态。贯通产加销、融合农文旅，推动乡村产业做大做强。把产业发展落实到农民增收上，构建企业和农业产业链优势互补，分工协作的格局，让农民更多地分享产业增值效应。适应国际贸易新形势、乡村发展新趋势和常态化疫情防控，深化农业供给侧结构性改革，深入挖掘农村消费潜力，培育产业发展新动能，形成产业发展新增长点。积极培育农民合作社、家庭农场等新型经营主体。实施乡村好青年培养计划和人才回归工程。深化"万企兴万村"行动，因地制宜建设"创业车间"。

（四）彰显美丽宜居，部门协同联动保生态

统筹协调相关职能部门，强化部门联动、信息共享互通。推进黄河三角洲修复重大工程，打造沿黄生态保护带。推进南四湖等重点流域生态保护和高质量发展，统筹省级财政资金，选取黄河干流及南四湖流域的相关县市区作为试点，整县推进农村生活污水治理。坚持"无规划不建设"原则，突出生态保护，统筹推进涉农建设系列任务。立足大幅度提升农村环境质量，扎实推进农村生活污水和黑臭水体治理。坚持数量与质量并重、试点整县推进的原则，有序推进落实。深入推进农村"厕所革命"，扎实推进农村改厕问题摸排整改，统筹开展厕具维修、粪污清运服务。推进生活垃圾源头分类减量。全省城乡生活垃圾无害化处理率维持在99%以上，焚烧率维持在90%以上。稳步推进农村供水、公路等基础设施建设，其中县乡道技术登记三级及以上公路占比达到50%以上。深化农村公路养护体制机制改革，落实养护责任和资金保障，建立健全管养长效机制，确保农村公路健康良性发展。促进农业绿色发展，重点加强受污染耕地环境风险管控，推进重金属重点行业企业排查整治。调整农业投入结构，推进农膜、畜禽粪污等农业废弃物资源化利用，开展农膜清理和回收专项行动。重点推进农业绿色发展项目，组织开展省级农业绿色发展先行县评选和国家秸秆综合利用重点项目遴选。开展大姜秸秆资源化利用，推进农业农村部化肥减量增效和绿色种养循环农业

试点项目。持续推进"绿满齐鲁＊美丽山东"国土绿化行动。着力打造美丽宜居环境，推动农村生活污水处理设施运维监管标准化，实现全过程监督，推动各地建设农村改厕后续维护长效机制。

（五）用足用好优惠政策，努力实现智力支撑更坚实

突出以强化本土人才精准培育、多渠道聚集和引导城市人才下乡，选好用好柔性人才、助力专业人才服务乡村发展为重点，为打造乡村振兴齐鲁样板提供坚实的智力支撑。制定和落实"十四五"农业农村人才队伍建设发展规划，促进各类人才投身乡村发展，持续推动"定向评价，定向使用"的基层职称制度落实落地。全面推开县以下事业单位管理岗位职员等级晋升制度，激发基层人才创新创业创造活力。扎实推进城乡公益性岗位扩容提质行动，吸引农村本土人才和高素质劳动力就地就业，服务乡村振兴、促进乡村发展。制定出台人力资源服务业助力乡村振兴行动实施方案，鼓励市场化、社会化力量参与乡村人才资源开发。扩大省现代农业产业技术体系建设规模，推进科技特派员创新创业共同体建设，实施基层农技人员素质提升工程，提升农业科技创新和为农服务水平。加强专家服务基地、继续教育基地等基层引才育才平台建设，建立城市人才定期服务乡村制度，推广乡村振兴"首席专家""合伙人"经验，试点建设"乡村振兴专家顾问团"，常态化开展专家服务基层工作。深化基层卫生院业务院长选配工作，探索建立基层首席公共卫生医师，促进高质量的医疗资源向基层乡村下沉。实施乡村振兴青年建功行动，引导更多青年人才服务乡村。鼓励金融机构探索"人才有价"融资模式，完善"农政银担"合作机制，开发乡村好青年贷、返乡创业担保贷信贷产品，助力各类人才在基层创新创业。完善省市"人才卡"服务协同机制，将乡村振兴领域的优秀人才纳入绿色服务通道，着力解决子女入学、交通出行等关键小事，组织山东最美基层高校毕业生等评选表彰，加大对扎根基层、服务"三农"优秀人才的宣传，在全社会营造关心爱护乡村人才发展的良好氛围。

（六）强化农村基层党组织建设，确保农村经济社会繁荣稳定

全面推进乡村振兴，组织振兴是根本和保障。农村社会稳定，事关党的执政基础和国家长治久安，保持农村社会稳定，对大局稳定十分重要。持续打击农村涉黑涉恶违法犯罪，加大宗教领域风险防范。常态化开展农村扫黑除恶专项斗争，对侵蚀农村基层政权，欺压坑害群众的村霸恶势力，露头就打，着力改善农村政治生态，筑牢党在农村的执政根基。依法打击农村制售假冒伪劣农资、非法集资、电信诈骗等违法犯罪行为，坚决制止利用宗教，邪教干预农村公共事务。坚持、发展和推广新时代"枫桥经验"，妥善解决农村矛盾纠纷，坚持源头预防、全面排查、就地化解、高效防控。扎实开展村级党组织分类推进整体提升行动，持续整顿软弱涣散党组织，推动基层党建全面提升、全面过硬。抓好带头人队伍建设，制定和落实对村干部特别是"一肩挑"人员监督管理的具体措施。稳妥推行、深化提升村党组织书记专业化管理。实施村集体经济提质增效行动，持续深化村党组织领办合作社的实践探索，发展壮大农村集体经济。落实信访工作条例，提升网络化管理服务质量。建立多元化纠纷解决机制，加强平安乡村建设，解决信访群众合理合法诉求，切实把矛盾纠纷化解在基层、化解在源头。统筹抓好农村安全生产、农产品安全等工作。注重防范化解农村债务风险，坚决查处村（社区）"三资"领域违法违纪问题。

（七）加强组织领导，不断完善保障措施

打造乡村振兴齐鲁样板是习近平总书记交给山东的重大政治任务，各级各部门必须扛牢责任，担当作为，统筹推进疫情防控和经济社会发展，扎实推动打造乡村振兴齐鲁样板各项工作任务落实落地。加强农村基层党组织建设，是确保乡村振兴沿着正确方向发展的根本保障，基层党组织是乡村振兴的直接组织者、参与者、策划者和推动者。加快实施村级党组织分类推进整体提升行动，补齐村级组织建设短板，逐步强化支部战斗堡垒，不断夯实乡

村振兴组织基础。首先就要认真落实党的农村工作条例，坚持农村农业优先发展。突出五级书记抓乡村振兴政治责任，县委书记要当好"一线总指挥"。党委农委进一步发挥统筹谋划，研究推进乡村振兴战略的实际考核问题；打造乡村振兴齐鲁样板工作专班、农委成员单位及相关职能部门，聚焦聚力，各司其职，通力合作；党委农办切实发挥好参谋助手、统筹协调、政策指导、推动落实、督导检查的作用，把乡村振兴各项工作抓出成效。持续加大农业农村投入，推进涉农资金统筹整合，落实现代农业强县激励政策，确保农业农村投入稳定增长。调整完善土地出让金收入使用范围，优先支持乡村振兴。推进农村信用体系建设，完善信贷担保体系，调动银行、保险、国有企业、工商资本等积极性，撬动更多资本投入"三农"领域。深化改革乡村振兴政策创新，统筹推进国家农村综合性改革试点、第二轮土地承包期到期延保和宅基地改革试点。突出建设省级农村改革试验区，充分释放制度创新、政策叠加协同效用。抓好农业现代化示范区、乡村振兴齐鲁样板示范区等示范创建工作，进一步发挥典型引领作用。落实好基层干部的各项政策，优化提升"加强农村基层党组织建设工作队"、第一书记、乡村振兴服务队、"四进"工作组等派驻基层工作力量，打造一支政治过硬、本领过硬、作风过硬的乡村振兴干部队伍。继续推进齐鲁乡村之星选树工作，发挥涉农院校人才的作用，鼓励引导致富带头人、创业大学生、退役军人等各类人才到乡村一线建功立业。

（报告中使用数据，凡未注明出处的，均依据 2022 年 1 月 7 日省委农业农村委员会第五次全体会议和 2022 年 4 月 12 日打造乡村振兴齐鲁样板专题会议。）

参考文献：

[1] 习近平：《论"三农"工作》，中国文献出版社 2022 年版。

[2] "走在前、开新局"主题系列新闻发布会大众网专题，http://www.dz-www.com/2022fbh/zzqkxjztxlxwfbh/。

[3] 2022 年山东省政府工作报告，http://news.sdnews.com.cn/zchz/dbq/202202/t20220209_3991531.htm。

[4] 2021 年山东省国民经济和社会发展统计公报，http://tjj.shandong.gov.cn/art/2022/3/2/art_6196_10294366.html。

[5] 山东加强民生改善创新推动民生事业取得新成效新闻发布会，http://sd.iqilu.com/v5/live/pcQwfb/142539html。

[6] 中国共产党山东省第十二次代表大会报告（全文），山东宣传网，http://www.sdxc.gov.cn/sy/tt/202206/t20220610_10369932.htm。

[7] 山东省财政厅、山东省农业农村厅：《关于印发山东省建设现代农业强县财政激励政策实施方案的通知》，鲁财农〔2021〕39 号。

[8] 习近平：《摆脱贫困》，福建人民出版社 1992 年版。

[9] 2022 年 1 月 7 日省委农业农村委员会召开第五次全体会议。

[10] 2022 年 4 月 12 日打造乡村振兴齐鲁样板专题会议。

地 市 分 报 告

济南市全面推进乡村振兴报告

孙庆珍　张维昊　耿晓燕

摘要：2021 年，济南市把全面推进乡村振兴作为建设现代化强省会、促进人民共同富裕的重大任务，锚定打造乡村振兴齐鲁样板省会标杆目标，聚焦聚力抓好推进落实，全面乡村振兴破题起势，不发生规模性返贫的底线稳如磐石，产业发展稳步推进，乡村建设步伐稳健，农民收入稳中有升。同时济南市在全面推进乡村振兴过程中也面临着农业产业链条不全不长、城乡要素流动机制不畅、农村基础设施和公共服务设施建设依然薄弱、农村内生发展动力不足等诸多挑战，建议充分发挥农民主体性作用，激发乡村发展内生动力；优化产业布局，加大产业集群培育力度；做好要素保障，全面提速农村改革步伐；推动公共服务下乡，满足农民的精神文化需求等。

关键词：济南；全面；乡村振兴

在 2020 年中央农村工作会议上，习近平总书记强调：脱贫攻坚取得胜利后，要全面推进乡村振兴，这是"三农"工作重心的历史性转移；提出坚持把解决好"三农"问题作为全党工作重中之重，举全党全社会之力推动乡村振兴，促进农业高质高效，乡村宜居宜业，农民富裕富足。2021 年中央农村工作会议强调，要牢牢守住保障国家粮食安全和不发生规模性返贫两条底线。2021 年 10 月，习近平总书记亲临山东视察，在深入推动黄河流域生态保护和高质量发展座谈会上作重要讲话，对山东提出"三个走在前"要求，为山东、济南加快发展提供了根本遵循。

济南市是山东省省会，副省级城市，素有"泉城"美誉。济南物产丰富，农作物种质资源 2100 余种，有章丘大葱、平阴玫瑰、龙山小米、商河花卉、莱芜生姜、莱芜黑猪等诸多名优农产品。济南下辖 10 个区、2 个县（含 3 个功能区），总面积 10244 平方千米，共有行政村 4699 个，涉农镇街 105 个，农村人口 430 万左右。耕地保有量 639 万亩，其中永久基本农田 534 万亩。2021 年，全市农业总产值 758.41 亿元，同比增长 8.4%；第一产业增加值为 408.77 亿元，同比增长 7.1%；全市农村居民人均可支配收入 22580 元，同比增长 10.5%。

一、济南市全面推进乡村振兴取得的成效

2021 年，济南市把全面推进乡村振兴作为建设现代化强省会、促进人民共同富裕的重大任务，锚定打造乡村振兴齐鲁样板省会标杆目标，聚焦聚力抓好推进落实，全面乡村振兴破题起势，不发生规模性返贫的底线稳如磐石，产业发展稳步推进，乡村建设步伐稳健，农民收入稳中有升。

（一）统筹推进有效衔接，不断巩固拓展脱贫攻坚成果

2018 年底，济南市 1006 个贫困村就全部摘帽退出，22.2 万贫困人口基本实现脱贫，目前建档立卡人口年人均纯收入达到 12454 元。近几年来，济南市聚焦"守底线、抓发展、促振兴"，守住返贫和新致贫动态清零这条底线，抓牢防止返贫动态监测和帮扶工作两个环节，盯紧医疗保障、饮水安全、特困老年人救助和重度残疾人帮助四个风险点，统筹推进巩固拓展脱贫攻坚成果与乡村振兴的有效衔接。5 年过渡期内延续执行各项帮扶政策，持续做好困难群众帮扶工作，确保"两不愁三保障"成果更加稳固。2021 年全市有 9110 人享受教育资助，累计办理居民医保参保手续 15.6 万人次，为 5.1 万人次一站式报销住院费用近 4 亿元，完成农村危房改造 760 户。保持资金投入力度不减，共投入衔接补助资金 6.28 亿元，推进实施产业类等项目 210 个。同时全面排查农村困难家庭，将 18 万余名困难群众纳入救助保

障范围，对低保边缘和"单人保"人员进行动态监测，为9.4万脱贫户投保意外伤害保险、为9.5万脱贫户投保医疗商业补充保险。安置脱贫劳动力就业2.39万人，设置扶贫专岗14835个。继续推行孝善扶贫，近2.5万名贫困老年人受益。健全防止返贫动态监测信息共享和筛查预警机制，把具有返贫致贫风险的困难群众及时纳入监测帮扶范围，2021年纳入防止返贫动态监测人员342户、903人，全部给予针对性帮扶①。

（二）农产品稳产保增，特色产业集群初具规模

1.粮食和重要农产品稳产增效

济南市始终坚持粮食安全党政同责，严格落实"菜篮子"市长负责制，确保粮食和重要农产品稳产增效。2021年，全市共设立市县镇村四级"田长"5497人，创新建立"网格化+112"工作法，对违法违规用地苗头性问题即时处置，坚决遏制耕地"非农化"、防止"非粮化"。加快推进灌区续建配套和现代化改造，新建成高标准农田28万亩（其中高效节水灌溉面积14万亩），在全省综合评价中位列第三名，获得省政府专项奖励资金3000万元。新增农产品仓储冷库库容19.5万立方米。累计发展生态循环农业面积139万亩，水肥一体化技术覆盖95%以上农业基地园区，农产品监测合格率常年保持在98%以上。完成耕地挖潜1.4万亩，启动"吨粮镇""吨粮县"建设，粮食生产实现"十八连丰",2021年全市粮食收获面积725.42万亩（其中小麦329.26万亩，玉米354.62万亩），总产293.07万吨，单产404公斤/亩，实现粮食面积、总产、单产三增加。全市蔬菜生产面积146万亩，其中设施生产面积30万亩，总产量691万吨，现有蔬菜生产专业镇(街道)27个，专业村517个；蔬菜集中片区203个，其中万亩以上专业片区15个。全市蔬菜产销对接更加紧密，稳产保供基础牢固。②

---

① 数据来源：济南市农业农村局。
② 数据来源：济南市农业农村局。

2.特色产业集群初具规模

2021 年济南市列支财政专项资金 1.2 亿元，继续扶持十大农业特色产业振兴，培育形成核心基地超 70 万亩、产能 200 万吨、年产值逾 200 亿元的优势产业集群，平阴玫瑰携手章丘大葱入选全省农业特色产业培育计划，创建农村产业融合发展示范园、现代农业产业园和产业强镇等"国字号""省字号"平台载体 130 余个。"泉水人家"品牌成功走进央视和粤港澳大湾区展示推介，带动 12 个县域公用品牌整体提升，省级以上农业知名品牌达到 50 个。2021 年新认定市级农业龙头企业 30 家，新晋升国家级农业龙头企业 2 家，全市市级以上农业龙头企业数量发展到了 492 家，其中国家级 10 家、省级 70 家。深度植入三产融合新业态，推进建设 21 个市级以上田园综合体，发展规模以上农产品加工企业 311 家、各类休闲农业经营主体 1300 余家。截至 2021 年底，全市农民专业合作社共计 11780 家，其中，国家级、省级、市级示范社分别达到 21 家、90 家、372 家，从事农业社会化服务组织 5000 余个，全市家庭农场注册数 7258 家，县级以上示范场达到 880 家，其中省级示范场 103 家，市级示范场 404 家。自 2019 年以来，济南市共立项实施了 19 个田园综合体项目，建设期三年（2020—2022 年），计划总投资 20.5 亿元，截至 2021 年底，19 个项目共完成投资 15.5 亿元，完成计划的 75.5%。①

3.大力发展现代种业，打造中国北方种业之都

2020 年 12 月，习近平总书记在中央经济工作会议上强调要解决好种子和耕地问题，保障粮食安全。2021 年中央一号文件指出，农业现代化，种子是基础，要打好种业翻身仗。2021 年济南市印发《加快现代种业创新发展全力打造中国北方种业之都的行动方案》，明确提出打造立足山东、辐射全国、全球知名的"中国北方种业之都"。近年来，济南种业发展迅速，目前已建成省市两级种质资源库，入库种质资源 5 万余份；全市具备生产经营

① 林江丽：《全市粮食总产量迈上 293 万吨新台阶》，《济南日报》2022 年 6 月 15 日。

许可的作物、畜禽种业企业近百家，年育苗能力过 1000 万株的蔬菜种苗企业 20 余家，年工厂化育苗能力超过 7 亿株。在"种子提升"工程的扶持和带动下，济南现有持证种子企业 62 家，其中杂交种子 B 证企业 13 家、进出口种子 E 证企业 6 家。蔬菜方面，济南先后培育出安信种苗、伟丽种苗、金种子公司等一批国内知名种子种苗生产企业，推动蔬菜种苗产业化可持续健康发展，蔬菜集约化育苗能力位居国内首位。畜牧方面，济南已形成了奥克斯种牛、鼎泰种猪、鑫盛达 SPF 祖代种鸡、莱芜黑猪、鲁中肉羊为龙头的畜禽良种繁育龙头企业，实现了现代畜牧种业龙头聚集。[①]

（三）农村改革步伐加快，发展要素供给不断增强

1. 丰富政策规划体系，增强发展要素供给

2021 年，济南市出台了以全面推进乡村振兴为主题的市委 1 号文件，制定了《加快现代种业创新发展全力打造中国北方种业之都的行动方案》《济南市进城落户农民依法自愿有偿转让退出农村权益指导意见（试行）》等一系列文件，修订完善市级乡村振兴战略规划，印发国家城乡融合发展试验区实施方案，新发展阶段"三农"制度框架日益完善。突出县域发展主体地位，建立差异化推进机制，分类推进县域乡村竞相振兴，引领带动镇村联动一体进步。扎实推进城乡融合发展试验区、乡村振兴政策集成改革试点建设，破除城乡融合壁垒，探索出"一证保三权""农业大托管"等成功模式。2021 年，全市共整合各领域、各级次、各渠道涉农资金 107.68 亿元，其中中央资金 10.45 亿元、省级资金 5.37 亿元、市级资金 39.96 亿元、区县资金 16.53 亿元、债券资金 35.37 亿元。搭建"政银担企"四方合作平台，农业担保贷款在保余额突破 30 亿元。多层次政策性农业保险体系实现涉农区县全覆盖[②]。

---

① 魏海刚等：《致力打造"北方种业之都"》，《农民日报》2021 年 2 月 2 日。
② 数据来源：济南市农业农村局。

2.农村集体经济进一步发展壮大

随着《济南市农村集体经济组织经营性建设用地入市收益分配管理办法（试行）》的正式实施，济南市"农地入市"正式破冰并提速增量，目前已成功入市集体经营性建设用地 12 宗，成交总面积 621 亩。累计盘活农村闲散土地 1.96 万亩，安排不低于新增建设用地指标 5% 的比例，创新"两规"一致性处理方式，破解涉农项目用地难题。出台《济南市农村集体经济组织管理规定(试行)》《关于加快全市农村集体经济发展的实施方案》等指导性文件，村集体经济收入 5 万元以下村全部清零。4699 个行政村中集体经济收入超过 10 万元的有 4292 个，占比超过 91%；超过 50 万元的有 1259 个，占比为 26.8%。全市村级集体经济组织累计实现分红 16.9 亿元，集体资产股权质押贷款达到 3438 万元，农村产权交易市场体系覆盖全部涉农区县。①

（四）乡村生态环境持续改善，公共服务水平进一步提升

1.农村人居环境持续得到改善

近年来，济南市聚焦村容村貌、农村厕所、污水治理、生活垃圾治理、农村公路新建改造、农业生产废弃物利用等重点任务，累计投入资金近 100 亿元，高质量完成农村人居环境整治三年行动，成功通过国家考核验收。截至 2021 年底，全市共创建 3135 个清洁村庄，4699 个行政村全部完成弱电线缆整治，农村生活垃圾收运处置实现全覆盖，垃圾分类设施覆盖 90% 以上村庄，农村自来水普及率稳定在 98% 以上，农村通户道路硬化基本实现全覆盖，全部完成移动 4G 网络和光纤宽带网络建设任务。2022 年正式启动实施农村人居环境整治提升五年行动，不断巩固农村改厕成果，健全农村人居环境整治长效机制。目前全市累计建成市级以上美丽乡村示范村 310 个，共完成 105 个乡村振兴齐鲁样板村和 20 条乡村振兴齐鲁样板示范线路的创建任务，建成了章丘区三涧溪村、长清区马套村、槐荫区席庄村、平阴县北

---

① 数据来源：济南市农业农村局。

市村等一批省内外有影响的样板示范村庄，新一轮 129 个样板村建设正在扎实推进。

2. 农村基本公共服务水平进一步提升

近年来，济南市加快实施教育强镇筑基行动，按照城乡统一标准规划建设乡村中小学幼儿园。2021 年新建农村幸福院 1000 处，国家基本公共卫生服务项目覆盖到 52 个镇卫生院、3679 个村卫生室。居民的基础养老金标准、基本医保政府补助标准、大病保险筹资标准以及社会救助标准也同步提高，并加紧建立覆盖城乡的长期护理保险制度体系。建成了基本覆盖全市域、贯通市县镇村四级的新时代文明实践主阵地，统筹整合党群服务中心、文化服务中心等阵地资源。创建"出彩人家"示范村 747 个，"戏曲进乡村"覆盖率达 100%，红白理事会实现全市村居全覆盖。

二、济南市全面推进乡村振兴面临的主要挑战

近年来济南市乡村振兴工作取得了很大的进步，但对标先进地区乡村产业发展水平，对标打造乡村振兴齐鲁样板省会标杆的要求，济南市在全面推进乡村振兴过程中还面临着诸多挑战。

（一）农业产业链条不全不长、农业品牌影响力较弱

1. 农业产业链过短，附加值偏低

长期以来我国农业发展的主要目标是保产量，保供给，保障粮食安全和工业化需要的原材料，这就导致了我国农业产业结构比较单一，没有形成完整的产业链，多数农产品处于价值链的低端，获得规模溢价、品牌溢价、科技溢价的空间非常有限。济南市农业产业也普遍存在着利润低、增值低、档次低、新技术少的"三低一少"现象，产地优、产品好等资源优势无法实现最大化。农产品加工方面有明显短板，农业品牌知名度和影响力还不强，农产品精深加工程度比较低、冷链物流体系不完善仍是济南现代都市农业发展

的制约瓶颈和短板。如平阴玫瑰、龙山小米、历城草莓、长清寿茶等虽有一定的影响，但大都局限于比较简单的农产品生产环节，缺乏从田间到餐桌一体化生产服务、从初级产品到精深加工的产业体系、从单一营销到全链条增值的叠加效益，距离一产接二连三还有较大的差距。

以济南平阴玫瑰为例，玫瑰在平阴县的栽培历史距今已有 1300 多年，目前栽培品种 50 余个，种植面积 6 万余亩，约占全国玫瑰种植总面积的33%，年产玫瑰鲜花（蕾）20000 余吨，2021 年 4 月份玫瑰增选为济南市市花。① 近年来平阴玫瑰产业发展较为迅速，但尚未形成规模化的产业集群效应。在玫瑰种植环节，目前仍处于农民自发式种植生产阶段，以一家一户为主的种植模式组织化程度低，抗风险能力不强，田间管理科学化程度不高，粗放、分散式种植管理，使得玫瑰花产品在低端市场处于无序化竞争状态，导致玫瑰花价格波动较大，影响了花农的经济利益。在加工环节，目前70%以上的玫瑰加工企业从事的是干花蕾、玫瑰茶、玫瑰酱等初级产品的生产，向纵深产品开发升级不够，科技含量低，进行玫瑰精细加工、提取物深度开发的企业为数不多，造成玫瑰的附加值偏低，目前平阴玫瑰的精深加工比例不到 40%，全产业链综合产值不到 60 亿元，离国际知名玫瑰产品标准还有很大的距离。

2. 名牌农产品少，影响力较小

截至 2021 年底，济南市"三品一标"认证农产品达到 1542 个，产品认证总数位于全省前列，但荣获中国驰名商标、山东省著名商标的数量与青岛、潍坊相比具有较大差距，大多品牌是有牌无名，如曲堤黄瓜、垛石番茄、张而草莓、唐王大白菜、孔村食用菌、龙山小米等一批特色品牌影响力还仅停留在本地地域，跨省跨区域的品牌不多，享誉全国、走向世界的品牌更少。同时这些农产品虽在区域内有一定影响，但由于对这些品牌缺乏有效

① 魏俊怡：《平阴县将扩大玫瑰种植面积，打造标准化、规模化示范园》，大众网，2021年 4 月 21 日，http://jinan.dzwww.com/qcxw/sz/202104/t20210421_8380700.htm。

开发、缺乏对品牌形象的塑造和文明的挖掘，再加上资金投入不足等原因，也存在着影响力下降、带动能力弱、标准化生产不规范等实际问题。

（二）资源要素供给不充分、城乡要素流动机制不畅

1. 用地指标少，规划调整难

一方面鉴于农村二三产业用地收益低、回报慢，各区县一般选择把有限的建设用地指标批给收益较高的工业企业或房地产开发公司。而一二三产业融合发展需要新建加工厂房、晾晒场、仓库和各类度假村、庄园、农家乐、餐饮、住宿、停车场等设施时，往往没有建设用地指标。另一方面涉农第三产业一般需要紧靠农业种植区规划，特别是农业旅游、民宿等是和农业种植"你中有我、我中有你"相扶相依、相互融合才能发挥效益的产业。当前，多数休闲农业和乡村旅游的规划在一般农田和农用地范围内，按照国土部门建设用地的管理规定必须符合土地利用规划才能通过审批，不符合土地规划的项目，其建设许可、环评等后续手续很难得到批复。同时，土地规划一般每5年调整一次，市场瞬息变化，商机稍纵即逝，等到5年后调整土地规划就已经失去了产业发展的最佳时机，导致许多农村产业融合发展项目难以规划实施。

2. 新型农业经营主体融资渠道少，融资成本高

新型农业经营主体包括专业大户、家庭农场、农民专业合作社、农业企业等。近年来济南市的新型农业经营主体发展比较迅速，截至2021年底，济南市市级以上农业龙头企业为492家，农民专业合作社11780家，家庭农场注册数7258家。[①]尽管近十年来农村金融改革创新有力推进，但政策效果并不十分显著，通过走访调研发现，这些新型农业经营主体贷款难、贷款贵的问题仍未得到有效解决。一是融资渠道少。目前济南各区县融资平台发展程度比较低，现有的农村金融产品、服务和贷款抵押方式相对较少，租用

---

① 数据来源：济南市农业农村局。

土地及大量农业设施不能有效进行抵押，农民和新型农业经营主体没有信贷抵押物，能够得到银行贷款的机会十分有限，造成农业产业融资困难。即使有抵押物进行贷款，但由于农业投入大、回报率低、资金周转周期长等特点，金融机构"惜贷、恐贷、拒贷"现象普遍存在，导致了民间资本、金融资本、工商资本投入农业产业化的热情不高。二是融资成本高。购房贷款经过各种优惠政策后，年利率一般在3.5%—5%之间，而农业生产贷款相对来说优惠政策比较少，利率保持在6%—8%之间，偏高的贷款利率直接挤压了经营者的利润空间，变相造成各经营主体不敢通过贷款筹集资金。缺乏信贷支持使大量新型农业经营主体难以实现扩大再生产和转型升级，而产业发展不活跃，又导致银行更加惜贷、慎贷，农业农村发展难破资金约束难题。

（三）农村内生发展动力不足，农民主体性地位缺失

进入新世纪后，随着城镇化步伐的加快，青壮年农民陆续离开农村，许多农村因此面临"空心化"挑战，呈现出相对衰败、发展失调的局面，导致农村内生发展动力不足，农民主体性地位缺失。一方面，许多农民对农村发展关注下降，引发了认同自觉的不断减少，而且农民过度外流也使得激发参与自觉的可能性不断降低，最终导致许多农村发展遭遇劳动力不足的严重阻碍。另一方面，乡村治理的整体性疲软现象凸显，既不能吸引组织农民参与发展工作，也不能团结凝聚农民的协同行动。

1.农民对农村发展关注程度不高，内生发展动力不足

在调研中发现，乡村振兴在农村的进展比较缓慢，有很多农民群众对乡村振兴的相关政策、实施措施不了解，从而缺乏认同感，参与意识也不强。一方面，务农收益整体偏低，收入不稳定，很难满足农民的物质文化生活需要，而外出打工不仅帮助农民能够获取相对较高的工资收入，而且这种收入相对来说比较稳定。在此背景下，农民更多地将发展意愿投向城镇，而对农业生产和农村发展的关注却不断下降。另一方面，随着打工经济发展，农民在离开农村，进入城镇的过程中，既失去了参与农村各项事务的意愿，也缺

少参与农村发展的条件，劳动力短缺成为阻碍农村发展的重大难题。首先，因为农村劳动力严重不足，许多农村的基础设施难以顺利开展。通过走访济南市的部分农村发现，在乡村建设过程中，不少农村无法组织起合格的施工队伍，因此不得不让城市的施工队参与乡村建设，这种方式大大增加了农村的支出和农民的负担。其次，在农业现代化发展过程中，人才匮乏和劳动力短缺问题也非常严重。农村妇孺化、老龄化现象凸显，就全国范围来看，"谁来种地"问题已经成为一种普遍现象，并成为影响我国粮食安全的结构性难题。

2. 乡村基层治理能力不足，难以有效组织农民

乡村治理的整体性疲软导致农村组织工作陷入孱弱局面，既反映了农民群体对乡村治理工作的认同和参与自觉下降，也体现了农民群体的行动自觉不足问题。而这些都充分暴露了农民主体自觉的严重缺位。在农民过度外流和农村发展失调的背景下，乡村治理的虚化异化程度不断加深，不仅无法组织农民群体积极参与发展实践工作，还会直接削弱农民的集体主义精神。一方面，乡村治理组织的组织管理能力有限，难以组织广大农民参与各项工作。"村两委"是主要的治理组织，但许多两委组织面临青黄不接、人员老化的现实难题，很难有效组织乡村治理工作。推进具体发展工作时，乡村治理组织难以快速赢取农民的认同和自愿参与，也不能为农民如何行动提供科学方案，这些都不利于发挥农民的主体性作用。再加上农村留守群体的素质和能力不高，蕴含其身上的主体自觉也相对较少，也很难回应各种建设诉求。另一方面，组织工作的孱弱和集体经济的薄弱，使得两委组织的威信力、号召力不强，也很难组织农民的协同行动。一般说来，乡村治理是为了促成农民协同行动，既要有效激发集体主义精神，还需为集体行动刻画行动路径。但这些条件在许多农村难以得到满足，自然无法保证农民的有效协同合作，最终严重阻碍到农村各项发展工作的正常推进。①

---

① 徐顽强、王文彬：《重塑农民主体自觉：推进乡村振兴之路》，《长白学刊》2021年第2期。

（四）农村基础设施和公共服务设施建设依然薄弱

习近平总书记指出：城乡差距大最直观的是基础设施和公共服务差距大，要把公共基础设施建设的重点放在农村，加快推动公共服务下乡。

1.农村基础设施短板明显

据人民网公布的数据显示，截至2020年底，我国约10%的村生活垃圾没有集中收集处理，约35%的农户未使用无害化卫生厕所，约80%的村生活污水没有集中收集处理。据济南市农业农村局统计数据显示，截至2021年底，济南市农村生活垃圾收运处置实现全覆盖，农村无害化厕所普及率达90%以上，农村生活污水治理覆盖率达到30%，街巷道路硬化已经基本实现全覆盖，均高于全国平均水平，但是在调研中我们也发现了不少问题。以农村无害化厕所为例，尽管绝大多数农户都用上了无害化卫生厕所，但是由于其他的配套设施并不是很完善，比如水压不够、水管冬天容易上冻、清理化粪池费用偏高等问题，导致有些地区无害化卫生厕所的利用率并不是很高。另外因受资金短缺、村庄点多面广、村民居住分散、群众环保意识淡薄等影响，济南市仍然有30%的农村生活污水没有集中收集处理，而生活污水的露天径流和地下渗透，极易造成村庄周边土壤、水体污染，对农村人居环境提升和居民身体健康带来不利影响这与农民所期所盼、与打造乡村振兴齐鲁样板省会标杆的目标还有较大的差距。

2.乡村公共服务投入不足

从乡村公共服务来看，济南市在教育、医疗、卫生还有社会保障方面城乡之间依然存在较大差距，与省内其他先进地市相比也有一定差距。2021年济南市居民基本养老保险基础养老金标准为160元/人·月，比全省居民基本养老保险基础养老金标准（150元/人·月）高出10元，比青岛（200元/人·月）低40元。导致乡村公共服务发展落后的主要原因有：其一，传统城乡二元体制形成的不平衡发展影响至今尚存，多数地方财政对乡村公共服务设施投入较少。其二，多数村集体经济比较薄弱，村集体投入公共服务建设缺乏经济能力。2021 年,济南市 4699 个行政村中,村集体经济收入超过 50 万的只有 1259 个,占比不到 30%。其三,大多数青壮年劳动力外出就业,村区域内经济社会发展不足,村公共服务需求也不足,地方政府和村集体增加村公共服务供给,缺乏内在动力。其发展的难点在于增加公共服务供给,既缺经济来源,又缺公共服务需求,维持公共服务供给缺失状态,乡村即缺乏吸引力,又缺乏经济发展支撑。[①] 在新中国成立一百年时我们要建成富强民主文明和谐美丽的社会主义现代化强国,没有农业农村的现代化,就称不上社会主义现代化。所以亟须加大农村公共基础设施建设力度,全面推进乡村建设行动,推动城乡基础设施共建共享、互联互通,逐步建立全面覆盖、普惠共享、城乡一体的基本公共服务体系。

三、济南市全面推进乡村振兴的对策建议

"十三五"时期,济南市农业农村工作取得了很多历史性的突破,随着国家和省级城乡融合发展试验区、济南新旧动能转换起步区、中国(山东)自由贸易试验区济南片区、"强省会"战略布局及省会经济圈一体化的推进,济南衔接南北、贯通东西、联通世界的战略区位优势更加彰显,这将为济南全面推进乡村振兴、打造乡村振兴齐鲁样板标杆带来新机遇、新动能。

(一)优化产业布局,加大产业集群培育力度

1.延长产业链,提升价值链

习近平总书记指出:产业兴旺是解决农村一切问题的前提。全面推进乡村振兴,要扭住产业振兴这个"牛鼻子",挖掘一产增值潜力,补齐二三产业发展短板,助推农业高质量发展。一是拓展加工流通延伸产业链。统筹发

---

① 叶兴庆、金三林、韩杨等:《走城乡融合发展之路》,中国发展出版社 2019 年版,第 181 页。

展农产品初加工、精深加工和综合利用加工，推进农产品多元化开发、多层次利用、多环节增值。聚焦重点企业实施"一对一"精准帮扶，深入挖掘一批规模效益强的农产品加工企业。突出抓好莱芜出口农产品，平阴玫瑰阿胶、商河温泉花卉等现代农业集成片区建设，力争培育百亿级特色农业产业集群，加快形成园区成片、产业成带、主体成群的农业产业发展新格局。同时对接终端市场创新营销模式，推动"互联网＋特色产业"融合发展，依托"泉水人家"平台载体，助推特色农产品快速上行，优化业务流程，降低交易成本，实现更高效率的农商互联产销对接。二是加快构建农村的冷链物流体系，实施"净菜进城"工程，同时加大财政的支持力度，实施具备预冷、保鲜、分拣包装、冷链运输及冷藏冷冻等功能的农产品冷链项目，加大对信息化、标准化水平比较高的农产品冷链物流企业的引进和培育。三是农旅巧结合，丰富业态类型。实施乡村休闲旅游精品工程，以省会近郊乡村旅游圈为重点，围绕"南山北水"的资源禀赋，开发形式多样，独具特色，个性突出的乡村休闲旅游项目和旅游产品推荐，认定一批示范典型，挖掘一批技艺精湛、工艺独特的能工巧匠，建设一批"小而精、特而美"的一村一品示范村镇。打造好特色旅游这个"广告牌"，引入创意元素，推进农旅与相关产业深度融合，大力发展品质化乡村旅游，深入打造特色集群片区。

2.培育壮大新型农业经营主体，带动农民增收

一是不断提升农民专业合作社和家庭农场规范化水平，发展以生产托管为主要形式的社会化服务，引领更多小农户进入现代农业发展轨道。鼓励村集体经济组织牵头组建土地股份合作社，引导农民以土地承包权、林权、宅基地使用权等入股合作社，由合作社统一开发。济南平阴县孝直镇近年来积极引导农村党支部领办土地股份合作社，农户以农村"土地承包权"入股，合作社将流转过来的土地通过自主经营或招商引资的形式进行规模经营，农户可以同时拿到地租钱、打工钱、分红钱"三份钱"，不仅促进了农民增收，而且大大提升了农业现代化水平。目前，孝直镇11万亩耕地全部实现"三权分置"并行，为1.5万农户和148家新型农业经营主体颁发了承包权证、

经营权证，在济南市率先实现全镇全域规模经营，2018 年被农业农村部列为全国农业产业强镇。二是持续壮大农业龙头企业队伍，鼓励农业龙头企业牵头领办联合体，引导各类新型农业经营主体融合发展，推动组建规模大、竞争力强的大型农业经营组织。鼓励龙头企业与农户（合作社）建立风险共担的利益共同体，采用直接投资、参股经营等产权联合模式与农民建立利益联结机制。强化龙头企业联农带农的激励机制，对龙头企业的扶持政策与其对农民的利益联结机制挂钩。同时鼓励龙头企业向中心城镇、中心村聚集，建立加工园区，实现产镇融合、产村融合。

（二）做好要素保障，全面提速农村改革步伐

1.深化产权改革，强化资源要素供给

在农业农村的现代化进程中，进一步非农化将成为农民就业和收入的主要构成，与此同时，土地对农民的生计保障作用将持续下降，农业的经营形态也会继续去小农化，农民的代际差异显著，人口、资本等生产要素的城乡流动将继续扩大。要顺应这些重大变化，必须牢固坚持农村集体所有制，重构农村集体产权的权力结构，加快农村集体产权制度的改革，让分散的资金聚起来、让沉睡的集体资产活起来、让增收的渠道多起来。2021 年，济南市全部村（居）均完成清产核资登记注册，建立农村集体经济组织，依法取得独立市场主体地位，形成农村新的发展动能。

2021 年 1 月起，济南章丘区启动了"资源变资产、资金变股金、农民变股东"的"三变"变革，创新"六步走"工作法，持续探索实现乡村振兴富民强村的章丘路径。一是扎架搭台：各村成立村集体经济、土地、劳务、旅游、置业等五大股份合作社。二是清产核资：对全区 895 个集体经济组织全面开展农村集体资产清产核资工作，共清查集体资产 55.32 亿元，集体土地总面积 241.4 万亩。三是股权量化：将可量化的村集体经济组织拥有的经营性净资产按照经过资格界定的成员数，折成等额股份量化到个人，实行按股共有。四是试点先行：首批确定 3 个区级试点村、42 个街镇级试点村，

率先开展试点工作。五是龙头带动：聚焦经营主体，采取壮大一批、引进一批、新建一批的方式，培育"三变"承接龙头，走龙头带动的路子。六是精准施策：制定出台《关于开展农村"三变"改革试点工作的实施意见》，梳理相关职能部门参与、服务"三变"改革的政策项目120余项，进一步促进了项目的精准对接和落地实施。通过"三变"改革，章丘区集体经济收入50万元以上的村由2020年的34.4%提高到2021年底的58.8%，参与"三变"改革村的农民群众人均增收1500余元，蹚出了一条乡村振兴新路子。①

2.强化智力支撑，吸引农民返乡建设农村

全面推进乡村振兴，人才振兴是关键。当前，农民主体的严重缺位，以及深层次的参与自觉和行动自觉缺失，正是导致众多农村发展工作步履维艰的重要原因。特别是在空心化程度严重的乡村，单独依靠留守群体，很难真正全面推进乡村振兴。为此济南市要结合实际工作需求，合理有序、有选择性地吸引部分农民返乡建设农村，进而为振兴乡村积攒动力。一方面，进一步支持吸引返乡农民工、高校毕业生和退役士兵等群体返乡参与乡村建设发展，为振兴乡村提供充足的实践主体。相对而言，返乡群体往往掌握了较高的科学文化知识，而且具备较强的市场竞争意识，他们参与农村发展既能直接提供劳动力，也能强化振兴乡村的智力支撑。②长清区文昌街道共辖58个行政村，其中24个行政村的主要领导人，都是常年在外工作、创业或经商的能人。他们用先进的管理和经营理念把村"两委"班子重新武装，让村容村貌焕然一新，让村民精气神脱胎换骨，为乡村振兴按下快进键。被评为济南市十大经济影响人物的孙建明，街道积极与其对接，吸引他回家乡干一番事业。2020年，孙建明当选为西苏村党支部书记，上任后村里的水电改造、广场提升、产业发展、电商营销等各项工作迅速铺展开来；退伍军人

① 杨守勇：《山东章丘乡村振兴："三变"改革中的三不变》，新华网，2022年3月31日，http://sd.news.cn/news/2022-03/31/c_1128518393.htm。

② 徐顽强、王文彬：《重塑农民主体自觉：推进乡村振兴之路》，《长白学刊》2021年第2期。

刘继杰毅然放弃年产值 600 万元的装饰公司，回到西李村创立无公害山药协会，并引进了山药深加工生产线，实现农村一二三产业的融合发展……他们的这种无私奉献、勇往直前的精神，极大地激发了农民干事创业的信心和热情，为乡村振兴的全面推进提供了强大的内生动力。另一方面，通过开展农业产业化经营，推动一二三产业深度融合，不断完善现代农业格局，也能为返乡群体提供更多发展机遇，并为其参与振兴工作提供更多有利条件。章丘区三涧溪村创新党建引领新模式，通过探索"乡村振兴合伙人"制，采用现代农业方式运营，集聚人才创业，蹚出一条增收致富路。绿涧生态农业合作社创办了能让返乡青年拎包就能入住的"农创园"，探索以"园中园"形式开展农创项目，吸引 120 多名青年党员、回乡大学生、复退军人入股，2020年在 6 个大棚中探索猪粪喂虫、虫子喂鸡、虫粪肥田、田上种菜"四位一体"的循环农业模式。乡村振兴就要在党支部的引领下，多打造一些产业发展平台，让更多的人才找到适合自己落脚和发展的项目，进而催生更多农业新业态。

（三）充分发挥农民主体性作用，激发乡村发展内生动力

农民是乡村振兴战略的主力军，也是乡村振兴战略的真正受益者，还是最终评价者。济南市在全面推进乡村振兴过程中，应始终坚持农民主体地位，提高农民在乡村振兴战略中的参与度，增强农民在乡村振兴战略中的获得感，推动形成工农互促、城乡互补、协调发展、共同繁荣的新型工农城乡关系。

1. 加大宣传力度，强化农民对乡村振兴的认同

全面推进乡村振兴，最为关键的是赢得广大农民的坚定认同，进而形成强有力的振兴共识，并积极借助乡村振兴政策设计和具体举措，持续聚焦农民的关注目光，进而促使农民积极参与各项实践工作。为此，在实际工作中，必须加强相关政策的宣传引导工作，努力争取农民群体的认同。各级政府应该结合本地工作实际，健全常态化培训提升机制，对村党组织书记开展

"全员大集训"。推行村党组织书记专业化管理，以"村村到"方式开展"乡村振兴大比武"，激发村党组织书记干事创业热情，增强农村领头人对乡村振兴战略的认识，并鼓励他们将更加丰富的乡村振兴内容传达给农民。目前济南市很多基层都成立了乡村振兴讲习所，要充分发挥这些新时代农民讲习所的枢纽和平台作用，在农村掀起"大学习、大调研、大讨论"的热潮，通过先"讲"再"习"、边"讲"边"习"、以"讲"促"习"等"讲习"活动，进行"政策宣讲""技术培训"和"文明教育"等，深刻把握党领导"三农"工作的新思想、新方略，深刻领会、准确把握习近平总书记关于"三农"工作重要论述和乡村振兴战略思想的精神实质，将广大农民群众凝聚在党委、政府周围，在增强"比较"和"竞争"的基础上激活农户的发展意愿，培养农民对乡村振兴的认同意识。此外，各级政府还要鼓励社会组织借助自身优势，在帮助农民认同乡村振兴战略过程中，发挥力所能及的作用。

2.提升乡村治理能力，实现农民群体的再组织化

为了保证农民主体的行动自觉，也要尽快实现农民再组织化，强化农民群体的协同合作。当前，农村发展难题很难单纯凭借个体力量进行破解。如在经济领域，随着农村的市场化程度不断提高，分散的农民个体很难应对市场竞争，只有抱团取暖，才能真正抵御各种经济发展挑战。为此，必须想方设法地推动农民的再组织化。[①] 一方面，提高乡村治理的精准性。在调研中发现，基层治理的网格化管理可以有效提高乡村治理的精准性，提高农民参与乡村治理的积极性。济南长清区文昌街道将村庄按胡同划分为成微网格，设置胡同长，主要由党员、入党积极分子、生产组长担任。胡同长既是胡同内的信访信息员、矛盾调解员，同时也是宣传服务员。胡同长既让村民"事有地方办、困难有人帮、问题有人管"，也让上级政策决策能够传达到家家户户，成为"小事不出巷"的坚强防线。同时创新实行"3+ABC"协商民主模式，"3"代表三类固定成员：村民委员会代表、村党支部代表、村务监

---

① 易赛键：《城乡融合发展之路》，红旗出版社 2020 年版，第 160 页。

督委员会代表;"ABC"分别代表协商议题涉及的法律工作者、其他利益相关方、议题涉及的相关专业人士。"3+ABC"协商民主模式给予出巷矛盾以"出口",让村民自己盯难事、建真言,谋良策、出实招,培养农民的集体归属感,激发农民的行动自觉。另一方面,鼓励农民成立多种合作组织,从而更好地回应农民在乡村建设发展过程出现的应有诉求。一方面,农业经济专业合作社的成立,大大改善了农村的经济风貌。与此同时,农民还可以尝试其他类型的合作组织,将智慧和力量更加有效地集中起来,从而能够共同参与乡村振兴的各项工作当中。总之,通过农民再组织化可以集聚农民的行动自觉,激发农村发展内生动力,为全面推进乡村振兴提供坚实的保障。

(四)推动公共服务下乡,满足农民的精神文化需求

1.借力专业团体,培养本土人才

乡村文化建设既是乡村建设的难点,也是乡村建设的灵魂。农民是乡村的主人,他们既是乡村文化的建设者,也是乡村文化的受益者,要充分尊重农民的创造,理解农民的文化观,发掘中华优秀传统农耕文化资源,满足广大农民对文化的需求,提高他们的精神境界。但当前,乡土文化的日渐衰落,既不能有效吸引农民关注农村建设发展,而且还造成了农村发展环境的恶化。而且单纯依靠乡土文化也很难适应农村市场化的发展需求。为此,应该在大力弘扬优秀传统文化的基础上,充分吸纳现代文化,并将现代文化和乡土文化高度融合起来,从而不断培育农民的集体主义精神。

把专业的事交给专业的人去做,为了大力培养本土艺术人才,为乡村留下一支带不走的文艺队伍,济南市豫剧团近年来在多地创新性地开展了"文化共建"活动。豫剧团为帮扶村免费提供戏曲、器乐、舞蹈等专业技术培训,吸引具有一定文艺特长,热心热爱群众文艺事业的村民参加,通过传帮带,提高他们的创作水平和表演能力,村民自编自演的文艺节目更接地气,更能引起大家的共鸣。同时"文化共建"模式可以让剧团深入群众、深入生活,创作出更多切合当地农村实际的文艺作品,大大开拓了剧团的演出市场,从

而打破了原来传统送戏下乡的单一模式，各取所需，形成双赢的局面，充分调动起农民参与乡村文化建设的积极性、主动性和创造性，真正推动农村文化大发展大繁荣。

2. 完善文化设施，丰富农民文化生活

不断加大乡村文化服务中心的提升改造，构建起以街道综合文化站为枢纽、基层文化服务中心为基础的设施齐全、覆盖全域的公共文化服务网络。在完善硬件设施的同时，应充分发挥这些文化阵地的效能作用。如利用晚上、传统节日、农闲季节进行政策宣传，各种文艺演出、戏曲下乡等文化活动形成常态化，让越来越多的群众在家门口就能享受到公共文化服务带来的乐趣，通过讲好红色故事、倡导德孝文化，弘扬优秀家风、编演身边好人好事等丰富的乡村文化生活，增加村民的集体感、责任感、荣誉感。

参考文献：

[1] 林江丽：《全市粮食总产量迈上 293 万吨新台阶》，《济南日报》2022 年 6 月 15 日。

[2] 魏海刚等：《致力打造"北方种业之都"》，《农民日报》2021 年 2 月 2 日。

[3] 魏俊怡：《平阴县将扩大玫瑰种植面积，打造标准化、规模化示范园》，大众网，2021 年 4 月 21 日，http://jinan.dzwww.com/qcxw/sz。

[4] 徐顽强、王文彬：《重塑农民主体自觉：推进乡村振兴之路》，《长白学刊》2021 年第 2 期。

[5] 叶兴庆、金三林、韩杨等：《走城乡融合发展之路》，中国发展出版社 2019 年版。

[6] 杨守勇：《山东章丘乡村振兴："三变"改革中的三不变》，新华网，2022 年 3 月 31 日，http://sd.news.cn/news/2022-03/31/c_1128518393.htm。

[7] 易赛键：《城乡融合发展之路》，红旗出版社 2020 年版。

[8] 王文彬：《自觉、规则与文化：构建"三治融合"的乡村治理体系》，《社会主义研究》2019 年第 1 期。

（编审：牛竹梅）

青岛市打造乡村振兴"齐鲁样板"
先行区的路径探索

张松梅　倪庆东 ①

　　乡村振兴与共同富裕在出发点和落脚点上一脉相承。乡村振兴的目标是实现农业农村现代化，而农业农村现代化则是实现共同富裕的先决基础。因此，从改革发展的维度理解，共同富裕不仅是一场以缩小城乡差距、地区差距、收入差距为标志的社会变革，更是一场涉及经济、政治、文化、社会、生态等多领域系统变革与重塑。近年来，围绕着促进共同富裕，青岛市以打造乡村振兴"齐鲁样板"先行区为抓手，在产业、人才、文化、生态、组织等领域进行了一系列的改革，取得了可喜的成绩，成功争创了国家农产品质量安全市、国家城乡融合发展试验区等称号。

一、青岛市打造乡村振兴"齐鲁样板"先行区的
　　实践及阶段性总结

　　实施乡村振兴战略以来，在省委、省政府的坚强领导下，青岛市深入学习贯彻落实习近平总书记关于"三农"工作重要论述，特别是打造乡村振兴"齐鲁样板"的重要指示要求，并遵循山东省第十二次党代会提出的深入打造乡村振兴"齐鲁样板"的要求，持续探索土地规模化经营、村庄布局调

---

① 张松梅，青岛市委党校经济学教研部副教授；倪庆东，青岛市委党校经济学教研部副教授。

60

整、土地资源整理、美丽乡村、田园综合体建设与乡村"五个振兴"统筹推进机制的模式，准确把握工业化、信息化、城镇化、农业现代化的内在逻辑，按照土地规模化、组织企业化、技术现代化、服务专业化、经营市场化的思路，以镇为着力点，以村为操作点，在统筹好城与乡、生产方式与生活方式，促进农民收入和公共服务水平双提高等方面进行了创新探索。

（一）青岛市打造乡村振兴"齐鲁样板"先行区的实践

自 2017 年以来，青岛市上下围绕"五个振兴"在推进乡村振兴战略方面采取了一系列行之有效的措施，取得了显著成效，全市农业农村工作迈上了新台阶，初步形成了乡村振兴"齐鲁样板"先行区的雏形。

1. 乡村振兴制度框架和政策体系基本形成

近年来，青岛市深入把握农业农村优先发展的规律和要求，遵循"自上而下"的思路，顶格倾听、顶格协调、顶格推进，破除制度藩篱，增强乡村振兴的系统性、整体性、协同性。

（1）建立了"顶格协调"的领导机制。青岛市全面建立了"顶格协调"领导机制。市委、市政府主要领导通过主持召开市委农村工作会议、市委农委会等，全面部署、顶格推动；市委、市政府分管领导担任五大专班组长，通过主持现场观摩会，直联镇街、一线督导；市人大组成小分队，每季度开展督导调研，反馈问题、倒逼落实，年底召开乡村振兴攻势质询会，五大专班牵头单位现场向各界代表报告工作、接受质询；市委农办牵头一月一暗访、一月一通报，全市形成了"1（市委农业农村委员会）+5（五大专班）+N（N 个攻坚小分队）"的领导推进机制。

（2）建立了"四梁八柱"的制度体系。实施乡村振兴战略，必须把制度建设贯穿其中，强化制度供给，充分发挥制度的引领与保障作用。围绕打好乡村振兴"齐鲁样板"先行区，结合市情农情，青岛市委、市政府、市农委先后出台了乡村振兴战略规划、市委一号文件、乡村振兴"五大突破十大行动"方案、农业"国际客厅"三年行动计划等 21 个制度文件，完善了党政领导班子和领导干部推进乡村振兴战略实绩考核细则，全市形成了"1（规划）+1（一号文件）+5（五大振兴工作方案）+N（N个制度文件）"的制度体系。

（3）建立了"四个优先"的政策体系。实施乡村振兴战略，需要大量投入，仅靠财政一般公共预算远远不能满足需求，必须拓宽资金来源渠道，建立健全乡村振兴投入稳定增长的长效机制。一是通过整合涉农资金，集中力量办大事，整合资金量逐年增加，至2021年底市级达到36.22亿元。① 二是通过搭建"金融宝"等平台，促进银企对接，全市涉农贷款余额常年保持在3000亿元以上且逐年增长。三是通过统筹实施13个重点农业政策性保险，发行5只12.8亿元的涉农基础设施专项债，建立3只乡村振兴产业基金，多措并举拓宽乡村振兴资金投入渠道。四是通过实施乡村人才振兴十大工程，完善引才育才用才政策措施，在全国率先创设乡村振兴英才奖、试行涉农职称"民企直评"，连续将农民培训列入市办实事，培育高素质农民13.5万人，创建35家农村"双创"示范园，每年通过创业补贴支持返乡入乡创业3000人以上。

2.乡村产业高质量发展呈现良好态势

实施乡村振兴战略以来，青岛市各地各级农业农村部门紧扣乡村产业振兴目标，聚集资源、聚合力量，纵向延伸产业链条，横向拓展农业功能，乡村产业高质量发展保持了良好的发展势头。

（1）项目投资力度持续增大。项目投资是乡村振兴的"牛鼻子"。青岛市把"双招双引"作为第一战场，建立了乡村振兴项目库，全市一盘棋抓项目促投资。通过举办中国国际农机大会等重大展会，打造农业"国际客厅"，成功引进新希望六和、中建材等一大批全产业链大项目，全市一产固定资产投资保持高位增长，其中2021年增长115.4%。青岛市规划建设粮油、畜产品、农副食品三大农产品加工出口集聚区，推动项目集聚、产业延链，农产

---

① 数据来源：青岛市第十三次党代会报告。

品出口常年保持在 50 亿美元左右、稳居全国第一，推动 20 多个涉农项目成功"走出去"，瑞昌棉业入选全国首批 10 个境外农业对外合作示范区、获联合国表彰。

（2）稳产保供能力持续增强。粮食安全是乡村振兴的重要基础。确保国家粮食安全，把中国人的饭碗牢牢端在自己手中，特别是在新冠疫情引发的国际粮食市场存在不确定性形势下，确保粮食及重要农产品有效供给，是乡村振兴的题中应有之义。保障粮食安全，关键在于落实藏粮于地、藏粮于技战略。青岛市划定 305 万亩[①] 粮食生产功能区，每年建设 30 万亩以上高标准农田、全市累计 370 万亩。规划建设 30 处研发中心，主要农作物良种覆盖率 99%、农业科技进步贡献率 70%。全市建成园艺标准园 162 个、畜禽标准化示范场 933 个、国家级海洋牧场 16 处，成功创建全国首个口蹄疫、高致病性禽流感"双免"无疫区，全市粮食总产量常年稳定在 300 万吨以上、蔬菜 650 万吨以上、肉蛋奶 100 万吨以上、水产品 101 万吨以上。

（3）产业融合发展水平持续提升。产业融合是乡村振兴的重要路径，也是当前和今后一个时期农业农村工作的重点。当前，青岛市创建形成了 10 个现代农业产业园、13 个农业产业强镇、38 个田园综合体组成的农业园区矩阵，打造了蓝莓、茶叶等 15 条十亿级特色产业链，果品、肉鸡等 8 条百亿级产业链，农副食品加工、畜牧业等 2 条千亿级产业链，主要农产品加工转化率 80%。"新六产"发展指数持续位居全省第一，现代农业经营水平排名全国 35 个大中城市第一位。黄岛区、胶州市、平度市获评全国农村一二三产业融合发展先导区，崂山区入选国家首批全域旅游示范区。

（4）品牌强农和数字赋能持续深化。品牌是农业竞争力的核心标志，是现代农业的重要引擎，更是乡村振兴的关键支撑。当前，我国农业农村经济进入高质量发展的新阶段，"质量兴农、品牌强农"已经成为转变农业发展方式提升农业竞争力和实现乡村振兴的战略选择。近年来，青岛市加大"绿

---

① 数据来源：青岛市第十三次党代会报告。

色品质世界共享"青岛农品培育推介力度，打造优势品牌集群，推进品牌农产品与市场有效对接，培育省级知名农产品品牌 50 个、市级 163 个。全市构建了从田间地头到餐桌的全过程农产品质量安全监管体系，生产标准化率70%，地产农产品监测合格率稳定在 98%以上。在全省率先建设农业农村大数据平台，基本实现了"一图知家底、一网管全市"。

3.农村人居环境得到显著提升

近年来，青岛市以农村人居环境整治三年行动为抓手，通过对生活污水、生活垃圾的处理以及"厕所革命"，有效地改善农村居民生活环境，提高生活质量，破解新时代农村居民对美好生态宜居环境向往的难题，实现乡村生态振兴。

（1）农村人居环境整治三年行动圆满通过国家省上验收。青岛市建立"区市统筹、镇街监管、村级收集、市场化服务"的"3+X"城乡环卫一体化运作模式，新增 13 处镇级农村垃圾处理终端，形成"分类投放、分类运输、分类处置"的全链条农村生活垃圾分类模式，村庄（社区）垃圾分类覆盖率、生活垃圾无害化处理率均达 100%。全市农村无害化卫生厕所普及率达到 95%，农村生活污水治理率达到 61%、高出全省 31 个百分点，对 890个村庄进行绿化质量提升，全市村庄平均绿化覆盖率达到 30%。崂山区获评全国村庄清洁行动先进县。

（2）美丽乡村示范梯次创建。坚持美丽乡村、美丽产业、美丽经济"三美"共建，创建省级美丽乡村 78 个、市级示范村 400 个，打造美丽乡村示范片 10 个，每年评选"青岛十大最美乡旅观光园""青岛十大美丽乡村打卡地"。按照"八有"标准，全市打造了 1056 家农村新型社区服务中心，推动职能下沉、干部下沉、服务下沉，构建起群众身边的为农服务综合平台。

（3）农村基础设施建设加快升级。围绕农村群众关注的重点领域补短板、强弱项、惠民生，全市 1322 个单村供水村庄全部实现净化水设施安装全覆盖，累计完成 20 多万户的清洁取暖设施改造，镇街建成区实现天然气管网全覆盖，农村公路列养率达到 100%，村内道路基本实现"户户通"，行政村 4G 覆盖率达到 99%以上。

（4）农业绿色发展深入推进。大力推广绿色生产方式，守护好"绿水青山"，在全省率先出台农业废弃物管理暂行办法，从源头上对农作物秸秆、畜禽粪污等七类农业废弃物一并规范管理，推广水肥一体化 90 万亩，化肥农药使用量连续 5 年负增长，秸秆综合利用率、农膜回收率分别达 96.7%和92.5%，畜禽粪污综合利用率达 86%以上。

4."一统领三融合"农村基层党建新格局基本构建

青岛市以打好深化拓展"莱西经验"为主线，以农村基层党组织建设为统领，走出了一条符合乡村振兴需要、富有青岛特色、在全国全省具有较大影响力的"一统领三融合"新时代农村基层党建工作新路子。

（1）全面完成村级组织优化调整。坚持抓镇促村、整镇推进、全域提升，指导 5 个涉农区市全面完成村级组织优化调整，全市村党组织由 6009个优化为 1308 个，实现了村庄规模由小变大、治理网格由粗到细、区域资源由分到统、党组织的组织力由弱到强。随着村级组织的优化调整，青岛市及时优化组织设置，跟进加强网格党建工作，选优配强新村党组织书记和网格党组织书记，确定 3 万多个党员中心户，构建"镇党委——村党组织——网格党组织——党员中心户"的组织链条，使党的组织体系在村一级纵向到底。同时，结合村级组织优化调整，打破地域和身份限制，多元化多渠道选优配强村党组织书记。选派 108 名村党组织书记赴浙江先进村庄体悟实训，200 名村党组织书记赴浙江大学专题培训。

（2）村级集体经济不断发展壮大。发展壮大村级集体经济是强农业、美农村、富农民的重要举措，是实现乡村振兴的必由之路。首先，发展壮大集体经济，必须坚持党建引领。首先，青岛市深化了 128 个乡村振兴工作队联镇帮村、839 名第一书记驻村帮扶和"加强农村基层党组织建设"工作队工作，引导村党组织领办 3800 多家合作社，镇党委领办 78 家合作社联合社，打造村党组织领办合作社"升级版"。其次，发展壮大集体经济，必须坚持盘活资源用活资本。青岛市高质量推进中央财政资金扶持 90 个村庄发展壮大集体经济项目，集体经济收入 10 万元以上的村庄实现全覆盖。再次，发展壮大集体经济，必须深化集体产权制度改革。截至 2021 年底，全市 99.1% 的村庄完成了改革任务，483.4 万农民成为集体经济股东，量化集体资产 449.5 亿元、分红 14.4 亿元；实施"一巩固三强化"行动，清收集体债权 8.4 亿元，纳管闲置资产 3 亿元。①

（3）乡风文明建设日益深化。近年来，青岛市抓住国家和省两级试点的机遇，全域展开试点工作，完善区（市）、镇（街）、村（社）三级架构的工作体系，试点工作在 10 个区市全域推进，文明实践活动实现全覆盖，2021 年推荐上报 8 个全国文明村镇，县级及县级以上文明村镇达到 82.93%。同时，着力抓实乡村文化振兴考核工作，对照省乡村文化振兴考核指标体系，逐项对标对表、切实推进落实。2021 年共推出特色工作 36 个，《青岛城阳区"讲帮评育"推进新时代文明实践》工作信息，被中宣部《宣传工作》选发。

5.农村改革活力进一步迸发

农村土地是农民集体所有的重要资源，是农民生产生活的空间载体和增收致富的核心资产。在实施乡村振兴战略的大背景下，农村改革的主线仍然是处理好人地关系，需要做足做活农村宅基地、集体经营性建设用地、农用地等"三块地"的改革，始终把保障农民土地权益放在首位，不断增强农民的获得感、幸福感和安全感。

（1）农村"三块地"改革稳妥推进。截至 2021 年底，青岛市全面完成农村承包地确权登记颁证工作，为 90 多万农户近 500 万亩土地"确实权、颁铁证"，积极开展第二轮土地承包到期后再延长 30 年试点。稳慎推进平度市农村宅基地制度改革国家级试点，稳妥开展农村闲置宅基地有偿退出试点，全市有偿退出 400 余套。积极探索农村集体经营性建设用地入市制度，平度市已有 11 宗 390 亩农村集体经营性建设用地入市，累计成交价款 4611 万元。2021 年 7 月，莱西市首宗 177.28 亩农村集体经营性建设用地入市，

---

① 数据来源：青岛市第十三次党代会报告。

成交价款 3037.4 万元。

（2）农村集体产权制度改革基本完成。青岛市在全省率先开展农村集体产权制度改革，485 万农民成为集体经济组织股东、461.7 亿元集体资产按份额量化到集体经济组织成员，累计分红 19 亿元。在全省率先制定《农村集体经济组织选举工作指引（暂行）》，顺利完成 5750 个村集体经济组织换届。农村产权交易中心实现涉农区市全覆盖，在全国率先探索"四权"抵押试点。统筹财政资金 5500 万元，支持 110 个薄弱村发展壮大集体经济，全市 80% 的村集体经济收入超过 20 万元。

（3）新型农业经营体系加快构建。近年来，青岛市瞄准率先走在前列目标定位，大力培育家庭农场、农民合作社等新型农业经营主体，加快构建新型农业经营体系，推动了都市现代农业向高效率、高品质和高效益发展转变。截至 2021 年底，全市农村土地有序流转 318 万亩，农业规模化经营比重达到 70%。家庭农场发展质量不断提升，家庭农场达到 2.2 万家，经营耕地总面积达到 64 万亩，带动 3.3 万农民就业，年销售农产品总值 16 亿元。农民合作社带动农户作用更加突出，农民合作社达到 1.8 万家，注册成员 43.3 万个、辐射带动农户 23 万户，平均为每个成员销售农产品 1 万元。社会化服务组织加快发展，发展农业社会化服务组织 3000 多家，接受服务的农户达到 100 万户。农业龙头企业综合实力显著增强，市级以上农业产业化龙头企业 333 家，规模以上农产品加工企业发展到 817 家，年产值 1943 亿元。

6. 推动巩固拓展脱贫攻坚成果同乡村振兴有效衔接取得新实效

随着脱贫攻坚的圆满收官，2021 年"中央一号文件"将政策着力点转移到全面推进乡村振兴层面上来，并提出要实现巩固拓展脱贫攻坚成果同乡村振兴的有效衔接，设立了 5 年的过渡期。青岛市统筹"巩固、拓展、衔接"三个关键环节，持续巩固拓展脱贫攻坚成果，打牢乡村全面振兴坚实基础。

（1）拧紧压实工作责任。严格落实"四个不摘"要求，设立 5 年过渡期，保持帮扶政策、资金支持、帮扶力量总体稳定。安排市级衔接推进乡村振兴资金2.7亿元，拨付省级资金3440万元。扛牢帮扶协作菏泽政治责任，市级财政投入帮扶资金1.5亿元，区（市）自筹帮扶资金1830万元；持续强化产业合作、人才支援、劳务协作，12家青岛企业在菏泽投资2.81亿元，社会各界捐款1895万元、消费帮扶7742万元，培训各类专业技术人才1213人次。①

（2）持续巩固拓展脱贫攻坚成果。健全防返贫动态监测和帮扶机制，认定动态监测帮扶户79户163人，给予即时帮扶。对2.1万名脱贫享受政策人口，继续落实教育、健康、就业帮扶和项目分红。创新实施兜底扶贫特惠保险和防返贫综合保险，以市场化防贫长效机制化解返贫和新致贫风险。实施衔接项目183个，其中产业和基础设施项目149个。西海岸新区探索"六个统筹"促进脱贫攻坚同乡村振兴有效衔接的经验做法入选国家2021年农村改革试验区改革实践典型案例。

（3）深化东西部协作提质增效。落实东西部协作结对关系调整部署，与定西市、陇南市分别签订"十四五"东西部协作行动方案，累计安排财政援助资金10.51亿元，实施援助项目259个。围绕五大任务指标推动项目落实落地，新引进产业项目47个，实际到位资金7.82亿元，陇南康大肉兔、利和萃取项目得到山东、甘肃两省省委主要领导好评。动员社会各界捐款捐物额1.1亿元，选派专业技术人员520名，在青培训协作地党政干部6089人次，培训各类专业技术人才17558人次，采购、帮助销售协作地农畜产品和特色手工艺品15.62亿元，帮助脱贫人口转移来青就业1991人。

总之，实施乡村振兴战略以来，青岛市坚持农业农村优先发展，以平台思维做发展乘法，以生态思维创发展环境，在全市发起乡村振兴攻势，打响乡村产业、组织、生态、人才、文化、改革六大攻坚战，取得了一系列的新成效，创出独具青岛特点的模式，具有代表性、典型性。

———————
① 数据来源：青岛市第十三次党代会报告。

（二）青岛打造乡村振兴"齐鲁样板"先行区阶段性总结

近年来，青岛市在打造乡村振兴"齐鲁样板"过程中，取得了一系列的成就，也创出独具青岛特点的模式，具有代表性、典型性。

1. 以"攻势"为推进方式，多管齐下，协同作战

自 2019 年以来，青岛市从思维模式上突破，从招数打法上创新，聚焦城市发展的重点难点痛点堵点，全面发起 15 个攻势，并把 15 个攻势作为 15 组改革来突破，形成了一套特色鲜明、行之有效的"青岛打法"。乡村振兴确立为全市攻坚克难的 15 个攻势之一，在注重与其他"攻势"协同联动的同时，有效整合内部资源，坚持以土地规模化、组织企业化、技术现代化、服务专业化、经营市场化"五化"引领都市现代农业实现新突破，着力打赢乡村产业转型升级攻坚战、深化拓展"莱西经验"暨基层党组织振兴攻坚战、乡村生态宜居攻坚战、乡村人才集聚攻坚战、乡村文化兴盛攻坚战、农村改革创新攻坚战等六场攻坚战，多管齐下，全面铺开，统筹协调，集成发力，积极构建工农互促、城乡互补、全面融合、共同繁荣的现代新型城乡关系。

2. 以组织振兴为统领，强化阵地建设，夯实执政根基

深入挖掘"莱西经验"新时代内涵，是习近平总书记对山东、对青岛市的重要指示要求。省委、省政府也把深化拓展"莱西经验"作为全省乡村振兴的重点任务。青岛市在全国率先提出"以组织振兴统领乡村振兴"的路径，赋予"莱西经验"新的时代内涵。在抓好乡村振兴工作队、乡村振兴技术服务队和"第一书记"帮包队三支队伍建设的同时，不断拓展"莱西经验"，出台了加强村党组织书记队伍建设的 20 条意见和激励广大干部到村担任村党组织书记的若干政策，面向全市公开遴选村党组织书记，健全"镇党委—农村社区党委—村党组织—网格党支部（小组）—党员中心户"农村基层组织链条，充分发挥村党组织书记和村党组织在乡村振兴中的领头雁作用和战斗堡垒作用。

3.以镇为着力点，用平台思维整合资源，以"四化"联动优化"四生"空间

青岛市乡村振兴"齐鲁样板"先行区最大特点是以镇为用平台思维做发展乘法。乡镇上联城市，下接农村，在乡镇层面上发展产业，更符合规模经济规律。同时，乡村振兴是一个复杂的系统工程，不能一个村一个村地搞，要站在区域发展和顶层设计的角度，用平台思维解决要素聚集，创新技术路径和行动纲领，完成战略产业空间的系统规划。通过挖掘特色优势资源，实现产业集群化、集群园区化、园区社区化、社区城镇化"四化"联动模式，从而优化生产、生活、生态"三生"空间结构和布局，推进城乡融合发展。如莱西市店埠镇国家级现代农业园区，以胡萝卜产业为核心，广泛采用物联网等新技术，不断完善农产品"全产业链"发展模式，实现种子研发、种苗繁育、蔬菜种植、质量检测、内销出口"基地一体化"管理，成功构建了现代农业产业综合体。

4.以莱西平度为突破点，举全市之力助力两地，加快缩小城乡区域差距

认真贯彻习近平总书记"办好一次会，搞活一座城"重要指示要求①，牢固树立新发展理念，把突破平度莱西作为全市区域协调发展的重点、乡村振兴的主阵地和脱贫攻坚的主战场，聚焦工业化、农业现代化、新型城镇化和提升交通基础设施四场硬仗，推动平度市莱西市奋起直追。举全市之力，集中布局引进重大工业项目，包括市南、市北、崂山、城阳、西海岸等，每年帮两市引进一批10亿以上的农业产业化大项目；发改、农业农村、工信、商务、科技、国资、住建等每年帮两市引进一批10亿以上的大项目；统筹协调海尔、海信、青啤、青岛港、华通、国信、城投等大企业，每年帮两市引进大项目；同时，在鼓励海尔、海信收缩战线，把外地的工厂往回搬迁的同时，鼓励中心市区在平度、莱西建飞地经济。所以，现在的平度、莱西是一方投资兴业的热土，未来的平度、莱西一定会是青岛继东部大开发，挺进

---

① 习近平总书记对上合组织青岛峰会的成功举办作出的重要指示。

西海岸之后又一个新的增长极。

总之,近年来,为贯彻习近平总书记的重要指示精神,在打造乡村振兴"齐鲁样板"过程中,青岛市走出独具特色"模式"。即以组织振兴为统领,以改革创新为主线,以镇为着力点,以莱西平度为突破口,用平台思维统筹解决"三农"问题,为打造乡村振兴"齐鲁样板"贡献青岛力量,彰显青岛作为龙头城市的责任与担当。

二、青岛市在打造乡村振兴"齐鲁样板"过程中存在的问题

经过几年的努力,青岛市乡村振兴工作取得积极成效,农业的生产效率在显著提高,农村的人居环境状况得到了有效改善,农民的幸福感与获得感不断提升,但仍然没有改变青岛大城市大农村的城乡发展格局。农业负担人口较多、农业劳动生产率较低、农民财政性收入较少、乡村工业化程度较低。农业还处于从提高土地产出率到提高劳动生产率发展过程中,农业农村同城市相比发展还相对滞后,这是建设开放、现代、活力、时尚的国际大都市最大的掣肘,是亟须补齐的短板。

(一)农业问题:突出表现为"三小一低"、新产业发展滞后、农业劳动生产率偏低

青岛市农业是典型的都市农业,大经济、小农业,农业体量不大,但资源环境约束大,无法满足人民群众日益增长的多样化、多层次的消费需求。突出表现为"三小一低",新产业发展滞后,农业劳动生产率偏低。

1.产业发展"三小一低",土地规模小,经营主体小,产业规模小,农业基础设施水平低

农村土地规模经营是农业现代化必经阶段。但与苏州90%以上承包耕地实现规模经营、90%以上农村土地承包经营权实现流转、流转土地中有90%以上流转到村集体的"三个90%以上"相比,青岛市土地规模化经营

率为 70%，而且农户之间自发流转占到了 47%，流转稳定性和经营质量有差距。当前青岛市规模经营农户仅为 2.5 万户，仅占流转规模的 2.5%。如胶州大白菜、黄岛蓝莓等特色产业多在 10 万亩左右。

农业基础设施水平相对较低。目前，全市中低产田占比 60% 以上，中低端拱棚和塑料大棚占设施农业面积的仅为 75%。全市具备水浇条件的农田 494 万亩，约占 63%、水肥一体化 70 万亩，不足 10%。农田水利设施有待于进一步完善，农业抵抗自然灾害能力依然比较弱。另一方面，农业生产设施建设标准不高和后期管护不足问题并存。突出表现在高标准农田建设上，与南通市 4500 元/亩、北京市 3000 元/亩、江西和四川全省 3000 元/亩相比，青岛市投入标准仅为 1500 元/亩，而且从实地调研和媒体曝光看，后期管护缺乏机制保障。（如表 1）

表 1　青岛市耕地规模化经营和流转情况

年份	土地规模经营情况			土地流转情况		
	规模化经营面积（万亩）	规模化经营率（%）	较上年增加（%）	规模流转面积（万亩）	规模流率（%）	较上年增加（%）
2017 年	319.2	53.4	—	299.5	50	4
2018 年	340.2	57.4	4	294.8	49.8	−0.2
2019 年	368.9	62.3	4.9	318.8	53.9	4.1
2020 年	410	70.2	7.7	311.9	53.4	−0.5
2021 年	428.1	74.2	2	383	53.2	−0.2

数据来源：青岛统计年鉴。

2. 乡村新产业新业态发展滞后

乡村产业结构上，青岛市仍以农业、传统手工业为主，种植业、畜牧业等农业经营收入依然占据农民收入的半壁江山。近年来，青岛市乡村新产业新业态发展虽有了长足进步，但仍处于起步阶段，全市农产品精深加工率不足 10%，乡村特色产业、乡村旅游业、乡村服务业、乡村信息产业等新业态发展不够充分。2020 年，青岛市农村电商仅为 61 亿元，与杭州差距甚大。

杭州乡村民宿旅游、电商等新产业新业态发展迅速、引领全国，营业收入年均增15%以上，农村电商销售额突破150亿元、民宿营业额超过60亿元，杭州经营民宿企业超过1700多家，已经形成了民宿产业集群、成为知名旅游目的地。

2020年青岛与其他城市三产占比（%）

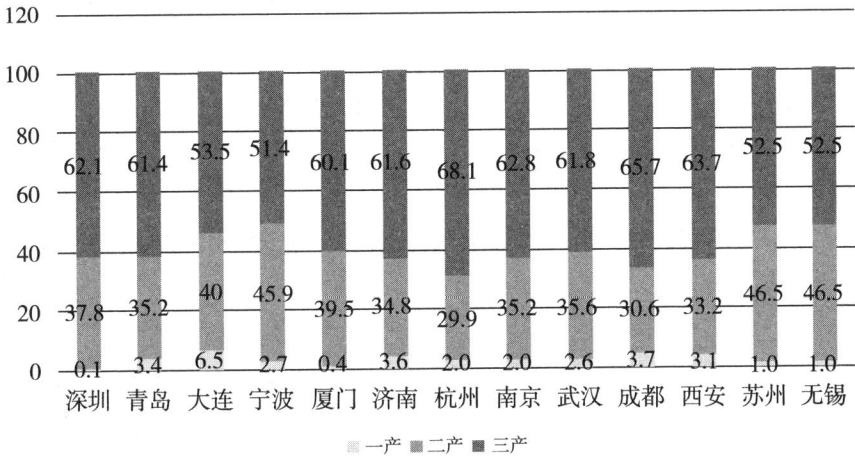

2020年青岛与其他城市三产从业人员占比（%）

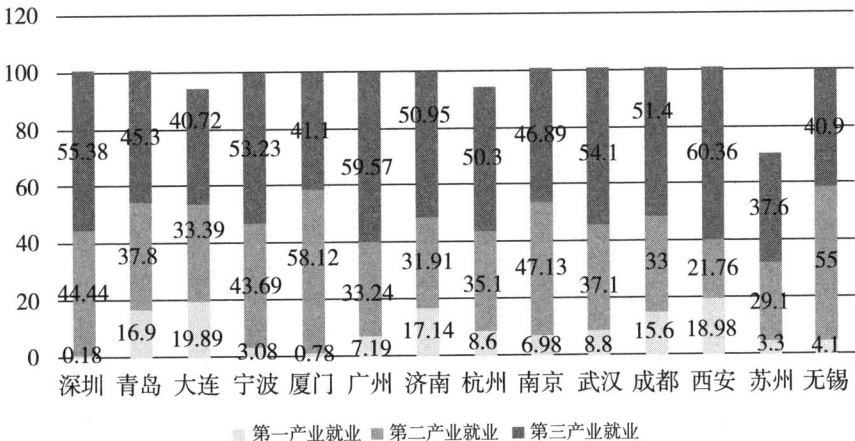

图1　2020年青岛与其他城市三产占比 & 2020年青岛与其他城市三产从业人员占比比较

数据来源：表中所涉城市的统计年鉴。

3.农业劳动生产率偏低

农业劳动生产率是测定农业效率的重要指标。与广州（7.19%）、杭州（8.6%）、苏州（3.3%）、无锡（4.1%）等城市相比，青岛市16.9%的农业从业人口仅仅创造了3.4%的农业产值，一产相对于二产、三产的比较劳动生产率偏低。另外，从农业劳动力供养比，也可以看出青岛市农业劳动力所供用的城市人口较少，劳动生产率偏低。（如图1）

从总体上看，青岛市乡村发展相对滞后的状况尚未根本改变，经济社会中最明显的短板，仍然在"三农"。农业劳动生产率偏低依旧是我市农业发展的瓶颈，它关系着农民增收和农业发展，因此，提高劳动生产率迫在眉睫。

（二）农村问题：突出表现为村庄结构不够优化，基础设施薄弱和村集体收入乏力

1.村庄结构优化不够彻底

村庄结构调整是我国城镇化和农村现代化过程中出现的一种乡村创新模式。自2019年以来，青岛市全面开展村庄规划编制工作，稳步推进村级组织结构优化。全市村级党组织由6009个优化为1308个，行政村由5444个优化为3796个，35个新村开展了"三资"融合试点，有力推动了村庄规模由小变大、区域资源由分到统、党组织的组织力由弱到强。但从目前的情况看，大多数村庄结构调整处于"貌合神离"的状态，仅仅完成了第一步组织融合，文化融合、产业融合、经济融合等一系列"融合"目前还尚未到位，有待进一步统筹整合。

2.基础设施薄弱

当前，青岛市农村生活设施配套不足和质量不高问题并存。浙江通过"千村示范、万村整治"工程，全省农村无害化卫生厕所普及率达99.48%，农村生活垃圾集中收集有效处理、规划保留村农村生活污水有效治理、污水处理设施运维管理等均实现全覆盖，而青岛市农村生活污水无害化处理率仅为61%，并且大部分村庄没有实现雨污分流，农村改厕质量不高，近年来

各种督查和媒体曝光问题不断。

3.村集体收入乏力

虽然青岛市农民增收的绝对值走在全省前列，但是近年来增长幅度排在全省后位，而且与南方同类城市相比差距更大。2020年，青岛市农村居民人均可支配收入23656元，仅为宁波的60.45%、杭州的61.13%；2020年，青岛市城乡居民收入比2.36，远高于杭州的1.77、宁波的1.74、浙江全省的1.96，甚至高于山东省的2.33。集体经济收入方面，杭州、宁波所有村庄集体经济收入均达到30万元以上，而青岛市刚迈过10万元的关口。

（三）农民方面：突出表现为城乡居民收入差距和农村人才流失

1.城乡收入差距较大

近年来，随着经济的快速发展，城乡居民收入水平不断提高。但在发展速度和水平上，青岛市城乡居民收入差距呈现出扩大的趋势。改革开放40余年，青岛市地区生产总值增长311倍，农民收入增长162倍，农民收入增长滞后于城镇居民收入和国民经济增长。（1978年农民收入146元，2020年农民收入23656元）。2020年青岛市城乡差距比为2.36:1，在同类12个城市对比中，排名倒数第3位，略微好于济南、西安，与城乡收入差距最小的宁波1.74:1尚有很大差距。（如表2）

表2　2020年青岛与其他城市城乡收入差距对比（元）

城市名称	城镇居民人均可支配收入	农村居民人均可支配收入	城乡差距比
青岛	55905	23656	2.36:1
大连	47380	21558	2.20:1
宁波	68008	39132	1.74:1
厦门	61331	26612	2.30:1
广州	68304	31266	2.18:1
济南	53329	20432	2.61:1
杭州	68666	38700	1.77:1

续表

城市名称	城镇居民人均可支配收入	农村居民人均可支配收入	城乡差距比
南京	67553	29621	2.28:1
武汉	50362	24057	2.09:1
成都	48593	26432	1.84:1
西安	43713	15749	2.78:1
深圳	64878		0

数据来源：表中所涉城市的统计年鉴。

图 2　山东省城乡居民人均可支配收入比&青岛市城乡居民人均可支配收入比
数据来源：山东省统计年鉴、青岛市统计年鉴。

不仅如此,"十三五"期间,青岛市农村居民收入增幅多年来持续低于城镇居民收入增幅,城乡居民收入差距不断拉大的趋势尚未得到扭转。(如图 2)

如图 2 所示,至少在"十三五"期间(2016—2020 年),只有 2016 这一年,青岛市城乡收入差距比低于山东省 0.1 个百分点,其余年份均高于山东省。

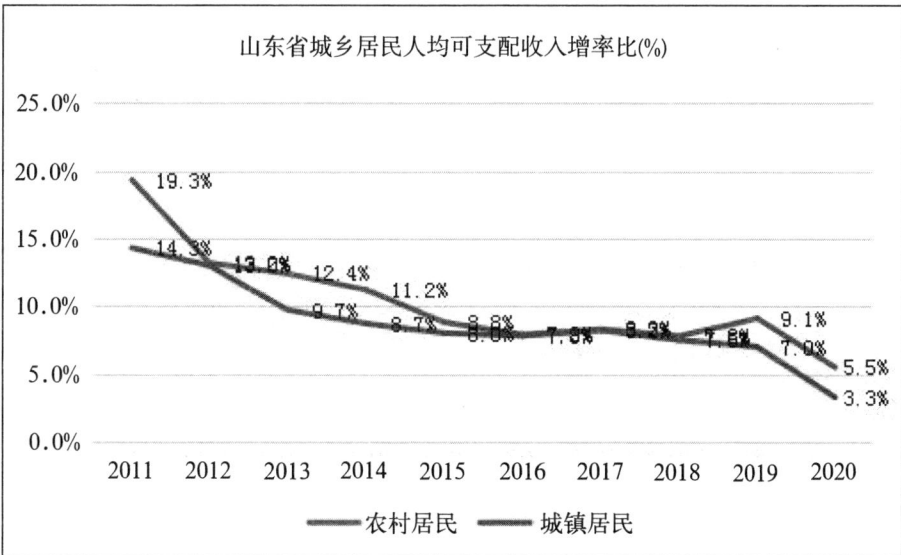

图 3 青岛市城乡居民人均可支配收入增率比 & 山东省城乡居民人均可支配收入增率比

数据来源:山东省统计年鉴、青岛市统计年鉴。

究其原因，主要是因为，近年来，青岛市农村人均可支配收入增长率低于城镇居民。（如图3）

如图3所示，自2012年以来，山东省农村居民人均可支配收入均高于城镇居民增幅。而青岛市在2010—2020年的11年间，仅有2010、2013、2019三年，农村居民人均可支配收入增长率高于城镇居民，其余的年份均低于城镇居民。究其原因，主要是在农村居民人均可支配收入的四项构成中（工资性收入、经营性收入、财产性收入、转移性收入）财产性收入占比太低，仅仅占1.4%和1.5%。（如表3）

表3　青岛市农村居民人均可支配收入构成及其占比（元/%）

年份	工资净收入及占比		经营净收入及占比		财产净收入及占比		转移性收入及占比		人均可支配收入
2016	10074	56.1%	7381	41.1%	256	1.4%	258	1.4%	17969
2017	10882	56.2%	7913	40.9%	280	1.4%	289	1.5%	19364
2018	11684	56.1%	8487	40.8%	310	1.5%	339	1.6%	20820
2019	12580	55.7%	9270	41.1%	344	1.5%	379	1.7%	22573
2020	13151	55.6%	9720	41.1%	365	1.5%	421	1.8%	23656

数据来源：青岛市统计年鉴。

在与同类城市的对比中，也可以看出，青岛市农村居民的财产净收入占比不仅低于其他三项，更远远低于其他同类城市。（如下图4）

如图4所示，2020年青岛市农村居民人均可支配收入中，财产性收入仅仅1.5%，在13个同类城市的对比中，排在最后一位。广州、成都、苏州、无锡四地的占比位居第一方队，遥遥领先。这说明，青岛市农村居民依靠土地、房产等出租、租赁、转让，从集体经济组织资产经营获得的收入是远远低于其他同类城市的。

2.农村人才流失严重，两委成员年龄偏大

同全国其他城市类似，青岛市农村人才流失也比较严重，人才缺失已成

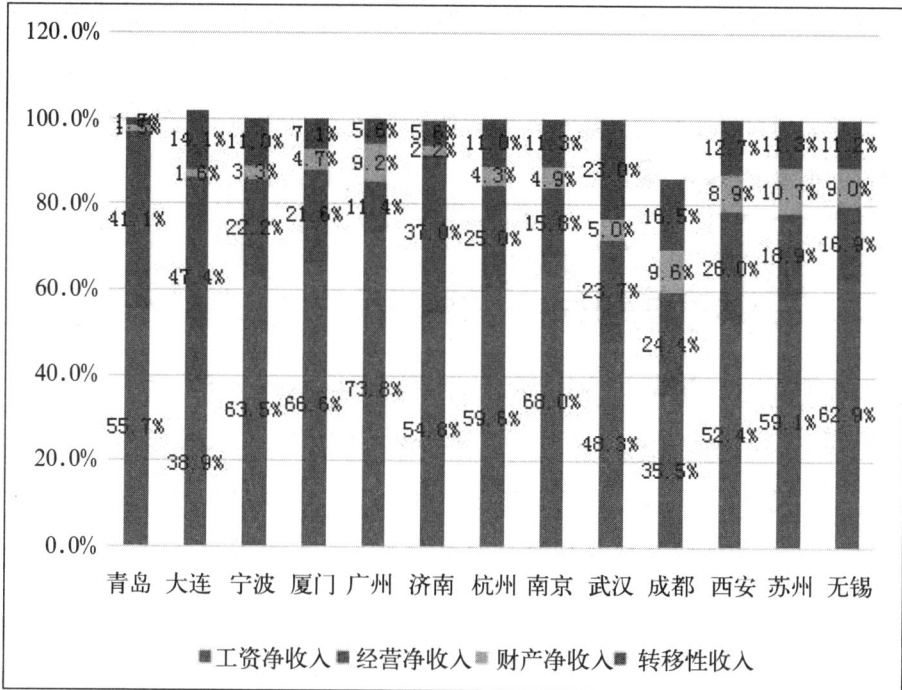

图 4　青岛与其他城市农村居民人均可支配收入构成占比（%）

数据来源：表中所涉城市的统计年鉴。

为制约农村社会发展的瓶颈。俗话说："村看村，户看户，群众看干部。"村干部是农村基层干部的主体，在"乡村振兴"战略实施中起着重要作用。村干部的素质直接或间接地影响到农村经济的发展和社会稳定。问卷调查显示，全市农村"两委"成员，平均年龄是 57 岁，最大的 69 岁，最小 52 岁；文化程度方面：班子成员中 46% 是初中文化程度，28% 是小学文化程度，高中文化程度的仅占 26%。虽然村干部的乡土知识、基层工作经验很重要，但年龄偏大、文化程度偏低一定程度上会制约着基层干部的思维方法和开拓能力。

综上所述，改革开放 40 余年，伴随城乡一体化不断地推进，青岛市农产品质量得到了提高，农业生产效率也呈现出上升的趋势，但是城乡之间的差距问题并没有被彻底根除。目前，在城乡融合发展过程中，仍然存在要素配置不合理、基本公共服务不协调、基础设施配置不合理、城乡产业协同发展不顺畅以及城乡居民收入差距大等现象。因此，要树立科学的城乡融合发展理念，通过生产要素、基本公共服务、基础设施以及产业等方面进行全面协调，促进城乡融合发展。

三、青岛市打造乡村振兴"齐鲁样板"先行区的路径选择

为促进共同富裕，打造乡村振兴齐鲁样板先行区，"十四五"期间，青岛市应在农业现代化、农村现代化、农民生活品质化、城乡要素配置均衡化、工作机制长效化等五大方面持续发力突破，全面推进乡村振兴。

（一）聚焦高质高效，在推进农业现代化上发力突破。

以农业供给侧结构性改革为主线，抓要害、抓重点、抓载体，改造提升农业的产业体系、生产体系和经营体系。

1.牢牢抓住耕地和种子"两个要害"，扛稳粮食安全重任

聚力耕地保护，以永久基本农田保护区、粮食生产功能区"两区"建设为重点，提高高标准农田投入标准，确保粮食丰产丰收。聚力种业提升。统筹推进种业的资源保护、创新攻关等工作，积极引进培育"育繁推一体化"种业企业。

2.突出数字、品牌、土地规模化、产业融合"四项重点"，提升乡村产业全要素生产率

聚力数字赋能，推动设立数字农业财政专项，支持农业农村大数据采集体系和智能分析体系建设，高质量建设智慧农业大数据平台。聚力品牌强农，整合优化品牌农产品供应链，创建一批省级以上知名农产品区域公用品牌和知名农产品区域公用品牌。聚力土地规模化经营，积极培育示范性家庭农场、农民合作社、农业社会化服务组织，促进小农户和现代农业有机衔接。聚力产业融合发展。大力推进多镇一业、特色农产品优势区建设，培育

一批乡村旅游强镇、特色村、示范点，多维度重塑农村多重价值。

3.抓好农业园区这个"关键载体"，做大做强农业全产业链

积极推动每个涉农区（市）创建 1 个以上省级现代农业园区、每个涉农镇(街道）创建 1 个以上市级现代农业园区，全域推进涉农项目向园区集聚、提高集群发展的能级。同时，以实施农业"国际客厅"三年行动计划为引领，高质量建设粮油、畜产品、农副食品三大农产品加工出口产业集聚区，继续保持农产品出口全国第一的优势。

（二）聚焦宜居宜业，在推进农村现代化上发力突破。

抢抓国家乡村建设行动机遇，统筹部署农村软硬件建设，不断提升乡村的舒适化、清洁化、便利化水平。

1.坚持规划引领

高质量完成市县乡级国土空间规划编制，突出做好村庄群规划工作，推动各类规划在村域层面实现"多规合一"，对有条件、有需求的村庄实现应编尽编。

2.统筹农村基础设施建设

一方面，在市级层面，推动重点民生项目优先向农村地区安排，持续改善农村水电路气房讯等基础设施。另一方面，实施好数字乡村建设发展工程，积极推进 5G、物联网等新基建向农村覆盖延伸，不断满足农民对高质量生产、高品质生活的现实需要。

3.实施农村人居环境整治提升五年计划

深入推进村庄清洁行动、绿化行动等行动，全面整治清零农村改厕。继续梯次推进美丽乡村达标村、示范村、精品村等示范创建，积极拓展乡村多重价值，激发乡村发展新生机。

4.统筹农村公共服务供给

健全完善城乡公共服务均衡配置机制，推进科、教、文、卫、体等公共服务县域标准统一、制度并轨。坚持"四个优先"要求，推动公共服

务优先向农村安排，真正实现城乡公共服务由形式上的公平到实质上的普惠。

（三）聚焦富裕富足，在推进农民生活品质化上发力突破。

积极适应"三农"工作重心的历史性转移，做好巩固拓展脱贫攻坚成果同乡村振兴有效衔接，不断提升农民群众的获得感、幸福感和安全感。

1.重点抓好低收入群体和经济薄弱村增收，夯实共同富裕的物质基础

首先，持续巩固拓展脱贫成果。在5年过渡期内保持脱贫攻坚主要帮扶政策总体稳定，坚决守住不发生规模性返贫的底线。同时，统筹推进甘肃陇南、定西的东西部协作以及省内协作帮扶菏泽工作，着力在特色帮扶上创亮点求突破。其次，持续推进集体经济相对薄弱村增收攻坚行动。支持村集体经济组织出资组建村集体经济发展公司，可以承接200万元以下的小型乡村工程建设管理。整合财政扶持资金、村自筹发展资金等，推动跨村、跨镇联合建设，促进经济相对薄弱村数量抱团发展。

2.重点抓好乡风文明和乡村治理工作，夯实共同富裕的精神基础

首先，持续提升乡风文明。积极发挥"一约四会"作用，推动社会主义核心价值观融入文明公约、村规民约、家规家训，为乡村振兴注入文明力量。其次，持续提升乡村治理效能。围绕建立健全自治、法治、德治相结合的乡村治理体系，统筹实施好"头雁领航"工程、第二轮软弱涣散村党组织整顿等行动，全域提升"一统领三融合"质量水平。

（四）聚焦融合发展，在推进城乡要素配置均衡化上发力突破。

着眼于构建新型工农城乡关系，促进各类要素更多向乡村流动，在乡村形成人才、土地、资金等要素汇聚发展的良性循环。

1.着力强化"地"的支撑

首先，聚力承包地改革。扎实推进第二轮土地承包到期后再延长30年改革措施，有序推动土地流转、规模经营，积极推广农业生产社会化服务，

促进小农户与现代农业有序接轨。其次,聚力宅基地改革。积极学习上海、长沙等地改革经验,进一步深化宅基地"三权"分置改革,重点搞活使用权,释放权能红利。再次,聚力集体经营性建设用地改革。稳妥试点农村集体经营性建设用地就地入市或异地调整入市,同步探索建立公平合理的入市增值收益分配制度。

2.着力强化"钱"的支撑

首先,大力推进财政支农,优先保障用于乡村振兴的财政投入,稳步推进土地出让收入用于农业农村比例每年增长1个百分点、2025年达到10%以上。其次,大力推进金融支农,不断完善金融机构服务"三农"激励约束机制,力争辖区涉农贷款余额持续增长。用好农村产权交易平台,积极稳妥推广农村承包土地经营权抵押贷款,扎实推进农村集体资产股权质押贷款试点,让乡村股权"活"起来。再次,大力推进工商资本投向农村。积极引导工商资本发展一些适合规模化、集约化经营的种养业,发展农村一二三产业融合式的新产业。同时,建立工商资本租赁农地监管和风险防范机制,确保农地农用,有效防止农村集体产权和农民合法利益受到侵害。

3.着力强化"人"的支撑

首先,围绕留住人,着力培育"绿领"人才。一方面,通过实施农村实用人才培养工程、新型农业经营主体带头人轮训计划等,培养一批农业职业经理人、乡村工匠等"绿领"人才。另一方面,通过开展新型职业农民职称评审、乡村振兴英才等各种评选,落实职称评定、工资待遇等的激励政策。其次,围绕引进人,着力畅通人才下乡通道。通过"四个一百工程",最大限度调动全社会支持乡村、参与振兴的积极性。再次,围绕市民化,着力健全农业转移人口市民化机制。逐步建立健全由政府、企业、个人共同参与的农业转移人口市民化成本分担机制,全面落实支持农业转移人口市民化的财政政策、城镇建设用地增加规模与吸纳农业转移人口落户数量挂钩政策,依法保障进城落户农民土地承包权、宅基地使用权、集体收益分配权,支持引导进城农民依法自愿有偿转让附属权益。

（五）聚焦统筹协同，在工作机制长效化上发力突破。

着眼建立健全工作体系和评价体系，清单化、工程化、项目化地抓落实、抓推进，确保每一个节点都能结出硕果。

1.着力强化顶格推动的领导机制

进一步强化"1+5+N"的"顶格协调"领导机制，建立市、区（市）党政领导乡村振兴联系镇村制度，每个市级领导联系一个镇街，每个区市领导至少联系一个村，镇（街道）党政主要负责同志每年至少确定1个乡村振兴主抓项目。

2.着力强化示范引领的推进机制

市级层面，鼓励市直责任单位统筹资金重点支持一批乡村振兴试点示范打造，培育一批含金量高、可复制、可推广的典型经验。区市层面，要精准施策、分类推进。崂山区、城阳区重点推动城乡深度融合发展；西海岸新区、即墨区和胶州市重点探索城乡融合发展的路径；平度、莱西重点推动乡村产业高质量发展；市南、市北、李沧探索实施农业转移人口市民化体制机制。镇街层面，以整建制创建乡村振兴示范区为抓手，重点培育15个左右乡村振兴示范村，走出一条以镇为着力点、村为操作点的全面振兴之路。

3.着力强化激励担当的导向机制

首先，建立干部上下交流机制。通过从市直机关选派部分优秀干部到区市、镇街、村社挂职锻炼，从镇街、区市选派部分优秀干部到市直机关挂职锻炼，让"三农"干部在上下交流中强本领、增才干。其次，健全考核评价机制。继续把实施乡村振兴战略、打造先行区作为区市党委、政府的专项考核，定期开展督导考核评价，并将考核结果作为各级党政干部年度考核、选拔任用的重要参考。

参考文献：

[1] 山东省统计局：《山东统计年鉴（2018—2021)》，北京，中国统计出版社2022年版。

[2] 青岛市统计局：《青岛统计年鉴（2018—2021)》，北京，中国统计出版社2022年版。

[3] 大连市统计局：《大连统计年鉴（2018—2021)》，北京，中国统计出版社2022年版。

[4] 宁波市统计局：《宁波统计年鉴（2018—2021)》，北京，中国统计出版社2022年版。

[5] 厦门市统计局：《厦门统计年鉴（2018—2021)》，北京，中国统计出版社2022年版。

[6] 广州市统计局：《广州统计年鉴（2018—2021)》，北京，中国统计出版社2022年版。

[7] 济南市统计局：《济南统计年鉴（2018—2021)》，北京，中国统计出版社2022年版。

[8] 杭州市统计局：《杭州统计年鉴（2018—2021)》，北京，中国统计出版社2022年版。

[9] 南京市统计局：《南京统计年鉴（2018—2021)》，北京，中国统计出版社2022年版。

[10] 武汉市统计局：《武汉统计年鉴（2018—2021)》，北京，中国统计出版社2022年版。

[11] 成都市统计局：《成都统计年鉴（2018—2021)》，北京，中国统计出版社2022年版。

[12] 西安市统计局：《西安统计年鉴（2018—2021)》，北京，中国统计出版社2022年版。

[13] 苏州市统计局：《苏州统计年鉴（2018—2021)》，北京，中国统计出版

社 2022 年版。

[14] 无锡市统计局：《无锡统计年鉴（2018—2021)》，北京，中国统计出版社 2022 年版。

[15] 黄承伟：《论乡村振兴与共同富裕内在逻辑及理论议题》，《南京农业大学学报》2021 年第 6 期。

[16] 宋才发：《〈乡村振兴促进法〉为共同富裕提供法治保障》，《河北大学学报》2021 年第 6 期。

[17] 宋志平、胡燕等：《共同富裕：基于农业伦理的乡村振兴路径选择》，《理论探索》2021 年第 22 期。

（编审：徐清照）

打造乡村振兴齐鲁样板淄博特色板块的研究报告

徐婷婷 ①

实施乡村振兴战略，是以习近平同志为核心的党中央作出的重大决策部署，是决胜全面建成小康社会、全面建成社会主义现代化强国的重大历史任务，是新时代"三农"工作的总抓手。淄博市认真学习领会习近平总书记关于乡村振兴的重要论述，坚持把实施乡村振兴战略摆在优先位置，将高标定位全速推进、融合带动统筹发展、突出风格和谐淄博特色作为乡村振兴的目标定位，聚力打造乡村振兴齐鲁样板淄博特色板块。

一、打造乡村振兴齐鲁样板淄博特色板块的主要做法

近年来，淄博市坚持以"乡村振兴实现更大突破"为要求，在打造乡村振兴齐鲁样板淄博特色板块方面多措并举，全市农业农村工作保持稳中向好、进中提质的良好态势。

（一）聚焦巩固拓展脱贫攻坚成果，全面推进同乡村振兴有效衔接

基于 2020 年底我国脱贫攻坚战已取得决定性全面胜利的新起点，"十四五"规划提出"巩固拓展脱贫攻坚成果和全面推进乡村振兴战略"的目标，2021 年中央一号文件也明确指出"设立实现巩固拓展脱贫攻坚成果

---

① 作者简介：徐婷婷，中共淄博市委党校副教授。

同乡村振兴有效衔接过渡期"，精准脱贫之后亟须建立一个长效稳定的防返贫机制来持续巩固拓展脱贫攻坚成果，接续推进巩固农村精准脱贫成果，进而衔接推进乡村全面振兴，加快推进实现农业农村现代化发展。2021年，淄博市聚焦巩固拓展脱贫攻坚成果，一是保持帮扶政策总体稳定。按照"四个不摘"和设立5年过渡期的要求，稳固兜底类政策，优化发展类政策，调整集中支持类政策，制定了巩固拓展脱贫攻坚成果同乡村振兴有效衔接的政策措施，对"三类人群"1020户、2210人全部落实针对性帮扶措施。列支专项资金2300万元，继续开展淄博滨州协作帮扶。投入市级专项扶持资金2454万元，重点支持20个市级乡村振兴重点帮扶镇。二是巩固提升"两不愁三保障"成果。继续落实教育资助免补政策，发放各类奖助学金、保教费7万余人次、6587万元。实施雨露计划职业教育补助项目，发放补助资金3536人次、530.4万元。继续落实健康和医保政策，投入6150.64万元，为脱贫享受政策人口、新增"三类人群"购买医疗商业补充保险、意外伤害保险。选派353位专家医师，建立"名医基层工作站"102个。强化农村危房动态监控，完成危房改造316户，确保农村低收入群体重点对象住房安全。投资3.6亿元，在379个村实施农村供水提质工程。三是健全防止返贫动态监测和帮扶机制。制定《关于进一步健全防止返贫动态监测和帮扶机制的工作方案》，在全省率先建立起9部门联动大数据比对筛查机制，反馈预警监测数据25批次37982条。四是发展壮大乡村特色产业。投入财政衔接资金1.78亿元，策划实施产业及小型基础设施建设项目157个。加强786个建成项目管护，累计实现收益19225.76万元，其中2021年收益4933.29万元。开展消费帮扶行动，帮助销售脱贫地区农副产品8000余吨。五是全力保障创业就业。加强职业技能培训，推广以工代赈，开发公益岗位，小额信贷和"富民生产贷"余额1220.82万元，全市脱贫人口实现就业1.8万余人。

（二）聚焦人才兴，激发乡村建设新活力

推进乡村人才振兴，其中重要的一点是要"以县委书记、乡镇干部、村干部、乡贤、志愿者、乡村学校等能够深度影响乡村振兴的重要主体为中心，建立乡村人才发展战略。"① 按照这一思路，淄博市建立乡村产业振兴 7 个领域高层次人才库，引进专家学者 70 余名，打造省级乡村振兴专家服务基地 9 家，培训高素质农民 6000 余人。全面落实淄博"人才金政 37 条"，对农业农村领域引进的人才，生活补贴发放期限由 3 年延长到 5 年。组建国家农村改革试验区专家指导组，与 12 位院士长期合作。全市享受国务院政府特殊津贴专家 57 人、农业类泰山产业领军人才 6 人。

（三）聚焦乡风淳，培育乡村文明新风尚

费孝通先生指出"中国社会是乡土性的"。社会是乡土性的，从社会实践中产生的乡风文化更无法脱离乡土的气息。数千年的村落发展留下了内容丰富、形式多样、富含乡土气息的乡村文化。如何在新时代、在城市文化强势冲击乡村社会风土人情的背景下重新焕发乡村优秀文化的感召力是乡村文化振兴必须要解决的问题。为此，淄博市开展"听党话、感党恩、跟党走"主题宣讲活动 121 场，基本实现新时代文明实践中心、站所全覆盖，全市县级文明村达标率 93% 以上，建设"5+N"模式基层高标准文化服务中心 427 家。创新开展乡村美学教育，建成"美家超市"1292 家，培育"美在家庭"标兵户 10.05 万户。建成镇（街道）综合文化站 88 个、村（社区）综合文化服务中心 3107 个，农家书屋 2929 个。

（四）聚焦生态美，建设绿色宜居新家园

按照"建设好生态宜居的美丽乡村，让广大农民在乡村振兴中有更多获得感、幸福感。"② 淄博市开展全域美丽乡村创建，打造乡村振兴精品片区，建设省级美丽乡村 25 个。深入推进农村人居环境整治提升，生活垃圾无害

---

① 赵秀玲：《乡村振兴下的人才发展战略构想》，《江汉论坛》2018 年第 4 期。

② 《建设好生态宜居的美丽乡村　让广大农民有更多获得感幸福感》，《环境经济》2018 年第 8 期。

化处理率 100%，农村家庭改厕率 91.94%，农村自来水普及率达到 99%，完成省定 217 个行政村污水治理任务。全市农村通户道路硬化的行政村数量占具备实施条件行政村数量的 100%；行政村通沥青（水泥）路率达到 100%；自然村通硬化路率达到 100%；农村公路列养率 100%，自然村公共交通通达率 100%。大力推进农业绿色发展，化肥农药使用量持续下降，农作物秸秆、畜禽粪污综合利用率分别达到 96.15%、89.82%。

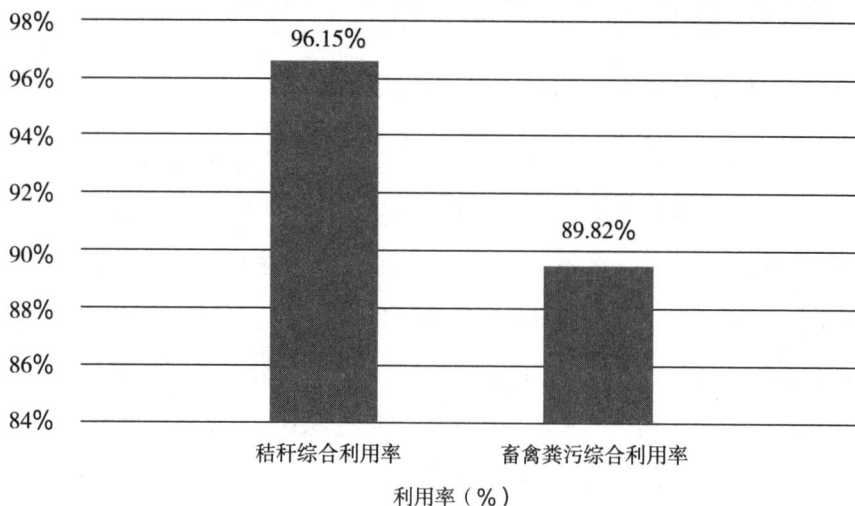

图 1　农作物秸秆、畜禽粪污综合利用率

（五）聚焦治理优，构建乡村善治新格局

《乡村振兴战略规划（2018—2022）》指出，加强农村基层党组织对乡村振兴的全面领导，要"把农村基层党组织建成宣传党的主张、贯彻党的决定、领导基层治理、团结动员群众、推动改革发展的坚强战斗堡垒"。①2021 年，淄博市全面完成全市 2933 个村（社区）"两委"换届，村主职干部"一肩挑"比例达到 99.05%。换届后村（社区）党组织书记平均年龄 49.25 岁，比上

———————————

① 《乡村振兴战略规划（2018—2022 年）》，人民出版社 2018 年版，第 67 页。

届下降 1.66 岁；大专及以上学历占比 40.71%，比上届提高 5.77 个百分点；女性干部占比 34.38%，比上届提高 3.94 个百分点。每个村（社区）都配备了 35 岁以下年轻干部，致富能手、专业大户、返乡大学生、外出务工经商人员等优秀人才占比较上届提高 5.87 个百分点。全面推行"党建引领、一网三联、全员共治"乡村治理模式，探索开展"联村党建"，着力激发群众参与治理热情，联村党组织 128 个。把乡村人、事、地、物、组织等要素纳入数字化"一张网"管控，农村社会数字化管理水平持续提升。出台《关于支持村党组织领办合作社发展的九条政策措施》，村党组织领办合作社 1926 家，评选村党组织领办合作社示范社 30 家，村集体经济年收入 10 万元以上村达到 95.6%。坚持议事协商制度，项目建设、开支事项、公益事业等严格民主程序，淄川区岭子镇小王家庄村、临淄区朱台镇西单村确认为全国村级议事协商创新实验试点单位。

（六）聚焦民生保障，提升农村公共服务水平

为促进城乡教育资源均衡配置，淄博市把建设云、网、端一体化"交互式在线教学系统"项目列入重大民生实事，为全市农村学校配备 1241 套云、网、端一体化交互式在线教学系统，实现"三个课堂"在广大农村中小学校的常态化按需应用。2021 年新改扩建农村幼儿园 24 处，增加学位 1290 个，完成投资 11467 万元。农村义务教育学校专任教师学历层次不断提升，城市与农村农村义务教育学校专任教师本科以上学历比例连续三年缩小比例达到 1.03，省对市考核连续三年位列全省第二名。已组建紧密型县域医共体 20 个，覆盖基层医疗机构 92 个，实现了基层卫生院对患者的诊断。开展乡镇卫生院等级评审，评价出甲等卫生院 53 家、乙等卫生院 29 家。建成省级示范标准村卫生室 22 个、市级示范标准村卫生室 100 个，中心村卫生室 50 个，实现省级示范标准村卫生室、中心村卫生室建设及设备配备均达到 100%。86 家镇卫生院和 17 家社区卫生服务中心达到国家基本标准，达标率 97.16%。农村居民健康素养水平逐年提高，2019 年、2020 年、2021

年分别为 15.94%、18.21%、22.66%。按照"城区扩面、农村建网，示范引路、加速铺开"思路，建成长者食堂 247 处，月均服务老年人 16 万人次。自 2021 年 1 月 1 日起，困难群众救助保障标准在 2020 年年底基础上全部提高 10% 以上，2021 年为农村低保对象 53606 人发放农村低保金 30620.3 万元；为 8014 名城乡特困供养人员发放特困供养金 11363.1 万元，失能半失能特困人员集中供养率达到 68.7%，位居全省第二名。为城乡困难群众实施临时救助 2083 人次，资金支出 706.5 万元；开展"慈善圆梦 实施无人抚养儿童及重点困境儿童助学工程"，对 69 名符合条件的儿童给予每人 5000 元的助学金，共发放助学金 34.5 万元；为 1029 名孤困儿童发放生活补助金 1879.12 万元，为 2.34 万名困难残疾人和 5.15 万名重度残疾人发放困难残疾人生活补贴和重度残疾人护理补贴共计 12204 万元；为 35010 名 60 岁以上的低保老年人发放经济困难老年人补贴 3700 多万元。农村居民收入增长平稳，2021 年农民人均可支配收入达到 23010 元，同比增长 10.1%。

二、打造乡村振兴齐鲁样板淄博特色板块的主要成效

2021 年，淄博市各级农业农村部门以习近平新时代中国特色社会主义思想为指导，以全面推进乡村振兴攻坚突破为总抓手，坚持巩固脱贫攻坚成果与乡村振兴有效衔接，坚持农业农村高质量发展，坚持深化农业供给侧结构性改革，坚持数字赋能，坚持工作项目化、项目责任化、责任清单化，年初确定的各项目标均完成或超额完成。总体来看，淄博市乡村振兴工作取得了显著成效。

（一）重要农产品稳产保供迈上新台阶

一是坚决扛起粮食安全责任。落实粮食安全党政同责要求，季季接续、茬茬压紧、环环紧扣推进粮食生产，全年粮食播种面积、总产、单产实现"三增"，分别为 325.95 万亩、144.77 万吨和 444.13 公斤 / 亩，分别较 2020

年增加 2.27 万亩、1.75 万吨和 2.27 公斤 / 亩，面积、总产分别超出省下达淄博市任务 1.85 万亩、1.77 万吨(2021 年省下达淄博市面积任务为 324.1 万亩、总产任务为 143 万吨)。桓台县夏粮单产达 512.66 公斤 / 亩，连续 11 年位居全省第一。全省粮食机收减损现场会议、农业农村部黄淮海冬小麦保护性耕作技术演示现场会在淄博市召开。二是蔬菜、果品、畜产品供应充足。蔬菜播种面积、总产分别达到 43.8 万亩、206.7 万吨。更新改造老果园 22.3 万亩，发展水肥一体化 17.3 万亩。新改生猪扩建规模场 35 家，2021 年底全市生猪存栏 44.54 万头；牛存栏 11.78 万头，其中奶牛存栏 4.02 万头；羊存栏 44.29 万只；家禽存栏 1360.21 万只；水产养殖面积 4 万亩，渔业产量 1.97 万吨；肉蛋奶及水产品总产量 43.08 万吨。三是扎实推进高标准农田。全面完成 2020 年 31 万亩高标准农田建设任务，2021 年 25 万亩建设任务完成总投资 80%以上。坚决遏制耕地"非农化"，防止"非粮化"，落实耕地地力保护补贴资金 1.85 亿元，排查并复耕复种可利用耕地 1.7533 万亩。

表 1　2021 年淄博市粮食播种面积、总产量及单位面积产量情况

全年粮食	2021 年	比上年增长
播种面积（万亩）	325.95	0.7%
总产量（万吨）	144.77	1.2%
单位面积（公斤 / 亩）	444.13	0.5%

资料来源：根据 2021 淄博统计年鉴公布的有关数据整理。

表 2　2021 年淄博市主要畜禽产品存栏量及增长速度

指标	存栏量（万头 / 万只）	比上年增长速度
生猪	44.54	3.8%
牛	11.78	6.1%
羊	44.29	13.6%
家禽	1360.21	0.01%

资料来源：根据 2021 淄博统计年鉴公布的有关数据整理。

（二）数字农业农村中心城市建设取得新突破

一是全面启动农村改革试验区建设。印发《淄博市国家农村改革试验区建设实施方案》，重点实施"五朵云"工程，构建五大改革机制，四项政策配套协同，形成了数字农业农村改革制度框架和政策体系，中国农业科学院数字农业农村研究院（淄博）建设完成签约，市智慧金融服务平台整合435家新型农业经营主体基础数据，实现融资5.36亿元。二是加快推进重点项目建设。实施数字农业农村重点项目40个，其中列入省重大项目9个、市重大项目16个，完成年度投资51.86亿元，占年度计划投资的115%。巧媳妇数字车间等20个项目完成建设任务，阿里数字农业山东仓开仓运营，市农业农村智慧大脑综合服务平台启动建设，凯盛浩丰智慧农业、京东绿色智慧冷链物流产业园等项目加快推进，中以数字果园、七河数字车间、得益数字牧场等实现模式输出复制推广。三是数字产业生态筑牢根基。高端链接18家科研院所、23家头部企业、14家金融机构，推动合作走深走实、互利共赢。全市年销售额超过1000万元的涉农电商企业达到15家，"鲁担惠农贷"累计贷款40.66亿元，"纽澜地"黑牛成为盒马鲜生肉类第一品牌，纽澜地"数字牧场"等3个案例获农业农村部"2021数字农业农村新技术新产品新模式优秀案例"，高青县全链条数字化黑牛示范园区获《数字乡村指南1.0》典型案例，禾丰种业获批全国农业农村信息化示范基地，得益乳业智慧农场等6个案例入选全省智慧农业建设典型案例，博山区和临淄区皇城镇等3个镇被评为首批山东省数字乡村试点单位。

（三）现代农业园区建设实现新跨越

一是加快农业产业园建设。淄博市新开工建设田园综合体28个，创建市级以上现代农业产业园11个、农业产业强镇17个，淄川区、临淄区、高青县现代农业产业园通过省级认定，沂源县中庄镇入选全国乡村特色产业十亿元镇，形成了田园综合体、农业产业园区、农业产业强镇、农业产业集群组成的涉农项目园区矩阵。二是做好国家沿黄肉牛优势特色产业集群项目。高青县入选国家沿黄肉牛优势特色产业集群主导创建县，三年共申请中央财政补助资金 6227 万元，占整个项目补助资金的 31.14%，所有建设主体均已开工，完成澳航牧业高青黑牛功能园区和肉牛屠宰加工厂建设，高青黑牛数字化平台建设已完成大数据平台软件开发。加快高青黑牛数字养殖园区建设，高青黑牛新增 2.4 万头，存栏达到 5.2 万头。三是推动农业产业融合发展。淄博市政府办公室印发《关于支持农业产业化龙头企业和农产品加工业快速发展的九条措施》，市级以上农业产业化重点龙头企业 184 家，营业收入 191.1 亿元；规模以上农产品加工企业 174 家，比 2020 年增加 16 家，截至 2021 年 11 月底，全市规模以上农产品加工业营业收入 404.44 亿元，同比增长 19.15%。山东邦基科技公司入选国家重点龙头企业，桓台县小麦入选全国农业全产业链重点链，七河生物公司被农业农村部认定为首批农业国际贸易高质量发展基地，淄川区富硒农产品加工业示范园和淄博忆当年农业等 5 家企业分别被评为省级农产品加工示范园区、示范企业，得益乳业等 3 家企业入选 2021 淄博市工业百强企业名单。

（四）农业高质量发展开创新优势

一是全面提升农产品质量安全水平。全市 8 个区县全部保持农产品质量安全县水平，农产品检测合格率 98% 以上，创建省级农业标准化生产基地 66 家，健康养殖示范场和优质鱼基地 82 处，淄博市顺利通过了省级无疫省验收评估，市农业综合行政执法支队创建为全国农业综合行政执法示范窗口。二是加强农产品品牌建设。新认证"三品一标"农产品 70 个，总数达到 440 个，产地认定面积 223 万亩，占食用农产品总面积的 80.6%，列全省首位。新增高青黑牛等 7 个省级知名农产品品牌，总数达到 49 个。博山猕猴桃入选山东省特色农产品优势区，高青县三利村（西瓜）入选全国"一村一品"示范村，沂源县"采摘鲜果乡村休闲游"被评为 2021 中国美丽休闲旅游行（秋季）精品景点线路，高青县蓑衣樊村获评中国美丽休闲乡村。

三是加速推进智能农机应用。创建全国主要农作物生产全程机械化示范县3个，建成全省"两全两高"农机化示范县3个，农作物耕种收综合机械化水平达到91.4%，智能深松检测仪、植保无人机等智能终端保有量达1.8万台套。

（五）农村综合改革激发新动力

一是培育提升新型农业经营主体。培育农民合作社7715家，家庭农场2649家，农业社会化服务组织4500个。二是积极开展农业社会化服务。实施中央资金农业生产托管服务项目10.5万亩，项目资金861万元。新增土地流转面积6万亩，达到125.7万亩，占52.28%。三是加快推进国家城乡融合发展试验区建设。建立宅基地联审联办机制，探索放活宅基地使用权，博山、临淄做法分别入选全国、全省典型案例，八陡镇东顶村等3个村获评第二批全国乡村治理示范村。四是抓实美丽宜居乡村建设问题整改。省台账城镇开发边界外30个项目已销号13个，17个在建项目按照序时进度推进。

三、打造乡村振兴齐鲁样板淄博特色板块存在的问题

马克思曾言："问题就是公开的、无畏的、左右一切个人的时代声音。问题就是时代的口号，是它表现自己精神状态的最实际的呼声。"[①] 近年来，淄博市农业农村工作虽然保持良好发展态势，但在思想认识、产业支撑、引才留才等方面还存在着许多不足，对照打造乡村振兴齐鲁样板淄博特色板块的目标定位，亟待解决的问题主要体现在以下几个方面。

（一）思想认识不到位

乡村振兴，首先是思想理念的转变，思想理念转变不到位，难言振兴。

---

① 《马克思恩格斯全集》第40卷，人民出版社1982年版，第289—290页。

从淄博市来看，主要存在三个方面问题。一是重视不够、谋划不足。部分区县、镇负责同志对坚持农业农村优先发展认识有偏差，把农业地位片面等同于 GDP 比重，对实施乡村振兴战略仅作常规性安排，满足于完成上级部署的任务，没有投入足够的时间精力研究谋划、指导推进、督促落实。调研中了解到，基层干部工作中第一位的是安全、环保，其次是经济建设、"双招双引"，之后才是乡村振兴等工作。二是工作举措不精准。对本地实际情况研究分析不够，照搬照抄上级文件规定，上下一般粗，工作中急功近利、急于求成，习惯一刀切、靠刮风，抓不准重点和关键，费的功夫不少但效果不理想。比如，不少基层干部反映旱厕改造、脱贫攻坚等工作由于标准前后不统一出现多次反复、返工，造成了极大的资源浪费。三是工作统筹性不强。对乡村振兴系统谋划、全域设计不足，推进路径不够清晰，各类规划之间衔接不紧密，各个专班、部门之间也存在各自为战的现象，尚未形成协同联动的整体合力。比如，有些规划与村庄建设、土地利用、农业产业发展、历史文化村落保护等规划之间相互衔接不够，导致工作或项目难以落地实施。

（二）产业支撑力带动力不强

产业振兴是乡村振兴的基础保证，是实现乡村振兴的首要与关键。目前看，主要存在三方面问题。一是三次产业融合度偏低。农业多种功能开发不足，乡村旅游、农村电商等规模小、层次低、带动能力弱，农业会展、农事节庆、农村康养、乡村文创等新业态匮乏，多数乡村仍依附于以种养业为主的单一业态，一二三产业融合发展互动欠缺，在延链建链、发展新产业新业态上还有很大差距。二是产业龙头、产业品牌带动力较弱。淄博市无一家农业龙头企业主板上市公司，只有 2 家国家级重点龙头企业，而潍坊市有 8 家上市公司，12 家国家级重点龙头企业。品牌呈现"小、散、弱"态势，辐射带动效应弱，习近平总书记视察山东时点赞的 13 种特色农产品，淄博一个没有，淄博市比较知名的"沂源苹果""周村烧饼"，与"烟台苹果""鲁花花生油"相比还有较大差距。三是新型农业经营主体发展水平亟须提升。

农民合作社发育程度偏低，直接带动农户总数仅为41.7%，合作层次低，近60%合作社局限于技术指导、购销服务等低层次合作，10%以上的农民专业合作社沦为"空壳社""僵尸社"；家庭农场发展层次低，多数处于出售原料或生产初级产品阶段，深加工能力不强，产业链条难以向生产各环节拓展。

（三）聚才引才留才难

实现乡村振兴，人是最为关键的因素。目前看，农村空心化、人才集聚难的问题仍然突出。主要表现在：一是农村人口流失严重，总体素质偏低。随着城镇化建设步伐不断加快，全市每年有8万左右农民实现市民化转移，而且大多是农村学子、能人和青壮劳力，形成了所谓的"386199"现象。农村人口老龄化、村庄"空心化"现象严重，"谁来种地、谁来兴村"的问题日益凸显，目前全市500人以下的行政村有523个，其中300人以下的有216个。从农村人口知识结构看，初中及以下文化程度的占74.7%；全市"乡村之星"仅有148人，仅占全市61万农业劳动力的0.02%。二是农村人才挖掘培育缺乏实招硬招。乡村工匠、农业职业经理人、经纪人、文化能人、非遗传承人等农村专业人才、实用人才创新创业、发挥才能的载体平台还没有搭建起来。对退伍军人、返乡农民工、老党员、老干部、老教师等力量缺乏有效管理和整合，没有按照需求制定科学合理课程，还没有做到乡村人才人尽其用。三是乡村"招不来人、留不住人"现象仍然突出。现有政策对农业农村的倾斜力度不足，各类高水平创新平台、高效农业类企业数量较少，缺乏引进创新创业人才的平台载体；受体制机制制约，乡村医疗卫生人员、教师人员储备薄弱、结构不够合理，整体素质有待提高；农村土地、产权制度改革尚未到位，农村综合性产权市场刚刚起步，乡村产业、服务报酬、投资收益对人才的吸引力不强。

（四）乡村文化缺乏"生命力"

文化是乡村振兴的灵魂，文化兴，乡村才能兴。在乡村文化发展上，主要存在以下三方面问题。一是公共文化服务基础薄弱。全市 59 处镇综合文化站普遍存在重基础建设、轻运行管理和效益发挥的问题，对乡村的公共文化设施投入、文化活动经费投入均不足镇财政总支出的 1%；农家书屋存书陈旧，不适合农民、农村儿童阅读，有效利用率很低；全市各类专职文化工作人员不到 1200 人，离配备标准尚缺口 3000 人以上。二是新时代文明实践工作推进力度不够。在"建"的方面，区县建设步伐不一，发展不平衡，试点区县进展较好，而非试点区县工作仍然滞后。在"管"的方面，阵地资源统筹利用、发挥作用仍然不足，存在各个部门资源分散、各自为战情况，有的阵地仅仅是挂上牌，存在定位不高、供需错位等问题。在"用"的方面，志愿服务活动项目开展不多、层次不高，参加文明实践活动的群体主要以老年人、家庭妇女、儿童为主，年轻人参与较少。三是文化下乡不接地气。目前全市拥有庄户剧团 500 余家，平均每个庄户剧团每年演出 10 余场，虽然送戏下乡的文化演出逐渐增多，但是存在着演出节目单一、演出内容质量低等现象。以周村区南郊镇黄营村为例，赴该村的节目主要以京剧表演为主，而喜爱京剧的观众多为老年人，年轻人几乎没有，文化下乡作用大打折扣。

（五）生态欠账亟须弥补

良好的生态环境是乡村的宝贵财富和最大优势，也是乡村产业发展的底色和底气。从全市层面看，还存在以下具体问题。一是环境污染问题依然突出。作为组群式城市、老工业城市，淄博市近年来通过狠抓环境治理整治了一大批"散乱污"企业，但农村生态环境问题仍比较突出，水体污染、大气污染、土壤污染、农业面源污染治理任务非常重。如，淄博市每平方公里年使用化肥 38.3 吨，超过发达国家安全上限 70%；农药利用率只有 30%，比发达国家低 20 个百分点。二是人居环境依然较差。目前农村"脏乱差"问题虽然得到初步解决，但由于农村建设投资长期不足，农村面貌尚未根本性转变。如，全市农村闲置房屋、闲置宅基地 2.98 万宗，严重影响镇村风貌且有安全隐患；农村生活污水无害化处理严重滞后，乡村学校、卫生院、餐饮场所和企业生活污水使用化粪池收集处理的占 60% 以上，散居农民生活污水集中收集处理率不足 5%。三是基础设施建设缺乏规划统筹。组群城市间专项规划衔接不紧密，资源整合度和共享度差，局部领域存在"小而全"的现象，重复建设时有发生，乡村基础设施、公共服务、社会治理等战线长、成本高、历史欠账多。

（六）组织建设活力不足

乡村振兴，组织振兴是根本保障。从淄博市现状来看，部分农村基层党组织建设还存在不少短板，甚至出现弱化、虚化等问题，影响了乡村振兴战略的实施。一是部分村党组织领导能力弱化。有的基层党组织软弱涣散缺乏战斗力，党组织书记带富致富能力不足。二是个别农村党员先进性欠缺。有的农村党员缺乏大局观念、全局意识，不支持、不配合党支部和村委会的工作，极个别者甚至煽动和带动群众跟村党支部或村委会"对着干"。个别党员遵纪守法意识差，据统计，2020 年以来全市立案查处农村党员 1504 人、给予党纪处分 1324 人。三是农村管理制度落实不到位。"四议两公开""五代理"等制度在有的镇村没有落实到位，甚至走了形式，导致白条入账、村级财务不公开、重大事项决策不民主等问题发生。五是农民主体参与不充分。一些地方农村基层党组织在组织宣传发动群众上不够得力，农民群众参与度低、内生动力不足，个别地方甚至出现"干部干、农民看，等着政府送小康"的现象。

四、深化乡村振兴齐鲁样板淄博特色板块建设的路径

打造乡村振兴齐鲁样板淄博特色板块，首要就在于立足实际突出一个"特"字。区别于全省、全国各地市，淄博最大的实际和特色，在于老工业城市的雄厚底蕴，更在于城乡融合、产业融合的组群式城市特色。从空间结构看，淄博市各组群城区间距离均衡，"四位一体、组群统筹、全域融合"

城市发展思路深刻改变了淄博市的城市空间格局，为以城带乡、城乡融合奠定了坚实基础。从城区功能看，作为组群式城市，城镇化水平高，2021年淄博市城镇化率达到74.27%，高出全省平均水平10.33个百分点。各城区形成了相对独立、齐全的城市功能，完全可以独自运转城市功能，辐射乡村、拉动乡村。从产业基础看，淄博市近现代工业历经百余年发展，产业底蕴深厚，形成了相当数量的产业集群和园区载体，一批专精特新产品逐步融入全市支柱产业链。因此要加快打造乡村振兴齐鲁样板淄博特色板块，必须立足淄博市工作实际，以解决农村人口空心化、产业空心化为总抓手，充分发挥淄博市城镇化水平相对较高、工业底蕴深厚等优势，努力走出一条工农互促、城乡互补、全面融合、共同繁荣的淄博特色乡村振兴之路。

（一）强化规划引领，推进乡村振兴健康有序进行

习近平总书记强调，实施乡村振兴战略要坚持规划先行、有序推进，做到注重质量、从容建设。[①] 一套好的规划体系是确保乡村振兴战略落地落实的基础保障，目前淄博市已形成了乡村振兴"1+1+5+N"的规划体系，这是全市乡村振兴的总遵循，下一步应突出围绕规划的执行推进、衔接融合、修订完善推动乡村振兴工作有序开展。一是强化规划刚性执行。突出乡村振兴规划的引领、指导和约束作用，坚持不规划不建设、不规划不投入，严格按照规划确定的各项任务书、时间表、路线图，聚焦阶段任务和关键环节，一张蓝图绘到底，一年接着一年干，坚决杜绝一阵风、翻烧饼，确保执行有力、落实到位。二是抓紧修订完善相关规划。县域规划是乡村振兴战略承上启下、推进落实的重要指引，当前淄博市绝大部分区县已出台乡村振兴战略规划，但规划"悬空"问题比较突出，各相关区县要结合本地实际，聚焦规划编制不精准、操作性不强等问题，抓紧进行修改完善，切实提高规划的精

---

① 《如何实施乡村振兴战略？习近平作出重要指示》，新华网，2018年7月5日，https://baijiahao.baidu.com/s?id=1605141153895476883&wfr=spider&for=pc。

准性和可操作性；尚未出台的区县，要抓紧组织研究，在确保实效的基础上尽快出台。三是抓好各项规划有机衔接。目前看，村庄规划是实施乡村振兴战略的最大短板，要针对村庄分类不明确和产业发展、基础设施用地布局不科学等问题，统筹谋划村庄发展定位、主导产业选择、用地布局、人居环境整治、生态保护、建设项目安排等，扎实做好现有规划评估、修订和重新编制等工作，推动各类规划在村域层面"多规合一"。四是突出打造数字农业农村中心城市。以数字化、信息化、智能化、智慧化加力驱动淄博农业农村转型升级、跨越发展，聚力打造在全省乃至全国具有显著影响力的数字农业农村中心城市。继续强化统筹规划，不断完善数字化建设制度，全力抓好智慧共享"云大脑"、高效优质"云产业"、区域中心"云市场"、便捷普惠"云金融"、有效治理"云乡村"建设工程，搭建数字农业农村改革发展"四梁八柱"。积极强化数据支撑，着力建设"齐农云"农业农村大数据综合服务平台，采取市、县、镇、村、经营主体"五位一体"共建共享模式，完成大数据库底层和种植业、畜牧水产、产业发展、农田建设、农村经济、农业机械、质量监管、美丽乡村、科教服务、政务服务等 10 大主题"一张图"设计，营建"一云统揽、多维一体、一网通办"的数字化生态。不断强化技术保障，强化平台思维，坚持招大引强、靠大联强，加强与中高端科研院所、机构、企业合作，组织实施数字农业农村重大项目，引才引智引项目，夯实数字农业农村发展人才智力和技术支撑。

（二）突出融合发展，促进城乡要素自由流动、平等交换

融合发展是乡村振兴的必由之路，必须认真贯彻共享发展理念，发挥淄博市自身优势，坚定不移走好融合发展之路，加快推进产业融合、产城融合、城乡融合。一是加快一二三产深度融合发展。推动乡村产业振兴，必须跳出农业谋发展，依托淄博市特色优势产业产品，创新产业重组模式，加快农林牧渔与旅游、教育、文化、康养、商贸物流等深度融合，延伸整合产业链、打造提升价值链、优化融合供应链，快速衍生和培育创造更多新产业新

业态，推动农村经济转型升级和农业产业空间重构，激活农村生产要素资源，拓展农民创业增收空间，让农民合理分享全产业链增值收益。二是加快产城融合互动发展。一方面，要发挥淄博市各区县省级开发区分布均衡、镇村集体建设用地储备丰富的优势，明确产业定位，聚焦主导产业狠抓"双招双引"，带动辐射周边镇村产业发展、农民增收。同时，围绕中心镇、特色镇建设，依托当地产业优势，推动政策、资金、土地要素向镇村、园区集中，加快培育一批现代农业型、商贸物流型、休闲旅游型等特色小城镇。比如，借鉴推广临淄区朱台镇发展厨具产业、皇城镇发展特色蔬菜种植产业等经验，坚持因地制宜、一村一策，精准推动特色产业发展。三是加快城乡融合一体发展。打破制约推动人口、资本、技术等要素在城乡合理流动的体制机制障碍，加快构建城乡统一的户籍登记、就业管理、社会保障和社会治理体系，逐步实现城乡公共资源配置适度均衡和基本公共服务均等化。特别是在城乡人口相互流动基础上，要从注重引导农村人口城镇化，向引导农村人口城镇化与欢迎城市人口农村落户定居并重，逐步解决农村农业发展后继无人的问题。四是优化村庄布局。对城市近郊村、城中村，加快实施村庄整体改造和村改居，纳入城市社区管理；对黄河滩区、库区和地质灾害易发区、偏远山区等特殊区域村庄以及人口流失严重的空心村，可依托镇驻地中心村或特色小镇建设，统筹做好搬迁撤并，同步规划建设新型农村社区；对部分历史文化村、特色保留村，坚持一村一策，统筹搞好开发保护，打造特色文化乡村；对其他村庄，坚持以县域统筹为主，根据历史渊源、地缘关系、产业发展需要等，结合强弱、大小、好差等因素，科学稳妥有序推进合村工作。

（三）突出改革驱动，激发乡村发展内生动力

实施乡村振兴战略，必须把深化改革作为总抓手，进一步创新思路举措，重点解决好"人、地、钱"三个问题。一是围绕解决好"人"的问题，创新留才、引才、用才、育才体制机制。加强乡村人才项目储备管理，分类

梳理全市各类乡村人才包括下派干部、返乡创业人员等情况，建立健全乡土人才信息库。在摸清家底的基础上，全面对接乡村振兴人才需求，围绕"引进来、培养好、沉下去、留得住"，修订完善引导各类人才投身乡村建设的政策体系，统筹推进农业科技人才、农村专业人才、新型职业农民、农村乡土人才、农村创新创业人才等五支乡村人才队伍建设，为乡村振兴提供坚强的人才支撑和智力保障。二是围绕解决好"地"的问题，强化土地要素资源供给。深化农村土地制度改革，完善农村新增建设用地保障机制，探索落实宅基地集体所有权、资格权、使用权"三权分置"的具体办法，创新土地收益分配机制，加大农村新产业新业态和产业融合项目的土地指标倾斜力度，对通过村庄整治、宅基地整理等措施盘活的农村闲置土地资源，全部用于乡村振兴项目。三是围绕解决好"钱"的问题，建立多元投入机制。乡村振兴离不开真金白银的投入，要持续加大支农资金投入力度，在抓好涉农资金源头整合的基础上，明确涉农资金投放办法、提升使用效率。注重发挥财政资金引领作用，鼓励引导工商资本投资建设现代农业产业园、科技园、创业园和田园综合体，积极推广政府与社会资金合作、政府购买服务、贷款贴息等方式，撬动更多金融和社会资本投向农业农村。引导金融机构创新产品和服务，探索"政银担"合作机制，重点围绕农村特色产业发展、农房改造、基础设施建设和环境治理等项目，支持引导金融机构推出一批符合乡村实际的金融产品。

（四）突出环境整治，打造生态宜居美丽乡村

实施乡村振兴战略，必须从解决群众反映最强烈的环境脏乱差问题抓起，由易到难、循序渐进、久久为功，不断提升群众获得感和满意度。要深入学习借鉴浙江省推进"千万工程"的实践经验，突出抓好"百村示范千村整治"工程和农村人居环境整治三年行动，以"五化"改造和农村"七改"为重点，围绕"户户通"、"厕所革命"、垃圾治理、清洁供暖等领域，着力补齐农村基础设施短板，打造干净整洁的生活环境，推进城乡基础设施共建

共享、互联互通，提升城乡一体化发展、融合发展水平。要坚持规划引领，科学确定村庄类别、批次，明确不同村庄的规划建设标准、时限和要求，实行分类指导，坚持以点串线、连线成片、统筹推进。要汲取农村"改厕"工作中暴露的问题，坚持科学规划、有序推进，坚决不能搞"一阵风""一刀切"。要坚持"建管并重"，积极探索政府支持与村民自治、市场化运作相结合的农村环保设施管理体制，将管理主体、经费保障、人员配备等内容制度化、规范化。同时，通过村规民约、家规家训等形式，引导村民自觉爱护、热心管护，实现乡村文明提升与环境整治互促互进。

（五）突出生态田园，助力高品质城市建设

淄博作为组群式城市，城乡交错、工农融合，城市布局舒展大气，城区以绿轴相连，具有打造生态田园城市的理想条件。生态振兴是乡村振兴的重要内容，应当把握好这一优势和特色，更加突出生态田园，为城市增添自然之美、生态之美，留住乡愁。实现这一目标，必须在做好农业这篇文章上下工夫。长期以来，淄博农业占比较小，只有3%左右，对农业特别是种养业的注意力主要放在经济功能和保障功能上，而忽视了农业的景观功能、生态功能、社会功能，在促进农民增收上作用发挥也不够突出。下一步，应以市场化为导向，持续推进农业种养结构调整，突出做好农旅融合文章，也就是立足区域实际和特色，重点在城区周边和主要交通干道两侧发展景观农业，集中打造连片成线的生态田园带，以此带动旅游业发展，既提高农业产出效益、增加农民收入，又为乡村生态振兴、打造高品质城市找到新的支撑点。

（六）突出有效治理，加快构建乡村治理新秩序

推动乡村振兴，必须把夯实基层基础作为固本之策，加快建立现代乡村社会治理体制。一是强化村级党组织的领导核心地位。深入实施"头雁"提升、后备力量"育苗"工程，选优配强村"两委"班子特别是党组织书记，注重从机关干部、退役军人、离职退休和返乡创业人员中发现培养村党组织

书记后备人才，切实发挥好党组织在农村总揽全局、协调各方的作用。总结高青整建制合村并点经验，全面推广"联村党建"模式，把地缘相近、习俗相通、产业相连的村联合起来，实现组织联建、人才联育、资源联享、产业联兴，推动村庄先"化学反应"再"物理整合"，探索党建引领乡村组织振兴的新路子。二是完善村民自治体系。以区县为单位统一组织修订和完善村民自治章程、村规民约，落实群众性自治组织特别法人制度，支持村民委员会在党组织领导下依据自治章程、村规民约开展群众自治工作，依据职能从事民事活动。鼓励党支部、党员领办创办合作社，深入推进合作社示范社建设，鼓励引导农民合作经济组织、社会服务组织等，以市场化、社会化手段参与村级事务、开展为民服务。三是健全乡村法治体系。深入开展法治教育宣传，注重运用互联网、大数据等现代科技手段，扎实推进平安智慧乡村建设，完善提升网格化管理、社区化服务、信息化建设三大工程，有效及时化解各类矛盾纠纷，推动乡村治理由单纯政府管理向社会协同、双向互动、线上线下融合转变，不断提升乡村治理水平。

（编审：王新志）

关于枣庄市乡村振兴工作情况的研究报告

李志进　赵峰　吴雪①

2021 年枣庄市以实施乡村振兴战略为总抓手，统筹推进"四区"（国家农村改革试验区、国家现代农业示范区、国家农业绿色发展先行区、国家可持续发展议程创新示范区）共建，创新落实"四个优先"机制，扎实推进"五个振兴"，积极融入"工业强市、产业兴市"战略、"双十镇"建设及"山水林田大会战"，努力打造乡村振兴枣庄样板。

一、2021 年乡村振兴工作基本情况

习近平总书记指出，要继续巩固脱贫攻坚成果，扎实推进乡村振兴，让群众生活更上一层楼，在推进农业农村现代化中越走越有奔头。2021 年，枣庄市农业农村经济稳中向好，全市农林牧渔业总产值实现 359.03 亿元，同比增长 9.0%，农村居民人均可支配收入达到 19533 元，同比增长 10.5%，高于城镇居民人均可支配收入增幅 2.7 个百分点。②

（一）乡村振兴有序推动

全面推进乡村振兴，必须健全党领导农村工作的体制机制，提高新时代党全面领导农村工作的能力和水平。一是完善工作机制。2021 年，枣庄

---

①　课题负责人：李志进，枣庄市委党校科学社会主义教研室主任、副教授。成员：赵峰，枣庄市委党校图书馆副馆长、副教授；吴雪，枣庄市委党校经济学教研室讲师。

②　中共枣庄市委农业农村委员会 2021 年工作总结和 2022 年工作要点。

市先后召开了市委农委第四次全体会议、市委农村工作会议、全市加快乡村振兴示范镇特色镇建设暨"山水林田大会战"工作会议、全市发展壮大村集体经济全面推进乡村振兴现场会议等一系列重要会议。市委市政府还多次专题研究部署乡村振兴工作，形成了书记带头抓、党政共同抓的工作机制。二是完善乡村振兴政策体系。以市委一号文件出台《关于全面推进乡村振兴加快农业农村现代化的实施意见》，以市委农委一号文件出台《2021年枣庄市乡村振兴重点工作任务》，制定了《加快推进乡村振兴示范镇、特色镇高质量发展的实施意见》，确定滕州市西岗镇等10个乡村振兴示范镇，创建10个乡村振兴特色镇，形成龙头带动、全域提升、高质发展的良好态势。三是围绕"五个振兴"，抓好乡村振兴考核工作。市委市政府三次召集全市乡村振兴考核指标分析会，对全市乡村振兴考核工作作出工作部署，分解量化考核指标。全力抓好指标提升，省对市的乡村振兴考核中期评估位于全省前列（部分指标考核）。结合枣庄实际，研究制定了市对区（市）乡村振兴考核标准，并于8月、10月开展了市对区（市）乡村振兴考核阶段性评估，促进全市年度总成绩的提升。

（二）脱贫攻坚成果同乡村振兴有效衔接

在打赢脱贫攻坚战、全面建成小康社会后，进一步巩固拓展脱贫攻坚成果，接续推动脱贫地区发展和乡村全面振兴，是"十四五"期间农村工作特别是脱贫地区农村工作的重点任务。2021年枣庄市建立健全"三四五三三"防返贫监测帮扶机制（紧盯三类人群、采取四种方式、严格五个程序、筑牢三道防线、落实三项告知），加强动态监测，强化即时精准帮扶，确保脱贫攻坚成果不断巩固和拓展。全市2.99万户、6.81万享受政策脱贫人口人均纯收入达10634.62元、较2020年底增长10.31%，"三保障"和饮水安全等保障水平稳步提升；196个原省定、58个原市定扶贫工作重点村"五通十有"等基础设施及公共服务运行良好，脱贫群众对巩固脱贫成果认可度基本达到

100%。① 把巩固脱贫成果任务重的 10 个镇确定为乡村振兴重点帮扶镇，引导各类生产要素聚集重点帮扶区域，鼓励其争创乡村振兴特色镇，增强发展活力和后劲。

（三）粮食生产稳中有升

粮食事关国运民生，粮食安全是国家安全的重要基础。2021 年，枣庄市严格落实党中央、国务院和省委、省政府部署要求，始终绷紧粮食安全这根弦，坚决完成了粮食生产硬任务。先后召开了全市高质高效农业暨春季农业生产现场会议、三夏、三秋生产工作会议，市委、市政府分管领导出席会议并讲话。把抓好粮食生产作为第一责任，将粮食生产任务目标分解到区（市）、镇街，全力以赴抓好粮食及农业生产。有效做好小麦条锈病防治工作。成功承办了全国粮食机收减损技能大比武（山东赛区）。粮食面积和产量实现"双增"，2021 年全市粮食面积达 426.2 万亩，较上年增加 2 万亩，增长 0.47%；粮食产量 183.08 万吨，同比增加 2.51 万吨，增长 1.39%。②

（四）"菜篮子"产品供应充足

"菜篮子"产品与老百姓的生活息息相关，是重要的民生商品。2021 年枣庄市严格落实"菜篮子"市长负责制，加大生产指导，强化产销对接，保障了市场稳定供应。全年持续加大生猪规模化养殖场建设力度，加快养殖场户扩能增养，生猪生产快速恢复，供求形势持续改善，生猪存栏 79 万头，同比增长 16%，出栏 102 万头，同比增长 100%。全市肉蛋奶产量 29 万吨，同比增长 26%。水产品产量 6.8 万吨，同比增长 4.5%。蔬菜种植面积约 149.2 万亩，蔬菜产量约 356.9 万吨，总体保持稳定。③

---

① 枣庄市农业农村工作情况汇报，2022 年 1 月。
② 枣庄市农业农村工作情况汇报，2022 年 1 月。
③ 枣庄市农业农村工作情况汇报，2022 年 1 月。

（五）高质高效农业加快发展

党的十九届五中全会提出，优先发展农业农村，全面实施乡村振兴战略，并将提高农业质量效益和竞争力作为加快农业农村现代化的首要举措。2020年习近平总书记在中央农村工作会议上强调，要举全党全社会之力推动乡村振兴、促进农业高质高效、乡村宜居宜业、农民富裕富足。高质高效农业是经济、社会、生态综合效益最佳的农业，2021年我市全力推进农业高质高效发展，取得了显著成效。一是全市高质高效产业链在建项目51个，总投资额127.95亿元，已投资35.12亿元。签约项目16个，总投资额119.86亿元，在谈项目55个。其中，总投资额过10亿元的项目3个，总投资额过1亿元的项目29个。① 二是农业品牌影响力不断扩大，山亭长红枣被认定为省级知名农产品区域公用品牌，市级以上区域公用品牌和企业产品品牌分别达到17个和56个，峄城石榴种植系统被列入第六批中国重要农业文化遗产，新增山亭火樱桃、店子长红枣和涛沟桥大米农产品地理标志3个（全省5个），新认定"三品一标"23个。三是推进农业绿色转型不断升级，启动实施台儿庄区秸秆综合利用重点县项目，秸秆综合利用率保持在95%以上，新增水肥一体化面积4.21万亩。开工建设美丽生态养殖场30处，畜禽粪污综合利用率达到90.8%。农产品抽检合格率保持在99%以上。引进马铃薯新品种2个，选育小麦新品系12个。

（六）产业发展平台不断突破

滕州市获批农产品产地仓储保鲜整县推进试点，获中央补助资金2000万元；全市计划仓储保鲜设施84个，获得中央补助资金2472万元。峄城区阴平镇获批国家农业产业强镇，获中央补助资金1000万元，全市国家级农

---

① 枣委〔2021〕214号、中共枣庄市委、枣庄市人民政府关于枣庄市2021年度乡村振兴战略实施情况的报告，2021年12月。

业产业强镇累计达到 4 个；山亭区城头镇获批国家"一村一品"镇，全市累计达到 11 个；滕州市界河镇、山亭区城头镇被认定为国家特色农业产业 10 亿元镇；山亭区冯卯镇独孤城村入选中国美丽休闲乡村（全省 10 个），全市累计达到 5 个；界河镇等 5 个镇获批省级农业产业强镇；将西岗镇等 10 个镇纳入市级农业产业强镇创建镇。山亭区获批省级甘薯农业产业园，滕州市获批创建 2021 年马铃薯省级现代农业产业园，累计创建省级以上现代农业产业园 4 个。批准滕州市西岗镇、薛城区周营镇等 6 个镇创建市级现代农业产业园，全市累计创建市级现代农业产业园 14 个。

（七）规上农产品加工业不断壮大

坚持用工业化理念、项目化思维谋划乡村振兴工作，着力推动"以工带农、以工强农、以工富农"。市政府出台了《进一步支持农产品加工业发展的实施意见》，围绕马铃薯、石榴、大枣、设施蔬菜、花椒、畜禽、食品加工等优势特色产业延链补链强链。山东福藤食品有限公司入选农业产业化国家重点龙头企业，全市国家级农业龙头企业达到 4 家，市级以上 444 家。滕州市获批全省家庭农场高质量发展整县提升试点。"中国兽药谷"、王老吉石榴大健康产业园等一批重大项目先后落地建设。峄城区阴平农民合作社联合社等 4 家农民合作社获评国家级农民专业合作社。全市规模以上农产品加工企业 202 家，比年初增加 14 家，实现营业收入 301.1 亿元，增速 24.7%。新增大型生猪屠宰企业 3 家，新增年屠宰能力 180 万头。①

（八）农村改革持续深化

2016 年 4 月，习近平总书记在凤阳县小岗村主持召开农村改革座谈会时强调，解决农业农村发展面临的各种矛盾和问题，根本靠深化改革。这是习近平总书记对农村改革的重要指示，也是我们推动乡村振兴、加快农村发

---

① 枣庄市农业农村工作情况汇报，2022 年 1 月。

展的根本遵循和必由之路。农村改革工作开展得如何，直接关系到巩固拓展脱贫攻坚成果、全面推进乡村振兴的成效。2021 年枣庄市扎实推进国家农村改革试验区、省级（薛城）农村改革试验区建设，加大农业保险、社会化服务体系、政府购买公益性服务等政策集成改革，不断释放农业生产活力。滕州市家庭农场高质量发展、峄城区智慧农业发展体制机制创新改革获批国家农村改革试验区 2021 年新增拓展任务。台儿庄区获批全省农业生产社会化服务体制机制创新试点县。全市新认定 28 家农业生产性社会化服务市级示范组织。持续深化农村产权制度改革，率先在全省整建制完成市、区（市）、镇街、村"四级"农村产权交易服务体系建设。山东省农村产权融资信息服务平台（"鲁振通"）全省试点工作在我市启动，架起农村交易平台、农担、银行、保险以及金融监管、农业农村、财政等涉农部门（机构）沟通桥梁。健全农村金融服务体系，大力推广"鲁担惠农贷"等业务，全年为4052 户涉农经营主体提供担保，担保金额 23.8 亿元，分别完成全年目标的176% 和 183%。①

（九）五大振兴统筹推进

实现乡村全面振兴，要以习近平新时代中国特色社会主义思想为指引，以乡村产业、人才、文化、生态、组织"五个振兴"为方向，立足实际，选准路径，重点突破，统筹推进。一是加快产业转型升级，夯实乡村振兴经济基础。据行业测算，粮食播种面积、单产、总产均实现增长。生猪存栏预计达到 80 万头以上。大力支持"双十镇"发展，支持示范镇建设农业产业强镇，峄城区阴平镇成功创建国家级农业产业强镇。截至目前，农林牧渔及服务业总产值 268.97 亿元，同比增长 9.8%；现代高效农业增加值 20.46 亿元，同比增长 21.08%。②率先在全省整建制完成市、区（市）、镇（街道）、村（社区）

---

① 枣庄市农业农村工作情况汇报，2022 年 1 月。

② 中共枣庄市委农业农村委员会 2021 年工作总结和 2022 年工作要点。

"四级"农村产权交易服务体系建设，全市 2677 个独立核算村成立农村集体经济组织。2021 年全市农村集体经济总收入达 7.3 亿元，2107 个行政村集体收入全部超过 5 万元，其中：5—10 万元的村 641 个，占 30.4%；10—50 万元的村 1173 个，占 55.7%；50—100 万元的村 216 个，占 10.3%；100 万元以上的村 77 个，占 3.6%。二是强化农村人才队伍建设，激发乡村发展活力。建设职业农民队伍，培训新型农业经营主体带头人 1619 人，现代青年农场主 130 人，培育农业经理人 30 人，实施农民培育"百千万"工程，培训基层农技人员 500 名以上，累计培训农民 4 万余人。34 人获"齐鲁乡村之星"称号，59 人获"枣庄市乡村之星"称号。[①] 柔性引进农业类高层次人才 14 人，组织 9 名专家申报省泰山产业领军人才工程高效生态农业创新类人才计划。三是加强思想道德建设，促进乡村文化繁荣兴盛。深入推进新时代文明实践中心建设，累计建成文明实践中心 7 个、文明实践所 65 个、文明实践站 2244 个，区（市）、镇（街道）、村（社区）三级新时代文明实践阵地覆盖率达到 100%。制定《关于深化乡村文明行动的工作方案》，进一步巩固扩大乡村文明行动成果。广泛开展"摒弃婚丧陋习、深化移风易俗"文明实践专项行动。深化文明村镇创建，国家级、省级、市级分别达到 7 个、97 个、336 个，文明达标村覆盖率达到 94.2%。开展送戏演出 2542 场，实现行政村全覆盖。四是改善农村环境条件，让农民生活幸福安康。实施乡村建设行动，累计建成美丽乡村示范村 498 个，实现连续两年翻番。深入实施沃田高产工程，高标准农田累计建成 205 万亩。开展农村厕所革命问题摸排整改，持续巩固改厕成果。城乡生活垃圾实现"零填埋"，生活垃圾焚烧率、无害化处理率均达到 100%。顺利完成农村生活污水和农村黑臭水体治理任务。行政村通硬化路率、通客车率均达到 100%。建成"美丽庭院"98199 户，参与创建村庄比例达到 100%。[②] 五是坚持党管农村，选优

---

① 枣委〔2021〕214 号，中共枣庄市委、枣庄市人民政府关于枣庄市 2021 年度乡村振兴战略实施情况的报告，2021 年 12 月。

② 中共枣庄市委农业农村委员会 2021 年工作总结和 2022 年工作要点。

建强农村基层党组织。扎实开展村（社区）"两委"换届工作，面向社会公开招聘35岁以下、大专以上学历的农村党建助理员269名，开展换届专题培训150场次，培训3200余人次，全市2477个村（社区）全部完成"两委"换届交接工作。① 全面加强村党组织建设，组织开展第二轮软弱涣散基层党组织整顿工作，128人纳入村党组织书记专业化管理，平均月报酬4364元。

（十）要素保障持续强化

乡村振兴战略，资源要素是基础。枣庄市创新举措，积极谋划乡村振兴战略，强化资源要素保障，全力保障乡村振兴加速推进。一是在干部配备上优先考虑。结合产业发展、脱贫攻坚等乡村振兴重点内容，选派第一书记513人、加强农村基层党组织建设工作队160人，征集"三支一扶"岗位53个66人。开展干部上下交流锻炼，选派1名同志赴省农业农村厅挂职锻炼，选派18名同志到"双十镇"、枣庄高新区企业实践锻炼。二是在人才配置上优先满足。着力破解人才制约，出台《关于促进外出人员返乡入乡创业的意见》，累计发放创业担保贷款2.63亿元，直接扶持812人创业，带动就业7002人。302人获评基层卫生、教育高级职称，99名农民获得初、中、高级职称。② 着力破解土地制约，盘活利用农村闲散土地553.1公顷，探索试点闲置小院复活工程。着力破解投入制约。出台《关于做好金融服务乡村振兴工作的实施意见》等文件，着力创新金融服务乡村振兴的体制机制，积极探索政银企农深度合作的新模式。三是在资金投入上优先保障。2021年，统筹整合市级涉农资金6.11亿元，增长6.07%；一般公共预算农林水支出预算安排23.51亿。开展金融服务乡村振兴"样板村"创建活动，覆盖全市

---

① 枣委〔2021〕214号，中共枣庄市委、枣庄市人民政府关于枣庄市2021年度乡村振兴战略实施情况的报告，2021年12月。

② 枣委〔2021〕214号，中共枣庄市委、枣庄市人民政府关于枣庄市2021年度乡村振兴战略实施情况的报告，2021年12月。

所有镇。截至目前，普惠型涉农贷款余额137.55亿元，增速15.35%，增速高于各项贷款2.41个百分点。四是在公共服务上优先倾斜。补齐公共服务短板，推动城区供热、供气管网向"双十镇"延伸，引导"双十镇"加强镇驻地主街道绿化、亮化和美化，提高品位和品质。提升教育水平，全面消除"大班额"问题，义务教育发展基本均衡实现全覆盖。提高对城乡低保和特困供养人员救助能力，累计支出2.94亿元救助金，保障9万名困难群众的生活水平。加强医疗卫生能力建设，全市46家镇卫生院（社区卫生服务中心）达到"优质服务基层行"活动国家基本标准。大力实施文化惠民工程，全市行政村（社区）全部建成综合性文化服务中心，实现公共文化服务网络全覆盖。

二、乡村振兴工作中存在的主要问题

2021年枣庄市在乡村振兴战略实施过程中进行了很多有益的探索，取得了显著成效，但是由于整体发展水平还不够高，乡村振兴战略涉及的领域也非常多，我们在调研中发现还存在这样或那样的问题，主要表现在以下几个方面：

（一）乡村产业基础仍不牢固

一是产业链条短。马铃薯、花椒、大枣等绝大部分产品还是销售的初级产品，缺乏精深加工，产品附加值不高，产业链条太短，龙头企业数量少、体量小，辐射带动能力弱，产业化水平低。在项目招引过程中，对投资主体的吸引度不够。二是产业创新平台缺乏。我市农业科技含量低，科技对农业产业的支撑作用还未有效发挥。目前，全市高质高效农业共有存量平台7个，其中4个为食品加工企业的创新平台。大枣、花椒、畜禽等产业创新平台还未建立。三是未成立产业发展基金。农业项目投资周期长、见效慢，需要产业发展基金的支持，我市目前还未成立农业产业发展资金。比如，我们与山东产业技术研究院、珠海美光源正在洽谈的智慧农业产业园项目，计划总投资 15 亿元，投资方要求我们要至少配套 30% 的资金作为项目落地条件，这个配套资金就需要产业发展基金的支持。

（二）乡村人才短缺问题较为突出

一方面，"三农"工作队伍建设亟待加强。机构改革后，农办作为乡村振兴的统筹协调机构，目前多数区（市）的农办机构编制人员与实际工作量不相匹配，由农业农村局工作人员兼职从事具体工作，而且存在年轻骨干人员严重外流问题。比如，薛城区农业农村局平均年龄 48.5 岁，其中 70 年前出生人员占 20 人，接近 50%。另一方面，农村优秀实用人才匮乏，作用发挥不好，返乡创业氛围不浓。部分村"两委"班子年轻干部不足，带头致富能力不强。有的村多数年轻农民外出务工，留在村内的基本都是年老体弱或家庭原因无法外出的人群，村内留守老人和儿童较多。年轻大学生在外学成毕业后，回到村里创业的还是凤毛麟角，乡村振兴缺少人才支撑。

（三）乡村文化发展相对滞后

与城市社区相比，乡村文化产业发展相对滞后，配套政策措施还不完善，部分镇街文化中心、村文化站缺乏资金投入，硬件设施相对薄弱，职能作用发挥不突出，活动难以正常开展。特别是与现代文明要求相比，一些村民长期形成的生活陋习短时间内难以彻底转变，农村封建迷信、腐朽思想、陈规陋习，红白喜事讲排场、大操大办等不良现象仍然存在。人情来往在家庭支出中占比较高，移风易俗工作还需进一步推进。

（四）生态振兴任务复杂艰巨

一是资源环境约束偏紧。守住耕地红线面临着人口增长带来的人均耕地减少、建设用地占用增加等问题，人地矛盾日益突出。保障耕地质量存在着土壤酸化、耕作层变浅等问题。保障粮袋子、菜篮子的硬任务与资源环境硬约束之间的矛盾愈加尖锐。二是生态环境污染尚未得到彻底解决。工业废弃物污染、城市生活垃圾污染向农村扩散蔓延，化肥、农药等农业投入品的超剂量使用加重了农业面源污染；畜禽粪便和秸秆综合回收利用率较低，增加了农业生产污染；农村垃圾、污水处理能力不足，造成了农村生活污染。农业农村的环境污染直接影响了农产品质量安全。三是农业废弃物资源化利用效率不高。农业废弃物回收利用工作亟待完善，散户饲养畜禽的情况在一些村庄仍然存在，废弃物乱排乱倒情况时有发生。叶类蔬菜、水果种植和处理过程中产生的尾菜残果总量很大，处理利用技术不成熟，运输、倾倒成本高，种植户处理不了就丢弃在田间地头，腐烂变质形成污染。专业化的农业废弃物资源化利用企业不足，长距离收集运输秸秆、粪污等生产原料成本较高，企业处理能力有待提升。

（五）基层组织领导力需要加强

村党组织带头人整体结构还不够合理，存在带动示范作用不明显、年龄老化、学历偏低等问题，"能人治村"优秀典型较少。农村党员队伍"青黄不接"，整体年龄偏大、学历偏低，农村60岁以上党员和初中及以下学历占比大；村集体经济发展水平依然薄弱，有的村面临着集体收入渠道单一、增收后劲不足的现状，有的村过多依赖第一书记等包村干部的外力帮扶，对扶持的致富项目后期维护管理跟不上。村集体经济少的村，村级党组织的凝聚力、战斗力普遍不强。

（六）乡村建设行动质量有待提高

一是投入渠道单一。美丽乡村建设任务重、覆盖面广，需要投入大量的资金。目前，我市美丽乡村建设资金主要依赖财政投入，缺少其他资金筹措渠道。受疫情影响，今年财政预算资金980万元用于50个美丽乡村建设。为切实保障市级美丽乡村创建质量，建议下步增加从土地出让收益增量资金中的列支。二是建设标准不高。部分镇、村的思想认识和建设水平还比较低，对美丽乡村建设的重点、内涵理解不够透彻，导致建设发力点出现偏差，一定程度还存在重"面子"轻"里子"现象。美丽乡村存在同质化、千村一面的问题，根据村庄的基础条件和发展定位深入挖掘整合提升不够。三是缺少支柱产业。部分村庄缺少产品变商品、资源变资产、风景变钱景的长远规划，推进村集体经营性收入和带动农民增收的办法不多。四是长效管护机制不够完善。通过开展村庄清洁行动和美丽乡村建设，村内脏乱差的问题已经基本解决，但缺少完善的长效管护机制。村庄内"四大堆"（垃圾堆、柴草堆、土石堆、粪堆）问题、房前屋后乱写乱画问题、村内存在弱电线路杂乱无序，残垣断壁、村内污水乱排问题不同程度地存在。五是群众主体作用发挥不够。部分村庄在美丽乡村建设中还存在"干部干，群众看"现象，存在等、靠、要的思想，等上级部门安排，要上级资金扶持，基层群众主动作为的意识和能力不够强，参与、支持农村人居环境整治和美丽乡村建设的积极性和主动性没有充分调动起来。

（七）农村改革试验区建设缺乏后劲

自 2011 年获批国家农村改革试验区以来，市委、市政府成立了高级别的工作领导小组，已经经历了近十年的发展。在实际工作中，部门、基层参与度还比较低，没能发挥出职能联合的优势。区（市）对农村改革工作的关注度也在逐步降温，承担项目的热情越来越低。前期我市农村改革试验区工作经费主要依托国家级项目经费或省级补贴，近几年来新增的试验任务上级都没有拨付经费。尤其是新承担的试验任务，面临着很大的推进压力。

（八）巩固脱贫攻坚成果压力较大

巩固提升脱贫成果的任务依然艰巨，全市"老病残"群体占 57.55%，主要靠政府兜底保障，自我发展能力较弱，稳定脱贫持续脱贫压力较大；部分脱贫人口内生动力不足，长期依赖社会救助与福利政策，存在严重的"等靠要"问题；一些扶贫产业项目规模小、链条短，带贫成效弱；个别项目可持续发展能力不强，对特殊扶持政策的依赖性较强，市场化程度不高、内生发展能力不足，受市场等外部环境影响较大，抗风险能力差，收益不稳定；等等。

三、下步对策建议

习近平总书记强调指出："全面实施乡村振兴战略的深度、广度、难度都不亚于脱贫攻坚，必须加强顶层设计，以更有力的举措、汇聚更强大的力量来推进。要加强党对'三农'工作的全面领导。"[①]针对当前我市实施乡村振兴战略中存在的难点和问题，只有紧紧围绕打造乡村振兴齐鲁样板这一目标，找准着力点、选准突破口，精准发力、持续用力，才能推进乡村产业、人才、文化、生态和组织振兴不断取得新突破。

（一）聚焦发展原则，全力落实四个优先

各级党委和政府要把农业农村优先发展的原则落到实处，在干部配备上优先考虑、在要素配置上优先满足、在资金投入上优先保障、在公共服务上优先安排。各级在落实"四个优先"上，缺少有效创新的办法措施。建议省级层面加强顶层设计，针对"四个优先"，制定具体办法措施，破解乡村振兴中"人、钱、地"的难题，真正实现农业农村优先发展。比如，在干部配备上，建议对农业农村系统干部在提拔晋升上给予一定倾斜，增加各级党政班子成员中具有农业农村工作经历的领导干部。在公务员招考遴选、人才优选等政策上根据编制情况，对农业农村系统给予一定比例倾斜，及时补充后备力量。同时，由于农业农村工作经常进村入户、到田间地头调研指导、抢险救灾，建议对从事农业农村工作人员参照公检司法系统给予一定特岗补贴，体现对农业农村工作重视，吸引更多人才投入乡村振兴。

---

① 习近平：《论"三农"工作》，中央文献出版社 2022 年版，第 11 页。

（二）突出改革引领，全力推进"四区"创建

省委、省政府在打造乡村振兴齐鲁样板重点任务清单中明确提出，"加快推进枣庄市国家农村改革试验区、现代农业示范区、农业可持续发展试验示范区融合发展。"近年来，枣庄市承担国家三批13项农村改革任务，基本实现农业现代化，农业可持续发展稳步推进。但是目前为止，"三区"建设尚未有国家级、省级专项资金支持，受市级财政收入增幅放缓影响，枣庄地方财政支农压力不断加大，建议省委、省政府在"三区"建设上，特别是在农业产业园、农业产业强镇、省级以上农业新型经营主体培育、美丽乡村建设等项目上对枣庄市给予一定倾斜，培育壮大枣庄特色农业产业，建设更多具有鲁南特色的美丽宜居乡村。同时，枣庄市去年成功创建"国家可持续发展议程创新示范区"，是全省唯一的一个，创建的主题为"创新引领乡村可持续发展"。建议下步省里在枣庄乡村振兴"四区"创建上，给予一定政策项目资金支持，扶持枣庄市农业产业发展基金的创建，打造乡村振兴齐鲁样板的鲁南路径。

（三）坚持创新发展，全力加快一个突破

围绕省"十大创新"和市"六大提升工程"，建议将现代高效农业和农业产业化发展上的创新突破作为枣庄乡村振兴工作的主攻方向。

1.全力保障粮食供给安全

我国是人口众多的大国，解决好吃饭问题，始终是治国理政的头等大事，要全力保障粮食和重要农产品有效供给以及不发生重大农产品质量安全事件，为稳定经济社会发展大局提供有力支撑。严格落实粮食安全责任制，整建制推进吨粮镇、吨粮田创建，打造优质粮食生产基地，加快高标准农田建设，持续推进高标准农田整县创建试点。2022年小麦统供良种达到150万亩以上，推动粮食播种面积、产量实现"双增长"。大力发展强筋、富硒等优质专用小麦达到40万亩以上，增加农民种粮收益。完成玉米大豆带状

复合种植达到 5 万亩的种植任务，促进玉米大豆种植相融合。推广托管、半托管服务，推进粮食适度规模经营，推进现代农业和小农户有效衔接。持续稳定生猪生产，加快推进台儿庄、滕州牧原等大型标准化规模养殖场建设，推动生猪市场健康发展，让广大市民吃上放心肉、实惠肉。推动畜禽种业资源保护，促进黑盖猪、孙枝鸡等地方原种选育，提高畜禽良种覆盖率。

2. 全力加快农业产业转型

产业转型是源头、是核心，是乡村形成自我造血能力的关键所在。一是要按照市委市政府"6+3"现代产业体系培育要求，发展高质高效农业。突出马铃薯、石榴等 6 个特色优势产业，持续推进农牧产品集群化、标准化、品牌化、绿色化、信息化建设。建设好"兽药谷"、王老吉石榴大健康产业园、新格林、新农创等高质高效农业大项目。持续创建市级及以上现代农业产业园、产业强镇、重点农业龙头企业。持续打造"山水枣庄，放心农品"品牌形象，积极培育市级知名农产品区域公用品牌、企业产品品牌。加强对新型农业经营主体的扶持，带动更多的合作社、家庭农场、种养大户一体化发展。二是要打造农林产品产业链，形成完备产业体系。农林产品产业链是一个比较复杂、相关产业交织的产业链网络，主要包括种植阶段相关林下经济（林下种植、林下养殖）发展情况、先进技术装备使用情况、林果树枝等的生态处理、碳化处理情况；观花、采摘时期林果文化与旅游的融合情况，带动周边民宿、农家乐的规模效应；加工过程中先进设备的使用情况，高科技含量林果产品的研发情况；运输过程中，冷链、物流规模及使用情况；销售过程中，产品的销售渠道拓展情况，产品质量情况、产品溯源情况等，还同时包括整个林果产品相关的产业发展情况，如包装、配套、冷库、物流、电商、网络直播等相关产业的规模及发展情况。因此，建议积极引导农林产品龙头企业，如山东润品源食品有限公司、枣庄永兴板栗加工有限公司、山亭枣店香枣种植合作社、山里红花椒种植合作社等果品加工生产企业，改进技术，提高效率，延长农林产品产业链，从罐头、果脯等初级产品加工向医药、保健、生物燃料等高新科技领域转型。建议加快冷链物流体系建设，建设一批运输、包装、贮藏、保鲜企业集群，吸引中小企业和农户积极参与林果产品转型升级。扶持中小型清洗、烘干、分级等产后处理生产线，逐步形成不同层次、各具特色的产业化经营体系和产业集群。三是要大力发展生态循环农业，开展农药化肥减量行动，推进病虫害统防统治和绿色防控。强化农业面源污染治理，推进畜禽粪污资源化利用。探索农作物秸秆多渠道利用方式，"十四五"期间综合利用率达到96%以上。大力推进农业机械化，加大农机装备研发创新力度，加快大中型、智能化、复合型农业机械研发和应用。落实农机购置与应用补贴政策。推进"全程全面、高质高效"农业机械化，"十四五"期间农作物耕种收综合机械化率达到90%以上。

3. 全力激发村集体经济发展活力

发展壮大集体经济是带动农业产业化发展的重要途径之一。一是要增强村集体经济发展的内生动力。坚持"实际、实用、实效"的原则，在区（市）层面建立政府主导、部门协作、统筹安排、产业带动的镇、村干部常态化培训机制，重点培训管理、经济、村庄规划等方面内容，提升干部能力素质，为村集体经济发展领好路。将培育创业致富能人作为发展村集体经济的重要途径，在党员中深挖"既能带头致富、又会带领群众致富"的致富能人，把村民中威信高、收入高的能人培养成党员，充分发挥党员在集体经济发展中的表率带头作用。动员大学生、退役复员军人、在外企业家等返乡创业，在资金、技术、项目等方面给予支持。充分发挥"第一书记"、驻村工作队优势，争取政策资源，协调项目资金，为推动农村集体经济注入新的动力。二是要优化村集体经济发展的组织管理。进一步明晰村集体经济组织与村委会的职能关系，对村委会领办的股份合作社等集体经济组织，借鉴国有企业经营形式，实行财务收支、人事管理与村委会分离，推动集体经济组织法人资格落地，赋予其充分的市场地位和资产运营功能。进一步加强村集体"三资"信息监管平台建设，拓展平台功能，包括发展集体资源管理的空间地图查询和显示功能，对集体资产登记、保管、使用和处置全过程的监管功能，农村产权查询和信息功能等，扩大村集体资金支出信息披露，为村民群众参与集体资产资源资金的监督管理创造更加便捷、高效的途径。三是要积极探索构建农村集体经济共同发展模式。以区（市）、镇（街）为主导，打破地域界限，以项目建设为抓手，统筹资源调配、精准有序施策，探索推进联村异地发展"飞地经济"。在运作过程中，采取"土地＋资金""强村＋弱村"等形式，引导集体经济薄弱村将分散资源集聚至"飞地"项目，让原来"单打独斗、分散资源、粗放式管理"变身为"抱团联建、投资股本、市场化运行"；通过异地置业、合作经营等模式，由多个村集体共同出资建设标准厂房、产业园区等项目，按一定金额出租给入驻企业，再按照相关投资比例分配租金收益；鼓励村级组织引入企业落户产业园，入驻企业税收按地方留存部分的一定比例奖励各村。

4.全力加快乡村振兴"双十镇"建设

枣庄市基础相对薄弱，资源要素、财力保障有限，更要以镇域经济突破带动乡村振兴全局发展。要坚持高点定位。示范镇是全市乡镇中的"佼佼者"，要提高境界、对标一流，高标准谋划、高效率推进，进一步做大经济总量、培育支柱财源、完善综合功能，努力打造经济强镇、财政富镇、发展重镇。要坚持规划先行。加快"双十镇"建设，绝不能盲目发展，必须充分发挥规划引领作用，要做好三个规划：镇域发展规划、城镇建设规划、国土空间规划。要坚持产业为基，一是要壮大特色产业，二是要培育龙头企业，三是要做强产业园区。要坚持完善功能。围绕打造服务农民的区域中心，不断完善服务功能，提升镇域承载力。要坚持改革创新。要在体制机制方面大胆尝试、先行先试，只要是"双十镇"发展需要的、能够下放的，应减必减、能放则放，做到减无可减、放无可放。

（四）树牢系统思维，全力实现三个提升

乡村是具有自然、社会、经济特征的地域综合体，兼具生产、生活、生态、文化等多重功能，是一个包含着诸多子系统的大系统。因此乡村振兴工作必须坚持系统思维，避免顾此失彼。

1.提升乡村建设水平

实施农村人居环境整治五年提升行动，持续开展村庄清洁行动"四季"战役，拓展优化"三清一改"内容。实行园区连片培植、环境连片打造，持续推进滕州荆河沿岸、薛城白楼湾十里湾、山亭"环岩马湖—朱山流域"、市中区西部山区、峄城区环石榴园、台儿庄涛沟河等乡村振兴齐鲁样板示范区和美丽乡村片区建设，争取新创建省、市级美丽乡村示范村60个以上，新创建清洁村庄400个以上，以美丽乡村建设巩固农村人居环境整治成果。稳妥推进美丽宜居乡村建设，确保如期上房，不断提高群众获得感和满意度。探索财政、金融和社会资本投入等多元化建设投入机制，发挥农民群众积极性，探索多方共建共享等长效管护机制，让乡村更加宜居宜业。扎实推进数字乡村建设，持续推进省级和市级数字乡村试点建设，打造乡村智治、信息惠民、智慧党建等典型应用场景，推进经验总结提升，探索数字乡村建设"枣庄模式"。完善数字乡村考核评价体系，强化宣传推广、激励引导和绩效考核。发挥数字乡村建设创新联盟作用，广泛汇聚社会力量共同参与数字乡村建设。高标准举办"山东（枣庄）数字乡村建设推进大会"。

2.提升共同富裕水平

接续推进全面脱贫与乡村振兴有效衔接，坚决守住不发生规模性返贫的底线。强化返贫监测帮扶，做好监测帮扶对象动态调整和信息采集工作，严格对享受政策户实行分类管理。进一步健全完善"三四五三三"防返贫监测帮扶机制，加强部门联动筛查预警，推动低收入农户常态化帮扶工作深入开展，对即时发现按程序纳入的三类人群，及时开展针对性帮扶。加强衔接资金项目监管，以镇域为单位，精准实施产业项目和小型基础设施项目。加强脱贫攻坚期建成项目的管理，确保资产安全，运营高效，收益稳定，持续促进村集体和脱贫群众增收。继续发扬脱贫攻坚精神，持续加强作风建设，坚决扛牢巩固拓展脱贫成果政治责任。加强对镇村干部衔接政策及业务知识的培训，特别是新当选的村干部的工作执行力，精准做实做好巩固拓展脱贫攻坚成果同乡村振兴有效衔接工作。

3.提升乡村治理水平

大力培育和践行社会主义核心价值观，深化"听党话、感党恩、跟党走"等基层宣讲活动，推动习近平新时代中国特色社会主义思想进乡村、进社区。深化乡村文明行动，持续开展文明村镇创建，争取全市文明达标村覆盖率不低于80%。深化乡风民风建设，加大"枣庄文明20条""乡村文明10条"的宣传推广力度，推进移风易俗，规范村民议事会、红白理事会等群众自治组织建设。全面排查整治农村治安突出问题，持续打击农村地区涉黑涉恶违法犯罪和"村霸"，防范黑恶势力、家族宗族势力等对农村基层政权的侵蚀和影响。严厉打击农村黄赌毒和侵害农村妇女儿童人身权利的违法犯罪行为。严密防范坚决打击农村地区邪教违法犯罪活动。健全完善农村新冠肺炎疫情常态化防控工作体系。

（五）突出服务保障，全力做好四个支撑

面对复杂严峻的国际环境和国内繁重艰巨的改革任务，我们应当牢牢抓住乡村振兴战略的重要机遇期，践行全面实现共同富裕理念，调动广大农民积极性，大力发展农村生产力，发挥好资金保障、人才引育、政策支持、推进机制支撑乡村振兴的积极作用，促进经济发展与生态保护协调发展，实现农业兴、农村稳、农民富。

1.强化资金保障

新型农业经营主体是推进农业农村现代化和乡村振兴的有生力量，肩负着组织农业产业化经营、引领农业现代化生产、组织小农进入现代化轨道的重要使命。目前，各级各部门已经出台了一些扶持政策，比如乡村振兴基金、省鲁担惠农贷等。但各部门扶持政策较为分散，特别是银行支持新型经营主体的金融产品还不多，而且门槛较高。建议整合各部门新型农业经营主体各项扶持政策，创新金融支农产品，扶持新型经营主体健康有序发展。

2.强化人才引育

乡村振兴，人才是关键。确保更多人能来到乡村、建设乡村、留在乡

村，是实现振兴发展的重要一环。在"外引"方面，出台支持政策，推进实施农村"人才回引"计划，鼓励外出农民工、退伍军人、高校毕业生、工商业主等优秀人才返乡下乡创新创业，引导发展适合企业化经营的现代种养业及加工服务业。借助现代高效农业招商引资，落实奖补支持政策，引导工商业主投资兴办农民参与度高、受益面广的种植养殖、农产品精深加工、产品流通、品牌营销、农业科技服务等产业，提升乡村人才比重。在"内育"方面，把培育乡土人才放到重要位置，以打造一批新时代高素质乡村农民队伍为目标，以农村经济发展带头人、新型农业经营主体带头人和农村经纪人为重点，加大农民教育培训力度，不断加强农村专业人才队伍建设，着力培养一批有文化、懂技术、会经营、善管理的新型职业农民。

3. 强化政策支持

积极推进国家农村改革试验区和薛城省级农村改革试验区建设，加强农业农村政策集成运用。开展好石榴、樱桃、甘薯等优势特色农产品保险工作，探索建立"农民利益有保障、农业发展有保护、农业风险有管控"的工作机制。推广闲置小院复活工程，探索宅基地所有权、资格权、使用权分置实现形式。深化农村集体产权制度改革，探索村集体经济增收多种模式，党支部领办合作社达到 1000 个以上。拓展农村产权制度改革，健全农村产权交易服务平台体系建设，开展农村承包地经营权、林权等多种产权要素价值评估、抵押登记、交易流转和风险处置，提高农村资源配置和利用效率。

4. 强化推进机制

强化五级书记抓乡村振兴责任，完善市县党政领导班子和领导干部推进乡村振兴战略实绩考核制度。落实分类推进乡村振兴的实施意见。继续开展乡村振兴"十百千"示范创建工程，创建省、市级乡村振兴齐鲁样板示范区。

（编审：李国江）

东营市乡村振兴报告

刘裕民　刘志强 ①

摘要：东营市地处平原，具有沿黄、沿海和盐碱地资源优势。近年来，东营市抓住黄河流域生态保护和高质量发展重大国家战略机遇，坚持规划引领，积极探索实践，促进农业高质高效、乡村宜居宜业、农民富裕富足，走出一条具有东营特色的乡村振兴之路。本文全面总结了东营市全面推进乡村振兴取得的成绩，遴选了东营市推进乡村"五大振兴"的典型案例，指出了存在的问题短板，为下步全面推进乡村振兴提供了对策建议。

关键词：东营；沿黄；沿海；盐碱地；乡村振兴

2021 年 10 月 20 日至 21 日，习近平总书记亲临东营市视察，对盐碱地综合利用、安居富民等工作作出重要指示，对东营农业农村工作寄予厚望。2022 年是党的二十大召开之年，扎实做好"三农"工作、稳住农业基本盘，对于保持经济社会平稳健康运行，具有特殊重要意义。东营市将深入贯彻习近平总书记关于"三农"工作重要论述和视察东营重要指示要求，以打造具有沿黄沿海盐碱地特色的乡村振兴齐鲁样板为总抓手，以实现农业农村高质量发展为主题，坚持高点定位、高端规划、高位推动、高新突破，坚持创新实干、事争一流，扎实有序推进乡村发展、乡村建设、乡村治理等重点工作，为高水平现代化强市建设筑牢"三农"根基。

---

① 刘裕民，男，中共东营市委党校（东营行政学院）教授；刘志强，男，东营市农业农村局副局长。

一、东营市实施乡村振兴的主要成就

（一）大力发展现代高效农业，推动乡村产业振兴

近年来，东营市坚持以工业化理念发展现代农业，以建设工业园区的模式建设现代农业园区，扎实推进农业标准化、品牌化、规模化、机械化，实现产业规模持续壮大、产业层次持续提升、产业效益持续增加。2021年，全市东营农林牧渔及服务业总产值同比增长10.8%，列全省第1位；第一产业增加值增长8.8%，列全省第2位。[①]

1.农业发展质量不断提升

粮食生产保持稳定势头，面积、总产均超额完成省定任务。69个乡村产业振兴重点项目完成投资41.43亿元，河口区"鸣翠人家"百合种植园、垦利区盐碱地果蔬种植高标准实验基地、广饶乘南现代农业科技示范园等一批现代高效农业项目落地实施，推动农业产业结构持续优化。全面完成生猪稳产保供任务，畜禽规模化养殖比重达86%，居全省前列，人均肉蛋奶占有量全省第一。黄河口大闸蟹精养面积9万亩，海参池塘养殖面积17万亩，对虾池塘养殖面积40万亩，探索引进小棚养虾新模式，总面积达1.1万亩，工厂化对虾养殖33万平米，东营已成为我国北方重要的工厂化养虾基地。大力培育"黄河口农品、盐碱地特产"品牌，省知名农产品企业产品品牌达26个，黄河口大米地理标志农产品保护工程获国家批复，省级农业标准化生产基地发展到40家。

2.农业产业发展平台更加完善

开展现代农业产业园四级联创，垦利区现代农业产业园被认定为首批省级现代农业产业园，市现代农业示范区省级产业园完成主体建设任务。新创建3个市级现代农业产业园，利津县黄河口滩羊产业园等一批重点园区加

[①] 《2021年东营市实施乡村振兴战略工作报告》（东委〔2021〕75号）。

快建设。创建 4 个国家级、4 个省级农业产业强镇，10 个全国"一村一品"示范村镇，13 个省级"一村一品"示范村镇。农业新型经营主体稳健发展，全市农业龙头企业、合作社、家庭农场分别达到 685 家、2682 家、2528 家，新创建国家级农民合作社示范社 4 家，广饶县入选全国农民合作社质量提升试点县和全省家庭农场高质量发展整县提升试点县。大力推进现代化海洋牧场建设，康华海洋牧场获批为全省渤海湾区域首个国家级海洋牧场示范区。

3. 农业发展基础更加坚实

全面开展耕地保护检查，加强监管，严格控制非农建设占用耕地，充分保护利用好粮食生产功能区和重要农产品保护区。41.4 万亩高标准农田建设项目有序实施，广饶县获评全省高标准农田整县推进示范县。争取农机购置补贴资金 3200 万元，主要农作物耕种收综合机械化率达 95.72%，获批全国主要农作物生产全程机械化示范市。争取中央财政资金 2863 万元，建设农产品仓储保鲜设施 57 个。引进临沂金丰公社等大型农业社会化服务组织，全市农业社会化服务组织发展到 447 家。垦利区、利津县获得小麦和玉米完全成本保险试点，莲藕种植、肉羊养殖等 8 个险种入选省级以奖代补名单，在全省率先实现地方特色农产品保险品种"一县一品"。

4. 农业科技支撑能力不断提升

推进种业创新发展，完成农业种质资源普查，建成农作物品种试验基地 7 处，棉花、玉米、水稻等 6 个具有自主知识产权的品种先后通过国家或省级审定。中国科学院遗传发育所培育的耐盐大豆品种在东营盐碱地试种成功，亩产达 264.8 公斤，创造了耐盐碱大豆新品种的亩产纪录。在省黄三角农高区开展盐碱地"科技会战"，与中国科学院共同创建国家盐碱地综合利用技术创新中心，突破 7 项技术难题、16 项关键核心技术。对东营强化科技支撑推进盐碱地综合利用的做法，习近平总书记给予充分肯定，指出抗盐碱作物发展起来对提高土地增量是很有意义的，对中国粮仓、中国饭碗也能起到积极的保障作用。论文写在大地上，你们这件事做得很好。①

（二）加大人才引进培育力度，推动乡村人才振兴

1. 精心育才

坚持抓"培出来"，分类别分层次开展高素质农民培训、农民技能提升实用人才培育、巾帼乡村人才培育、基层卫生人员能力提升培育等人才培育工程，累计培训各类人才 2.4 万人次。坚持抓"赛出来"，连续举办三届市乡村振兴传统技艺技能大赛，有力推动了传统特色产业发展。坚持抓"评出来"，在全国率先探索评选农民技师和农民高级技师，认定农民高级技师 3 人、农民技师 83 人，农民高级技师每人一次性补助 5000 元，农民技师每人一次性补助 3000 元；深化职业农民职称评定试点，截至目前，21 人获评农民高级农艺师，83 人获评农民农艺师，210 人获农民助理农艺师，他们活跃在农业生产一线，成为普及农业科技知识的技术员，成为带领农民增收致富的"领头雁"。

2. 大力引才

实施农村优秀人才回引行动，回引农村优秀人才 1263 人，壮大了乡村振兴骨干力量。与中国科学院、省农科院等高校院所合作，柔性引进 200 余位专家开展技术指导和项目合作。山东通和水产等 4 家单位获评省级乡村振兴专家服务基地，吸引各类专家服务乡村。以省黄三角农高区、市现代农业示范区为依托，积极整合各类优势资源，实施了一批以中国科学院"STS"项目为代表的重点项目，聚集国内高端科研人才，成为农业科研成果的"孵化器"、农技推广的"样板园"。

3. 优化环境

制定《东营市乡创人才创业担保贷款实施细则》，实施"东青创业扶

---

① 《情满黄河心系海岱——习近平总书记在山东考察回访记》，人民网，2021 年 10 月 23 日，http://sd.people.com.cn/n2/2021/1023/c166192-34970493.html。

持计划"，推出 2 亿元"东青基准贷"和 3000 万元创业扶持基金，评选出 32 个市青年人才创新创业及农业新技术示范基地，助力优秀青年创新创业。

（三）塑造文明新风尚，推动乡村文化振兴

1. 新时代文明实践中心作用逐步凸显

实践中心规范化建设实现县、乡、村三级全覆盖，24 个村新时代文明实践站被评为省级示范站。市级发布志愿服务项目 626 个，农村像城市社区一样，享受到来自社会各界的志愿服务。积极开展村歌创作展演，目前已创作 51 首，凝聚了人心，提振了村民精气神。广饶县每个村都组建村民互助会，实现"有难搭把手、小事不出村"，《农民日报》等媒体给予重点报道。207 个村设立"一元餐厅"，解决了留守老人午饭问题，推动社会风气向善向好。

2. 基层公共文化服务网络逐步完善

巩固提升国家公共文化服务体系示范区创建成果，落实公共文化设施管理与服务标准，建成村（社区）综合性文化服务中心 1511 处、乡村剧场 475 个、数字文化广场 413 个，改造提升农家书屋 562 个，我市数字文化广场建设经验成为全国样本。实施基层文艺人才队伍培训工程，培训各级文化骨干 2.1 万余人次，新组建农村文艺队伍 500 支，他们活跃在乡村一线，为群众带来丰富多彩的文化活动。

3. 优秀传统文化传承体系逐步健全

加大非物质文化遗产挖掘力度，实施历史文化展示工程和乡村记忆工程，建成村级历史文化展馆（室）251 个，分别有 2 项、10 项非物质文化遗产入选全国、全省项目。实施移风易俗、弘扬时代新风行动，广饶县省级婚俗改革试点顺利推进，县级以上文明达标村覆盖率达 98%，被评为山东省移风易俗工作先进市。

（四）打造生态宜居良好环境，推动乡村生态振兴

1. 农村人居环境整治有序实施

组织开展"三清三整三提升"农村人居环境整治百日攻坚，坚持实行暗访排名通报督导制度，解决了一批农村环境老大难问题。健全农村生活垃圾收运处理体系，农村生活垃圾无害化处理率达100%。深入推进农村"厕所革命"，开展农村厕所问题摸排整改，建立健全改厕后续管护机制，无害化卫生厕所覆盖率达94.6%，300户以上的自然村实现公厕全覆盖。完成132个村庄农村生活污水和90处农村黑臭水体治理工作，超额完成省定任务。新改建农村公路189公里，实施路面状况改善487公里。加快实施燃气村村通工程，22.8万户农村群众接通天然气。

2. 美丽乡村建设扎实推进

深入开展美丽乡村示范创建，建成219①个省市级美丽乡村示范村，10个村被列为美丽村居建设省级试点，9个村被评为首批山东省景区化村庄。深化"美丽庭院"创建，县级以上"美丽庭院"示范户达3.82万户。建设沿黄生态长廊，新增提升林带8641亩。创建6个省级森林乡镇、75个省级森林村居。启动实施26个乡镇国土空间规划，组织实施78个村庄规划编制工作。规范了村庄撤并办法，坚持实事求是、因地制宜，遵循发展客观规律，充分保障农民权益，确保依规有序开展。

3. 农业绿色发展成效显著

研究出台《关于推进节水农业发展的实施意见》，在稳定粮食生产的前提下，因地制宜布局水稻、水产养殖产业。开展大闸蟹养殖节水试点，争取上级财政资金1800万元，改造提升6000亩标准化池塘，预计节水率达50%以上。开展黄河滩区种植业绿色发展试点，建设有机肥替代化肥万亩试

---

① 2022年东营市人民政府工作报告，http://www.dongying.gov.cn/art/2022/3/1/art_40119_10337400.html。

验示范基地，粮棉作物全面开展病虫害统防统治与绿色防控融合。推进农业废弃物综合利用，农作物秸秆综合利用率达95.1%，规模养殖场粪污处理设施配建率达100%，畜禽粪污综合利用率达92.34%。推进农业投入品减量增效，出台政策鼓励支持使用有机肥，高效低毒和生物农药使用率超过80%，病虫害绿色防控率达30%以上。作为沿黄9市两个县区之一，东营区黄河流域农业面源污染综合治理整县制推进项目获得国家补助资金5000万元。

（五）完善乡村治理体系，推动乡村组织振兴

1.村党组织带头人队伍持续优化

2021年在全省率先完成村（社区）"两委"换届任务，全市村党组织书记"一肩挑"比例达99.7%，村"两委"成员和村党组织书记年龄、学历均实现"一降一升"，35岁以下人员进班子实现100%，"两委"班子素质能力得到整体提升。按照分级负责、全面覆盖原则，全面开展全市新任干部履职轮训。制定村级组织运行管理规范，深化村干部"小微权力"清单，强化不担当不作为村党组织书记重点管理，织密权力运行"监督网"。部署开展村级竞赛比武，激励村干部干事创业。深化村党组织书记专职化管理，专职专干率达52%。

2.村级集体经济发展提质增效

树牢"村级集体经济是党的执政经济"理念，将发展壮大村集体经济作为各级"一把手"工程，纳入基层党建述职评议考核，列入新任村班子任期规划和年度计划，"一村一策"制定增收措施。开展村党组织领办合作社三年行动，全市村党组织领办合作社达623家。用好中央财政1650万元、县区配套1100万元资金，对东营区、垦利区55个村集体项目进行扶持；市财政列支3000万元资金用于扶持村党组织领办合作社，培育150个发展壮大村级集体经济项目，成方连片打造集体增收、群众致富的精品工程。全市村集体经济收入5万元以下的村已全面消除，超过10万元的

占比 88%。①

3.党建引领乡村治理水平持续提升

启动新一轮软弱涣散村党组织集中整顿，排查确定软弱涣散村 116 个，落实整顿措施，聚力攻坚突破。开展村级组织体系标准化建设。全面推行村级重大事项报批制度，推动村级事务规范运行。深化党建引领网格化治理体系建设，全面推行党员街巷长制度，县区、乡镇（街道）实现社会治理网格化服务管理中心全覆盖，东营区林家村等 3 个村被评为全国乡村治理示范村。

二、东营市实施乡村振兴的经验模式

（一）产业振兴典型案例——"盐碱地上的果蔬工场"（利津县发展智联农创工场的创新实践）

近年来，东营市利津县认真贯彻落实习近平总书记重要讲话和重要指示批示精神，抢抓黄河流域生态保护和高质量发展国家战略，坚持用工业化理念推动现代农业发展，用工业园区模式建设现代农业园区，投资 1.6 亿元，高标准建设了利津县智联农创现代农业示范园，引进寿光恒蔬无疆农业发展集团统一运营，仅用 67 天在 1200 亩盐碱地上建起了一处高标准、智慧化、现代化的现代农业产业园区，实现了资产总额和亩产效益"百倍提升"，农民收入和村集体收入"双双翻番"，先后被评为全国蔬菜质量标准中心试验示范基地、省创新管理研究院调研基地，"果蔬工场"经验做法被农业农村部发展规划司推广。

1."工厂化"建设，提升农业质效

采用"政府定制、联合出资、收益共享"工厂化建设模式，由利津经济

---

① 2022 年东营市人民政府工作报告，http://www.dongying.gov.cn/art/2022/3/1/art_40119_1 0337400.html。

开发区出资成立国资平台绿创农业科技公司，撬动社会资本，引入省农业龙头企业寿光恒蔬无疆农业发展集团，共同投资 1.6 亿元建设现代化农业产业园区，恒蔬无疆负责管理运营，通过科学的成本核算，实现良好经济效益。这种模式，既解决了恒蔬无疆资金压力，又实现了国有资产的保值增值，双方都借助对方资源弥补了自身短板，实现了"借船出海、极速建设、共建共享"。园区一期于 2019 年 11 月建成投用，首季优质蔬菜成功收获，蔬菜总产量 227 万斤，产值 560 多万元。

2."合伙人"运营，激发产业活力

园区创新运营模式，由传统模式变为"投资商＋运营商＋合伙人"模式，投资商为园区提供充足资金；运营商为入驻农户提供种苗供应、配方施肥、智能装备配备等"保姆式"全流程、标准化服务；种植户既不是承包户，也不是被雇佣，而是"合伙人"身份，负责抓好田间管理，"零投入"入驻，迎合了农户前期投入能力不足、不愿承担风险的心理。园区实行"联产计酬"，收益由平台公司、运营公司、合伙人按比例共同分配，实现合作共赢、多劳多得，充分调动各方积极性。2020 年，智联农创工场合伙人最高收入 12.5 万元，户均收入 8.5 万元。同时，为 153 户农户提供了就业，带动周边数百名群众到园区打工，日均工资达到 200 元，实现了良好的经济和社会效益。

3."六统一"管理，建设标准基地

智联农创现代农业示范园实行统一技术、统一农资、统一检测、统一品牌、统一销售、统一管理，为入驻农户提供"保姆式"全环节、全过程、全链条服务，实现"种植标准化、监管智慧化、管理组织化、营销品牌化、服务融合化"。恒蔬无疆有着 20 年专业经验，参照工厂化生产模式，设计集成 81 道工序的标准化种植和质量检测体系，为种植户提供种苗供应、配方施肥、智能装备配备、物理和生物防治等系列服务，实现节水节肥 30%以上，农药使用量减少 80%以上。同时，智联农创工场产品高于市场价"统采统收"，真正让入驻农户从传统生产方式解放出来，集中从事蔬菜种植，享受智联农创提供的"专业种植方案"，达到"拎包入住"。

4."智慧化"服务，打造数字农业

将现代信息技术成果充分融入现代农业发展，集成应用大数据分析、云计算、物联网技术，依托"云棚""区块链追溯"系统，实时采集、分析农作物数据，实现选种、种植、收获、销售全程可视化管理。通过个人电脑、智能手机操作终端，精确遥控灌溉、通风、增温等动作，实现智能生产。全过程记录各环节质量安全信息，保证农产品质量安全可追溯。构建"云上农校""云上农场"业务系统，开展咨询诊断、远程培训、慕课教学，目前已组织培训新型职业农民2800余人次。

5."品牌化"营销，提升产品价值

依托智联农创现代农业示范园，注册"一品益津"蔬菜品牌，园区统一进行品牌营销，在采取订单式种植的同时，积极拓展"品牌＋物联网"的营销模式，既与京东、百果园等平台搭建线上直供链条，同时又在线下开设"一品益津"直营店，打通线上线下、实体品牌销售渠道，极大地提高了品牌溢价，产品售价高于普通产品三至五成，实现了优质优价。利津县将深化与京东集团的合作，加快推进园区二期、三期项目建设，配套完善数字化农业管理平台，将园区打造成为黄河三角洲盐碱地上的数字化优质果蔬工场。

（二）人才振兴典型案例——东营市建立农民职称制度，破解农民职业化发展"晋升"难题

2018年，东营市在全省率先开展了职业农民职称评定试点，"跳出"传统面向企事业单位人员的职称评定模式，开创性建立了适合农民的职称评定机制。

1.贴近产业特色定范围，明确"谁能评"

在专业范围上，重点突出特色。坚持将职称类别"圈定"在种植、养殖、农产品加工等东营传统优势和潜力较大的特色农业产业上，重点对作物蔬菜、经济林果、畜禽养殖、水产养殖、农产品加工等农业专业人才进行职称

评定，避免专业范围"宽泛化"，缺少针对性。在人员范围上，重点瞄准骨干。坚持将参评对象"划定"在种养大户、家庭农场、农民合作社、农业企业及农业社会化服务组织中从事农业专业技术工作的骨干人员，既考虑奋战在农业农村一线的"田间能手"，也兼顾从事特色农业产业研究的技术骨干，在尽可能在面上覆盖的同时，又切实避免人员范围"福利化"，缺少示范性。

2.贴近农民实际定标准，明确"评什么"

传统的职称评定，对参评者的学历、资历等都有基本要求。考虑到职业农民大多受教育程度低但实践经验丰富、理论知识少但实操能力较强的客观实际，放宽了农民职称申报条件，对学历、论文等一概不作要求，重点考察参评人个人品行、技术水平、业绩贡献和带动能力，确保评出的人员具有专业性、代表性。工作中，确定了"三个一"的标准、条件：一是设立了"一个准入条件"。申报人必须掌握一定的现代农业技术，从事或指导生产经营达到一定规模和效益，能带领一定数量的农户增产增收。二是设置了"一个禁入门槛"。坚持德才兼备、以德为先，把申报人员的品行放在推荐评价的首位，申报人必须热爱农村、遵纪守法、具有良好的职业道德和社会声誉，不得有生产和质量安全事故、不良诚信记录、破坏生态环境等违法违规行为。三是开辟了"一条绿色通道"。试点期间，先行开展初级、中级职称评定。对确有特殊专长、示范带动能力强、业绩贡献突出的申报人，不受资历等条件限制，可不经初级职称直接申报中级职称。24名申报人员因业绩贡献突出直接获评了中级职称，其中既有乡村之星，又有农业劳模、三八红旗手等，具有很强代表性。

3.贴近行业特点定方式，明确"怎么评"

传统的职称评定方式并不适用农民评职称。为此大胆探索，科学采取适合农村特点的推荐评审方式。一是让基层推。充分发挥镇街党委政府和县区职能部门掌握情况、熟悉"人头"的优势，分级成立了推荐委员会，层层把关，差额推荐，确保推荐质量。二是让行业管。发挥农业行业主管部门在农民职称评定中的主导作用，由农业农村部门设立评委会，具体负责组织实施，以此推进职称"业内评价"，提升业内认同度。三是让专家评。科学遴选专家评委，由熟悉农业和农村经济社会发展情况，具有较高农业专业技术水平的人员担任评委，其中取得高级职称的不少于二分之一。根据工作需要，评委会设立了多个专业评审组，探索采取多元化方式进行评审。如中级职称评审采取了业绩陈述、面试答辩和综合评议相结合的方式进行，农民干什么，评委就问什么，更突出考察实践能力，提高评审的针对性和科学性。

4.贴近农村发展定政策，明确"如何用"

一方面，建立长效激励机制，鼓励其持续进步提升。对取得职称的农民，除给予初级3000元、中级5000元、高级8000元一次性补助外，在技术服务、项目合作、银行贷款、产品推介、财政扶持、评先树优等六个方面给予政策倾斜、享有优先权。同时，将其纳入专业技术人员知识更新工程，帮助他们持续更新知识、提升能力。另一方面，建立示范带动机制，督促其发挥引领作用。将取得职称的职业农民建立专门档案，全部纳入乡土专家库管理，并签订了《服务乡村振兴发挥示范带动作用承诺书》，明确他们必须承担在乡村振兴中应承担的义务。对不履行职责义务的，规定不得申报高一级职称，初步建立起了权利和义务相协调相平衡的管理使用机制。

（三）文化振兴典型案例——新时代文明实践凝聚起乡村振兴强大合力（东营市河口区大力实施文明实践润心工程）

近年来，东营市河口区紧紧围绕宣传普及习近平新时代中国特色社会主义思想、培育践行社会主义核心价值观这一核心内容，采取"一五四三"工作举措，大力实施文明实践润心工程，打通宣传群众、教育群众、关心群众、服务群众"最后一公里"，凝聚起推动乡村振兴的强大精神力量。

1."五个一"工作思路，建立广泛覆盖的新时代文明实践工作体系

"群众在哪里，文明实践就延伸到哪里"。围绕这一目标定位，河口区

确定了"一套架构、一支队伍、一个品牌、一组阵地、一个平台"的"五个一"工作思路，搭建区、镇（街道）、村（社区）三级组织架构，全面推进新时代文明实践中心建设。制定下发《河口区新时代文明实践中心建设工作方案》，配套制定《河口区新时代文明实践分中心、实践站建设指导标准》《河口区新时代文明实践站管理员工作指导标准》，建立新时代文明实践中心建设工作联席会议制度。投资 120 万元，高标准建设河口区新时代文明实践中心，设计志愿服务管理中心、新时代文明实践培训中心、河口好人广场、智慧平台指挥中心等功能区块。开发河口新时代文明实践智慧平台，建设"1+6"七个共建服务云，打造集资源整合、活动策划、运行调度、检查评估、信息交流于一体的网上平台，实现文明实践活动网上网下同频共振、线上线下互动互通。截至目前，全区共建设区中心 1 个，分中心 5 个，实践站 89 个，文明实践体验基地 22 个，选聘专兼职管理员 192 人，打造起全方位、多层次、广覆盖的新时代文明实践工作体系，让群众在家门口就能参与新时代文明实践活动。

2. 坚持"四心引领"，发挥新时代文明实践"塑形铸魂"作用

新时代文明实践中心的功能定位是思想引领、道德教化、文化传承，河口区牢牢把握"五项内容"，坚持"四心引领"，融合"讲、评、帮、乐、庆"五种形式，广泛开展新时代文明实践活动，打造"润心铸魂"文明实践品牌。一是新思想强信心。坚持用习近平新时代中国特色社会主义思想教育城乡干部群众，广泛开展理论政策宣传宣讲，组织开展"中国梦·新时代"、社科普及进基层、新时代大讲堂、板凳课堂等主题宣讲培训。各专业志愿服务组织结合群众需求，以讲堂、广场或入户的方式，讲政策、讲文化、讲法治、讲道德、讲技能等，提高群众思想境界、道德水平、文化素养。二是新文化聚民心。培育挖掘基层文化人才，开展广场文化艺术节、"进千村乐万家"、广场舞大赛、合唱节等形式多样、接地气的文化活动，活跃繁荣基层文化生活。围绕传统节日，举行节日庆典，开展闹元宵大联欢、新春文艺下基层、清明祭英烈等群众喜闻乐见的文化活动。三是新关爱暖人心。针对留守

儿童、孤残老人、贫困家庭等特殊人群，组织志愿者上门拜访、恳谈交流、心理疏导、公益帮扶，协调家庭邻里关系，帮助群众解决生产生活、情感心理等困难和问题，引导形成邻里互助、守望相助、患难相恤的社会风尚。通过智慧平台实现群众需求与志愿服务供需对接，使新时代文明实践活动接地气、贴民心。四是新风尚筑同心。积极培育和践行社会主义核心价值观，开展文明城市、文明单位、文明村镇、文明校园、文明家庭等精神文明创建，开展发现"最美河口人"、"新时代好少年"、"美丽庭院"、好媳妇、好婆婆评选等道德实践活动，扎实推进农村移风易俗，弘扬文明健康新风尚。

3. 突出三个重点人群，壮大新时代文明实践的主体力量

大力实施志愿服务扩面提质"1+2"行动，培养壮大新时代文明实践主体力量，建立形成"1+14+N"的志愿服务网络体系。"1"是发挥党员先锋模范带头作用，成立河口区"润心铸魂"新时代文明实践志愿服务总队，下设14支专业志愿服务队，区级以上文明单位均成立以党员为主的志愿服务队，广泛开展党员进社区"双报到""远亲·近邻"城乡文明共建志愿服务。"2"是推进志愿服务向学校和农村两个层面拓展延伸，扩大志愿服务覆盖范围，引导城市志愿服务资源向农村下沉。在全区111个农村（社区）建立89个新时代文明实践站，成立农村志愿服务互助组，发挥村两委班子、网格员、农村党员带头作用，充实村级志愿服务力量。工作推进中，依托河口新时代文明实践智慧平台实行新时代文明实践活动积分制管理，形成"专业制单、群众点单、志愿送单、社会评单"的循环服务模式，并将文明实践纳入文明单位（村镇、社区、家庭、校园）重点任务和乡村振兴重点工作，激发活动内生动力，形成了一套激励比学赶超的实践制度。截至目前，河口区区级以上文明村镇占比达到95.5%，全区文明实践志愿者达8万余名，志愿服务组织600余支。2019年以来开展活动8200余次，参与群众92000余人次，涌现出"温馨十送""希望的田野""百人筑学路""爱心义诊"等一大批优秀志愿服务项目，形成"人人为我、我为人人"的文明实践格局。

（四）生态振兴典型案例——推进城乡环卫一体化　打造美丽新农村

东营市利津县立足实际，积极运用市场机制推进城乡环卫一体化工作，全面建立起了"统一收集、统一运输、统一处理"的城乡环卫运行体系，彻底实现了垃圾处理的无害化和减量化，全县城乡环卫一体化工作实现了新的突破，农村生活垃圾无害化处理率达到98%以上，城乡环卫一体化覆盖率达到100%，乡村环境面貌得到大幅改善，受到广大群众的普遍欢迎。

1.强化责任落实，理顺管理体制，实现城乡环卫一体化全面覆盖

利津县辖4镇、2乡、2个街道办事处，现有人口近30万人，其中城区人口约6.5万人，全县日产生活垃圾约200吨。经多次咨询学习周边县区先进经验，逐渐意识到传统的"户集、村收、镇运、县处理"模式存在链条长、枝节多、重突击、重复作业以及容易造成二次污染的弊端，在此基础上，利津县大胆创新，摒弃了传统管理模式，决定运用市场化机制运作城乡环卫一体化工作，通过公司托管、政府监管、社会监督、各方尽责，形成城乡环卫保洁的强大合力。利津县通过公开招标与中标企业昌邑市康洁环卫工程有限公司签订了城乡环卫一体化市场化托管协议，将县城区及各乡镇街道509个行政村纳入托管范围，实行"一杆到底"管理。通过近几年的运行，城乡环境卫生水平得到进一步巩固和提升，社会反响好、群众满意度高，取得了阶段性成果。

2.强化监督管理，规范质量标准，确保城乡环卫一体化高效运转

在实行市场化运作、明确各部门单位责任的同时，我们认真研究工作措施，加强统筹监管，有效地解决了单位相互扯皮、工作效率不高、垃圾中转站等资源得不到充分使用，以及环卫作业人员将垃圾就地填埋、露天焚烧和垃圾"搬家"等问题，确保了环卫保洁工作的高效有序规范运转。一是政府监管层级化。由县城市管理局负责对各乡镇（街道）城乡一体化工作的督导考核，乡镇（街道）负责对村（社区）的监管，层层落实监管责任，层层传

导工作压力，确保了各项工作的落实。二是层级监管常态化。县城市管理局每月调取各乡镇街道生活垃圾量；每月委托第三方机构对各乡镇（街道）的村（社区）暗访一次，对所有乡镇（街道）的暗访成绩排名进行全县通报。县领导和相关部门暗访检查常态化，不打招呼、不听汇报，直赴村庄街头巷尾、村庄坑塘、排水沟渠等整治重点区域，树立了良好的工作导向。三是常态监管标准化。出台《利津县城乡环卫一体化作业标准》，对作业质量、保洁次数、人员及机械管理等作出明确规定，规范工作流程，同时建立信息化监督机制，配备 GPS 卫星定位系统，对日常运转进行实时监控，提高了保洁效率和水平。各乡镇（街道）定期对环卫作业单位进行检查、考核、奖惩，按考核成绩兑付作业经费，调动了作业单位的积极性。

3.强化工作保障，严格督查考核，构建城乡环卫一体化长效机制

为着力解决环卫工作人员力量薄弱、运行经费不足等问题，利津县动员各方面的力量，进一步加大工作措施，为实现农村环境"长期保洁、永远干净"的目标提供坚强保障。一是强化组织保障。成立了以分管领导任组长的城乡环卫一体化领导小组，负责城乡环卫一体化工作的组织协调，强化日常工作力量。二是强化资金保障。为减轻农民负担，城乡环卫一体化运行资金由县、乡镇（街道）财政按 1:1 比例分级负担，按月由县财政集中支付给托管公司，为正常运行提供了坚实保障。三是强化机制保障。把城乡环卫一体化作为全县乡村振兴建设考核的重要内容，考核成绩列入全县年终综合考核。

（五）组织振兴典型案例——"一元餐厅"架起党群"连心桥"（广饶县在农村创新推行党支部领办"一元餐厅"）

随着城镇化建设进程加快，东营市广饶县年轻人大多进城居住、进厂务工，农村老年人长期无人照料、就餐不便等问题凸显。为破解这些问题，广饶县在农村创新推行党支部领办"一元餐厅"，为老人提供午餐服务和日间照料，一件小事养了群众的胃，暖了群众的心，蹚出了一条党建引领乡村治理的新路子。

1. 三级联动，支部当好"领办人"

县级层面，召开专题工作推进会议，出台实施意见，成立领导小组，组织、民政、财政等部门联合，协调推进"一元餐厅"建设。镇街层面，成立工作专班，每月召开1次调度会，班子成员每人至少建立1个联系点，指导村级结合老旧场所改造、闲置校舍利用等，统筹资源建设"一元餐厅"，配套临时休息、厨房饮食、文体活动等公共服务功能，满足老年人多样化需求。比如，大王镇指导每家支部领办"一元餐厅"制定健康菜谱，周一至周五每天吃什么都上墙公示，荤素搭配，五天不重样，保障了老年人营养摄入均衡。村级层面，明确"一元餐厅"负责人由村党支部书记担任，村"两委"成员与餐厅管理人员交叉任职，运行事项支部研究决定，确保集体资产不受损失；根据村情实际，灵活确定供餐时间、收费标准等，有的村每餐收1元，有的收2元；有的每周5天供餐，有的每周3天，更切合实际地满足群众需求，让"一元餐厅"富有生命力。

2. 健全制度，多方保障"办得好"

制度方面，建立人员、财务、安全、设施设备、应急处置等日常运行与管理制度，并严格执行落实。安全方面，支部定期对食品安全、饭菜质量、运营情况等进行检查。人员方面，到"一元餐厅"从事服务工作的人员，须经支部严格把关，具备健康身体、良好品质和服务能力。服务方面，建立志愿服务机制，组织党员定期到"一元餐厅"开展义务劳动、爱老敬老等志愿活动。资金方面，加强财政支持，县级以上财政对新建达标并投入运营的"一元餐厅"补助14万元，规范运营1年以上的每年再补助5万元，镇街财政列支专门资金为新建"一元餐厅"提供支持保障；支部设立"爱心汇"基金，鼓励党员带头，引导社会多方力量，向"一元餐厅"捐款捐物，减轻集体负担，提升服务水平；比如，李鹊镇列支专门补助资金，对每家新建支部领办"一元餐厅"，在上级财政补助基础上，对村级承担资金再补助50%。集体经济方面，大力扶持支部带头发展集体经济，开设"一元餐厅"的村集体年收入一般达到15万元以上，确保规范运行、好事办好。

3.党员带头，服务送到"心坎上"

开展党员包片联户服务，抓实网格服务，建立街巷长包片、党员联户制度，街巷长、党员负责老人就餐提醒、健康问询、日常走访等工作，遇到恶劣天气等特殊情况，实行"送餐上门"，充分发挥先锋模范作用。广饶街道弓手刘村"一元餐厅"不仅将村内75岁以上老人、所有贫困户及部分残疾人纳入服务范围，并为行动不便、无人照看的老人"送餐上门"，受到群众好评。实行无职党员设岗认领，设置"一元餐厅"照料岗、帮厨岗、服务岗等岗位，由无职党员主动认领、服务，解决了党员活动形式单一问题。比如，陈官镇北户村根据无职党员能力、特长，在"一元餐厅"设置照料岗、帮厨岗、服务岗等，做到人尽其能，既为"一元餐厅"增加了服务力量，还解决了党员活动形式单一的问题；乐安街道东王村留出集体土地5亩，作为"一元餐厅"种植用地，设立"党员责任田"，支部组织党员带头种植萝卜、大葱、菠菜等蔬菜，为"一元餐厅"运行提供了食材补充；党员付出汗水，做好一件件实事，为群众排忧解难，群众看在眼里、记在心里，有效密切了党群干群关系。

三、打造乡村振兴东营样板面临的问题和短板

（一）农业产业发展的质量和效益不高

东营市农业龙头企业数量偏少、规模较小、带动能力不强；农业标准化程度不高，名优和高端农产品不多，缺少能在全国叫得响的农产品品牌；农业"新六产"发展处于起步阶段，一二三产业融合发展项目少、层次低；种业发展短板亟待补齐。

（二）示范引领作用不强

沿黄、沿海、盐碱地三大乡村振兴示范带示范引领作用不强，对照高水

平、有特色的目标定位，普遍缺乏大块头、高质量项目，制约着示范带建设的质量和成效。乡村振兴示范片区建设水平有待提升，片区"五个振兴"统筹推进的力度还不够大，特别是在整体环境风貌打造方面进展不快，在典型样板村庄培养上还有差距。

（三）农民持续增收难度加大

农业收益降低，受农业成本"地板"和农产品价格"天花板"双层挤压制约，农民收入增幅放缓。农业领域二三产业发展不充分，小农户与现代农业发展衔接不够紧密，与新型经营主体间的利益联结机制不够健全，存在"富老板不富老乡"现象。

（四）农村人居环境存在短板

生活污水处理设施少，建成设施有的运转不正常，道路养护管理不到位，农村改厕、污水治理管护体系不完备，长效机制不健全，农村环卫保洁工作存在薄弱环节，防止脏乱差反弹的压力较大。

（五）资金、土地、人才等资源要素配置不合理

农村融资难、融资贵、建设用地难等问题比城市更加突出；有的县区对涉农资金整合"不重视""不会整""接不住""不会干"；乡村本土人才的职称评定、使用、待遇问题，返乡创新创业人员的帮扶问题，等等。

四、全力打造乡村振兴东营样板的对策建议

2021 年 10 月，习近平总书记亲临东营视察，为黄河三角洲生态保护和高质量发展把脉领航，为东营市实施乡村振兴战略指明前进方向。下一步，要以打造沿黄沿海盐碱地特色的乡村振兴齐鲁样板为总抓手，以实现农业农村高质量发展为主题，以深化农业供给侧结构性改革为主线，协调推进产

业、人才、文化、生态、组织振兴，统筹推进城乡融合发展，促进农业高质高效、乡村宜居宜业、农民富裕富足，为新时代东营高质量发展和高水平现代化强市建设筑牢"三农"根基。

（一）坚持提质增效做强产业，加快发展现代高效农业

1.稳定发展粮食生产

落实国家粮食安全党政同责要求，落实各项强农惠农政策，调动各级抓粮、农民种粮积极性，全市粮食播种面积、产量分别稳定在381万亩、135万吨。抓好高标准农田建设，完成2021—2022年度26万亩建设任务，组织实施好2022—2023年度16.1万亩建设任务。[①] 强化农业科技和物质装备支撑，建设农业科技示范展示基地20处以上，抓好农田水利基本建设，巩固提高粮食生产全程机械化水平，不断提高粮食生产能力，积极争创吨粮县、吨粮镇。

2.调整优化农业结构

坚持"四水四定"，把水资源作为最大的刚性约束，加快推进农业用水节约集约高效利用。调整优化种养结构，水稻、莲藕分别调减到31.49万亩、6.37万亩，淡水养殖调减到20万亩。积极发展优质专用小麦，推行玉米大豆轮作间作。推进日光温室升级改造、盐碱地基质栽培，积极发展设施瓜菜。围绕奶牛、生猪、肉牛、肉羊和家禽等优势产业，优化产业布局，发展适度规模养殖，加快良种良法推广应用，提升科技装备水平，完善畜产品精深加工产业链条，推进畜牧业向规模化、生态化、产业化、科技化方向发展。做大做强现代渔业，加快建设"海上粮仓"，推行黄河口大闸蟹标准化养殖。稳定南美白对虾池塘养殖面积在40万亩，稳定海参池塘养殖面积在17万亩。

---

① 《中共东营市委东营市人民政府关于做好2022年全面推进乡村振兴重点工作的实施意见》（东发〔2022〕1号）。

3.加快农村一二三产业融合发展

开展国家、省、市、县现代农业产业园四级联创，2022年规划建设3个市级现代农业产业园，争创1—2个省级、1个国家级现代农业产业园，打造引领农村一二三产业融合发展的平台载体。积极争创农业产业强镇，年内新创建1个国家级、3个省级农业产业强镇。支持各类农业企业做大做强，培育10家市级以上农业产业化重点龙头企业。开展农民合作社规范提升行动，创建20家市级示范社。实施家庭农场高质量发展行动，创建20家市级家庭农场示范。①

4.加强农产品质量品牌建设

实施农产品品牌目录管理，对纳入目录的区域品牌和企业产品品牌授权使用"黄河口农品"品牌标识。以"黄河口农品、盐碱地特产"为主题，主打黄河口大闸蟹、黄河口大米、黄河口滩羊、黄河口海参、黄河口莲藕等区域公用品牌，提升"黄河口农品"品牌知名度、美誉度和影响力。培育创建6家市级以上农业标准化生产基地，示范推广农业国家标准和我市优势特色产业地方标准。加大"三品一标"认证扶持力度，年内认证"三品一标"产品20个以上。

5.推进盐碱地综合开发利用

以创建国家盐碱地综合利用技术创新中心为引领，抓好中国农科院东营耐盐作物研究基地、中国林科院黄河三角洲综合试验基地、黄三角农高区盐碱地农业综合科研基地等盐碱地农业创新平台建设。深化与中国农科院作物所、中国科学院遗传发育所等科研机构合作，发挥好市农科院作用，瞄准盐碱地农业提质增效关键需求，开展育种攻关，推进由治理盐碱地适应作物向选育耐盐碱植物适应盐碱地转变。

---

① 《中共东营市委东营市人民政府关于做好2022年全面推进乡村振兴重点工作的实施意见》（东发〔2022〕1号）。

（二）坚持生态优先绿色发展，打造优美宜居良好环境

1.深化农村人居环境整治

扎实开展农村人居环境整治提升五年行动，不断拓展村庄清洁行动内容，突出清理死角盲区，由"清脏"向"治乱"拓展，由村庄面上清洁向庭院屋内、村庄周边拓展，引导农民群众逐步养成良好习惯。深入推进农村厕所革命，规范提升改厕质量，健全管护长效机制，持续巩固改厕成效。健全完善城乡环卫一体化暗访检查和考核制度，深入推进非正规垃圾堆放点排查整治，加快推进农村垃圾分类，年底前，农村垃圾分类实现全覆盖。加强农村生活污水和黑臭水体治理，完成省级安排的年度治理任务。全面清理乱搭乱建、乱堆乱放、乱贴乱画、乱扔乱倒，整治残垣断壁。建立健全农村人居环境基础设施建设管护标准和规范等制度，明确设施产权归属和运行管理责任，推动农村厕所、生活垃圾污水处理设施设备和村庄保洁等一体化管理。

2.加快农业绿色发展

推进黄河滩区种植业绿色发展试点，加快滩区种植业生产方式绿色转型。开展农作物重大病虫害综合防治、绿色防治和专业化统防统治，减少农药使用量。落实鼓励使用有机肥补贴政策，探索完善有机肥替代化肥技术模式和社会化运行机制，建设一批有机肥替代化肥示范基地。抓好畜禽粪污、作物秸秆资源化利用，推广秸秆粉碎还田、快速腐熟还田等技术，配套农机农艺措施，提高还田质量。全市畜禽粪污综合利用率稳定在90%以上，农作物秸秆综合利用率稳定在95%以上，废弃农膜回收率稳定在90%以上。

3.加大乡村生态保护与修复力度

深入实施乡村绿化行动，引导鼓励村民通过栽植果蔬花木等开展庭院、村庄绿化。加快推进沿黄生态长廊建设，建设黄河大堤生态防护林，实施滩区湿地生态保护修复工程。实施好东营区黄河流域农业面源污染治理项目。抓好农业深度节水控水，坚持"以水定城，以水定地，以水定人，以水定产"，把水资源作为最大的刚性约束，加快推进农业用水节约集约高效利用。

推进水肥一体化应用，健全农业节水社会化服务体系，加强技术指导和示范培训，每个县区建设2—3处高效节水农业示范区。

（三）坚持统筹推进共同发力，建立健全乡村治理体系

1.强化乡村振兴人才支撑

乡村要振兴，人才是关键。当前，我市农村人口老龄化、兼业化现象突出，农村"空心化"现象严重，青壮年劳动力普遍外流，农业从业人员掌握运用新知识、新技术的能力普遍不足。下一步，要着力做好"育才"和"引才"两篇文章。分层分类开展农民培训，年内培训农村转移劳动力5000人以上，高素质农民1000人以上。实施乡村医生培训计划，年内开展乡村医生培训1000人次以上。实施乡村人才选育计划，做好乡村之星选拔、市有突出贡献中青年专家乡村专项评选，以及"乡村好青年"选拔管理工作。积极引进乡村人才，依托黄河三角洲学者、黄河三角洲领军人才、"双百引才计划"等人才工程，引进乡村产业发展所需的高层次人才。依托农业龙头企业、家庭农场、农民合作社等经营主体，建设青年人才创新创业及农业新技术示范基地15家左右。建立省级乡村振兴专家服务基地2处、市级乡村振兴专家服务基地5处，打造吸引各类专家服务乡村振兴平台。

2.大力培育乡村良好风尚

深化思想道德建设，深化新时代文明实践中心建设，深入实施"四德"工程，大力选树农村时代楷模、道德模范、最美人物等典型。深化文明村镇、文明家庭创建，开展"好家庭好家教好家风"巡讲巡展活动。实开展"进千村乐万家"文化惠民活动，打造一批乡村文化建设样板村镇，改造提升一批基层综合文化服务中心，提高设施服务效能。深化移风易俗，持续深化"摒弃婚丧陋习、深化移风易俗"等文明实践专项行动，推广一批优秀村规民约及移风易俗典型案例。

3.党建引领建强组织

建立健全村党组织评星定级长效机制，2022年底全市五星级村党组织

达到40%以上。依托第二十一批下派帮扶工作，以乡村振兴示范片区和沿黄沿干线路村为重点，培植一批党建工作示范点。集中力量推动全市116个软弱涣散村党组织转化提升，健全动态管理、滚动整顿长效机制。实施村党组织带头人"头雁领航"工程，到2022年底全市纳入专职化管理的村党组织书记占比达到70%以上。深化村党组织领办合作社工作，力争到2022年底，全市有村党组织领办合作社的村达到70%以上。持续做好财政资金扶持壮大集体经济工作，发挥扶持村、试点村示范引领作用，带动区域整体发展，到2022年底，村集体经济10万元以上村超过90%、50万元以上村达到25%。

（四）坚持健全机制强化示范，全面推进城乡融合发展

1.推进沿黄沿海盐碱地乡村振兴示范带建设

沿黄乡村振兴示范带，依托沿黄生态长廊建设，统筹推进沿线生态治理和人居环境提升，着力打造百里黄河生态示范长廊；聚集现代种业、设施农业、节水农业等农业先进要素，大力发展生态循环型、质量效益型农业；抓好省市级美丽村居试点，提升沿黄乡村风貌。沿海乡村振兴示范带，以市现代农业示范区、垦利现代渔业示范区、河口新户百万亩渔业示范区为主阵地，统筹规划布局大闸蟹、对虾、海参、贝类等优势主导产业，实施育苗育种、标准化养殖、水产品精深加工等一批重点项目，推动产业集群成链；加快实施海洋生态修复工程，推动区域生态环境持续好转。盐碱地乡村振兴示范带，抓好黄河三角洲种业创新产业园、盐碱地生物农业综合科研试验基地等重点项目建设，在耐盐碱植物新品种选育、盐碱地生态治理等方面实现新突破。

2.抓好乡村振兴示范片区建设

落实片区建设规划，强化要素保障和协调调度，推动重点工作、重点项目有序落实，确保圆满完成第二批片区创建任务。探索开展乡村振兴典范村创建，以增加农民收入和壮大村级集体经济，改善群众生产生活条件为目

的，依托下派帮扶力量，整合美丽乡村创建、集体经济发展、党支部领办合作社、片区奖补等政策，集中向片区内具有发展潜力的村倾斜，做好选准产业、增上项目、完善利益联结机制三篇文章，培育20个乡村振兴典范村，发挥示范引领作用。继续在片区实施五星级村党组织示范村、乡村文明家园示范村、青年人才创新创业及农业新技术示范基地、现代农业产业园、省市级美丽乡村示范村创建工作。新创建省市级美丽乡村示范村46个。

3.实施乡村建设行动

持续推进"四好农村路"、农村电信等基础设施建设，在往村覆盖、往户延伸上下工夫，推动实现城乡居民生活基本要件大体相当。抓好"四好农村路"建设，年内新建改造农村公路70公里，改造危旧桥梁10座，实施重要村道安防工程50公里。深化提升农村饮水安全工程，加强农村供水管理和服务。实施农村电网巩固提升工程，新建10千伏及以下配电线路370公里。巩固提升乡镇寄宿制学校，加强农村小规模学校建设，进一步改善农村义务教育薄弱学校办学条件。开展乡村医生全科培训1000人次，不断提升乡村医生诊疗水平。健全兜底养老保障制度，对有集中供养意愿的特困供养人员实行集中供养，做到愿进全进、应养尽养，到2022年底，失能特困老年人集中供养率达到并保持在60%以上。依托现有乡镇敬老院发展农村区域性综合养老服务中心，2022年底，乡镇覆盖率达到50%以上。

（编审：牛竹梅）

烟台市全面推进乡村振兴研究报告

王占益　王义娜 [①]

实施乡村振兴战略，是党中央立足新时代"三农"发展新阶段、新规律、新任务作出的重大决策部署。2021 年，烟台市深入贯彻落实党中央和省委省政府关于乡村振兴的决策部署和工作要求，锚定"1+233"工作体系，聚焦乡村五大振兴，坚持目标导向、问题导向、效果导向，全力推进乡村振兴齐鲁样板示范市建设，乡村振兴的烟台特色进一步凸显，乡村振兴战略实施取得阶段性成效。

一、烟台市全面推进乡村振兴的做法成效

（一）凸显高质高效，发展现代农业

产业振兴是乡村全面振兴的物质基础。烟台市立足产业基础与优势，坚持保障稳定粮食生产和陆海统筹，优先发展以苹果为代表的果业、以海洋牧场为代表的现代渔业两大领军产业，全力保障粮食稳产丰产，大力推动产业转型升级，着力推进产业经营现代化，初步构建了具有山海特色的现代农业产业体系。

1. 全力保障粮食稳产丰产

采取市直农业农村系统干部包村、种业攻坚、改造撂荒耕地、建设高标准农田、"八个到位"强化小麦条锈病等病害防护等办法，逐村做工作、逐

---

　　①　作者介绍：王占益，中共烟台市委党校教授；王义娜，中共烟台市委党校副教授。

地块提面积、稳生产，2021 年粮食生产面积 454 万亩、产量 183 万吨，同比增加 17 万亩、9 万吨，超额完成了省定目标。

2. 大力推动产业转型升级

实施苹果高质量发展三年行动（2020—2022 年），新改造老龄苹果园 46 万亩（累计 93 万亩），建设提升示范苹果园 137 处（总数 297 处）；深入挖掘"品道烟台仙果香"文化内涵，打造"烟台仙果"果业全品类整体品牌。持续巩固畜牧业发展优势，存栏生猪 303 万头，超额完成省定目标，肉鸡出栏约 3.5 亿只。烟台市肉蛋奶总产量 150 万吨、同比增长 7%。加快海洋牧场引领高端渔业发展，新增省级水产原良种场 4 处，完成海洋牧场"百箱计划"4 座。

3. 着力推进产业经营现代化

加快培育农业产业化龙头企业雁阵群，新增国家级龙头企业 2 家、市级 100 家；烟台春雪食品公司成功上市，畜牧业上市企业达到 6 家、居全国地级市首位。加快农业品牌建设，"烟台苹果"入选中欧地理标志协定目录、获准首批国家地理标志产品保护示范区；新增省知名农产品品牌 8 个、总量全省第一。加快一二三产业融合发展，新建国家级现代农业产业园 1 个（总数 2 个）、国家级产业强镇 1 个（总数 4 个）。[①]

（二）凸显宜居宜业，打造美丽乡村

生态振兴是乡村全面振兴的重要环节。烟台市以加强农村环境突出问题综合治理为重点，全域推进美丽乡村建设，全面提升农村人居环境整治水平，着力完善农村基础设施配套服务，打造安居乐业美丽家园，让生态"好"起来，让百姓"富"起来。

1. 全域推进美丽乡村建设

将建成区外行政村分类建设、梯次晋级，2021 年底三类村占比从 3:4:3

---

① 《中共烟台市委、烟台市人民政府关于全面推进乡村振兴加快农业农村现代化的实施意见》，2021 年 3 月 25 日，烟台市农业农村局，http://nongye.yantai.gov.cn/art/2021/5/14/art_20514_2 912384.html。

变为 42:41:17。创建省级美丽乡村示范村 41 个（总数 168 个）、省级美丽村居试点 12 个（总数 12 个）、美丽庭院 7.9 万户（总数 24.3 万户）。连续 2 年投资 8.9 亿元建设市级美丽乡村示范片 14 个、样板村 105 个。

2. 全面提升农村人居环境整治水平

每月对 15 个区市 134 个涉农镇街开展全覆盖排查、排名通报、公开曝光，问题点位逐月下降，人居环境明显改善。"坚持'四抓四促'持续推进农村人居环境整治提升"的经验做法获国家层面肯定，被农业农村部、国家乡村振兴局简报和全国农村人居环境公众号刊发，山东省分管农业农村工作的副省长给予批示肯定。

3. 着力完善农村基础设施配套服务

农村水、电、路、气、厕、网、快递等基础设施建设水平不断提升。

（三）凸显外引内育，壮大人才队伍

人才振兴是乡村全面振兴的动力支撑。烟台市以强化人才支撑为目标，积极实施"外引内育"战略，积极引进高层次"三农"人才，扎实开展乡土人才培育，不断壮大提升人才队伍。[①]

1. 积极引进高层次"三农"人才

2021 年举办了烟台市首届高层次人才创新创业"嘉年华"系列活动 22 场，引进高层次人才 62 人，签约项目 42 项、金额约 4.6 亿元。设立引才工作站、发布"求贤榜"，解决农业人才岗位需求 341 个。[②]

2. 扎实开展乡土人才培育

积极开展技术技能培训，完成农村转移劳动力职业技能培训 3.68 万人次，培训高素质农民 5564 名。依托省级服务乡村振兴继续教育基地，完成

① 陈义媛：《以村集体经济发展激活基层党建——基于烟台市"党支部领办合作社"的案例分析》，《南京农业大学学报（社会科学版）》2021 年第 21 期。
② 杨文娟：《烟台市乡村人才振兴实施路径探究》，《农村·农业·农民（B 版）》2022 年第 5 期。

乡村振兴人才培训 1.35 万人次。[①]

（四）凸显塑形铸魂，建设乡风文明

文化振兴是乡村全面振兴的灵魂。烟台市以社会主义核心价值观为引领，以新时代文明实践中心为载体，全力推进乡风文明实践活动，深入开展乡村文明行动，既"塑形"又"塑魂"，推进乡风文明。

1. 全力推进乡风文明实践活动

建设新时代文明实践中心 15 个、实践所 164 个、实践站 6226 个。组建新时代文明实践志愿服务队 3000 多支，文明实践志愿者超 80 万人，开展各类文明实践活动近 10 万场次。

2. 深入开展乡村文明行动

县级以上文明达标村 5601 个、覆盖率 96%。深化移风易俗、倡树婚丧新风，组织集体婚礼、公益海葬、文明祭扫等活动 2.5 万人次。深化文化惠民推动曲艺下乡，"戏曲进乡村"覆盖率达到 100%，举办文旅惠民活动 1.1 万余场。[②]

（五）凸显筑底强基，夯实组织基础

组织振兴是乡村全面振兴的基础保障。烟台市强化组织引领，以村级党组织建设为重点，锻造过硬头雁队伍，开展软弱涣散党组织专项整治攻坚行动，全域推动党建融合发展区建设，持续提升党支部领办合作社质效，筑底强基夯实组织。

1. 锻造过硬头雁队伍

高质量完成村"两委"换届，"一肩挑"比例 99.4%。开展"新班子新

---

① 《中共烟台市委、烟台市人民政府关于全面推进乡村振兴加快农业农村现代化的实施意见》，2021 年 3 月 25 日，烟台市农业农村局，http://nongye.yantai.gov.cn/art/2021/5/14/art_20514_2 912384.html。

② 姜美娟、孙爱芹：《新时代乡风文明振兴的动力探究》，《烟台职业学院学报》2020 年第 2 期。

征程新作为"主题活动，累计培训 333 期次、3.9 万人次，确定干事创业项目 4.8 万个。开展村党组织书记专业化管理试点工作，建立多元化薪酬体系，激励干事创业。这项创新制度吸引了大批外出务工人才返乡创业，为农村发展储备了懂政策、善经营、会管理的干部力量。[①]

2. 开展软弱涣散党组织专项整治攻坚行动

确定 314 个问题突出村集中整治。调优配强村级班子，开展集体"三资"专项清理，逐村落实"五个一"整治措施。

3. 全域推动党建融合发展区建设

建成党建融合发展区 368 个，覆盖村庄 3500 余个，以组织融合促服务、治理、产业融合，推动公共服务事项下沉办理，共建共兴、共治共享格局初步形成。

4. 持续提升党支部领办合作社质效

近年来，在持续推进党支部领办合作社的基础上，2021 年，烟台市实施了"两手抓"策略，一手抓高质量发展、一手抓风险防控，不断深化提升，确保行稳致远。组建专家顾问团，建成联合社 190 个，全面开展评星定级，完善"六统一"风险防控机制，3421 个村党支部领办合作社带动农民增收 5.32 亿元。

二、烟台市全面推进乡村振兴的经验总结

（一）强化顶层设计，高位落地落实

1. 强化规划引领

在乡村振兴总体规划上，立足当地实际，高点定位，提高规划的方向

---

① 刘琦：《〈关于全面推进乡村振兴加快农业农村现代化的意见〉解读》，《农村实用技术》2021 年第 5 期。

性、指导性、科学性和可操作性，做到既符合国家发展大局、产业发展趋势，又符合当地实际。烟台市编制了《烟台市乡村振兴战略规划（2018—2022 年)》，出台了产业、人才、文化、生态、组织"五个振兴"工作方案，制定了关于加快推进乡村振兴战略和打赢脱贫攻坚战三年行动的实施意见，强化了各县市区和职能部门的责任分解，推动乡村振兴实现良好开局。2021年底，在《烟台市"十四五"推动农业农村现代化规划》总体规划的基础上，坚持分级分类推进乡村建设规划编制，进一步优化县、乡、村三级乡村振兴规划，保证规划之间统筹协调、无缝衔接，增强规划的前瞻性、约束性和可操作性。

2. 高位推动工作落地落实

2021 年，烟台市委制定实施"1+233"工作体系，将乡村振兴作为全市两条工作主线之一，摆在更加突出位置，组建由市级领导任指挥长的乡村振兴 7 个专班，对乡村振兴重点工作挂图作战、"蓝黄红"三色管理。相继出台了市委一号文件、《烟台市乡村振兴三年行动方案》及 22 个配套文件，构建起较为完备的政策支撑体系。统筹整合涉农资金 67 亿元，同比增长 27.4%；落实"鲁担惠农贷""强村贷""政银担"等措施，涉农贷款余额2181 亿元。①

（二）坚持党建引领，推动乡村全面振兴

火车跑得快，全靠车头带。坚持党建引领，烟台市探索走出了一条党支部领办合作社的乡村振兴之路，把党支部的政治优势、组织优势同合作社的经济优势、农民的能动性相结合，极大优化了农村生产关系，激发了乡村振兴的内生动力，获得"四重效应"。②

---

① 王修齐、韩文鼎：《27 亿支农贷款精准注入"金融能量"》，《烟台日报》2022 年 4 月21 日。

② 于涛：《烟台市党支部领办合作社的历程和经验》，《政治经济学报》2021 年第 2 期。

1. 基层党组织有了"向心力"

烟台市推行党支部领办合作社最大的特色就是旗帜鲜明地提出"党支部领办"，核心是以党的组织力提高农村组织力，以党的信用提高群众信心，以党的宗旨和纪律保证合作社"姓公不姓私"、为共同富裕服务。一是通过抓实党支部领办合作社，牵住了基层党建的牛鼻子，很好地解决了党建与发展"两张皮"的问题。二是为农村党的建设提供了具体抓手。把党支部推到乡村振兴的第一线，在教育群众、服务群众、组织群众中，做实了农村党建，夯实了党的执政基础。

2. 组织群众有了"主心骨"

农民是乡村振兴的主体。乡村要振兴，必须把农民发动起来、组织起来。烟台市推行党支部领办合作社，以"股"连心、连责、连利，形成了集体与群众利益共享、风险共担的经济共同体，有效解决了"政府干、群众看""干部着急、群众不急""政府全买单、群众不买账"等问题，农民主体地位真正被确立起来，激发了其投身乡村振兴的热情，实现了"让农民自己解放自己，自己振兴自己。"通过党员干部带头流转土地、出资入股，提高了农民入社积极性，提升了农民组织程度。

3. 壮大集体经济有了"财富源"

发展壮大集体经济，是乡村振兴的关键所在，是实现共同富裕的治本之策。党支部领办合作社，以明晰股权关系，规范引导村集体和群众入股，发展适度规模经营、提供优质集约服务，实现以"股"连心、连利、连责，拓宽集体增收、农民致富的渠道。同时，顺应农业多功能和农民合作多需求的发展趋势，合作社经营实现了从种植领域向旅游、仓储、加工、销售等领域拓展，由单一的土地要素向技术、资金、信用等多要素转变，培育壮大合作社发展新动能，进一步增加村级集体收入。截至 2021 年底，全市 6443 个行政村中有 3421 个村党支部领办合作社，带动集体增收 3.9 亿元。①

---

① 于涛：《烟台市党支部领办合作社的历程和经验》，《政治经济学报》2021 年第 2 期。

4.实现共同富裕有了"保障"

党支部领办合作社，体现了党的根本宗旨和以人民为中心的发展思想。通过采用集体资产注册股份经济合作社，再吸纳群众和工商资本入股等办法，建立起村集体和群众利益共享、风险共担的经济利益共同体。通过明确单个社员占股不得超过20%，集体占股不低于10%，有效防止"大户垄断"形成"精英社"的现象发生，有力保障了强村富民同步推进。通过综合采取土地置换、股权赠与、设置公益岗等方式，积极吸收脱贫群众、老弱病残等群体入社，解决"以地养老、稳定脱贫"问题。[①]

（三）坚持龙头企业带动，推动农业产业转型升级

烟台市坚持以农业供给侧结构性改革为主线，充分发挥农业龙头企业强、特色农产品品牌响、美丽乡村多、海洋牧场优的独特优势，推动科技兴农、质量兴农、绿色兴农，培育壮大农业发展新动能。

1.进一步调整优化产业结构

在保证粮食安全的前提下，积极发展能够给广大农民普遍带来可观收益的苹果、大樱桃、葡萄等名优特新经济作物，不断改良品种、提升品质、扩大规模。打造全国一流、具有国际竞争力的果蔬特色产业引领区。大力推进"海上粮仓"建设，按照规模化、工程化、智慧化、绿色化的发展方向，探索创新多元联动、多产业融合的发展模式，大力推广智能网箱、围网、循环水等绿色养殖模式，统筹推进莱州湾、长山列岛、四十里湾、丁字湾4个海洋牧场示范区，高标准建设好示范项目。[②]

2.进一步延伸农业产业链条

依托鲁花、龙大、双塔等农业产业化龙头企业，全面推广"龙头企业+

---

① 钱敏:《党支部领办合作社烟台走上乡村振兴的"金光大道"》,《人民周刊》2022年第1期。

② 烟台市农业农村局:《关于印发〈烟台市现代高效农业高质量发展突破行动计划(2021—2022年)〉的通知》,2021年8月17日,烟台市农业农村局,http://nongye.yantai.gov.cn/art/2021/8/18/art_20513_2913572.html。

生产基地"经营模式，精心打造、持续叫响烟台苹果、莱阳梨、烟台大樱桃等特色品牌，打通生产、加工、流通全产业链条，带动优势农产品规模化、品牌化、产业化发展。

3.进一步培育提升农业品牌

完善食品安全和农产品质量标准体系，鼓励特色农产品镇村大力发展"一村一品""一镇一业"，支持新型农业经营主体申办"三品一标"，努力创建产品品牌、培育企业品牌、争创国际品牌。进一步完善市、县、乡、村四级农产品质量监管体系，实现农产品市场准入、产地准出和质量全程可追溯，争创更多食品安全先进县和农产品质量安全县。

4.进一步发挥示范带动作用

发挥好"百县千乡万村"试点示范工程的带动作用，开展好龙头企业、农民合作社示范社、家庭农场示范场等创建活动，因地制宜培育发展集生态农业、创意农业、农事体验、休闲旅游、民俗文化等于一体的乡村旅游综合体、田园综合体，打造更多富有特色的创意农业、观光农业等新业态、新模式。

（四）坚持改革创新驱动，为乡村振兴提供内在动力

1.抓好土地"三权"分置改革

按照"坚决落实集体所有权、严格保护农户承包权、加快放活土地经营权"的要求，建立健全"归属清晰、权能完整、流转顺畅、保护严格"的农村土地产权制度，推进农村土地有序流转；积极培育发展合作社、家庭农场、专业大户等新型经营主体，推动农业适度规模经营健康发展。稳妥有序推进农村宅基地所有权、资格权、使用权"三权分置"试点，探索建立宅基地有偿转让、有偿调剂、有偿收回等模式，引导宅基地以多种形式规范有序退出，盘活农村建设用地，为农业农村发展提供更大空间。统筹农业农村各项土地利用活动，因地制宜编制农村土地利用规划，加大建设用地计划指标支持力度，保障农村新产业新业态等新增用地需求。

2.抓好集体产权制度改革

目前，烟台市清产核资、成员身份确认、成立新型农村集体经济组织等集体产权制度改革的基础性工作已基本完成。重点在"提质"上下功夫，加快建立农村产权交易市场体系和集体资产管理制度，充分发挥市、县级农村产权流转交易中心和镇级土地流转服务中心作用，促进土地流转规范管理。严格落实工商资本租赁农地分级备案制度，完善工商企业租赁农户承包地监管和风险防控机制，逐步构建"归属清晰、权能完整、流转顺畅、保护严格"的农村集体产权制度，促进各种现代生产要素向农业农村集聚。[①]

三、烟台市全面推进乡村振兴的现实难题

（一）产业发展：产业链条延伸不充分，优势产业拉动作用不强

高质高效发展关键在于延伸农业产业链，构建农业产业链的核心在于发展壮大农产品加工业。农产品加工业是提升农产品附加值的关键，也是带动小农户增收的重要途径。目前，烟台市农产品加工业存在以下主要问题：

1.企业数量少、规模小

截至2021年底，烟台市农产品加工规模以上企业共有500家，居全省第6位，比全省前2名的临沂、潍坊分别少1401家、528家。农产品加工企业3371家，销售过亿元的只占10%。

2.市场竞争力不强

2021年，烟台市规模以上农产品加工企业营业收入与农林牧渔业总产值之比是1.6:1，低于全国2.3:1的平均水平。烟台农产品精深加工程度不高，产品附加值少，价格受市场波动影响较大，在融入国内大循环中缺乏市场竞

---

① 潘丹、周金龙、周应恒：《中国农村集体产权制度改革政策的变迁与趋势——基于2010—2020年76份政策文本的量化分析》，《中国农业大学学报》2022年第6期。

争力。

3. 特色优势产业拉动作用不强

果业是烟台市的优势产业，2021 年果业产值达 331.84 亿元，占农业总产值达 31%。但是，烟台苹果产业先发优势已经大大弱化，树老、品种老等劣势凸显，劳动力成本居高不下，带农增收效果不理想，亟须开展苹果产业革命，重构苹果产业发展新优势，重塑烟台苹果新形象。

（二）乡村建设：基础设施建设滞后，人居环境整治水平不高

改善农村人居环境，建设美丽宜居乡村，是推进乡村全面振兴的一项重要任务。经过持续整治提升，烟台市农村人居环境整治取得了阶段性成果，但对标农业农村现代化要求和农民群众对美好生活的向往，烟台市农村人居环境总体水平存在一些短板。

1. 部分村庄基础设施建设滞后

乡村公路建设与农民群众的热切期盼还有差距，一些偏远山区通达不深、通而不连。

2. 部分村庄人居环境未彻底改善

有的村庄因集体经济薄弱，财力支撑不足，存在无钱办事的问题；有的村庄不同程度存在柴草秸秆、畜禽粪便、建筑垃圾"三大堆"问题，乱涂乱画、残垣断壁、电线乱搭等问题也比较突出。

3. 乡村建设投资、维护主体单一

比如，污水处理系统建设和运行仍以政府投资为主，导致财政负担较重。建立本地区的小型污水处理厂面临受地形限制大、对地方财政能力要求高、管护及持续运行难度大等问题。以家户为单元的简单污水处理装置存在技术不成熟、受气候条件限制、污泥最终处理方式不明确等问题。

（三）乡村治理：治理主体流失缺位，乡村治理水平不高

良好的乡村治理有利于实现乡村自然资源、文化资源、人力资源的聚合

效应，是提高乡村振兴实施效果的重要保障。目前，烟台市农村治理主体流失缺位，治理水平不高。

1.治理主体流失缺位

烟台市大批青壮年外出务工经商，乡村振兴主导力量流失缺位，导致乡村治理主体严重缺位，"386199 部队"成为农村的主体，治理水平提升受限。同时，乡村普遍缺少真正能够在治理中发挥作用的服务性、公益性、互助性的农村社会组织。

2.乡村关系现实扭曲

在乡村治理中，作为村民自治组织的村委会承担着"依法应当由乡镇政府承担"的部分工作职能，存在一定的行政化倾向。乡镇政府和村委会在行政上没有隶属关系，但前者习惯于将后者作为自己的"腿"，随意下达任务，村委会缺乏自主权。

3.乡村治理水平不高

目前，乡村治理往往过于注重管理，服务不足，导致农民的切身利益诉求常常被忽视，得不到有效满足。涉农政策存在被选择性执行或执行过于机械化的问题。基层干部化解矛盾能力不强，仍存在一些软弱涣散村，涉农矛盾纠纷时有发生。

（四）人才队伍：乡村人才缺失，"三农"干部队伍力量薄弱

全面推进乡村振兴关键在人。没有人才的支撑，乡村振兴只能是一句空话。乡村人才振兴的关键，就是要让更多人才愿意来、留得住、干得好、能出彩，人才数量、结构和质量能够满足乡村振兴的需要。目前烟台农村人才队伍建设面临人才缺失、力量薄弱等问题。

1.农村人口老龄化严重

目前，烟台市 60 岁以上农民占 1/4，留在农村从事农业生产的多为 60 岁以上老年人，农村空心化率约 30%，导致集体经济壮大、农民增收发展缺乏后劲。

2.引才政策竞争力、操作性不强

烟台市通过落户、住房、财政、公共服务等多种方式吸引人才，但如何吸引人才下乡仍然没有推出一批操作性强的具体措施。

3.帮扶队伍不稳定

"扶持政策不断、帮扶队伍不散"在一定程度上缓解了乡村人才空缺、力量薄弱的问题，"铁打的乡村，流水的队伍"难以从根本上解决乡村人才的短缺。

（五）城乡融合：体制性矛盾依然突出，要素自由流动仍有阻滞

烟台的城乡融合的推进虽然已有重大进展，但总体上仍然面临着城乡二元结构的体制性矛盾、城乡生产要素自由流动仍有明显阻滞、城乡收入和公共服务的差距依然存在等因素制约。

1.城乡要素自由流动的障碍有待打通

因制约城乡发展的相关壁垒仍未彻底打破，长期以来各种发展资源向城市单向流动的关系未能改变，导致各类资源要素在市场规律作用下不能够实现自由流动，阻碍了人、财、物等资源要素在城乡间双向流动性，达不到通过有效配置提高资源边际生产率、发挥城市与农村各自比较优势的目的。

2.城乡基本公共服务均等化有待完善

由于缺乏城乡统筹规划与协同建设，县域基础设施与公共服务存在短板，县域综合承载能力与治理能力较弱。同时，由于城乡发展不平衡，导致城乡公共服务不健全，农村公共产品和公共服务供给不足。

四、烟台市全面推进乡村振兴的对策建议

中国共产党山东省第十二次代表大会报告指出，没有农业农村的现代化，就不是全面的现代化。烟台将认真贯彻落实省党代会精神，进一步统筹

乡村产业、人才、文化、生态、组织振兴，推动农业全面升级、农村全面进步、农民全面发展，谱写乡村振兴齐鲁样板烟台篇章。

（一）全面推动产业振兴，实现高质高效发展

产业是乡村振兴的基础。产业发展要围绕高质高效农业，突出优势特色产业，聚焦农业产业化、品牌化，大力发展优势特色富民产业，强化全产业链培育，提高综合效益，加快由传统农业向现代农业转变。[①]

1.突出发展优势特色产业

（1）以烟台苹果引领现代果业高质量发展。建设国内一流苹果种质资源圃，加快培育推广新品种，抢占中高端市场。深耕北纬37°仙境海岸，做强以莱阳梨为代表的梨产业，提高大樱桃"北方春果第一枝"果品品质，提升烟台国际葡萄·葡萄酒城美誉度。鼓励发展草莓、甜柿等新兴特色产业。（2）以海洋牧场引领高端渔业发展。高水平建设"海上粮仓"，打造山东海洋牧场综合试点烟台先行先试区。以国家级和省级海洋牧场示范区为抓手，形成一批可复制、可推广的海洋牧场创新模式，率先实现海洋牧场三产融合发展；形成海洋牧场集群，全力打造国家级海洋牧场示范城市。

2.强化全产业链培育

依托鲁花、龙大、双塔、张裕、东方海洋等龙头企业，推广"龙头企业＋生产基地"经营模式，引导农产品加工业向主产区、优势产区、特色产区、重点销区以及关键物流节点梯度转移，着力发展粮油、蔬菜、水果、水产、畜牧五大支柱产业，不断壮大粮油加工、果品加工储藏、蔬菜加工、畜牧品加工、水产品加工、粉丝加工、葡萄酒酿造等七大产业集群；打造白羽肉鸡，生猪、海参，葡萄与葡萄酒，花生与食用油，龙口粉丝等6个百亿级的产业集群。

[①] 徐勇、石健：《市场化、社会化、国家化进程中的乡村振兴瓶颈及其突破——基于山东烟台"苹果村"的调查》，《探索》2022年第2期。

3. 培育提升农业品牌

以建成"农产品质量安全市"为目标，实施质量兴农、品牌强农、绿色富农"三大行动"，健全完善市县乡村四级农产品质量监管体系和市、县、企三级农产品检测检验网络，打造优势品质品牌。努力在全国首创品道烟台鲜果香果业的全品类的整体品牌，将烟台苹果，烟台大樱桃，烟台葡萄酒，莱阳梨这些区域的共用品牌一起来进行打造，特别是烟台苹果以品牌为引领，提升烟台苹果中国果业第一品牌的美誉度。[①]

4. 突出发展农业"新六产"

大力发掘农业多种功能，推动一产与旅游、教育、文化、康养等产业深度融合，开展乡村旅游示范创建活动，培育打造田园、海岛综合体，实现产业链相加、价值链相乘、供应链相通；深入实施"互联网＋现代农业"，推进电商示范县创建和农业特色互联网小镇建设，构建覆盖县、镇、村三级的农村电商服务网络。[②]

5. 培育壮大现代农业经营体系

（1）壮大农业产业化龙头企业雁阵群。实施农业产业化龙头企业"雁阵建设工程"，加强市级以上农业产业化龙头企业梯次培育，壮大国家、省、市级龙头企业"雁阵群"。加大龙头企业贷款贴息力度，促进龙头企业改造升级、发展农产品精深加工，提升带动农产品加工业发展能力。（2）培强农民专业合作社和家庭农场。深入开展农民合作社质量提升整县推进试点、家庭农场能力提升行动整县试点，鼓励发展多种形式适度规模经营。发挥党支部领办合作社示范作用，带动农民合作社规范运营、提质增效。（3）提升社会化服务能力。健全农业社会化服务体系，积极培育社会化、专业化服务组

---

① 烟台市农业农村局：《关于印发〈烟台市现代高效农业高质量发展突破行动计划（2021—2022 年）〉的通知》，2021 年 8 月 17 日，烟台市农业农村局，http://nongye.yantai.gov.cn/art/2021/8/18/art_20513_2913572.html。

② 王蕾、安普翠：《乡村振兴背景下烟台市农业"新六产"发展路径研究》，《中国市场》2022 年第 1 期。

织。加快发展农机作业、土地托管、农资供应、农业废弃物资源化利用、绿色生产技术、市场流通、市场信息、农产品营销等农业生产性服务业。支持各类主体与新型农业经营主体开展多种形式合作，建立紧密利益联结分享机制，促进小农户与现代农业有机衔接。

（二）全面推动乡村建设，创建生态美丽新乡村

在以农业产业振兴推动农业提质增效的同时，坚持五个振兴协同发力，以美丽乡村示范工程、农村人居环境整治提升工程为抓手，全面实施乡村建设行动。[1]

1. 实施美丽乡村示范创建行动

（1）创建乡村振兴示范镇。从经济强、产业好、功能优、后劲足、机制活的涉农乡镇（街道）中，整合当前齐鲁样板示范区、美丽乡村示范片、特色小镇等政策，高质量创建带动作用明显的市级示范镇。2022年创建10个以上的乡村是振兴示范镇。（2）分类推进生态美丽乡村建设。实行分类建设管理、年度梯次晋级，加快生态美丽乡村建设步伐。2022年创建38个省级美丽乡村示范村。（3）培育美丽乡村示范片。强化资源统筹、要素保障，推动美丽乡村连线成片，实现资源共享、环境共治、项目共建、农民共富，以片带面全域推进美丽乡村建设。2022年打造13个示范片，107个样板村。（4）抓好美丽庭院建设。通过创建"美丽庭院"，养成良好卫生习惯，建立健康文明生活方式，打造美丽宜居生活环境，弘扬社会主义文明新风尚。通过这些工作来示范引领，做好美丽乡村的示范创建工作。

2. 深入开展农村环境综合整治

坚持"四抓四促"农村人居环境的烟台模式，持续提升农村人居环境的整治。（1）深化农村厕所革命。加快农村无害化卫生厕所改造提升，继

---

[1] 王喜红：《烟台市推动乡村生态振兴的调查与思考》，《烟台职业学院学报》2020年第2期。

续推进农村公共厕所建设，加强农村改厕后续管护，健全完善有制度、有标准、有队伍、有资金、有监督"五有"机制。（2）加强农村生活垃圾治理和污水治理。不断提升城乡环卫一体化水平，完善农村生活垃圾收运处置体系。推进农村生活污水处理设施建设，分步分区域推进全市行政村生活污水治理。（3）推进村庄清洁行动。深入实施村庄清洁行动，扎实开展"三清一改"，清理农村垃圾杂物、村内塘沟、农业生产废弃物，重点整治乱堆乱放、乱涂乱画、乱搭乱建、残垣断壁等问题，建立常态化、长效化机制。

3.全面加强农村基础设施建设

全面落实"改路、改电、改校、改水、改房、改暖、改厕"任务，实施"四好农村路"建设，推进新一轮农村电网升级改造，推广清洁取暖，抓好农村饮水安全和生活污水处理，加快补齐农村发展硬件短板。按照"一控两减三基本"的要求，大力推进农业现代化、标准化、智能化，成方连片进行农田建设，打造适度规模、水土共治、宽行密植、果园生草、物联应用、智能管理、果木葱茏、天蓝地绿、清新隽美的田园风光。

4.实施数字乡村建设工程

结合烟台实际，加强规划引领，强化工作措施，积极探索推进数字乡村建设。（1）"抓好两个工程"。一是抓好"流通体系"工程。整合物流企业及建立物流仓储信息管理系统，依托山东省城乡高效配送示范县和山东省农商互联完善农产品供应链试点，建设市级仓储物流中心及市级共配中心。二是抓好"平台建设"工程。推进电子商务产供销体系和农产品追溯体系建设，完善集"产品供应、过程监管、质量保障、渠道拓展"为一体的农产品生态链。（2）"创新四个模式"。一是创新"示范镇＋示范村"模式。鼓励市镇村三级因地制宜，根据各自特点，创建电子商务产业发展示范镇、示范村，以极点突破带动辐射，以网络平台形成产品互联，进一步放大政策效应，推动产业引领。二是创新"合作社＋电商平台"模式。发挥党支部领办合作社优势组织生产，通过电商网络平台优势，包装销售合作社产品，引领合作社健康发展。三是创新"电商企业＋合作社＋贫困户"模式。推动政策向贫困村、贫困户倾斜，引导电商企业助农惠农，服务社会、服务发展。相关合作企业根据增收情况拿出一定比例的资金反哺贫困户和贫困村，实现益贫带贫助贫。四是创新"电商＋社区配送"模式。发挥电商优势，破解农产品滞销及社区供应难题。积极对接大型商超，创新服务模式，架起农超对接、电商互联、便民配送的桥梁，畅通农产品销售渠道。①

（三）全面推动组织振兴，构建乡村治理新格局

推动乡村振兴，关键在党，重点在基层。坚持以提升组织力为重点，进一步加强和改进农村基层党组织建设，为乡村振兴提供坚强保证。②

1. 加强农村基层党组织建设

（1）选优配强农村基层党组织带头人。实施农村基层党组织带头人队伍整体优化提升行动，提高村党支部书记的服务意识和服务能力。建立选派驻村第一书记长效机制，完善村级后备干部储备制度。（2）加强农村党支部建设。全面开展党支部标准化规范化建设，严格"三会一课"等制度，提高村党支部组织生活质量。（3）推进组织集中整治。深入推进软弱涣散基层党组织整顿转化。调优配强村级班子，开展集体"三资"专项清理，逐村落实"五个一"整治措施。

2. 实施农村党建"三创一提升"工程

（1）创建农村党建示范区。按照"地域相邻、产业相近、治理相融、人缘相亲"原则，打破以行政村为单位的地域束缚，按照辐射2—3公里半径

① 《中共烟台市委、烟台市人民政府关于全面推进乡村振兴加快农业农村现代化的实施意见》，2021年3月25日，烟台市农业农村局，http://nongye.yantai.gov.cn/art/2021/5/14/art_20514_2912384.html。

② 谢漫琇、闫海潮：《毛泽东〈组织起来〉对乡村振兴的启示——基于"烟台经验"的研究》，《河北农业科学》2022年第2期。

的区域定位，创建农村党建示范区，通过示范区党组织统筹整合区域内人才、产业、项目等资源，形成连片发展、整体过硬的大党建工作格局。（2）创建治理有效村庄。以县市区为单位，制定"一清单六规范"，进一步厘清村级组织职责权限，对每项权力设计流程图，形成权责明晰、公开透明、操作规范、运转有序、监督有力的村级事务运行机制。加强乡村法治建设，加快完善农村矛盾预防化解机制和社会治安防控体系，深入开展防范处理邪教工作和扫黑除恶专项斗争，不断提高农民群众的安全感。（3）创建党群连心品牌。开展党员干部"双联双诺"联系服务群众活动，实现村干部联系党员和村民代表全覆盖、党员和村民代表联系群众全覆盖，使村党组织声音第一时间传达落实到群众，群众问题和意见建议第一时间反映到村党组织；建立选派第一书记长效机制，将覆盖面扩大到集体经济空壳村，完善相应扶持政策，确保第一书记靠在村里、用心用情用力联系服务群众。（4）提升村党组织引领能力。实施"头雁领航"工程，把村支部书记培训纳入整个干部培训计划，每年举办示范培训班、每两年推选宣传一批市级"富民强村好支书"，加大后进村集中整顿，按照不少于 9 万元标准落实村级运转经费，落实村党组织书记待遇报酬，增强农村干部的向心力、凝聚力、带动力。

3.提高乡村治理能力

坚持"共建共治共享"，遵守自治章程，让农民自己"说事、议事、主事"；提高法治水平，落实"四议三审两公开"制度，规范村级事务管理；塑造德治秩序，推进农村婚俗、殡葬等改革，促进移风易俗；用好智治手段，搭建基层治理信息共享平台，让基层治理更高效。要精细推进网格化管理，统筹网格内党的建设、综合治理、应急管理、社会保障等，最大限度把矛盾纠纷化解在基层、群众诉求解决在基层。①

---

① 叶娟丽、曾红：《乡村治理的集体再造——基于山东烟台 X 村党支部领办合作社的经验》，《西北大学学报（哲学社会科学版）》2022 年第 3 期。

4.促进"四治"有机结合

坚持自治为基、法治为本、德治为先、数治为用，推动自治法治德治数治"四治融合"。（1）深化村民自治实践。创新村民议事形式，完善议事决策主体和程序，形成民事民议、民事民办、民事民管的基层治理格局。（2）推进乡村法治建设。提高基层干部依法决策、依法办事的能力，广泛开展"法律进乡村"活动，强化法治文化建设，提高群众法律素养。（3）提升乡村德治水平。深入推进社会主义核心价值观建设，开展孝亲敬老活动，发挥村规民约的约束作用，营造文明和谐乡村氛围。（4）探索乡村数治模式。积极推进数字乡村建设，加快构建县、乡、村三级数字乡村服务体系，推动数字技术与乡村治理深度融合。

（四）全面推动文化振兴，提高乡村社会文明

坚持以文化引领乡村振兴，整合地域优势、挖掘文化资源，突出特色、积极而为，全面推进文明创建，培育文明乡风，丰富农村精神文化生活。

1.加强优秀乡土文化创新发展

深度挖掘烟台优秀传统乡土文化，开展优秀乡土文化保护传承专项行动，完善优秀乡土文化保护和多方参与的长效机制。建立传统村落文化分类保护制度，加强历史文化名镇名村、传统村落等特色村落的保护与开发。加强农耕文化、红色文化、儒家文化等文化遗产传承保护，推动乡村非遗传承发展。加强手工艺产品、衍生产品研发，开展知名工艺品牌创建活动。推进民间歌曲、舞蹈、器乐、戏曲、剪刻、塑作、编织等民间艺术的创新发展，培育一批优秀基层戏曲院团、庄户剧团、民间班社，实施"一村一年一场戏"工程，丰富农村精神文化生活。

2.不断提升乡村文化载体建设

注重加大对农村公共文化设施建设的扶持力度，完善提升农村基础公共文化服务设施。（1）大力实施基层文化场所提升计划，推动农村文化场所达标升级。加大村级文化活动场所建设力度，充实器材设备，确保利用率。（2）

因地制宜打造特色文化阵地。结合各村实际，打造适合村情民意的乡村景观，在群众身边打造文化阵地。(3) 开展文化进乡村活动。通过"请进来""走出去"模式，大力推进文艺活动进村镇，完善公共文化服务功能，增加文化供给，丰富文化生活，扩大村民休闲文娱选择方式，进一步提升文化活力，满足群众的文化需求。

3.深入实施乡村文明行动

推进"摒弃婚丧陋习、深化移风易俗"专项行动，推动形成文明乡风、良好家风、淳朴民风。加强农村网络文明建设，发展积极健康的农村网络文化。加大农村非法宗教活动和境外渗透活动打击力度，积极开展面向农村的反邪教宣传活动。

4.持续提升农村精神文明建设水平

大力弘扬优秀乡村文化，持续加强"四德"建设，深入推进农村移风易俗，充分发挥红白理事会、道德评议会、村民议事会、禁毒禁赌协会等群众组织作用，培养健康文明向上的生活方式，打造农民群众的精神家园，为乡村振兴提供道德滋养和精神支撑。

（五）全面推动人才振兴，构建乡村发展"生力军"

乡村要振兴，人才是关键。要充分发挥乡村各类人才的作用，培养壮大农村实用人才队伍，营造尊重人才、关注人才、支持人才、服务人才的浓厚氛围，凝聚起推动乡村振兴的强大合力。[1]

1.坚持党管人才的基本原则

始终把实现乡村人才振兴作为谋划和推动工作的出发点和落脚点，把做好农业农村人才工作列入重要议事日程；加强干部队伍的培养、调配、管理和使用，配优配强"三农"干部队伍。把到农村一线工作锻炼作为培养干部

---

[1] 李思思：《乡村振兴背景下农村人才流失问题及对策研究》，《农村·农业·农民（A版）》2022 年第 6 期。

的重要途径，注重提拔使用实绩优秀干部，形成人才向农村一线倾斜流动的用人导向。

2. 推进农村人才队伍建设

不断创新培养方式、拓展培养渠道、完善培养机制，加大本土人才培育力度，巩固、壮大、提升"爱农业、懂技术、善经营"的农村实用人才队伍。提升自主研发、成果转化、农机服务能力，加快培养农业科技人才，确保农业科技推广"后继有人"。从资金支持、政策保障、投资环境等各个方面，建立有利于人才"上山下乡"的机制，探索打造返乡人才创业园，吸引外出经商务工人员、退役军人、退休职工、大学生等群体到农村干事创业。①

3. 提升农民整体素质

实施教育强民行动，拓展农民自我发展能力空间，培育有理想、有文化、有活力、有素养、有技术的"五有"现代化农民。

4. 大力培育新型职业农民

优化新型职业农民培育工程结构，坚持"面向产业、融入产业、服务产业"的方针，着力建机制、定标准、抓考核，形成"一主多元"的教育培训体系。实施农业经理人、现代青年农场主和新型农业经营主体带头人等分类培育计划，促进新型职业农民与各类经营主体融合发展。

（六）全面推动农村改革，激发乡村振兴动力

改革是乡村振兴的动力源泉。要紧紧围绕主要领域和关键环节，持续深化农村综合性改革，以农村制度创新全面激活主体、要素和市场，培育农业农村发展新动能，为乡村振兴发展不断注入源头活水。②

---

① 杨文娟：《烟台市乡村人才振兴实施路径探究》，《农村·农业·农民（B版）》2022年第5期。

② 《中共烟台市委、烟台市人民政府关于全面推进乡村振兴加快农业农村现代化的实施意见》，2021年3月25日，烟台市农业农村局，http://nongye.yantai.gov.cn/art/2021/5/14/art_20514_2912384.html。

1.深化农村产权制度改革

规范农村集体经济组织管理和资产运营，适时开展"政经分离"试点。依法保障农村集体经济组织成员土地承包权、宅基地使用权、集体收益分配权。多渠道发展壮大村集体经济，提高经营性收入占比。规范农村产权流转交易市场，打造集信息发布、流转交易、抵押贷款、鉴证管理于一体的农村产权综合性交易服务平台。推动农村集体资产股权质押贷款扩面增量，拓宽农村融资渠道。

2.深化农村土地制度改革

（1）持续稳定农村土地承包关系。健全土地承包经营权流转服务管理体系，引导土地经营权向新型农业经营主体适度集中，连片规模开展土地整治。探索通过股份合作制经营等方式，盘活利用未承包到户的集体荒山、荒沟、荒丘、荒滩。规范实施农村旧住宅、废弃宅基地、空心村等闲置建设用地的拆旧复垦利用。（2）稳慎推进宅基地制度改革。尊重农民意愿，积极稳妥盘活利用农村闲置宅基地和闲置住宅。规范开展房地一体的宅基地确权登记颁证，加强登记成果共享应用。加强基层宅基地管理队伍建设，推进宅基地管理规范化、常态化。（3）稳妥有序推进农村集体经营性建设用地入市。在符合国土空间规划、用途管制、依法取得的前提下，积极探索实施农村集体经营性建设用地入市制度。加快农村土地征收制度改革，积极探索实施农村集体经营性建设用地入市制度，加快建立城乡统一的建设用地市场。

3.创新涉农资金管理体系和使用机制

（1）加快资金分配支出。针对涉农资金分配和支出进度慢、项目支出变动频繁等问题，要积极探索"早定项目清单"等措施，把"好钢用在刀刃上"。（2）加大金融支农力度。深化财政金融政策融合支持乡村振兴试点，引导金融机构持续增加农业农村金融供给。扩大农村资产抵押担保融资范围，提高农业信贷担保规模，加大对农村公共基础设施建设中长期信贷支持。（3）鼓励多主体参与。在保护好农民权益的前提下，畅通工商资本下乡通道，撬动社会资本通过融资、入股等形式投资乡村，做大做优农业农村"资金盘子"。①

4. 协同推进农村各项改革

强化政府投入保障，探索组建国有涉农投资平台，发挥各类涉农基金作用，解决"三农"领域基础设施、产业发展、公益事业等项目融资需求，撬动社会资本、金融资本参与乡村振兴。加大政府债券支持农业农村力度，用于符合条件的农业农村领域建设项目。落实农业补贴政策，提高农业补贴政策精准性、稳定性。②

（七）全面推动城乡融合，构建新型城乡关系

推动城乡融合发展，是新时代我国城乡发展进入全新阶段的重大战略举措，其核心要义是要把城市和农村作为一个有机整体进行系统谋划，实现城市带动乡村发展，构建以城带乡、以乡促城、城乡一体的新型城乡关系。

1. 发挥中心城区龙头带动作用

（1）构建高效联动、整体协同的大市区发展格局。拓展城市发展空间，纵向上沿河延伸，增加城市纵深。横向上推进"一体两翼"发展，以芝罘区、莱山区为中心板块，西翼烟台开发区与福山区、蓬莱区、空港新区、半岛新区融合发展，东翼烟台高新区与牟平区、金山湾区联动发展。全面推进市区高质量一体化发展，整体开发芝罘仙境、海上世界、幸福新城、牟平新城、金山湾区等重点片区，组团崛起多个充满活力的板块。推动滨海一带高品质整体提升，建设现代化国际滨海城市示范带。加快蓬长一体化发展，推动蓬长高度融合、与中心城区深度融合。③（2）充分发挥乡镇联城带村节点功能。以乡村振兴示范镇创建为抓手，推进小城镇高质量、特色化发展。支

① 烟台市人民政府:《烟台市"十四五"推进农业农村现代化规划》，2022年1月29日，烟台市农业农村局，http://nongye.yantai.gov.cn/col/col20505/index.html? uid=178642 & page-Num=17。

② 朱信凯:《中国反贫困》，中国人民大学出版社2018年版，第127—129页。

③ 常亮、林嘉新、王艳火等编著:《烟台市乡村振兴蓝皮书（2020）》，中国农业出版社2021年版，第23—24页。

持建设以乡镇驻地为中心的生活圈、服务圈和产业集聚圈，强化在城乡基础设施互联互通和基本公共服务普惠共享中的节点辐射作用。（3）分类推进中心村、特色村建设。根据村庄特点和发展基础，对示范引领型村庄，充分发挥其产业带动力强、基础设施配套完善等优势，进一步优化布局，完善服务功能和承载能力，促进农民就地就近就业；对特色保护型村庄，着力提高发展水平，促进传统资源与现代元素充分结合，发展休闲、旅游、文创、教育等新业态。

2. 重塑县域经济发展优势

（1）加快转变县域经济发展方式。建立"促强扶弱带中间"机制，打造均衡发展、竞相发展、特色发展的县域经济主体板块。提升龙口、招远跨越发展能力，构建引领高质量发展的产业体系和创新体系，跻身全国全省县域经济发展第一方阵。提升莱州转型发展能力，加快从资源驱动向创新驱动转换，在传统产业开辟现代发展模式上探索新路径。提升莱阳、海阳融合发展能力，积极承接青岛等地产业转移。提升栖霞绿色发展能力，实施"生态+"战略，把生态资源优势转化为高质量发展优势。（2）打通城乡要素双向流动通道。推动城乡要素良性循环、高效配置。积极拓展人才入乡途径，完善返乡就业创业服务体系，营造乡村人才良好发展生态。健全农业转移人口市民化推进机制，逐步建立城乡有序流动的人口迁徙制度，优化营商环境，促进工商、金融资本服务乡村。

3. 推动城乡基本公共服务均等化

（1）提升农村教育水平。实施强镇筑基教育工程，建立城乡统筹规划、统一选拔的乡村教师补充机制，促进优质教育资源向农村倾斜，多渠道增加农村普惠性教育资源供给。（2）健全城乡医疗健康服务体系。推进医疗卫生城乡一体化建设，完善统一的城乡居民医疗保险制度，加快县域医疗服务次中心建设，实施乡镇卫生院、村卫生室提档升级工程。（3）提高农村兜底保障水平。推进城乡低保制度统筹发展，落实居民基本养老保险待遇确定和正常调整机制，适时适度提高居民基础养老金最低标准。（4）提升农村养老服务能力。加快推进全市农村地区普惠型养老服务和互助型养老发展，健全县乡村衔接的三级养老服务网络，加大对村级敬（养）老院运营奖补扶持力度。①

4.构建城乡融合发展长效机制

按照"城乡融合、一体设计、多规合一"原则，统筹谋划农村产业人口布局、基础设施建设、土地合理利用、生态保护实施等各项工作，完成县域乡村规划编制。坚持抓重点、补短板、强弱项，扎实推进就业、居住、教育、医疗等城乡基本公共服务均等化，努力让广大农民享受到与城市居民一样的生活条件，不断提升农民群众的获得感和满意度。

（编审：徐清照）

---

① 烟台市人民政府：《烟台市"十四五"推进农业农村现代化规划》，2022年1月29日，烟台市农业农村局，http://nongye.yantai.gov.cn/col/col20505/index.html?uid=178642&pageNum=17。

创新提升"三个模式"打造乡村振兴齐鲁样板先行区

刘东生

潍坊是农业产业化的发源地,在农业农村发展过程中创造的实践成果、理论成果和制度成果,成为指导我国农业农村发展的重要依据。2018年习近平总书记两次讲到"诸城模式、潍坊模式、寿光模式"(后简称"三个模式"),这既是对潍坊"三农"工作的肯定,更是鞭策和激励。山东省委、省政府要求潍坊在深化、拓展、创新、提升"三个模式"上实现新作为,在打造乡村振兴齐鲁样板中当好排头兵,在推动农业农村改革发展中勇做探路者。多年来,潍坊深入学习贯彻习近平总书记关于"三农"工作的重要论述和重要指示批示精神,全面贯彻中央决策部署,落实省委、省政府工作安排,把创新提升"三个模式"作为重大政治任务和使命担当,制定了《乡村振兴战略规划(2018—2022年)》《"五大振兴"工作方案》等,形成了"1+5+5+N"乡村振兴规划体系,健全乡村振兴"五大振兴"专班推进机制,在全省率先推出《全面推进乡村振兴 加快实现农业农村现代化指标体系(试行)》,全力探索,加快推进,强优势,补弱项,"三农"工作取得新成效,在打造乡村振兴齐鲁样板上不断实现新突破,为全面推进乡村振兴提供了新经验。

一、潍坊创新提升"三个模式"的实践探索

"三个模式"是农村市场经济体制改革的产物,是山东和潍坊农业发展

史上的辉煌。但是,潍坊人并没有躺在功劳簿上停步不前。进入新世纪,特别是党的十九大提出实施乡村振兴战略以来,潍坊以创新提升"三个模式"、打造乡村振兴齐鲁样板先行区为统领,有效应对各种风险挑战,农业农村工作稳步推进,农民收入持续稳定增加,"三农""压舱石"作用更加凸显,为潍坊经济社会发展大局提供了强有力的基础支撑。

(一)大力推进产业振兴,提升农业质量效益和竞争力

乡村振兴,产业振兴是重点,是解决农村一切问题的前提。农业是潍坊的优势和强项,产业振兴基础雄厚。潍坊在创新提升"三个模式"的实践中,以深化农业供给侧结构性改革为主线,以高质量发展为主题,突出抓好科技创新、开放发展、标准引领、产业融合和品牌建设,加快完善现代农业产业体系、生产体系和经营体系,推进农业加快由增产导向向提质导向转变,农业质量效益和竞争力明显提高。潍坊用全国 1.7‰ 的土地,贡献了全国 7.2‰的粮食、15.7‰ 的蔬菜、19‰ 的农产品出口额,成为全国知名的"米袋子""菜篮子""肉案子""果园子"和"花盆子"。

1. 聚集农业创新资源,提升科技创新水平

近年来,潍坊市扎实落实习近平总书记"给农业插上科技的翅膀"重要指示精神,把科技创新作为发展现代农业的重要支撑,加速聚集农业科技创新资源,突出抓好创新平台、创新人才、现代种业、智慧农业四个重点,以科技引领农业提质增效,农业科技创新能力不断提升。2020 年,潍坊农业科技进步贡献率达到 67%,显著高于全省全国平均水平。

(1)加快农业科技创新平台建设。高起点、高标准建设了各级各类示范园区近千处,包括寿光现代农业示范区和潍坊市国家现代农业示范区两个国家级示范区,共拥有农业科技园区 500 多个,北京大学现代农业研究院、中国农科院寿光蔬菜研发中心、全国蔬菜质量标准中心等一批"国字号"研发平台入驻潍坊,农业领域设立 36 家院士工作站、30 多个省级工程技术研究中心、150 多个省级工程研究中心,1 处国家级重点实验室,4 处省级企业

重点实验室。这些创新平台聚集了大批高端创新要素，在蔬菜育种、小麦杂交育种、抗病基因发掘等领域研发示范推广了一大批新技术、新装备和新品种。

（2）突出抓好现代种业创新。潍坊是农业大市，也是用种大市。近年来，潍坊围绕"打造种业硅谷"总目标，把现代种业作为农业科技创新的重点，依托国家现代蔬菜种业创新创业基地、北京大学现代农业研究院等创新平台，集聚创新资源，加大研发投入，基本形成了以企业为主体、产业为主导、政府为引导、基地为依托、产学研管相结合、"育繁推一体化"的现代种苗产业体系，全市种苗产业呈现快速发展态势，成为全国最大优质蔬菜种苗生产基地。全市种业研发企业达到44家、数量超过山东省一半，育苗企业达到400多家，年育苗能力达18亿株以上。农作物良种覆盖率达到了98%，自主研发的蔬菜品种市场占有率达到75%，在芦笋、大白菜、萝卜、西甜瓜等蔬果作物育种方面全国领先，良种在农业增产中的贡献率超过40%。

（3）加快发展智慧农业。建成了以市级农业信息综合服务平台为基础，市、县两级农业信息网站为核心，乡镇农业信息服务站点为支点，农业龙头企业、示范园区、专业大户、专业市场、种养基地、农资门店等为信息点的全市农业信息网络体系；开发"慧种田、慧种菜、慧养殖、慧监管、慧农机"五大数据模块，建成农业大数据平台；连续承办中国农产品电商大会，建成四级农村电商公共服务体系和一批特色电商园区、地方特色电商平台，开通了农产品特色网站，农产品电商全面起势。建成智能化大棚3万多个，发展智慧农场、智慧牧场各100家，手机日渐成为农民手中的"新农具"。创新放大"中国农机之都"的优势，加大智慧农机的研发和推广力度，一批安装了智能导航系统、不用人工驾驶、可以24小时自动精准作业的智慧农机驰骋在"希望的田野上"。

2.搭建平台，提升农业开放发展水平

实现农业的高质量发展需要充分用好国内国际两个市场、两种资源，推动现代农业全方位对外开放。近年来,潍坊市抓住推进新一轮高水平对外开放的战略机遇,统筹"引进来"和"走出去",对外积极对接"一带一路",对内主动融入粤港澳大湾区等国家战略,主动融入和服务以国内大循环为主体、国内国际双循环相互促进的新发展格局,农业开放发展水平不断提升。一是搭建农业开放发展的重要平台。2018年成立的潍坊国家农业开放发展综合试验区(简称"农综区")是全国唯一一个以农业为特色的国家对外开放综合试验区,其首要目标就是打造成为全国农业开放发展引领区。农综区引进正大、新希望、伊利等龙头企业,建设国际院士谷、中凯智慧冷链物流园、国际博览园、中国农创港、国际种业研发集聚区、中日现代农业"双国双园"、粮谷驿路等一批重点项目,成立了国内唯一的国家级畜牧产业综合服务平台——东亚畜牧交易所,借助于这些平台,推动潍坊农业生产要素在更大范围、更高层次上配置。二是提升农产品出口竞争力。潍坊外向型农业规模较大,农产品出口一直走在全省前列。全市拥有一大批食品生产资质出口企业、区域性特色农副产品出口基地、出口蔬菜备案种植场、出口保鲜菜生产基地和出口禽肉备案养殖,农产品远销日本、韩国等120多个国家和地区。从常年数据看,全市生姜、胡萝卜、大葱、洋葱出口分别占全国的1/4、1/6、1/2、1/7左右,熟制禽肉出口约占全国的1/6、占山东省的近1/3。三是深化农业开放合作。潍坊市充分发挥农业、农机、种业和跨境电子商务综合试验区等优势,深度融入"一带一路"倡议,强化与荷兰、以色列等农业发达国家合作,支持企业实施海外并购或在"一带一路"国家投资建厂(园区),相继在俄罗斯、塞内加尔、尼日利亚、埃塞俄比亚等国家布局了10余个境外产业园项目,在荷兰、泰国建立蔬菜研发育种基地,探索以设备、技术输出和直接投资等新模式推动中国农业走出去,开拓国际市场,提高潍坊农业国际竞争力。对内主动对接粤港澳大湾区等国家战略,积极融入山东自贸区、青岛上合示范区,认证粤港澳大湾区"菜篮子"生产基地和加工企业数量全省第一。

3.完善标准体系，强化质量监管

标准化是农业高质量发展的重要保障。潍坊市大力推行农产品生产、加工和流通的全链条标准化，以标准化带动专业化和规模化，实现产业的高质高效。一是进一步完善标准体系。以出口标准倒逼提升国内标准，推进国内国外两个市场"同线同标同质"，集成了一批全产业链生产标准，实现主要农产品标准体系全覆盖。由农业农村部和山东省人民政府联合建立的全国蔬菜质量标准中心和2021年4月在诸城成立的全国畜禽屠宰质量标准创新中心编制的多项标准成为国内行业标准，填补国内空白。二是建设标准实施体系。建立质量安全联盟，在新型经营主体和农业园区实施标准化；健全完善市县乡村四级质量安全监管体系，发挥农产品质量安全村级监管员和基层防疫安全协管员作用，开展农产品质量安全网格化监管；实施"从农田到餐桌"的全过程监管，普遍建立农产品产地准出管理机制、农产品质量监测预警体系和安全追溯体系；严格落实生产经营者主体责任，强化相关部门监管责任和属地管理责任；全域推进农产品质量安全市创建，整市获评"国家农产品质量安全市"。连续多年农产品抽检合格率都稳定在99%以上。

4.强化品牌意识，提升品牌价值

提高农产品市场竞争力、实现农业高质量发展，必须树立品牌意识，走品牌化之路。一是加快品牌培育。构建起了"企业主体、政府引导、社会参与"的农产品品牌建设机制；制定了《现代农业示范基地和品牌农业发展规划》《农产品品牌提升方案》和《农产品品牌奖励办法》，对品牌给予最高20万元的奖励；成立潍坊农品品牌协会，搭建起了政府、企业和农业经营主体之间"桥梁"。2020年底，全市"三品一标"农产品总数达到1152个，位居全省第一。12个县市区都形成了各具特色的区域品牌产业。二是加大品牌宣传推介。在央视新闻频道开展寿光蔬菜等5个区域公用品牌集中宣传推介，在北京连续举办4届潍坊农品品牌推介展销会，组织品牌农产品企业参加全国绿博会、农交会，打造了寿光菜博会、青州花博会等一系列国内外知名节会，借助于这些活动和节会，让潍坊农业品牌走向世界。品牌农业的发展，不仅提高了潍坊农业的知名度和竞争力，也大大提升了农产品的价值，增加了农民收入。

5. 着力提升产业融合发展水平

把现代产业发展理念和组织方式引入农业，推动农村三次产业深度融合，是拓宽农民增收渠道、构建现代农业产业体系的重要举措，是实现农业高质量发展的必然要求。一是加快培育新业态新模式。聚焦农业产业链、价值链、利益链"三链重构"，先后出台了《农业"新六产"发展规划》和《关于加快培育农业"新六产"推动现代农业发展的实施意见》，出台 10 项支持政策和保障措施，形成粮食、蔬菜、畜禽、花卉、苗木、果品、种子、农机等八大优势产业集群；积极推动农业与加工、电商、休闲旅游、健康养生、教育等深度融合，延伸农业产业链，拓展农业多种功能，一批新业态新模式加速涌现。二是壮大新型经营主体。引导小农户与现代农业有机衔接，强化农民合作社和家庭农场基础作用，持续开展合作社、家庭农场示范创建和规范提升行动，支持农业龙头企业发挥引领示范作用，着力构建家庭经营、合作经营、集体经营、企业经营共同发展的新型农业经营体系，培育发展现代农业的"精兵"和"强将"。2021 年底，全市登记注册农民合作社 23469 家，家庭农场 9938 家，市级以上农业龙头企业 838 家，数量均位居全省前列。三是发展产业化联合体。产业化联合体是发展现代农业的"航母"。潍坊为加快产业化联合体的发展，实施龙头企业和产业联合体"双 10"培育计划，培育 10 家产值过 10 亿元全产业链一体化农业龙头企业、10 家产值过 50 亿元的农业产业化联合体。联合体中的龙头企业、农民合作社和家庭农场等新型农业经营主体实现了协同，有效破解了经营主体之间各自为战、利益联结不紧密的问题。

（二）创新城乡融合发展体制机制，提升城乡一体化发展水平

重塑新型城乡关系，实现城乡融合发展，是乡村振兴的必由之路。潍坊市在创新提升"三个模式"的实践中，顺应融合发展大趋势，着力破解

影响城乡融合发展的体制机制，加快要素聚集，加大在农村基础设施和公共服务上的投入，不断提升农民的幸福感、获得感，城乡融合发展实现新突破。

1.推动资源要素向乡村聚集

（1）人才方面。乡村振兴人才是关键。围绕创新提升"三个模式"对人才的需求，出台人才新政"20条"等政策，引进乡村振兴高端人才2300多人，占全市全部高层次人才的1/3，拥有现代农业类国家"万人计划"专家8人，泰山产业领军人才（泰山学者）14人，共有143人荣获"齐鲁乡村之星"称号。市政府先后聘请了12位"农业科普大使"，以"科普大使"为带头人组建科研团队，为农业科技攻关、农技推广、农业科普等方面提供智力支撑。充分发挥潍坊职业教育优势，建设潍坊职业农民学院、潍坊乡村电商学院，聚合政府、院校、社会"三方资源"，用好田间、网络、展会"三大课堂"，建设"领头雁"、带头人、新农人"三支队伍"，形成了"三三三制"培训模式，培养了一大批爱农业、懂技术、善经营的新型职业农民。2020年底，全市农村实用人才总量达27.5万余人，农业专业技术人员5万多人。

（2）土地方面。稳慎推进全国农村宅基地制度改革试点，探索宅基地盘活新路径，节约集约利用农村宅基地。农村集体经营性建设用地入市改革在多个县市区实现了突破，挖潜盘活了多宗存量建设用地，壮大了集体经济，拓宽了农民收入来源。山东农村产权交易中心（前身是齐鲁农村产权交易中心）搭建了"三平台一基金"市场服务体系，开展农村土地承包经营权等涉农资产交易服务和农村产权抵(质)押登记等金融服务，为农村资源资产化、资产资本化提供了现实方案，为通过市场机制盘活农村低效、沉睡资产探索出了切实可行的路径。以土地"三权分置"改革为抓手，以供销社为主体，探索形成了"土地流转＋土地托管"等多种农业适度规模经营模式，土地规模经营化率达到68％以上。

（3）资金方面。乡村振兴需要真金白银的投入。潍坊市出台《涉农整合资金绩效管理办法》，与多家商业银行签订金融支持乡村振兴战略合作协议，整合涉农资金。建成全省首个"乡村振兴普惠金融服务平台"，为涉农企业提供"全覆盖、多渠道、低成本、简便捷"的融资需求服务，打通金融服务"最后一公里"。在全国率先推出"交易鉴证＋抵押登记＋政策担保＋风险补偿＋风险缓释＋不良处置"的农村产权交易与农村金融相结合的服务模式。把PPP运作模式引入乡村振兴，综合运用配套奖补、贷款贴息等方式，撬动工商资本投向乡村。针对产业基础薄弱、小农户分散自身积累薄弱等问题，创新财政金融融合机制，探索形成"国有平台投资＋专业公司运营＋农户承包经营""三方共建"现代农业园区模式，探索"按揭农业""合伙人制度""拎包入住"等做法，有效化解了农民投资能力不足问题，带动农户增收。

2. 强化农村基础设施建设

潍坊市把基础设施建设的重点放在农村，持续加大投入力度，加快补齐农村发展短板。深入开展"四好"农村路建设和农村通户道路硬化工作，实施路网提档升级、自然村庄通达、路网状况改善、运输服务提升等重点工程，2020年底基本实现了农村道路硬化"户户通"。实施"数字乡村"战略，印发了《潍坊市数字乡村发展战略实施意见》，提出了十项重点工作任务，加快农村地区宽带网络和5G网络覆盖步伐，开发适应"三农"特点的信息技术、产品、应用和服务，不断完善智慧农业服务体系，农村地区信息化、数字化建设水平跃上新台阶，城乡数字鸿沟日渐缩小。实现了村村通自来水后，把确保饮水安全提上重要日程，农村饮水安全两年攻坚行动列入2019年、2020年潍坊市《政府工作报告》确定的民生实事和乡村振兴战略考核内容，"供水保证率、水质达标率、群众满意率"多年保持山东省领先。2021年2.8万农户取暖用上了天然气。以"根治水患、防治干旱"为目标，以河（湖）长制工作为抓手，以重大水利工程项目建设为依托，以农村水利建设为着眼点，全面推进水利建设达标提质，农村防灾减灾救灾能力进一步提升。

3. 提升农村公共服务水平

潍坊主要在教育、医疗、文化、社会保障和社区服务"五大板块"上久久为功，下足"绣花功夫"，强化政府投资主体责任，树立乡村优先导向，新增教育、卫生等事业经费主要用于农村，缩小城乡公共服务差距，让改革发展成果更多更公平惠及农村群众。教育方面：制定实施《潍坊市推进乡村教育振兴实施方案》，对乡村教育振兴作出总体部署，重点实施乡村学校布局优化、办学条件提升、教育带头人培养、教师配备、教师职称评聘等 11 项工程，抓好教育资源均衡配置。医疗方面：抓好乡村医疗卫生水平提升，建设示范标准村卫生室，实施"万名乡医培训"行动。文化方面：实施农村公益电影放映、农家书屋等文化惠民工程，开展"潍坊市基层公共文化建设示范镇（街）、社区（村）"创建活动，完善提升基层综合性文化服务中心建设；实现农村体育健身设施基本全覆盖，打造了一批乡村振兴全民健身示范工程。社会保障方面：社会保障向农村全覆盖，构建起以提供就业和社会保障服务为主，涵盖劳动关系、调解仲裁和劳动监察等职能于一体的基层公共服务平台，搭建起了"半小时公共服务圈"；积极落实城乡统一的就业失业登记制度，不断提高缴费困难居民基本养老保险费政府代缴标准，确保困难群体全面纳入城乡居民养老保险覆盖范围，实现年满 60 周岁贫困人员居民养老保险应保尽保。社区服务方面：农村社区服务中心实现全覆盖，形成了 3 公里左右服务半径，完善社区卫生室、书画室、棋牌室、文体活动室、"四点半"学校等功能，村民在家门口就能享受到与城里人基本相同的公共服务。

（三）践行"两山论"，提升乡村生态环境质量

绿水青山就是金山银山，良好生态环境是乡村最大优势和宝贵财富。近年来，潍坊市自觉践行绿水青山就是金山银山的理念，坚持把巩固拓展生态优势作为乡村可持续发展的重中之重，统筹山水林田湖草系统治理，统筹农业绿色发展、农村人居环境整治工作，让良好生态资源加快升值，实现百姓富、生态美的统一。

1.提升农业绿色发展水平

潍坊促进农业生产方式绿色转型,组织实施绿色发展计划,推广使用绿色生产技术,绿色成为农业发展的底色。一是实施农药化肥减量增效计划,全面打响农业面源污染防治攻坚战。推广应用测土配方、水肥一体化等技术措施,确定合理施肥标准,引导肥料产品优化升级,推广使用高效新型肥料和有机肥,研发推广新型施肥设备和施肥模式,推动单位面积化肥使用量减量,减少盲目施肥行为,提高化肥利用率。为了减少农药使用量,相关部门加强病虫监测预警体系建设,大力推广统防统治、绿色防控、生物农药等技术和产品,在全市开展投入品生产企业 ABC 分级管理,出台全国第一部剧毒高毒农药管理方面的地方性法规——《潍坊市禁用限用剧毒高毒农药条例》,实现了对剧毒高毒农药的最严格管控。"十三五"末,化肥、农药使用量较"十二五"末分别下降 15.7%和 20.5%。二是实施土壤改良专项计划。净土才有洁食。潍坊市土壤改良主要通过政府补贴和示范引领等方式,对设施农业、高产粮田、南部山地丘陵等不同土壤的质量状况,集成了不同退化土壤类型的改良技术并在全市示范推广,逐步缓解土壤退化、肥力下降等问题,土壤综合产出能力不断提升,设施蔬菜土壤有机质含量由 1.6%提高到 1.8%以上,为促进潍坊市农业生态高效发展创造了良好的基础条件。三是推进农业废弃物循环利用。初步形成了以肥料化、饲料化利用为重点,以基料化、原料化、能源化利用为补充的农作物秸秆"五化"综合利用新格局,全市农作物秸秆综合利用率达到了 92.8%。按照源头减量、过程控制、末端利用的基本思路,建立健全畜禽污染防治工作推进机制,大力实施畜禽污染防治设施配建、种养结合、有机肥加工、沼气利用、生物发酵"五大工程",推行畜禽粪污资源化利用全量收集、发酵还田,以地定养、种养结合,三沼生产、综合利用,区域收集、有机肥加工,链条延伸、循环利用,智能加肥、专业服务等"六种新模式",不断提升畜禽粪污资源化利用水平,粪污处理设施配建率达到 100%,畜禽粪污综合利用率达 90%以上;实行废旧地膜、农药化肥包装物回收网格化监管,创建市级农药标准化经营门店 100

家，落实农药包装物"谁经营、谁回收"制度，地膜、农药、化肥包装物回收处置机制初步建立，农膜回收利用率达到80.7%。

2. 改善农村人居环境

潍坊把农村人居环境整治作为乡村振兴的第一场硬仗，制定实施《农村人居环境整治三年行动实施方案》《农村人居环境整治村庄清洁行动实施方案》，以垃圾和污水治理、厕所革命、村容村貌提升为重点任务，落实保障措施，完善长效机制，高标准、高质量推进，真正建设民生工程、民心工程，农村人居环境整治三年行动顺利通过山东省评估验收，乡村颜值显著提升。一是成立由市委副书记任组长的农村人居环境整治领导小组，组建市人居办，统筹协调、调度推动农村人居环境整治各项任务。二是按照美丽宜居乡村建设要求，加快编制村庄规划，有条件、有需求的村庄共编制"多规合一"实用性村庄规划833个。三是建立多渠道资金筹措机制，充分利用涉农整合资金和各方面的政策资源，鼓励撬动社会资本参与，发动引导群众投资投劳，构建起了政府奖补、村级统筹、群众捐献、社会支持的多元投入格局。四是因地制宜选择农村户厕改造模式，累计完成户厕改造接近120万户，300户以上自然村建农村公厕实现了全覆盖，全市农村改厕率达到97.3%，基本做到了愿改尽改、应改尽改；将农村户厕维修、农村公厕管护统一纳入城乡环卫一体化统管统运体系，配套建设农村改厕管护服务站、粪污中转站，配置抽粪车、服务队伍，投资建设农村改厕智能管护平台，基本实现制度化管理、智能化管护、资源化利用。五是探索城乡环卫一体化治理模式，全面建立"市、县、镇、村"四级保洁机制和"户集、村收、镇运、县处理"的农村生活垃圾处理体系，农村生活垃圾无害化处理率达到100%。六是农村生活污水治理有序推进。印发《潍坊市2021年度农村生活污水治理工作方案》，重点实施"四个一批"治理项目，即整治提升一批、新增治理一批、优先治理一批、加强管理一批，持续提高农村生活污水治理标准、治理水平和治理成效。截至2020年底，有2976个行政村实现生活污水有效治理，治理比例为41.52%。七是集中开展村庄清洁行动和美丽庭院创建活动,对积存多年的垃圾山、垃圾沟进行彻底清理,以"居室美、庭院美、厨厕美、家风美"为标准,打造安居乐业美丽舒适的家居环境。八是按照"易栽、易活、易长、易管、易买"的原则,有序推进乡村林场、环村林、围镇林建设,实现林木田成网、路成行、岸成荫,推进乡村绿化美化。九是逐步完善长效管护机制。将农村人居环境整治纳入村规民约,健全完善基础设施,全面建立保洁员制度、"门前三包"制度、街巷长制度,建立农厕市、县、镇、村分级投入机制,探索市场运营管理机制,调动各方力量参与积极性,建立健全"五有"(有制度、有标准、有队伍、有经费、有督查)长效管护机制。到 2020 年,全市建成省级美丽乡村示范村 174 个,创建美丽庭院示范户 11 万户。

(四)创新基层治理模式,提升乡村治理能力

农业农村现代化不仅包括"物"的现代化,也包括"人"的现代化,还包括乡村治理体系和治理能力的现代化。近年来,潍坊市坚持把乡村治理作为乡村振兴的基础性工程,突出党建引领,健全群众自治制度,培育文明乡风,构建起了充满活力、安定有序的乡村治理新格局。

1. 加强农村基层党组织建设

潍坊市把强化农村基层党组织建设作为推动乡村振兴的根本保证,以打造过硬支部为抓手,深化村级党组织星级创评,常态化开展过硬党支部评选、软弱涣散村党组织集中整顿,推动晋位升级、整体提升。为解决村党组织书记队伍存在年龄偏大、素质不高这一难题,潍坊市坚持"选、育、管、用"并重,通过公开考选、干部下派、能人回引等方式从致富能手、返乡大学生、退役军人、县镇机关干部中培养选拔一批村党组织书记人选;实施"万名优秀人才回引行动",回引优秀人才返乡任职创业,担任村党组织书记;实施"优秀后备人才递进培养计划",面向社会公开遴选青年人才进入村党组织书记后备人才库。村党组织带头人整体素质明显提升,涌现出松兴屯徐林收、东斟灌李新生、玉泉洼刘向东、庵上湖赵继斌、前阚庄于英智、

侯王村冯先家等一批"领头雁"。

2.健全基层群众自治制度

持续推进村民自治制度化，加强村民委员会工作制度建设，指导村委会建立了值班制度、议事制度、代理代办等制度。修订和完善村民自治章程、村规民约，村规民约实现了所有行政村全覆盖，抓好村规民约监督落实。积极开展村务公开目录监督落实专项行动，创新公开形式，规范公开程序，保证公开的内容真实、全面、及时。认真贯彻落实"四议两公开一监督"制度，重大事项严格按规定程序，召开村民会议、村民代表会议进行决策，及时进行公开，接受村民监督。深化民主协商，结合当地实际，修订村级议事协商目录，健全议事协商制度，探索议事协商模式，围绕村民关心的难点热点问题广泛开展协商活动，形成了"公开议事、规范定事、民主评事、合力干事"的良好局面，有力推动了农村各项工作开展。

3.深入开展乡风文明培育行动

乡风文明是乡村振兴的保障。潍坊市坚持物质文明和精神文明一起抓，持续培育文明乡风、良好家风、淳朴民风，推动乡村文明焕发新气象。突出抓文化阵地建设，把建设新时代文明实践中心作为加强和改进农村思想道德建设的重要平台，各县市区均建立了新时代文明实践中心，建成一批镇（街道）文明实践所和村（社区）文明实践站。深入开展移风易俗，鼓励提倡勤俭节约、喜事新办、丧事简办，抵制陈规陋习，所有村庄均成立了红白理事会，红白喜事大操大办问题得到有效遏制。加强优秀传统文化的保护传承和开发利用，深入挖掘红色文化、孝德文化等蕴含的优秀思想观念、人文精神、道德规范，发挥凝聚人心、教化群众、淳化民风的重要作用。深入开展扫黑除恶专项斗争和"雪亮工程"，建立健全网格化管理，村（社区）法律顾问实现全覆盖，农村社会治安持续向好。

（五）共享发展成果，增加农民福祉

乡村振兴，生活富裕是根本。在创新提升"三个模式"的实践中，潍坊

市把缩小城乡收入差距、促进农民增收作为工作的出发点和落脚点,在坚决打赢脱贫攻坚战基础上持续巩固拓展脱贫攻坚成果,发展壮大村集体经济,全方位增加农民收入,农民群众获得感不断增强。

1. 高质量打赢脱贫攻坚战,推动脱贫攻坚与乡村振兴有机衔接

"十三五"时期,潍坊市把打赢脱贫攻坚战作为首要政治任务和第一民生工程,聚焦"两不愁三保障"和饮水安全核心指标,全面落实各项扶贫政策措施,累计投入财政扶贫专项资金11.86亿元,实施产业扶贫项目941个,多渠道带动贫困群众脱贫增收,推动由单一"输血"向全面"造血"转变,高质量打赢了脱贫攻坚战。2018年底,潍坊建档立卡贫困人口16.9万户、36.8万人全部脱贫,337个省定扶贫工作重点村全部摘帽退出。2020年,获"全省打赢脱贫攻坚战单项奖",在全省考核中列第一名。2021年以来,市委、市政府明确5年过渡期,坚持政策不变、标准不降、力度不减,还制定"提高标准到每一个贫困群众心里"的10项举措,持续发展壮大乡村特色产业,完善"四个到位"的防返贫致贫动态监测机制,推动脱贫攻坚与乡村振兴有机衔接。

2. 千方百计增加农民收入

潍坊市注重构建促进农民持续较快增收的长效机制,立足当地实际,发挥自身优势,大胆探索创新,着力在增加农民家庭经营性收入、财产性收入和工资性收入上做文章。潍坊市鼓励和支持特色产业发展,让农民融入农业全产业链条,支持有条件的农民发展种养殖、餐饮、物流、旅游等特色产业,大力推行农村电商,拓宽农产品销售渠道,经营净收入快速增长直接促进了农民增收。在扎实推进承包地、宅基地等"三权分置"基础上,大力推进农村产权流转交易,推动"资源变资产、农民变股民、资金变股金",增加财产性收入。加快推广"订单收购+分红""土地流转+优先雇用+社会保障""农民入股+保底收益+股份分红"等多种利益联结方式,让农民分享股权改革、加工、销售等各环节收益。2020年,潍坊农村居民可支配收入达到21651元,比"十二五"末增长45%,提前两年实现

比 2010 年翻一番的小康目标，城乡居民收入比为 1.99 : 1，首次降至"2"以内，远低于山东 2.33:1、全国 2.56:1 的水平，2021 年城乡居民收入比进一步下降为 1.94:1。

3. 壮大村级集体经济

潍坊大力实施村级集体经济发展三年行动计划，鼓励和支持各村立足村情实际，找准集体经济的项目源和增长点，探索不同发展路径，持续壮大村集体经济实力。逐村摸清集体经济的资源、资产、资金情况，建立集体经济台账，全面完成村集体经济清产核资、成员身份确认等基础性工作，实现底数清、利益清、产权清，农村集体资产达到 573 亿元。加强"三资"管理，推广启用农村三资管理平台，实行农村财务信息化管理，推广村级开支无现金结算、集体资金收支网络化、智能化等现金管理新做法，促进村级集体经济规范运行。探索"村社一体化"发展模式，把基层党组织、合作社和群众组织起来抱团融合发展，实现了土地、资金、人才等各种要素资源的优化配置，实现了优势互补、品牌共用、信息共享，实现了合作社与村级组织在组织领导、经营管理、利益分配的统一，建立起了更广泛、更紧密的利益联结纽带，合作社和村集体收入实现了双赢。2020 年底，消除了集体收入 5 万元以下的村，其中，79% 的村集体经济达到 10 万元以上，有 672 个达到 100 万元以上。

二、创新提升"三个模式"面临的挑战

四年多来，潍坊全市上下牢记习近平总书记的殷切期望，以强烈的责任感和使命担当，坚定扛起时代重任，在深化、拓展、创新、提升"三个模式"上实现了新的更大作为，赋予"三个模式"新内涵，在农业高质高效、农村宜居宜业、农民富裕富足方面取得了新成效、积累新经验，在乡村振兴的历史大考中交出了一份优异的"潍坊答卷"。但是对标乡村振兴"产业兴旺、生态宜居、乡风文明、治理有效、生活富裕"的总要求，对标《潍坊市

全面推进乡村振兴　加快实现农业农村现代化指标体系（试行）》提出的"到2025 年进入基本实现农业农村现代化阶段"和"到 2035 年进入全面实现农业农村现代化发展阶段"的中长期目标，潍坊离"农业强、农村美、农民富"的终极目标还有很大的差距，潍坊未来农业农村发展仍面临着一系列新旧交织的问题和挑战。

（一）农业高质高效发展的基础依然薄弱

从投入端看，农业投入要素不平衡、不充分的问题依然存在。根据《潍坊市第三次国土调查主要数据公报》，潍坊耕地总量 999.14 万亩，水浇地654.50 万亩，占 65.51%；旱地 344.63 万亩，占 34.49%，人均耕地 1.06 亩，低于全国人均 1.42 亩的水平。随着经济社会的快速发展，潍坊耕地和基本农田保护形势不容乐观。在今后相当长的时间内经济社会发展可能会继续占用耕地。而潍坊市土地开发程度较高，后备资源较少，可供开发为农用地的土地资源，特别是开发为耕地的土地资源已经很少，耕地和基本农田保护的压力越来越大，人地矛盾会更加凸显。耕地质量也不容乐观，潍坊土壤有机质含量偏低，农药和重金属污染还在一定范围内存在，土壤板结、土壤酸化和盐渍化、养分比例失调、病害加重等一系列问题短时间内难以缓解，持续提升土壤地力难度很大。农业水利设施薄弱，难以应对像 2021 年这样大规模的、持续时间长的自然灾害。施肥强度明显高于全国平均水平和国际公认的化肥安全施用上限。在农业科技方面，与农业现代化的要求相比，与发达国家的农业科技水平相比，潍坊在农业研发要素投入、科技成果及其转化等方面依然有较大差距，部分畜产品品种和蔬菜品种还依然受制于人，农业科技创新水平还有很大的提升空间。农业机械化水平发展不平衡、不充分的问题依然突出，经济作物、丘陵山地、储运烘烤等环节机械化水平偏低，"半截木头半截铁"在一些偏远的农村还是主要的生产工具。此外农民素质偏低、自然灾害多发、规模化经营程度和产业融合发展程度不高等问题依然不同程度地存在。

从产出端看，主要表现为供给数量不平衡，供给质量不充分。农产品阶段性供过于求和供给不足导致"猪周期""菜周期""果周期"反复出现，农产品价格不稳定挫伤农民生产积极性。供给质量不充分，农产品知名品牌数量偏少，品牌农产品占总量比重偏低。

（二）农村离宜居宜业还有较大差距

农村人居环境整治三年行动扭转了农村长期以来存在的脏乱差局面，村庄环境发生可喜变化，少数乡村基础设施齐全，公共服务完善，人居环境优美，已经达到"让城里人都羡慕"的"高级版"。但从总体上看，潍坊大多数乡村人居环境质量水平不高，还是"初级版"，存在区域发展不平衡、基本生活设施不完善、长效管护机制不健全等问题，与农业农村现代化要求和农民群众对美好生活的向往还有差距。在偏远农村，一些老房子因为无人居住、缺乏修缮而破败不堪，不仅影响了村容村貌，还带来安全隐患。农村道路特别是村内部道路技术标准低，建设、管理、养护资金不足，缺乏养护方面专业技术人员，管理养护的规范化专业化水平不高，离"四好农村路"还有一定差距。部分农民还没有养成良好的卫生习惯，少数村庄生活垃圾随处丢、处置不及时的现象还存在；绝大多数村庄生产垃圾没有统一收集和处理，基本上是露天堆放，自然分解，特别到了盛夏季节，恶臭难闻，严重污染环境。在推进农村"厕所革命"中，由于体制不顺、资金不足、服务对象不集中等问题，重建轻管，后续管理与服务没有完全跟上，影响厕所使用效果，有的甚至成为摆设。由于村庄原有规划建设不合理，房屋布局乱，断头胡同多，导致农村生活污水分布面广且分散，受处理技术、处理成本等因素影响，集中处理难度较大，集中处理率仅有41.5%，处理效果也不尽如人意。部分村庄自来水地下管道前期施工质量不高、后期维护跟不上，跑冒滴漏和冻裂现象依然存在。农村教育、医疗、文化等公共资源配置相对落后的状况并没有根本改善，燃气、取暖、物流等方面与城市相比、与农民对美好生活的需求还有较大差距。

（三）农民持续稳定增收存在不确定性

据相关地市 2021 年统计公报，潍坊农村居民人均可支配收入仅为 24007 元，在全省排第四位，低于青岛 26125 元、威海市 25692 元和烟台 24574 元的水平，在农村居民人均可支配收入 50 强城市排名中潍坊排在倒数第二位，这与潍坊作为一个农业大市的身份不相符。下一步潍坊农民持续稳定增收依然面临不确定性。从潍坊农民收入构成来看，工资性收入是农民收入的主要来源，但受疫情反复的影响，农民面临返乡留乡的困扰，外出务工出路受阻，工资性收入受到影响。经营性收入是农民增收的第二大来源，经营性收入要持续稳定增加需要"天时、地利、人和、价稳"，但农业抵御自然灾害能力有限、农业生产缺（好）地少水、农民从事农业生产经营积极性不高、农产品价格不稳定这些影响农民经营性收入的问题在未来一个时期难以根本改善，农业比较效益依然偏低，确保粮食和农产品的有效供给与农民增收协调起来还是一个难题。原来贫困地区农民收入中来源于政府的转移性收入增长很快，比重在不断提高，但对潍坊大多数农民来说，这部分收入已经基本上稳定，预后未来大幅度增加可能性不大。农村财产性收入虽然近年有所增加，但是到目前为止它在农民收入中所占的比重依然偏低，贡献很小。目前，农村大量的资源变成财富的通道尚未完全打通，农村资产很难变现，导致城乡之间人均财产净收入差距很大。

三、下一步创新提升"三个模式"的路径

新发展阶段，潍坊市进一步创新提升"三个模式"，必须全面学习、系统贯彻习近平总书记关于"三农"工作的重要论述和重要指示批示精神，坚持把解决好"三农"问题作为全党工作重中之重，锚定《潍坊市全面推进乡村振兴加快实现农业农村现代化指标体系》，出台过硬措施，明确阶段性目标，进行严格考核，唯有如此，才能推动全面推进乡村振兴取得新进展、农

业农村现代化迈出新步伐，打响"全国乡村振兴看山东、山东乡村振兴看潍坊"品牌。

（一）进一步提高科技创新能力，赋能农业高质量发展

以北京大学现代农业研究院、国家种业创新创业基地、农综区等各类创新平台和全国蔬菜质量标准中心、国家畜禽屠宰质量标准创新中心为"巢"，面向国内外引进聚集更多种业研发、农机装备、绿色高效、智慧农业等领域"高精尖缺"人才和创新团队，进一步加大农业科技创新投入力度，聚集更多优质创新资源，让"巧妇能为有米之炊"，大幅度提高潍坊农业科技进步贡献率。落实《潍坊市人民政府办公室关于加快推进现代种业创新发展的实施意见》，以建设"种业硅谷"为目标，深入实施农业良种工程和现代种业提升工程，在蔬菜育种、畜禽水产育种、小麦玉米育种、农副产品加工等领域攻克一批突破性关键核心技术，培育一批具有自主知识产权的高产、优质、高效、多抗的突破性品种，构建现代种业体系，为维护中国种子安全做出潍坊贡献。落实《全市智慧农业建设指导意见》，深度推进"互联网＋农业"，充分发挥农业大数据中心、大数据平台作用，实现农业大数据的互联互通，突破决策监控、先进作业装置及其控制器、传感器、基础件等关键核心技术，推动大数据、人工智能、5G、区块链等新兴技术与农业深度融合。推动农业机械化从粮食作物到经济作物、从耕种收等中间环节向事先事中环节、从平原地区向丘陵地区山地拓展，全过程、全地域、全品种提升机械化水平。围绕农业生态系统可持续发展，聚焦农业环境修复与资源高效利用，开展农田水土环境污染和土壤重金属污染的监测预警与综合防控技术、区域农业生态系统生物调控与修复技术等关键技术攻关，推动形成资源利用高效、生态系统稳定、产地环境良好、产品质量安全的农业生态格局。以发展预制菜产业、建设"中国预制菜产业第一城"为契机，完善农产品加工与质量安全技术，提升农产品附加值，保障农产品质量安全，提升产业融合发展规模和水平。

（二）进一步加快农业开放发展步伐，深度融入新发展格局

发挥潍坊农业在国内大循环中的基础优势和农业开放发展综合试验区在国内国际双循环中的先发优势，以国家农业开放发展综合试验区作为潍坊农业开放发展的"桥头堡"，充分利用国际、国内两个市场、两种资源，加大政策支持和制度创新力度，培育新发展优势，向更大范围、更宽领域、更深层次提升开放能级，加快推进"3+9+N"产业布局落地，扎实推动中国农创港、国际博览园等项目建设，推动形成更高水平的农业开放发展格局，实现高质量"引进来"和高水平"走出去"，为全国农业开放发展探索可复制的模式。推动开发区、县市区打造一批国内外农业产业合作项目，鼓励本地企业向外发展，积极融入"一带一路"、RCEP协定以及胶东经济圈、黄河流域、京津冀、长三角、粤港澳大湾区等区域发展战略，为探索形成国内大循环为主体、国内国际双循环相互促进的农业发展新格局贡献潍坊力量。

（三）实施乡村建设行动，打造宜居宜业家园

把乡村建设摆在农业农村现代化的重要位置。尽快出台县域国土空间规划，具备条件的规划全覆盖，明确村庄布局分类。继续把公共基础设施建设的重点放在农村，实施村庄基础设施改善工程，完善水、电、路、气、通信、广播电视、物流等基础设施，因地制宜实现供水入农房，推进燃气下乡，基础设施建设水平全面提升。开展农村人居环境整治提升五年行动，重点抓好改厕、污水治理、垃圾处理、村容村貌提升，因地制宜选择生活污水处理方式，进一步完善农村生活垃圾收运处置体系，全面建立管护长效机制，构建"桃花红、李花白、菜花黄"的自然景观，营造"莺儿啼、燕儿舞、蝶儿忙"的乡村生境。继续抓好农业面源污染防治，持续扎实推进化肥农药减量增效行动，大力推广农业废弃物资源化利用，发展高效节水农业，实现农业生产生态化。充分发挥新时代文明实践中心功能，弘扬社会主义核心价值观，提振农民群众的精气神。要健全乡村公共文化服务体系，实施效能提

升工程，盘活利用闲置农房提供公共活动空间，开展形式多样的群众文化活动，孕育农村社会良好风尚。

（四）继续深化农业农村改革，激发农村内生活力

抓好乡村振兴政策集成改革试点，进一步健全城乡融合发展机制，以完善产权制度和要素市场化配置为重点，坚决破除体制机制障碍，健全城乡融合发展机制，推动城乡要素平等交换、双向流动。落实好《关于进一步加强和规范农村集体资金、资产、资源管理工作的实施意见》，巩固扩大农村集体产权制度改革成果。推进农村宅基地"三权分置"改革，探索宅基地所有权、资格权、使用权"三权分置"有效实现形式，唤醒更多"沉睡的资源"。大力推进"村社一体化"新型农村集体经济组织建设。加快培育家庭农场和农民合作社两类新型农业经营主体，健全农业专业化社会化服务体系，发展多种形式适度规模经营，培育更多农业农村现代化的"精兵""强将"。

（五）进一步健全乡村治理体系，提升基层治理能力

健全党组织领导的自治、法治、德治相结合的乡村治理体系。要强化农村基层党组织建设，重点突出农村基层党组织领导核心地位，推动基层党员队伍建设，在乡村创新开展"听党话、感党恩、跟党走"宣传教育活动，持续排查整顿软弱涣散村党组织，把农村基层党组织建设成为坚强战斗堡垒，全面激活农村基层党组织活力。要选出"领头雁"、选准带头人，强化对村干部的监督考核，减轻村级组织负担。要坚持法治为本，树立依法治理理念，加强农村法治宣传教育，构建一站式多元化矛盾纠纷化解机制，常态化开展扫黑除恶专项斗争，深入推进平安乡村建设，维护好农村社会稳定局面。要强化道德教化作用，加强乡村德治建设，培养健康社会心态，提升乡村德治水平。

（六）进一步拓宽农民增收渠道，促进城乡共同富裕

精准确定监测对象，强化监测帮扶责任落实，推动脱贫人口更多依靠发

展来巩固拓展脱贫攻坚成果,让脱贫群众生活更上一层楼,坚决守住不发生规模性返贫底线。通过发展特色农业与品牌农业、推进三产融合、加强就业培训、发展壮大农村集体经济,深化农村宅基地和集体建设用地改革、加快土地流转等方式拓宽农民增收渠道,在增加农民家庭经营性收入、工资性收入和财产性收入上做足文章。充分发挥现代农业示范园(区)、潍坊职业农民学院、潍坊乡村电商学院等平台的作用,加快农业科技成果培育及转化,加快农村实用型人才培训,培育壮大新型农民队伍,提升农民增收致富本领,促进小农户与现代农业有机衔接。

(编审:李国江)

济宁市打造乡村振兴齐鲁样板
引领区研究报告

孙国良　　管馨

2020 年 12 月，习近平总书记在中央农村工作会议上指出："全党务必充分认识新发展阶段做好'三农'工作的重要性和紧迫性，坚持把解决好'三农'问题作为全党工作重中之重，举全党全社会之力推动乡村振兴，促进农业高质高效、乡村宜居宜业、农民富裕富足。"① 济宁市委市政府深刻认识全面推进乡村振兴这一历史性转移的重大意义，将坚持农业农村优先发展作为推进全市现代化建设的一项重大原则，以打造乡村振兴齐鲁样板引领区为目标，以实施"乡村振兴三年行动计划"为统领，以高质量发展和竞争力提升为主线，积极探索适合济宁市全面推进乡村振兴的路径与模式。

一、济宁市全面实施乡村振兴战略取得的成就

济宁是全国重要的粮棉油生产加工基地、特色农产品种植基地、淡水鱼养殖基地和名优畜牧品种繁育基地，耕地面积 902.7 万亩，约占全省总耕地面积的 8%；淡水资源 46 亿立方，占全省的 1/6。粮食产量常年稳定在 95 亿斤以上，约占全省总产量的 9%；淡水渔业产量占全省的 1/4；禽蛋产量占全省的 1/6。2021 年前三季度，全市农林牧渔业总产值 756.5 亿元、同比增长 8.9%，农村居民人均可支配收入 16199 元，增长 12.2%。

---

① 《习近平谈治国理政》第四卷，外文出版社 2022 年版，第 195 页。

（一）全面推进乡村振兴的政策体系初步构建

2021年初，济宁市委市政府对"三农"领域重点工作进行集中安排部署，制定印发了市委一号文件《全面推进乡村振兴加快农业农村现代化的实施意见》《实现巩固拓展脱贫攻坚成果同乡村振兴有效衔接的实施意见》等政策文件，全面建立了乡村振兴的规划框架、推进机制、示范体系。为实现巩固拓展脱贫攻坚成果同乡村振兴有效衔接，加大衔接资金投入做强特色产业，出台了《关于进一步加强扶贫资产管理工作的意见》，印发了《"解忧暖心传党恩"行动实施方案》以加强农村低收入人口常态化帮扶；为进一步完善耕地保护政策体系，强化各级政府耕地保护主体责任，印发了《济宁市耕地和永久基本农田保护"田长制"工作方案》《济宁市耕地保护激励办法》；为防止耕地非粮化，严格落实粮食安全行政首长负责制，研究制定了《防止耕地非粮化促进粮食稳产提质增效的意见》，将1077万亩、483万吨的粮食生产任务分解到各县市区；为支持种业发展壮大，制定了《济宁市加快推进现代种业创新发展实施意见》；为开展农村人居环境整治，出台《济宁市农村人居环境整治分类管理办法》，下发了《农村生活垃圾分类试点方案》《关于严格规范村庄撤并工作的若干措施》；为培育壮大新型经营主体，制定出台《支持新型经营主体高质量发展的若干措施》《济宁市村党组织领办合作社的实施意见》；为创新农业投融资政策，制定实施了《济宁市农业产业化龙头企业融资担保工作暂行办法》；为解决大操大办、高额彩礼、低俗婚闹等问题，制定了《2021年济宁市深化移风易俗实施方案》；为开展农业面源污染防治，出台了《济宁市稻田退水治理工作方案（2021—2025年）》；为发挥乡镇连接城市、服务乡村的作用，制定了《济宁市精致城镇创建实施方案》《济宁市镇村生活圈配置导则》等政策。济宁市一系列关于农业农村政策规划的出台，初步构建起了全面推进乡村振兴的"四梁八柱"。

（二）形成全面推进乡村振兴的领导体制和工作机制

济宁市委高度重视对乡村振兴的组织领导和工作机制。在市委农办统筹下，设立产业、人才、生态、文化、组织 5 个工作专班，分别由市农业农村局、市人社局、市生态环境局、市委宣传部、市委组织部 5 个部门牵头，将全面推进乡村振兴的重点任务落实落地。2021 年初济宁市制定了乡村振兴"十大三年行动计划"的实施方案，以乡村振兴示范创建为抓手，确定了实施农业高质量发展、农村重点领域改革、人居环境整治、乡村振兴示范创建、精致城镇建设、水利设施重点项目建设、国土绿化 7 项分行动。评审出一批市级精致城镇；农村人居环境整治持续推进，美丽乡村加快建设；农村改革集中抓好土地流转、土地托管，村集体经济发展加速推进；邹城市大束镇大洪沟民宿村、鱼台县王鲁镇江北米市及惠河湿地等 13 个挂图项目和 11 个重点片区项目取得明显成效，有力推进了农业农村现代化和乡村振兴工作。

（三）坚持"全域、全面、全覆盖"，乡村振兴取得显著成就

1. 乡村产业振兴创出新路径

济宁市深入实施"藏粮于地、藏粮于技"战略，全面启动 85.7 万亩高标准农田建设项目，2021 年新建成高标准农田 58 万亩，已累计建成高标准农田 630 万亩。2021 年全市粮食播种面积 1079.55 万亩、增 0.38%，单产450.94 公斤/亩、增加 2.04 公斤，总产 486.81 万吨、增 0.83%，呈现"三增"趋势、实现 20 连丰。发展稻藕渔综合种养 23 万亩，年产蔬菜和食用菌 800万吨。大力实施农业生物育种重大科技项目，2021 年嘉祥大豆、兖州小麦成功获批"国家制种大县"，连续 5 年获国家奖励资金 3 亿。聚焦创新按揭农业（畜牧业）模式，引导龙头企业与合作社、农户结成利益共同体，创新农业项目建设投融资方式，积极推动按揭农业发展。全市谋划按揭农业项目 25 个，总投资 36.25 亿元，曲阜鑫军肉牛标准化养殖、邹城中心店镇草莓小

镇等 24 个项目已开工建设，按揭农户达到 374 户。大力实施"质量兴农品牌强农"战略，取得全国第三批国家农产品质量安全市创建资格。泗水地瓜、微山湖大闸蟹等 5 个区域公用品牌和 39 家企业品牌纳入省级知名品牌名录、居全省第 3 位，认证"三品一标"农产品 702 个，"济宁礼飨"荣登中国区域农业品牌影响力全国第 4 名。聚焦打造现代农业发展平台，金乡大蒜、嘉祥大豆先后获批"国家现代农业产业园"，每县获得国家奖励资金 1 亿。梁山县、嘉祥县入选"国家级沿黄肉牛产业集群"支持范围，每年获得资金 6000 万。注重培育壮大新型经营主体，截至 2021 年底，全市共有社会化服务组织 7425 家、农民合作社 2 万家、家庭农场 3.2 万家，其中市级以上示范社（场）950 家，涌现出济宁大粮农业服务有限公司、泗水县为民种植合作社、兖州区向阳花家庭农场等一批带农增收先进典型。市级以上农业龙头企业 728 家，其中 7 家企业纳入省、市级上市后备企业库，18 家企业入选"2020 中国农业企业 500 强榜单"。开展农机装备自主研发应用，全市农机总动力达到 952 万千瓦，农作物耕种收综合机械化水平达到 88%，高于全国平均水平 17 个百分点。

2. 乡村人才振兴迈出新步伐

济宁市实施金融人才助农工程，从银行系统选派 156 名金融干部挂职乡镇副镇长，2021 年对接新型经营主体、乡村好青年 5900 家、新增授信 90 亿元。在全省率先开展"乡村振兴合伙人"试点，2021 年新发布合作项目 122 个、成功招募合伙人 91 人。全市累计创建创新创业平台 489 家，其中国家级创业平台 72 家，省级创业平台 285 家。汶上县华儒创业孵化基地获国家级众创空间荣誉称号，已累计引进入孵企业 236 家，"四上"和"省十强"企业 13 余家，建设博士后工作站 1 处，培育泰山领军人才 2 人，国家千人计划特聘专家 1 人，2020 年实现线上销售收入达 10 亿元，带动线下交易额超 20 亿元。大力开展高素质农民培训，2021 年累计完成省市级高素质农民培训 3429 人。选树"村村都有好青年"2936 人。事业单位"优才计划"和公开招聘进一步向乡镇等基层倾斜，累计为乡镇事业单位发布引才计划 2404 个；组织圣景农业等 56 家涉农企业参加"名校人才直通车"招聘活动，引进大学生 1968 人。每年面向农村转移劳动力开展职业技能培训 5 万余人次。依托"济宁基层名医"人才工程，每年评选 25 名基层名医，每人每年享受 6000 元市政府津贴。通过实施乡镇专业技术人才"直评直聘"制度，5811 名乡镇基层专业技术人员享受"直评"政策。推广基层职称"定向评价、定向使用"，允许乡镇基层事业单位按规定设置正高级岗位，逐步提高中高级岗位结构比例。推动干部力量下沉基层，持续助力乡村振兴，2021 年共选派新一轮第一书记 1554 名，其中省派第一书记 72 人、市派 247 人、县派1235 人，成立 46 个第一书记服务队。

3. 乡村文化振兴彰显新特色

充分发挥济宁文化资源独特优势，深入挖掘优秀传统文化时代价值，创新打造蒲公英夜讲堂、儒学讲堂、幸福食堂、雏鹰课堂、结婚礼堂"五堂"模式助推文明实践走深做实。2021 年，全市共开展"蒲公英夜讲堂"1.3 万余场，打造儒学讲堂 4044 个，开展儒学宣讲 4.9 万余场、受益群众 160 万人次。建成"幸福食堂"214 个，惠及 5970 名老年人。组建"雏鹰课堂"志愿服务队 58 支、招募志愿者 560 余人，为 3000 余名儿童提供寒暑假及放学后的课业辅导服务。全市已建成"结婚礼堂"53 处，成为移风易俗、喜事新办、喜事简办的新阵地。济宁市村级综合文化服务中心建成率达 100%，全市建成村（社区）综合文化服务中心 5930 个，村级综治中心建成达标率100%。深入开展"服务基层、服务农民"活动，广泛开展"千场大戏进农村"文化惠民演出，2021 年完成送戏下乡演出 21305 场次，实现行政村全覆盖。

4. 乡村生态振兴取得新成效

济宁市持续开展人居环境分类整治。2021 年 9 月，济宁改厕经验在全省会议推广。全市共改造农村厕所 106 万户，占全省改厕量的 1/10。2021年农村无害化卫生厕所普及率 94%，农村生活垃圾无害化处理的行政村覆盖率已达到 100%。高度重视农村生活污水治理工作，联合与山东公用集团2021 年新增投资 23.15 亿元新建 900 处农村生活污水处理站，并成功探索出

"特许经营＋城乡一体"模式。加大农业生产废弃物综合利用，全市农作物秸秆综合利用率达到97%以上，畜禽粪污资源化综合利用率达到94.97%，梁山、泗水获批国家级绿色种养循环农业试点，鱼台入选国家级农业面源污染治理与监督指导试点。扎实推动四好农村路建设，2021年全市农村公路通车里程1.94万公里，行政村通硬化路达100%。通过"广泛宣传、带头创建、包保联户"，形成示范带动效应，同步启动市县乡村四级"十佳精品庭院"评选，全市共创建美丽庭院17.85万户，建成率24.8%。

5. 乡村组织振兴增添新活力

济宁市全面加强农村基层党建工作，2021年上半年完成村两委换届，各项指标均达到或高于省定要求，村书记、主任"一肩挑"比例达到98.8%，交叉任职比例达到43.56%。抓住村"两委"换届契机，选优配强村党组织书记，接续启动村书记分类培训。选聘1055名优秀村书记担任乡镇党委"特聘组织员"，大力发展村集体经济。截至2021年底，全市集体经济收入10万元以上村占比达到100%，50万元以上村占比26.4%、比2020年同期提高12.8个百分点，100万元以上的村223个、占5.5%。组织开展建制优化村融合提升行动，研究制定村庄五年发展规划和年度工作计划。定期组织村务公开"民主日"活动，统筹推进村务公开、村级重大事项"四议两公开"等工作。2021年全市共组织4034个行政村开展了8068次村务公开民主日活动，参加现场述职、答复的村两委干部共计1.7万余名，解决村民实际问题3.2万余件，有效拉近了基层干部与农民群众的距离。曲阜市已通过"国家级乡村治理试点县"中期验收，《曲阜实施党建＋引航工程构建六位一体乡村治理格局》入选全国乡村治理典型案例。

6. 农村服务保障得到新改善

大力破解资金瓶颈，2021年济宁市土地出让收入用于农业农村的比例提高到6%以上。创新实施农业龙头企业融资担保政策，将农业信贷担保贷款的最高限额提高到1000万元，市财政给予担保费补贴、利息补贴和风险补偿。2021年对新型农业经营主体的110个融资项目进行支持，贷款总额达到35.7亿元。优先保障土地要素，全面启动63个乡镇国土空间规划编制，组织编制130个行政村的村庄规划。推进城乡建设用地增减挂钩工作，节余指标2076亩，有效缓解了乡村重点产业项目等用地需求。积极探索实施农村集体经营性建设用地入市制度，泗水县圣水峪镇毛沃村1宗9.41亩集体经营性建设用地成功入市交易、拍出736万元，竞拍所得一半资金用于村集体经济发展。持续深化改革，盘活用好农村土地资源，汶上县获批全国农村宅基地改革试点县；积极推进土地托管服务，促进小农户与现代农业有机衔接，全市流转土地472.9万亩、流转率60%。

二、济宁市全面推进乡村振兴的经验做法

（一）坚持示范引领、典型带动，探索乡村振兴新路径

1.着力抓好示范创建

坚持三级联创、梯次推进，从"点线片面"四个层面，着力推进乡村振兴示范创建。点上重点抓好200个省市级美丽乡村示范村建设；线上重点抓好大运河、泗河、洸府河3条乡村振兴示范带建设；片上着力南四湖区、东部山区3大重点片区；面上分类推进省乡村振兴"十百千"和市乡村振兴示范工程。截至2021年底，全市已创建省级乡村振兴示范县2个，示范乡镇15个，省市级示范片区24个，县级示范片区21个，建成省市级美丽乡村示范村600个。金乡鱼山街道、邹城大束镇、泗水圣水峪镇龙湾湖等3大片区被评为省级乡村振兴示范区。

2.合理攻坚挂图项目

坚持倒排工期、挂图作战，合力攻坚重点项目。2021年全市共实施挂图作战项目13个，计划总投资11.15亿元。截至10月底，累计完成投资10.17亿元，占比91.21%。其中邹城市大束镇乡村振兴示范片区提升项目、嘉祥县纸坊镇乡村振兴示范片区提升项目、鱼台县王鲁镇乡村振兴示范片区

提升项目 3 个项目提前或基本完成全面任务目标。在全市挂图作战项目观摩评比中兖州牛楼小镇田园综合体项目和高新区黄淮海花果蔬小镇项目分别获得季度红旗和月度红旗。

3. 培树推广示范典型

在省级层面总结推出了金乡加快大蒜全产业链发展、梁山菱花集团发展循环经济、邹城张庄镇推进美丽乡村建设、鱼台王鲁镇推广稻虾生态种养、曲阜打造"和为贵"品牌推进全域乡村善治等 7 个乡村振兴典型。在市级层面，开辟《乡村振兴在行动》和《济宁农业》电视专栏，设立"济宁乡村振兴工作"微信公众号，多种形式广泛宣传乡村振兴进展与成效。

（二）坚持因地制宜、重点发力，打造乡村振兴新优势

1. 发展壮大特色优势产业

济宁市编制实施农业特色产业集群"6 个 1"工程方案，全面启动百千万农业基地培育三年行动计划，着力调整产业结构，培植产业集群，打造质量品牌，全面推行主导产业链长制，着力打造金乡大蒜、梁山鲁西黄牛、汶上芦花鸡、微山渔湖产品等产值过亿优势产业集群。深入推进三产融合，积极争创省级现代农业强县，形成带动县域产业发展核心区，打造产业发展新高地。2021 年共争取现代农业产业园、沿黄肉牛产业集群、制种大县、农业产业强镇等国家级产业项目 9 个，累计争取上级资金 15.24 亿元。全市省级以上现代农业产业园达到 8 个，产业强镇 21 个。

2. 因地制宜推进乡村建设

深入推进农村人居环境整治，按照示范村、达标村、整治村三类标准分类推进。2021 年全市已完成农村黑臭水体治理 558 个，占总任务数 100%；新建农村生活污水处理站 900 处。深入开展农村畜禽粪物治理利用工作，全市畜禽粪物处理设施配套率达 96% 以上，粪物综合利用率达到 93%。农村改厕和垃圾分类工作深入推进，县级农村改厕信息系统全部投入使用，初步建立了稳定长效的管护机制。农村清洁取暖改造开工 15.13 户，开工率达

100%，完成水质提质任务村 119 个，占年度计划的 66.5%；新改建 10 千伏线路 179 千米，新装更换变压设备 57 台，低压线路 19 千米；完成春季造林绿化 4.16 万亩，新建提升农田林网 6.75 万亩；完成村庄绿化 823 个。推广市县结对共建医联体模式，提升县级医院、乡镇卫生院、村级卫生室三级诊疗水平。全市争取省级美丽乡村示范村创建指标 46 个，落实中央财政补助资金 1315 万元。根据中央和省要求部署，严格按照文件要求实施村庄撤并工作，2021 年对微山县、鱼台县的 2 个整村、非整村政策性村庄撤并项目立项批复，批复总规模 337 亩，安置用地 257 亩。

3. 大力发展村级集体经济

2021 年济宁市财政列支 2450 万大力支持村领办合作社开展土地流转、农机服务、发展现代高效农业、物业经济等。近年来，持续探索村党组织领办合作社联盟模式促进村集体和村民"双增收"，当前村级党组织领办合作社 2996 家，组建合作社联盟 14 个，建立联盟产业基地 202 个。鱼台县王庙镇周堂村充分发挥党支部的引领作用，统一进行土地流转，采取"党支部 + 土地合作社 + 农户"形式，成立了周堂村土地合作社，农户除每年每亩获得 800 元保底收入外，合作社每流转一亩地村集体可增收 100 元，目前全村流转土地 500 亩，促进村集体增收 5 万元。

（三）坚持强化服务、创新驱动，激发乡村振兴新动能

1. 优先保障支农资金投入机制

在财政预算上对乡村振兴给予优先保障和倾斜支持，2021 年全市一般公共预算农林水支出 73.9 万元，比 2020 年同期增长 3.9%。推动市级涉农资金统筹整合，设立市级乡村振兴重大专项资金，确定专项扶贫、村级组织运转保障、重点水利工程建设、下派帮扶、城乡环卫一体化 5 个约束性任务，确保财政保障重点领域，有效促进乡村振兴。创新支农资金引导机制，切实解决农业农村融资难、融资贵、融资繁问题。抢抓"鲁担惠农贷"政策机遇，为新型经营主体提供农业信贷担保政策，截至 2021 年 10 月底，全市

"鲁担惠农贷"当年新增担保、在保、累保规模分别达到 44 亿元、50 亿元、73 亿元，均居全省前三名。

2.加大农村配套改革推进力度

加强农村产权流转交易市场建设。截至 2021 年 10 月底，济宁市邹城、嘉祥、金乡、高新、曲阜、任城、太白湖新区 7 个县市区揭牌建立了县级农村综合产权交易中心，交易中心累计完成产权流转 8282 笔、交易金额 27.2 亿元。其中，邹城市获批"全国第二批农村集体产权制度改革试点市、省农村集体资产股权质押贷款和集体资产股权有偿退出试点市"。启动农村改革试点，泗水县入选全省乡村振兴政策集成改革试点县，龙湾湖片区"明确投资主体、理清产权边界、创新农业农村投融资机制"入选全省典型案例。曲阜市、嘉祥县获评"全国农民合作社质量提升试点县"，引领全市农民合作社高质量、可持续发展。优先保障乡村产业和建设用地。

3.加强科技创新赋能乡村振兴

加强农业种质资源保护开发利用。鲁西黄牛、小尾寒羊、济宁青山羊、泗水裘皮羊、微山麻鸭等 9 个品种被列入国家级、省级畜禽遗传资源保护名录，9 大品种全部建有省级以上畜禽遗传资源保种场。全面开展畜禽遗传资源普查，已填报 22 个畜种、142 个品种、418 万头畜禽群体数量、进度居全省第 2 位。在微山县建立了青虾、乌鳢、桃花水母国家级种质资源保护区。全市种植业共完成任城野绿豆、兖州干辣椒、曲阜香稻等种质资源征集 325 个。实施大中型灌区续建配套和现代化改造。成立了水务基础设施建设指挥部，加快实施农村坑塘治理、农田排灌渠系治理、河道治理等六大类重点水利工程，主汛期前各类工程已完成主体工程，已完成工程验收，实现了夏季秋季安全度汛。

三、济宁市全面推进乡村振兴中面临的挑战

近年来，济宁市虽然在乡村振兴工作中工作有力、成效显著，但与党中

央的要求相比，与"走在前列""打造乡村振兴的齐鲁样板"济宁示范区的目标相比，与广东、江苏、浙江等先进地区相比，仍然存在很大差距。乡村振兴是一场深刻革命，是城乡关系的深刻变革，是生产方式的巨大转变，是生活方式、价值观念、治理模式、体制机制的根本性变化。实现全面乡村振兴，济宁遇到的挑战是全方位的，必须直接面对并逐步解决。

（一）城镇化辐射带动能力不足

乡村振兴与城市发展相互支撑，在工业化城镇化初始阶段，农业支持工业、乡村支持城市具有普遍性；进入新世纪以来，我国进入了以工促农、以城带乡的发展阶段，为此党的十六大提出"统筹城乡经济社会发展"，十八大提出"推动城乡发展一体化"，十九大提出"健全城乡融合发展体制机制和政策体系"。济宁和发达地区的最大差距就是工业化和城镇化的差距，农村没有获得足够多的二三产业发展收益，没有享受到城镇化发展的红利。

在长三角和珠三角，农村工业化和城镇化基本完成，产业形态从以农业为主变为以二、三产业为主，吸引了大量外地就业人口。反观济宁，一半以上的村庄没有企业或只有小型企业，常住人口以老人为主。2020年，济宁市城镇化率60.1%，山东省为63%，全国为63.89%，而浙江达到72.17%。一二三产业结构为11.7∶39.2∶49.1，山东省为7.3∶39.1∶53.6；全国为7.7∶37.8∶54.5；而浙江为3.3∶40.9∶55.8。济宁市人均GDP为53773元，山东省72619元，全国72447元，浙江省为100620元。农村居民人均可支配收入18653元，山东省18753元，全国17131元，而浙江达到31930元。

表1　2020年济宁市、山东省与浙江省农村常住居民收入对比

	济宁市	山东省	浙江省
农村人均可支配收入（元）	18653	18753	31930
工资性收入（元）	12355	7591	19510
经营净收入（元）	5198	8095	7601

续表

	济宁市	山东省	浙江省
财产净收入（元）	173	485	949
转移净收入（元）	927	2582	3871
人均生活消费支出（元）	11576	12660	21555

资料来源：根据 2020 年山东省、浙江省和济宁市统计年鉴综合整理。

（二）农村发展区域不平衡

1. 各县区发展不平衡，农业也不平衡

济宁市城镇化和二三产业发展最好的是任城区、兖州区和邹城市，但农业并不发达。农业发达的县区是金乡县、微山县、梁山县。因此，呈现一个奇怪的现象，发达的任城区、兖州区和邹城市农业水平并不算先进，农业发达的金乡、梁山、微山二三产业反而相对落后。从城镇化的角度看，2020 年，任城区 78.91%、兖州区 78.83%、高新区 85.16%、太白湖区 82.56%，基本完成城镇化，而鱼台 43.11%，嘉祥 42.66%，泗水 42.77%，梁山 42.26%，城镇化水平严重不足，这也是其人均可支配收入落后的根本原因。

表2　2020 年济宁市县市区人均可支配收入、农林牧渔及
服务业产值和城镇化率情况

县（市区）	人均可支配收入（元）			农林牧渔及服务业产值（亿元）	城镇化率（%）
	全体居民	城镇居民	农村居民		
济宁市	29261	38368	18653	999.52	60.09
任城区	39657	43620	19156	73.13	78.91
兖州区	35981	42712	20858	64.03	78.83
微山县	26607	34398	18235	102.66	52.93
鱼台县	23163	32887	17702	87.59	43.11

续表

县（市区）	人均可支配收入（元）			农林牧渔及服务业产值（亿元）	城镇化率（%）
	全体居民	城镇居民	农村居民		
金乡县	26443	34906	19049	123.75	60.27
嘉祥县	23541	33265	17918	83.25	42.66
汶上县	24586	33264	18013	83.16	55.93
泗水县	20332	27815	14525	89.54	43.77
梁山县	23698	32722	17484	114.74	42.26
曲阜市	27670	33725	18240	54.55	63.59
邹城市	31857	40261	19714	123.11	64.80

资料来源：2020 年济宁统计年鉴、济宁市统计局。

2.农村基础设施和基本公共服务发展不均衡

经济条件较好、上级扶持较大的示范村与普通村存在明显差距。两者间的差异主要体现在自然经济因素、领导班子工作能力以及上级投入等。2017年以来，济宁市每年遴选一批村庄开展市级美丽乡村示范村创建工作，多数县区集中财力全力打造样板村，示范村水、煤气、暖气、排污、厕所改造、外墙粉刷、宣传标语、街边绿化、坑塘治理、文化广场、党建活动样样齐全。相较之下，对普通村投入较小，落后村则更小。整体上看，示范村、普通村、落后村的数量大致比例2：5：3。

（三）农业农村发展受资源环境限制

1.采煤塌陷地影响深远

济宁市累计探明煤炭储量151.1亿吨，是国家十三个大型煤炭基地之一。截至2018年底，全市采煤塌陷地为73.61万亩，其中，常年积水区20.73万亩、季节性积水区6.38万亩。2020年后逐渐进入资源开采后期，资源存量逐步枯竭，土地塌陷大规模持续扩大。塌陷地土地流失、土壤沙化，肥力下降，部分区域常年积水，田间排灌、道路、电力等基础设施也遭受不同程度的破坏，农作物大面积减产、绝产。

2. 农业绿色发展任务艰巨

农业生产中的塑料回收率低，农药、化肥带来污染，还未引起足够重视，导致绿色农业和有机农业占比较低。秸秆综合利用技术推广成本高、市场主体活力不足，秸秆禁烧管控压力大。土壤和地下水污染防治技术的投入严重不足，缺乏支撑力量。少数企业存在无组织排放、原辅料和工业固废堆存、有毒有害物质跑冒滴漏、畜禽养殖粪污处理处置设施建设运行不规范等现象。农业农村绿色发展现代化技术手段应用不足，生态环境监测网络不完善，基层环境监管能力严重不足。

（四）农业科技创新能力亟待增强

济宁市农业研发能力较弱，研发队伍相对薄弱，缺少省级领军人物，更缺少国家级领军人才及农业领域高水平科研院所，涉农企业研发投入较少。科研水平较低导致济宁市农业发展始终限制在价值链的相对低端。尽管"全球大蒜看中国，全国大蒜看金乡"名声在外，但长期种植造成的病害问题日益严重。大蒜质量和产量逐渐落后于其他产区，深加工研发薄弱，投入小，功效较差；大蒜机械化种植还没有根本突破。微山湖渔业发展与生态保护之间的矛盾没有从技术层面得到破解。鲁西黄牛、青山羊的选种与培育没有攻关，难以实现规模养殖。

（五）农村宅基地空置率不断升高

2020 年，全市 602.1 万农村户籍人口，常住人口 333.6 万人，近半数为 60 岁以上的老人。外出务工群体长期定居在城镇，仅仅在节假日返乡，有甚者几年不回家，农村宅院年久失修，空置率不断增高，离城越远空置率越高。有的村庄三分之二以上房屋长期无人居住，残垣断壁、荒草丛生。偏远的拆迁安置社区入住率低，只有三分之一左右。由于分户管理不严和继承问题，一户多宅现象突出，笔者调查的一个村，485户有681套住宅。

（六）农村普遍存在人才匮乏问题

农村劳动力结构发生显著变化，农业劳动力逐年减少，农业兼业化日益明显。吸引人才回乡创业政策乏力，各领域人才去农村兴业创业的积极性不高。乡村干部带动乡村振兴能力需要加强，谋划工作仍需解放思想，外出培训少、考察少。事业单位缺少优秀人才，学校缺少足够优秀的老师，医院也缺少足够优秀的医生。

（七）因地制宜传承乡土文化不力

济宁市乡村文化振兴尚处在起步阶段，如文化大院、文化广场、农家书屋、广场舞、文化下乡简单化、形式化，浮于表层，缺乏实用性，文化根基没有嵌入生产生活、走入内心。农村依然存在不少陋习，人情攀比、高额彩礼、厚葬薄养、铺张浪费、封建迷信等现象。致使农村老人生活处在较低层次，也客观吸干了农村发展的血液。缺乏既能紧跟时代、解决现实问题，又能深入人心，润物于无声之处且参与性强的群众活动与文化产品。

（八）乡村治理缺少统一规划协作

在领导规划层面，一些干部就乡村振兴谈乡村振兴，就农村谈农村，就农业谈农业，就本地谈本地，缺少城乡统筹和城乡融合发展意识，缺少县域和市域规划意识。在实际运作层面，乡村振兴齐鲁样板村、美丽乡村、美丽宜居乡村、"十百千"工程、"百园千镇万村"等分属不同部门管理，内容交叉重叠。农村人居环境整治、道路建设、危房改造、改厕、改水、改校、改暖、改电等任务割裂、分散、碎片化，造成巨大损耗。工作中存在形式主义，不少改造项目投入巨大，但农民进城后并无实际需要。各种职能部门的检查、考核严重分散了基层干部的精力。

（九）基层党组织建设有待加强

济宁农村基层党组织有很强的战斗力，但与中央要求比还有不小的差距。不少党建流于形式，拍拍照片就当干了，应付检查。村领导班子学习少、培训少、外出考察少、思路办法少，对一二三产业的融合发展认识不足，对新型农业经营主体的培育不够，对市场的把握能力较低，对调动农民自主性积极性缺少清晰思路。

四、打造乡村振兴齐鲁样板济宁引领区的对策建议

打造乡村振兴齐鲁样板引领区，实现农业强、农村美、农民富，济宁还需要付出艰苦努力。

（一）推进城乡融合发展，统筹规划布局产业结构

城乡融合发展是乡村振兴的主基调。当前要通过建立城乡融合的体制机制，形成以工促农、以城带乡、工农互惠、城乡一体的新型工农城乡关系。济宁市经济发展的核心重点是，大力推进济兖邹曲嘉连片建设，形成相互支撑的产业和城区分工合作体系，力争十年内济兖邹曲嘉中心片区集中60%—70%以上的济宁人口和生产总值。2020年，济宁市常住人口835.79万人，城镇化率60.09%。其中中心片区320.32万（任城84.87万、兖州42.62万、曲阜39.55万、邹城75.59万、嘉祥29.87万、高新区28.50万、太白湖14.02万、经开区5.32万）。如果城镇化率达到80%，济宁市可转移农村人口大约160万，而济兖邹曲嘉的组群结构相对分散，还没有构建成大城市形状，因此，需要抓住时机，把可转移农村人口向中心区集中，把中间带填充起来，形成相互支撑。

表3 2020年济宁市县（市区）常住人口情况

县（市区）	总人口（万人）	城镇人口（万人）	城镇化率（%）
济宁市	835.79	502.22	60.09%
任城区	107.56	84.87	78.91%
兖州区	54.07	42.62	78.83%
曲阜市	62.20	39.55	63.59%
邹城市	116.66	75.59	64.80%
济宁高新区	33.46	28.50	85.18%
太白湖新区	16.98	14.02	82.56%
济宁经开区	11.99	5.32	44.37%
嘉祥县	70.01	29.87	42.66%
微山县	61.34	32.47	52.93%
鱼台县	42.00	18.11	43.11%
金乡县	63.41	38.22	60.27%
汶上县	68.75	38.45	55.93%
泗水县	54.29	23.76	43.77%
梁山县	73.07	30.87	42.26%

资料来源：2020年济宁统计年鉴、济宁市统计局。

（二）夯实粮食生产基础，加强乡村振兴示范区建设

1.坚持用工业化、商业化思维发展农业

促进农村一二三产业融合发展，实现粮食产业纵向和横向的融合，大力推进农工融合、农商融合、农旅融合等多种融合发展模式，把粮食生产与农产品加工、流通和农业休闲旅游融合起来发展，着力打造集生产、加工、展销等于一体的全产业链大融合体。培育壮大农业产业化龙头企业，促进生产要素向优势企业集聚。加大知名品牌的宣传推荐力度，鼓励企业积极引入"互联网＋"模式，促进线上线下融合发展，提升品牌营销能力和产品市场竞争力。充分利用各种政策和项目资金支持龙头企业打造全产业链，实现规

模化、标准化生产，增加绿色有机农产品供给。深入挖掘发挥农业种植的休闲旅游、文化传承、生态保护等多重功能，充分展现耕作文化、饮食文化、民俗文化、民间文化、古建筑文化、农产品文化、生活器具文化、遗址文化、农村自然环境文化等。

2. 片区化打造乡村振兴示范点

充分发挥农业产业发展平台要素集聚、示范引导作用，加快推进农业产业集群、现代农业产业园、产业强镇、田园综合体一体发展，积极争创省级现代农业强县，形成带动县域产业发展的核心区，打造产业发展新高地。从2021年开始，每年新建10个乡村振兴示范片区、200个省市级美丽乡村示范村，到2023年建成省市级乡村振兴示范片区40个以上，省市级美丽乡村示范村1000个以上，形成运河带、泗河带、洸府河带"三带"协同，东部山区、微山湖区、黄河滩区"三区"同建，示范带、示范区、示范村梯次推进的乡村振兴发展格局。

（三）加强农村生态文明建设，构建绿色美丽乡村

1. 严格实施耕地保护制度，保障粮食安全

保障粮食安全，把中国人的饭碗牢牢端在自己手中，是农业现代化的核心任务。严格落实山东省国土资源厅下达的耕地保有量、基本农田保护面积和建设用地总规模3项约束指标，按照基本农田数量基本稳定、质量有提高的原则，守好耕地红线。强化数字赋能，综合运用铁塔摄像、无人机、卫星遥感等手段，建立全市耕地全流程监管平台。全面推行耕地保护"田长制"，实行多级"田长制"管理，充分发挥"田长"在日常巡查、协助管护等方面的作用。深入实施"藏粮于地、藏粮于技"战略，全面启动85.7万亩高标准农田建设项目，整建制推进省级"两全两高"农机化示范市和农产品质量安全创建，推动粮食产量和质量不断提升。

2. 加大对煤矿塌陷地的整治力度

按照"谁破坏谁治理，边破坏边治理"的原则，加大整治投入力度。加

快推进引黄充填、生态治理、环南四湖清淤充填三个大项目。充分利用紧邻黄河的优势，把黄河清淤与塌陷地治理紧密结合起来，利用挖泥船、吸泥泵抽取黄河泥沙，通过管道和车辆输送到采煤塌陷区。

3.推动微山湖向大文旅方向转型，大力打造江北水乡

重点推进微山湖5A级景区创建，大力发展参与式、沉浸式的北方水乡游。加强湖区生态保护与修复。对保护区缓冲区及核心区退养池塘采取自然恢复为主的生态修复措施，改善退养区域生态环境。通过改善水域水生生物群落组成，逐步恢复水生生物多样性。

4.建设农业绿色发展先行区

积极创建省级农业绿色发展先行区，创新农业绿色发展体制机制和政策体系，推进农业发展绿色转型。加强农业投入品规范化管理，健全投入品追溯体系，严格执行化肥、农药等农业投入品质量标准。强化秸秆禁烧工作，推进秸秆全量化综合利用，落实秸秆还田离田支持政策。推广畜禽粪污全量收集还田利用等技术模式，推动畜牧大县整县争取国家绿色种养循环农业试点。推广生态防控、物理防治、生物防治等绿色防控技术和植保无人机等先进施药机械。统筹推进废旧农膜回收工作，健全完善农药包装废弃物回收利用体系和长效机制。防范工矿企业新增土壤污染，严格重金属污染防控，持续重金属行业企业排查整治。

（四）推进创新驱动发展，提升农业质量与竞争力

围绕小麦玉米、金乡大蒜、微山湖产品、梁山鲁西黄牛、汶上芦花鸡等优势产业和特色产业集群，加大与国家级世界级研发机构合作。引进先进种子、种植技术，提升农产品质量，提高农业生产的机械化、自动化、数字化水平和农产品深加工能力和产品质量。启动实施千名农技人员服务千个新型农业经营主体"双千工程"，在全市遴选1000个新型农业经营主体，每个经营主体示范带动10户以上农民，同时在全市遴选1000名农技人员，每名农技人员包保一个农业经营主体，帮助他们解决农业技术难题。支持农技人员

创办示范园、领办合作社，将大学学科建设、科研院所项目建设、龙头企业培育充分结合，不断提高科研创新的应用转化能力。

（五）深化农业农村改革，健全城乡融合发展机制

巩固和完善农村基本经营制度，明确"深化农村土地制度改革"，完善"承包地三权分置制度"，保持土地承包关系稳定并长久不变，第二轮土地承包到期后再延长三十年，以继续稳定农民和土地的关系。深入推进农村宅基地改革，在"一户一宅"原则下，在符合环保、安全、消防条件和产业发展政策的前提下，允许返乡创业农民利用宅基地建立小规模加工项目，鼓励利用闲置住宅发展休闲农业、乡村旅游、餐饮民宿等新型产业，允许村民以宅基地入股建设农产品冷链、初加工、仓储等一二三产业融合等项目。鼓励村集体整治废弃房屋、坑塘、荒片，节省出的建设用地直接入市，允许村民以入股、联营等方式，发展产业项目，鼓励多村联合和全乡合作打造工商业园区，承接发达地区产业转移。

（六）繁荣发展乡村文化，为乡村振兴注入精神动力

1.培育特色文化品牌

结合"乡村记忆"工程，把草柳编、鲁锦、楷木雕、鲁柘砚、鲁陶、琉璃、毛笔、唢呐、石雕、桑皮纸、泥塑、刺绣、剪纸、木版年画、滨湖大鼓、梆子戏、豫剧、唢呐、拳术等文化产品发扬光大。培育一批特色文化品牌，打造一批画家村、美食村、生态休闲村等特色村，推出一批具有地方特色的精品民俗活动和精品农事活动。在"融"字上做文章，将文化、文明与生态、产业、旅游等要素融于一体，着力打造环境洁美、生态优美、生活甜美、乡风和美的文明示范线。

2.提升乡村公共文化服务水平

提高有线电视入户率，加快数字农家书屋、农村数字电影放映等项目建设。建立和完善以市图书馆、市群众艺术馆为中心馆，各县（市、区）

图书馆、文化馆为总馆，各乡镇（街道）综合文化站为分馆，有条件的村（社区）综合性文化服务中心（文化活动室）为服务点的总分馆服务网络。在各行政村建立新时代文明实践站，深入开展"五讲六进百姓宣讲"志愿服务。组织书画展、文艺汇演和体育比赛等活动，为乡村文化队伍提供展示交流平台。

3.深入推进农村移风易俗活动

针对农村婚丧大操大办、人情攀比、厚葬薄养等陈规陋习，坚持疏堵结合、标本兼治，通过强化组织领导、完善机制制度，深入宣传教育、严格申报审批等，努力营造健康、文明、和谐、节俭、幸福的社会新风尚。

（七）强化人才支撑，健全乡村人才振兴体制机制

把人力资本开发放在首要位置，强化乡村振兴人才支撑。全方位多渠道进行人才配备，建设优秀的乡镇领导班子和村级领导班子。努力提高农村义务教育水平，补齐农村教育短板。建立对农民和农业的免费培训制度，扶持培养一批农业职业经理人、经纪人、乡村工匠、文化能人、非遗传承人等，使之成为乡村产业振兴的生力军。为乡村人才创造良好生活与工作环境，激励和吸引专家学者、技能人才等下乡服务。全面建立高等院校、科研院所等事业单位专业技术人员到乡村和企业挂职、兼职和离岗创新创业制度。逐步建立城市医生、教师、科技、文化等人才定期服务乡村制度，健全鼓励人才向艰苦地区和基层一线流动激励制度。实施创业培训专项行动，为创客提供创业补贴，为创业项目提供担保贷款及贴息，建立创业风险防范机制，鼓励开发相关保险产品，将农村创业人员纳入就业援助、社会保险和救助体系。

（八）大力实施乡村建设行动，建设宜居宜业乡村

以农村道路、抗旱排涝、黑臭水体、垃圾处理、秸秆堆放、农村畜禽粪污处理为重点，推进基础设施和公共服务均等化。注重农村生态保护，改善农村居住环境，实现人与自然和谐共生。因地制宜选取污水处理或资源化利

用模式，合理选择治理技术，实施控源截污、清淤疏浚、水体净化等工程，逐步实现农村黑臭水体动态清零。深入开展美丽宜居村庄和美丽庭院示范创建活动，加大村庄整治，种植果树、蔬菜、花草，发展休闲观光农业，建设一批康养乡村、花园乡村、旅游乡村。

（九）加强和改进乡村治理，不断完善乡村治理体系

1.加强农村基层组织建设

加强基层党组织的政治建设、思想建设、组织建设、作风建设、纪律建设、制度建设，强化基层党组织的服务职能，把维护广大农民根本利益、引领经济社会发展、促进共同富裕作为出发点和落脚点。扩大村支部书记和村委会主任的选育范围，优先在务工经商的成功人士中发现培育任村干部，在乡镇公务员和事业单位人员中选择合适人选担任村支书。持续整顿软弱涣散党组织，全面向贫困村、软弱涣散村和集体经济薄弱村党组织派出第一书记。压实第一书记责任，赋予第一书记更多职权。加强对贫困村、软弱涣散村和集体经济薄弱村两委成员的培训，多方考察，提高其思想觉悟和市场经营意识。

2.整合各部门投入，统筹安排

全市范围统筹规划安排市县城区扩大方案和工商业园区建设方案，拉开二三产业发展空间，加速农民市民化进程，在此基础上整合农村资源。以政府为主导，整合上级帮扶资金。农业局、交通局、水利局、科技局、畜牧局、环保局、旅游局、文化局等各部门要互相配合，避免各自为战、互相损耗。增加财政资金投入的可预测性和稳定性。引导和支持金融机构在乡村建设中提供各类资金支持。扩大县、乡镇和村两委资金使用自主性，由县乡镇和村两委结合实际确定，不宜一刀切。

3.严防形式主义，严打贪污腐败

各项建设要注重实效，强调质量，要有保质期。建设项目，要真竞标，真检查；检查工作要多暗访，多看老百姓的评价；特别加强对一把手的监督，

加大群众监督的力度。严厉整治惠农补贴、农村集体资产管理、土地征收等领域侵害农民利益的不正之风和腐败问题；推行村级小微权力清单制度，加大基层小微权力腐败惩处力度。

（编审：王新志）

泰安市乡村振兴战略发展研究

何传新　张霞　赵强　张志明

摘要： 乡村振兴战略是党的十九大提出的一项重大战略，是新时代"三农"工作的总抓手，实施乡村振兴战略是关系全面建设社会主义现代化国家的全局性、历史性任务。泰安市紧紧围绕习近平总书记提出的发展乡村振兴战略的"五个振兴""七条道路"做了大量的实践探索，分期建设乡村振兴先行区，构建土地托管服务、支部领办合作社、乡村共同体、科技三联三化、基层治理双基引领等模式，取得了显著成效，扎实推进了乡村振兴齐鲁样板。课题组旨在总结泰安市乡村振兴的基本成就和经验，分析和探讨泰安市乡村振兴目前的短板和不足，对今后泰安市乡村振兴发展提出对策和建议，为解决当前三农问题、促进国民经济高质量发展提供借鉴。

关键词： 乡村振兴战略；泰安市；发展研究；路径选择

党中央提出乡村振兴战略，并将其与科教兴国战略、人才强国战略、创新驱动发展战略、区域协调发展战略、可持续发展战略、军民融合发展战略一并作为统筹推进经济建设、政治建设、文化建设、社会建设、生态文明建设的重要措施。提出要把乡村振兴作为解决"三农"问题的总抓手，坚持农业农村优先发展，按照产业兴旺、生态宜居、乡风文明、治理有效、生活富裕的总要求，建立健全城乡融合发展体制机制和政策体系，加快推进农业农村现代化。习近平总书记特别要求，山东要发挥农业大省的优势，打造乡村振兴齐鲁样板。泰安市围绕习近平总书记提出的发展乡村振兴战略的"五个振兴""七条道路"做了大量的实践探索，分期建设乡村振兴先行区，构建

223

土地托管服务、支部领办合作社、乡村共同体、科技三联三化、基层治理双基引领等模式，取得了显著成效，扎实推进了乡村振兴齐鲁样板。课题组旨在总结泰安市乡村振兴的基本成就和经验，分析和探讨泰安市乡村振兴目前的短板和不足，对今后泰安市乡村振兴发展提出对策和建议，为解决当前三农问题、促进国民经济高质量发展提供借鉴。

一、泰安市推进乡村振兴战略的具体措施

（一）健全体制机制，打造振兴新引擎

1.强化组织领导

泰安市委、市政府对乡村振兴工作高度重视，制定出台了《关于全面推进乡村振兴加快农业农村现代化的实施意见》《2021年度各县市区、功能区党政领导班子和领导干部推进乡村振兴战略实绩考核指标标准》《关于深入推进抓党建促乡村振兴的实施方案》《贯彻落实中央和省关于严格规范村庄撤并工作有关通知精神的若干措施》《关于进一步加强乡村振兴示范区建设财政奖补资金使用管理的通知》等18个政策文件；成立市乡村振兴局，设局长1名、常务副局长1名、副局长3名；召开市委农村工作会议、全市乡村振兴示范区现场观摩会议、乡村振兴战略考核动员会议、金融助力乡村振兴座谈会议、抓党建促乡村振兴工作推进会议等30余次会议，总结工作、交流经验、安排任务、落实举措；坚决贯彻落实"五级书记抓乡村振兴"要求，各级党政"一把手"切实扛起"第一责任人"责任，市委、市政府主要领导亲自指挥、亲自调度，定期召开市委常委会会议、市政府常务会议，专题研究、部署推动乡村振兴，为乡村振兴战略的深入实施提供了坚强组织保障。

2.突出示范引领

坚持"示范带动、全域培植、融合并进"理念，市财政奖补1亿元，挂图作战、标旗推进，成功打造14个市级示范区。目前，市级示范区已达35个，

总面积 110.4 万亩，惠及 330 个村、49.2 万人。计划 5—6 年内，每个乡镇均建有 1 个市级示范区。岱岳区九女峰示范区引进工商资本 20 多家，年接待游客 25 万余人次，创造旅游收入 2000 万元，被评为乡村振兴齐鲁样板省级示范区、全省乡村旅游提档升级重点集群片区[①]；泰山区北部山区示范区将十几个村串联，建设以泰山茶、休闲采摘、精品民宿、颐养康健为核心的示范片区；宁阳县葛石示范区打响"宁阳大枣中华药枣"品牌，打造集种加销于一体的科技产业园；新泰市泉沟示范区引进鲁商集团，投资 3 亿元改造提升莲花山景区；肥城市经开区示范区依托岩盐资源开发 50 多个盐品种，利用地下盐穴建成国内首个商业化运行的压缩空气储能调峰电站；东平县新湖运河示范区实施三期水田改造项目，形成土地占补平衡指标 2100 亩，收益 3 亿余元，等等。

3. 夯实要素保障

整合各级涉农资金 35 亿元，其中市级 5.4 亿元、县级 9.87 亿元。持续开展"财政惠农信贷通"试点，累计发放贷款 6 亿元。建立农业信贷担保体系，累计为 7207 户农业经营主体提供省级信贷担保 38.5 亿元；市级 9 家融资担保公司为 239 家农户提供贷款担保 2.52 亿元。加大批而未供和闲置低效用地处置力度，保障乡村振兴新增建设用地；建立用地报件并联会审制度，促进乡村振兴项目及时落地，共报批乡村振兴用地 710.97 亩，配置新增建设用地指标 648.11 亩。完善土地流转体系，规范土地流转合同，农村土地经营权流转面积 201 万亩，占土地确权面积的 49%。开展农村土地经营权抵押贷款试点，发放抵押贷款 516 万元[②]。

（二）提升质量档次，增创产业新优势

1. 壮大特色产业

近年来，泰安市共培植了肥城桃、泰山茶、泰山板栗等 10 个产值过 10

---

① 《九女峰乡村旅游度假区·复得返自然的舒适高奢之旅》，https://www.360kuai.com/pc/9457850de513ea567?cota=3&kuai_so=1&sign=360_57c3bbd1&refer_scene=so_1。

② 中共泰安市委、泰安市人民政府关于 2021 年度实施乡村振兴战略工作情况的报告。

亿元的优势特色产业，泰山茶面积 5 万亩、产量 781.52 吨、产值 5.9 亿元；泰山西红柿面积 4.79 万亩、产量 35.45 万吨、产值 11.31 亿元；东平湖水产品产量 4 万吨、产值 7.7 亿元；泰山大樱桃产值 12.3 亿元；苗木花卉产值 30 亿元；奶产量 9.68 万吨、产值 18.6 亿元①。泰安市加快现代种业发展，积极实施质量兴农战略，岱岳区被确定为国家农作物品种展示评价基地，肥城市入选全国农业现代化示范区、绿色种养循环农业试点县，新泰市入选国家农产品质量安全县市，宁阳县入选省级农业绿色发展先行区，肥城桃种植区被认定为国家、省级特色农产品优势区，泰山板栗、东平湖鲤鱼种植区被认定为省级特色农产品优势区，泰山区邱家店镇等 7 个镇被评为省级农业产业强镇，山东亚奥特乳业等 14 家企业被评为省级农业产业化示范综合体。

2.深化三产融合

创新"农业 +"融合发展模式，推动农业由"卖原料"向"卖产品""卖风景"等转变。新泰惠美农牧公司深化三产融合，做优一产：种植百合、有机茶、藜麦，散养优质黑猪等；做强二产：建成百合、茶叶、藜麦啤酒生产线；做活三产：建设万亩花海、婚庆广场、游客餐饮中心，年吸纳游客 10 万余人。成立民和养猪、蟠龙农机等专业合作社，带动周边 2 万多农民增收致富；振兴泰山黄精、四叶参、何首乌、紫草"泰山四大名药"产业，以打造泰山黄精、赤灵芝等标准化生产基地为引领，进一步扩大区域种植面积、开发精深加工产品，加快形成区域性中药材交易市场。推进现代农业产业园建设，全市建设国家级现代农业产业园 1 个、省级 5 个、市级 52 个。培育休闲农业典型，东平县、岱岳区和宁阳县葛石镇、岱岳区道朗镇里峪村被评为全国休闲农业和乡村旅游示范县、示范点，泰山区、泰山茶溪谷、肥城市大张庄村等 16 个单位被评为全省休闲农业和乡村旅游示范县、示范点（村）；泰山景区沙岭村等 8 个村被评为全国、全省美丽休闲乡村；高新区青青农场、祖汶景区天泽农园等 11 个单位被评为全省休闲农业精品园区（农庄）。

___

① 泰安市《2021 统计年报》。

3.推进品牌强农

一是不断提升农产品质量安全水平。全市"省级农业标准化基地"达到 76 家；评选认定市级农业标准化生产基地 18 个，市级以上农业地方规范突破 100 项，省、市级农产品抽检合格率均达 98% 以上。新增"三品"认证面积 2.6 万亩，总面积达到 392 万亩。新泰惠美农牧发展有限公司生产的食用百合被列为"青岛上合组织峰会"指定供应农产品。肥城、东平、岱岳区和新泰已经完成了省级农产品质量安全县创建工作，宁阳通过了国家级农产品质量安全县创建验收。二是不断提高农产品品牌建设水平。开展区域公用品牌、企业产品品牌"双牌"同创，7 个企业产品品牌入选全省第六批知名农产品企业产品品牌；评选市级农产品区域公用品牌 2 个、企业产品品牌 13 个；市级以上知名农产品品牌达到 122 个，其中国家级 2 个、省级 38 个。"肥城桃"入选中国农业品牌目录，在价值评估和影响力指数评价中以 19 亿元榜上有名；"泰山茶"国家级区域公用品牌价值评估达到 37.52 亿元，"九曲峡"白茶在第十届"中绿杯"名优绿茶产品质量评选中荣获银奖；泰山板栗集中连片种植面积达到 17 万亩，年产板栗 3 万余吨、收入 3 亿多元，泰安成为全国板栗最集中的产区。2019 年，"肥城桃"入选中国农业品牌目录，价值评估和影响力指数评价达 19 亿元。推动"一村一品"创建，新泰市刘杜镇入选全国"一村一品"示范村镇。实施农产品产地冷藏保鲜设施建设，肥城市入选全国农产品产地冷藏保鲜整县推进试点 ①。

4.培强经营主体

做强农业龙头企业，积极推动农产品加工企业"上规纳统"。全市规模以上农业龙头企业发展到 315 家，年销售额达到 420 亿元，分别增长 12% 和 10%。其中，国家级、省级、市级农业龙头企业分别达到 4 个、49 个、526 个。加速推进农民合作社示范社三级联创，合作社总数达到 10706 家，其中国家级示范社 32 家、省级 181 家。注册家庭农场 6704 家，其中省级示

---

① 泰安市 2022 年《政府工作报告》。

范场48家①。新泰、肥城2个全国农民合作社质量提升整县推进试点有序推进。加快推动农业生产社会化服务体系建设，农业生产性服务组织总数达到6198个。加大政银企合作力度，组织召开银企对接会，破解企业融资难题。持续加大"惠农信贷通"政策实施力度，明确规定符合条件的市级以上农业龙头企业不需要抵押担保，即可获得授信和利率优惠。目前已为160余家龙头企业发放贷款2.3亿元。

（三）实施文化铸魂，引领文明新风尚

1. 开展文化惠民工程

泰安市财政投资1000余万元，开展送戏下乡6446场，惠及3552个村及社区、160万人次。全市文化部门开展"文艺轻骑兵 惠民走基层"示范性演出，帮助群众组建庄户剧团，基层文艺团体达到230多家、广场舞队3500余支，文化志愿者、乡土文化能人8万余名。充分利用"农家书屋"主阵地，开展全民阅读活动，在全市营造"读书好、读好书、好读书"的浓厚氛围，"书香泰安"建设得到社会各界广泛认同和充分肯定。

2. 开展城乡文明结对共建行动

选择70余个省、市级文明单位与各县市区、功能区的70余个村、社区结成城乡文明共建对子，重点帮扶新时代文明实践和文化振兴工作，达到了以城带乡、以乡促城、双促共进的目的。山东省委党刊《支部生活》以"泰汶大地'蒲公英'绽放"为题、《大众日报》头版以"泰山脚下新风扑面"为题，宣传推介泰安市经验做法。岱岳区作为全省5个发言单位之一，在全省新时代文明实践工作推进会议上作典型发言。宁阳县青川围子村入选全国村级"文明乡风建设"典型案例。

3. 开展移风易俗巩固提升行动

深入开展"摒弃婚丧陋习、深化移风易俗"专项行动，圆满完成300处

---

① 泰安市2022年《政府工作报告》。

节地生态公益性安葬设施建设任务，山东省委以"红色党建引领绿色殡葬改革"为题，推介泰安市经验做法，泰安市9个案例入选省级"百佳红白理事会典型案例"，肥城"3410"模式在全省推广。组织开展"泰山作证、爱在七夕"集体颁证暨婚姻家庭辅导主题文明婚俗宣传教育活动，引领婚俗礼仪新风尚。

（四）建设宜居乡村，描绘生态新图景

农村人居环境整治五年提升行动有序有效推进，农村改厕后续管护任务基本完成，新增服务站3个、总数达到242个，公厕保洁人员达到874人；完善"户集、村收、镇运、市县处理"的生活垃圾收运处理体系，合理配置垃圾收集桶、运输车，农村生活垃圾无害化村庄覆盖率达到100%；农村清洁取暖顺利完成建设任务，完成20.1285万户；圆满完成259个行政村农村生活污水治理任务、78个行政村农村生活污水治理巩固提升任务、13处农村黑臭水体治理任务；2700多个行政村基本实现农村道路"户户通"，新改建、路面状况改善、危桥改造、重要及三级路以上村道安保四项工程分别完成710公里、1086公里、62座、158公里，占年度任务的106.6%、101.5%、124%、103.3%；美丽乡村示范创建纵深开展，新建省级美丽乡村示范村25个、总数达到712个；建成"美丽庭院"11万余户，建成率25.5%，实现村村建有"美丽庭院"目标；加快美丽宜居乡村建设进度，47个城镇开发边界外未建成社区，目前已建成12个，明年年底前完成剩余35个。肥城市也被评为全国村庄清洁行动先进县。

（五）加强党建统领，激发组织新动能

1.筑牢基层战斗堡垒

3551个村、205个社区全部完成"两委"换届，全部配备35岁以下年轻干部，村、社区"一肩挑"比例分别达到98.1%、98.5%，省领导给予批

示肯定。开展"百日攻坚开新篇"专项行动，组织"头雁领航乡村振兴"大培训，新一届村级"两委"班子成员和监督委员会主任轮训一遍。市县选派897名第一书记，实现脱贫村、易地扶贫搬迁安置村、党组织软弱涣散村、乡村振兴任务重的村全覆盖。实施村党组织整顿提升行动，倒排255个村进行第二轮集中整顿。建设泰安乡村振兴学院，年培训2500余人，被确定为山东省委党校调研基地、山东乡村振兴研究院分院、2021年全省村党组织书记片区培训阵地①。建设全省首家数字党建中心，中组部《组工信息》刊发有关做法。推进农村区域化党建，新建30个农村区域化党群服务中心，总数达到150个。

2.建强农村人才队伍

实施"优才回引"计划，安置乡镇工作人员58名。设置203个事业单位乡镇招聘计划、8个优秀村党组织书记定向岗位，为乡村振兴注入新生力量。实施"三支一扶"计划，169名工作人员投身乡村振兴。抓好乡村人才培育，培训农村转移劳动力33726人、高素质农民1708人、乡村专业技术人员8785人、基层农技人员466人。落实"双定向"基层职称制度，评审通过基层正高职称11人、副高职称64人。落实乡镇专业技术人才"直评直聘"政策，评审通过正高级教师1人、高级教师943人。

3.大力发展村集体经济

开展"双五十"村扶优培强，市级每两年遴选50个发展潜力大的村重点培树、50个基础最薄弱的村重点整顿，激励后进争先进、先进夺红旗。推进村党组织领办合作社，推行"土地股份合作＋全程托管服务"模式，党组织领办合作社的村达到2654个、占74.74%，带动村均增收3.4万元、户均增收0.75万元。深化"百企联百村"行动，324家企业和358个村结对联建，实施产业项目280个，带动村均增收18.24万元。用好中央扶持资金，确定在60个村实施项目46个，带动村均增收4.5万元。

---

① 泰安市2022年《政府工作报告》。

4.深入推动农村改革

全面推进农村集体产权制度改革。目前，全市基本完成清产核资工作，共清查核实农村集体资产320.47亿元。完成集体产权制度改革任务的村（居）达到3448个，占93%。通过改革建立了新型经济组织，逐步构建起了农村经济运行的新机制。在省农村集体产权制度改革工作领导小组对各市2018年度的考核中，泰安市获得第一名的优异成绩。3724个村完成农村集体产权制度改革任务，确认成员423万人，量化资产117亿元。发放农村集体资产股权质押贷款133笔、847万元；股权有偿退出41股，退股金额5.24万元。开展农村集体经济组织换届，由村党组织书记担任理事长的村3499个，占完成改革村的94%，泰安市在省级考核评价中获优秀等次。东平县国家级农村改革试验区建设扎实推进。深化农村土地"三权"分置制度改革，全面完成土地确权颁证，泰安市被评为全省农村土地确权登记颁证工作先进集体。稳慎推进宅基地改革，建房需求行政村257个、3264户、10632人，拟用宅基地占地面积27.8万平方米，新增宅基地用地需求23.6万平方米。新泰市高崖头村、东平县塘坊村被评为全国乡村治理示范村。大力推进土地规模化经营。探索"三权"分置有效实现形式，大力发展适度规模经营。目前，全市农村土地流转面积达到185万亩，占土地确权面积的45%。其中，50亩以上的规模流转面积120万亩，占总流转面积的65%。东平县农村土地股份合作社改革经验在第三届中国地方改革创新成果新闻发布会上发布。

（六）持续加压奋进，取得脱贫攻坚新成效

过去5年，全市71578户145437名建档立卡贫困人口全部实现稳定脱贫；354个省级、251个市级贫困村全部退出摘帽①。2020年，全市实现农林牧渔业总产值578.6亿元，比2015年（496.3亿元）增长16.6%；第一产业

---

① 泰安市2022年《政府工作报告》。

增加值 299.7 亿元，比 2015 年（269.1 亿元）增长 11.4%；农民人均可支配收入 19682 元，比 2015 年（13322 元）增长 47.7%。①

1. 抓平稳过渡

继续把脱贫攻坚放在重要位置，落实"四个不摘"要求，扎实推进帮扶政策持续跟进、工作体系平稳转换，确保政策不断档、工作不脱节。继续落实全学段教育资助政策，发放国家助学金、奖学金 1400.3 万元，受助学生20448 人，为 2357 名接受职业教育的脱贫家庭和即时帮扶人口子女，发放"雨露计划"补助 353.55 万元。继续落实"6+3"健康扶贫政策，投入 3116万元为脱贫享受政策人口购买特惠保险，支付贫困人口基本医疗保险费用23789 万元、大病保险 2806 万元、医疗救助 5233 万元。保障基本住房安全，107 户脱贫享受政策户纳入省危房改造计划，已竣工 106 户。保障饮水安全，投入 2100 万元，对 100 个行政村实施供水提质工程。强化兜底保障，低保、特困供养补贴分别提高到 7116 元、10032 元。

2. 抓资金项目

安排落实各级衔接补助资金 34486 万元，其中中央 3902 万元、省级13424 万元、市级 10000 万元、县级 7160 万元。实施衔接推进乡村振兴补助资金项目 260 个，现正在加紧建设。做好往年产业项目收益分配，已分配收益资金 21989.58 万元。聚焦黄河滩区迁建、移民避险解困和易地扶贫搬迁安置区，完善后续帮扶政策，实行社区、产业"两区共建"，实现搬迁群众稳得住、有就业、逐步能致富。

3. 抓动态监测

完善农户自主申报、基层干部排查、部门筛查预警、信访舆情处置等监测方式，及时发现认定监测对象，共认定监测帮扶对象 428 户、1242 人。对已认定的监测帮扶对象，协调督促有关职能部门，按照"缺什么补什么"的原则，有针对性地开展帮扶，目前 26% 的监测帮扶对象已消除返贫致贫

① 泰安市《2021 统计公报》。

风险，没有发生返贫和新致贫的情况，切实守住了"不发生规模性返贫"的底线。

二、泰安市推进乡村振兴战略面临的挑战

（一）农业产业发展不均衡不充分

1.不同区域农村产业发展不平衡

由于历史、自然等因素，泰安所辖两区两市两县农业综合发展水平存在较大差距。突出表现在农民生产领域中生产设施水平、机械化不平衡，农业数字化、网络信息化程度水平较低且各县市发展不均衡，农林牧副渔各业资源利用和开发程度不均衡，农产品供需矛盾还比较突出，玉米生产能力结构性剩余和大豆等油料作物供给不足并存。

2.农业产业发展不充分

农业发展质量和农业经营效益不高，大多数土地还处于分散经营状态，缺乏规模效益。土地流转面积、效益和省内地区还有一定差距，创新能力（发展活力）不够强。2020年全省农业科技进步贡献率达到64.56%，泰安未能达到平均水平；农村资源利用不充分，农村青壮年劳力外流现象普遍。据第三次农业普查资料分析，2016年泰安农村总人口380.5万人，从事农业的劳动力157.7万人，15—64岁适龄劳动力人数277.1万人，其中务工人数110.5万人，占比39.9%，18—45岁青壮年劳动力141.3万人，其中务工人数69.4万人，占比49.1%，青壮年劳动力务工比例高出适龄劳动力9.2个百分点，如果考虑到劳动力人口中有相当比例的在校学生并加以剔除的话，农村劳动力外出务工比例还会大幅提高。[1] 由于泰安财力有

---

① 高善涛、泰安：《农村青壮年劳动力流失对乡村振兴的影响及对策》，《科学与财富》2019年第2期。

限，对农业发展的保障还不够稳，农业投入不充分；农民增收还有较大的空间。

（二）生态环境保护任重道远

农业资源过度开发、生态环境日趋恶化像两道"紧箍咒"，制约着泰安市农业可持续发展。

1. 环境综合治理任务依然艰巨

泰安市污染主要来自于空气污染、土壤污染、淡水污染三个方面，对居民健康和生态系统有着严重而广泛的影响。空气污染方面：2021 年，泰安市在对重点区域、重点行业检查中发现工业高污染燃料、建筑工地扬尘、秋冬季燃煤污染依然严峻等问题依然突出；土壤污染方面：主要污染物超标率为16.1%，一些地方的耕地不同程度受到重金属污染；农业内源性污染也不可低估，如畜禽粪污有效处理率不到 50%，农膜回收率不足 2/3，秸秆焚烧现象严重，化肥农药使用效率比发达国家低 10—20 个百分点。淡水污染方面：2020 年，泰安农村污水处理率仅为 27%。在此背景下，农村污水处理毋庸置疑成为了农村环境治理的重头戏。

2. 农村生态经济尚未形成强势局面，农村清洁能源还未全面推广使用

泰安市区生态经济、循环经济发展取得了一定的进步，但相对于农村发展整体态势和农业生产全过程覆盖角度而言还处于相对弱势局面。泰安市是北方地区清洁取暖试点，20.1 万户农村居民已实现清洁取暖，但仅占 2020 年 126 万户的 16%。农村取暖仍以有烟煤为主体。电力取暖因受电价相对较高和电力供应不足的影响仍然是少数。燃气取暖由于天然气管道等基础设施建设不到位，仅有个别农村社区使用[1]，虽然部分村政府补贴取暖设备已经到位，但是使用成本较高、安装技术不到位等导致使用率不高。

---

[1] 何传新：《乡村振兴战略的宏观思维》，《决策与信息》2018 年第 2 期。

（三）乡村社会文明水平尚需提高

1. 现代化触发乡村凋敝、继发农村文明破败

从世界发达国家来看，无论是农业具有比较优势的国家，还是农业缺乏竞争优势的国家，无论是农产品出口大国，还是农产品进口大国，现代化的结果都是乡村人口变少，老龄化现象突出，特别是农业劳动力高龄化问题更加严重。2020 年 11 月，泰安市 60 岁以上 1207038 人，占 22.06%，其中 65 岁及以上人口 854818 人，占 15.62%。① 农村老年人口占老年人口总数的 77.2%，农村老龄化严重。农村知识青年等劳动力大量外出，留守老人、妇女、儿童居多，只有在春节等传统节假日农村才有一定的人气，但是短暂几天后，更多的是冷清。生态环境较差的地方，或者为了孩子进城上学，使农民大量外迁，出现了空村现象，使农村一方面劳动力不足，另一方面文明破败。

2. 社会主义核心价值观弘扬不够，农村意识形态领域乱象横生

国家力主弘扬的社会主义核心价值观在农村普遍存在层次低、要求低、宣传力度不够等问题。无论是国家、社会还是个人方面，农村和农民的文明意识与城市相比仍然存在许多差距，文化事业发展不够广泛，文化产业处于起步阶段，离居民的要求还有不小的距离。农民信仰多样化，个别地区出现邪教组织；农村教会力量加大，影响了党在群众中的地位和威信；部分农村的农民存在赌博、吸毒等不良现象。

3. 农村文化设施落后，无法满足农民日益增长的文化需求

有的村连基本的文化设施都不健全，即使文化设施建设不错的村庄，也存在开放时间短、与农民需求匹配度不高、利用效率太低等问题，许多农民还不能够主动、自由地去村集体的文体办公室进行借书学习、文化娱乐、休闲等活动，许多文化设施存在闲置、农村图书室期刊杂志老化，棋牌室管理

---

① 泰安市第七次人口普查。

不善等问题。

（四）农村社会治理有待加强

1."乡政村治"的治理模式使得农村现有自治单元作用有限

乡镇政府的管理职能与村民委员会的自治性质不匹配，影响和限制了各自职能的发挥。"乡政村治"是我国政权结构及乡村治理结构的学理表达，《宪法》第一百一十一条把村民委员会定性为基层群众性自治组织，《村民委员会组织法》也在第二条对村民委员会进行了界定，村民委员会"是村民自我管理、自我教育、自我服务的基层群众性自治组织"。这就造成了乡政在村治中缺乏抓手和依据。在后税费时代，农村基层组织与基层政权和村民之间呈现循环弱化的现象，一方面，在基层政权与农村基层组织及村民之间形成的管理与服从关系趋于弱化；另一方面，农村基层组织的自治由于缺乏国家权力经由乡镇党政延伸到农村的指导，缺乏乡镇基层政权的支持，其在村民中的领导力也逐渐弱化。而弱化的结果就是导致农村基层组织涣散，功能弱化，从而造成农村工作处于瘫痪状态①。

2.农村社会稳定问题突出

进入新时代，过去城市出现的拆迁问题、土地补偿问题在农村也大量出现，农村新产生的群体上访问题突出，民办教师、复退军人、农村事业单位清退临时工等问题难以解决，接访等工作占用了基层干部大量的时间、精力和基层的物力、财力。部分村干部服务意识淡薄，积累了许多现实问题，与群众诉求不匹配，落实"枫桥经验"还有一定的差距。

3.农村腐败问题频现带来乡村社会治理合法性削弱

农村干部的腐败让农民失去了对发展领导人才的依赖和信任。近日中央纪委国家监委发布了《整治群众身边腐败问题力度只会加强不会削弱》，其

---

① 张善根：《乡村振兴视野下的村治立法探析》，《西北大学学报（哲学社会科学版）》2019 年第 2 期。

中明确指出，近5年来，共查处了27.8万村支部书记、村主任。特别是发生在农村集体土地征用、重点建设项目、乡村振兴示范片区建设中涉及财政资金使用领域，存在的问题相对较多。

（五）生活富裕程度有待提高

1.农村民生事业有待发展

上学难、看病难、养老难，这些百姓反映强烈的突出问题虽然因为有了九年制义务教育、农村合作医疗和农村社会养老等政策而大为改观，但是新形势下出现了新的矛盾，农村生活环境、公共服务等民生事业还存在许多短板，距离共同富裕的目标还有很大差距。

2.城乡差距仍然较大

城乡公共服务、基础设施建设和社会民生等领域均存在不同程度的差距，距共同富裕的要求还有一定距离。城乡居民人均消费支出依然存在较大差距。城乡发展不平衡，主要表现在城乡居民收入差距较大，据统计，2021年泰安市城镇居民人均可支配收入41741元，同比增加2840元，增长7.3%；农村居民人均可支配收入21769元，同比增加2087元，增长10.6%。城乡居民人均收入倍差为2.5。同时，2021年泰安市居民人均消费支出超过20000元，同比增长8.9%。其中，城镇居民人均消费支出21579元，增长8.2%，农村居民人均消费支出10504元，增长8.6%。农村居民人均消费支出虽增速较快，但绝对支出金额与城镇居民相比还不到其数额的二分之一。

3.农民生活要求增加与现实水平有差距

农民不再满足于物质产品和精神产品数量本身，人民群众的需要呈现综合化的特点，农民群众普遍期盼有更好的教育（幼有所育学有所教）、更稳定的工作、更满意的收入（劳有所得）、更可靠的社会保障（老有所养弱有所扶）、更高水平的医疗卫生服务（病有所医）、更舒适的居住条件（住有所居）、更优美的环境、更丰富的精神文化生活，农民需求呈现出新的阶段性特征。以上诸多现实需求反映出了广大农民群众多层次需要：不仅对物质文化生活提出了更高要求，而且在民主、法治、公平、正义、安全、环境等方面的要求也日益增长，如何既把蛋糕做大又把蛋糕分好，是新时代我们面临的一个严峻考验。

三、泰安市乡村振兴战略的路径选择

（一）围绕产业兴旺目标，建设富强乡村

1.要因地制宜确定乡村的产业发展策略，培育乡村特色产业

通过产业联动、产业集聚、技术渗透、体制创新等方式，将资本、技术以及资源要素进行集约化配置，推动农业产业组团式发展，延伸产业链、打造供应链、形成全产业链，加快构建现代农业产业体系。

泰安市将围绕农业抓特色，在有机蔬菜、苗木花卉、奶牛饲养三大亮点产业的引领下，抓出新的产业，新的业态，形成新的动能。泰安市确定通过3—5年努力，打造泰山茶、泰山板栗、肥城桃、东平湖水产品、有机蔬菜、泰山大樱桃、生态奶业、优质肉鸭、苗木花卉、泰山西红柿等十个产值过10亿元的优势产业。结合种植结构调整，切实抓好优势粮食产业带建设，重点扶持无公害蔬菜、优质棉花、优质牧草、优质果品、花卉园艺、观光农业、中草药种植以及高效经济林网等特色农业产业。按照"一村一品，一乡一业"的要求，大力发展专业户、专业村，走基地化、规模化、产业化发展的路子，培育更多的"瓜菜之乡""果品之乡""花卉之乡""园艺之乡"等。瓜菜菌生产，要坚持传统优势产品与引进优新产品相结合的原则，积极推进标准化、无公害生产，打造名优特新品牌。棉花生产，要坚持产量质量并重的原则，在品种优质化、生产基地化、管理科学化上下工夫，走龙头带基地联农户的路子，努力提高经济效益。牧草业生产，要适应发展畜牧养殖业的需要，优化品种结构，扩大种植规模，推进基地化、产业化经营。果品生产，要在培育优良品种、提高果品质量档次上狠下工夫。花卉园艺开发，要

适应城乡居民生活水平不断提高的要求，与开发城郊型、园区型观光休闲农业有机结合起来，逐步形成支柱产业。林业生产，要结合推进新农村建设，在继续搞好农田林网、路域林带、经济林开发的同时，重点搞好围村林建设和村街"四旁"植树。同时，要加强生物质产业技术的研发、引进和推广，积极引导和扶持以农作物秸秆为主要原料的秸秆气化燃料、农作物有机肥料、农作物秸秆饲料的开发生产，尽快形成产业规模优势。

2.推进一二三产融合发展，构建农业全产业链体系

鼓励社会资本、工商资本助力乡村振兴，拉长产业链。农业的生产过程可以分为产前、产中、产后三个过程。按照发展现代农业的要求，泰安市在乡村振兴中不仅要注重产中过程，更重要的是应紧紧围绕新兴产业和名牌产品，大力发展产前服务业和产后加工业，使农业生产成为产业化、系列化生产体系。种植业应重点拉长优质小麦、薯类、花生、专用玉米、大豆及果品、蔬菜、食用菌产业链条；林果业以储藏、运销、加工为主，实现跨区域、跨季节增值。畜牧业应重点拉长肉牛、奶牛、肉鸡、瘦肉猪、良种羊等产业链条。加大文化和旅游融合发展力度，带动三产融合。九女峰度假区，借助工商资本下乡，联合19个村，建设高档民宿为主要的文化旅游项目，打造"故乡的云""故乡的月"等文化旅游产业，建设泰安乡村振兴学院，培养乡村振兴人才，构建了文化旅游教育体育深度融合的乡村振兴齐鲁样板。

3.加强基地建设

正确处理龙头企业与基地、农户的关系。引导龙头企业采取建立风险基金、制定最低收购保护价、按农户出售产品的数量适当返还利润等多种方式，与基地和农户签订服务和购销合同，结成利益共享、风险共担的紧密型利益共同体，实现企业和农户"双赢"的发展目标。培育基地要立足于加快农业体制改革，壮大土地经营规模，完善服务体系。加快和完善农业机制改革是农场农业产业化经营的重要基础。要在贯彻《土地承包法》的基础上，积极探讨肥城市孙东蔬菜合作社以土地使用权入股、岱岳区良庄活化土地经

营权的经验，实行土地的合理流转，逐步推行适度规模经营，鼓励种田能手承租大面积耕地，这样做有利于形成"少数人种多数田""大农场套小农场"新格局，有利于形成土地经营竞争体制，有利于合理利用土地资源。

4.加快发展农产品加工业

发展农产品加工业，拉长农业产业链条，是提高农业综合经济效益、增加农民收入的重要途径。要尽快实现由农业资源性产品生产向初加工、精深加工产品生产的转变，把发展农村个体私营经济与培植农产品加工专业户、专业村有机结合起来，大力发展粮食、棉花、蔬菜、果品、木材、饲料、食用菌、中草药、工艺品等加工项目，尽快形成产业优势和经济优势。推动农产品加工产业纵向成链，培育一批农业全产业链"链主"企业，打造一批百亿级、十亿级产业集群。

5.推动"一村一品"农业品牌创建

一是实施农产品产地冷藏保鲜设施建设，肥城市入选全国农产品产地冷藏保鲜整县推进试点。加快发展农业特色产业，大力培育泰山茶、泰山螭霖鱼、有机蔬菜、泰山四大名药等"名优特新"经济作物，打造高效生态畜牧业，抓好宁阳县和岱岳区奶牛养殖大县种养结合整县推进试点，积极发展林业经济，做大做强名优经济林和苗木花卉产业，推进农村产业融合发展，大力发展会展业、乡村旅游、农村电子商务等新业态，加快农业与旅游、教育、文化、健康养老等产业深度融合，打造"泰山人家""水浒人家"品牌，实施好新泰市全国首批农村产业融合发展试点示范县等农村产业融合发展"百县千乡万村"试点示范工程，拓宽农业品牌建设的途径。二是加强标准化生产基地建设。农业品牌的核心是品质，而优良的品质必须以标准化生产为基础。加强农业标准化建设，有利于促进农产品质量提高。引导农业企业实行标准化生产管理，扩大"三品一标"基地规模，依托泰安市资源优势，重点推进农业产业化龙头企业、农民合作组织开展"三品一标"认证，实现优质农产品规模化生产。三是提高品牌的科技含量。要加强政府在农业科技创新中的组织与引导作用，发挥山东农业大学等驻泰科研院校密集的优势，推进校地联合，积极探索"农科教、产学研"结合的有效模式，开展农业重大应用技术联合攻关，强化关键领域技术的集成和协同创新，切实发挥科技创新对农业品牌建设的推动作用，不断提升农业品牌的核心价值。[①] 开展区域公用品牌、企业产品品牌"双牌"同创。

（二）围绕生态宜居目标，建成美丽乡村

泰安必须树立和践行绿水青山就是金山银山的理念，落实黄河国家战略，探寻符合乡村实际的路径，立足于各地的优势和特色，找准工作抓手和突破口，以点带面并把握好工作节奏，稳步推进农村生态文明建设。要统筹山水林田湖草保护建设，建设自然生态优美、生活富足现代、邻里关系和谐美丽乡村。

1.加快推动绿色低碳发展

正确处理发展和减排、整体和局部、长远目标和短期目标、政府和市场的关系，科学编制实施双碳行动方案，有序调整能源生产和消费结构，运用市场机制抓好生态资源有效利用。强化国土空间规划和用途管控，落实生态保护、基本农田、城镇开发等空间管控边界，减少人类活动对自然空间的占用。强化绿色发展的法律和政策保障，发展绿色金融，支持绿色技术创新，推进清洁生产，发展环保产业，推进重点行业和重要领域绿色化改造。推动能源清洁低碳安全高效利用。发展绿色建筑。开展绿色生活创建活动。降低碳排放强度，支持有条件的地方率先达到碳排放峰值，制定 2030 年前碳排放达峰行动方案。积极发挥政府引导示范作用，完善企业行业自律机制，鼓励公众主动参与，构建政府为主导、企业为主体、社会组织和公众共同参与的环境治理体系。开展生态环境保护宣传教育，推行绿色办公，创建节约型机关。强化企业排污者责任，确保实现达标排放，开展自行监测并向社会公开。倡导简约适度、绿色低碳的生活方式，开展创建绿色家庭、绿色学校、

---

① 何传新、时海燕：《农业品牌建设问题研究》，《农业经济》2018 年第 8 期。

绿色社区和绿色出行等行动。引导生态环境保护社会组织健康有序发展。依托城乡生态融合，实现生态宜居。严守生态保护红线，统筹保护山水林田湖，实现绿色兴村。应建立健全城乡融合发展的体制机制和政策体系，在城镇化和工业化的大格局中推进乡村振兴，激发乡村的生态和自然资源资本的活力，加快形成工农互促、城乡互补、全面融合、共同繁荣的新型工农城乡关系。统筹山水林田湖草系统治理。把山水林田湖草作为一个生命共同体，进行统一保护、统一修复。实施重要生态系统保护和修复工程。

2. 提升生态系统质量和稳定性

坚持全民共治、源头防治，持续实施大气污染防治行动，打赢蓝天保卫战。实施平价清洁燃煤补贴。加快水污染防治，实施流域环境和近岸海域综合治理。强化土壤污染管控和修复，加强农业面源污染防治，开展农村人居环境整治行动。严禁工业和城镇污染向农业农村转移。加强固体废弃物和垃圾处置。提高污染排放标准，强化排污者责任，健全环保信用评价、信息强制性披露、严惩重罚等制度。打好面源污染综合防治攻坚战。实施化肥农药零增长行动，主要农作物化肥、农药使用量实现零增长；开展耕地轮作休耕制度试点。重点建设一批流域面源污染综合防治示范区、废弃物综合利用试点县，探索区域化、系统性解决农业面源污染的模式与机制。着力推动农村沼气转型发展。着力推进农业废弃物综合利用，秸秆综合利用试点。着力推进生态循环农业示范建设。鼓励和支持乡村兴办环境友好型企业，在保护文化、旅游、生态等乡村特色产业，保护家庭工场、手工作坊、乡村车间等传统工艺的基础上，继续严厉打击"散乱污"的作坊式企业，杜绝工业污染"上山下乡"。持续改善环境质量，增强全社会生态环保意识，深入打好污染防治攻坚战。

3. 推进农村人居环境整治

推进农村改厕后续管护，建设服务站，配备公厕保洁人员；完善"户集、村收、镇运、市县处理"的生活垃圾收运处理体系，合理配置垃圾收集桶、运输车，促进农村生活垃圾无害化村庄覆盖率达到100%；完善农村清洁取暖建设、农村生活污水治理巩固提升、农村黑臭水体治理；推行行政村基本实现农村道路"户户通",开展新改建、路面状况改善、危桥改造、重要及三级路以上村道安保四项工程;美丽乡村示范创建纵深开展,扩建省级美丽乡村示范村、建设"美丽庭院",实现村村建有"美丽庭院"目标;加快美丽宜居乡村建设进度。

4. 实施乡村建设行动

必须以民为要,尊重意愿,实事求是,因地制宜,依法依规,稳妥慎重,把握时效度,扎扎实实为民造福。把乡村建设摆在社会主义现代化建设的重要位置。强化县城综合服务能力,把乡镇建成服务农民的区域中心。统筹县域城镇和村庄规划建设,保护传统村落和乡村风貌。完善乡村水、电、路、气、通信、广播电视、物流等基础设施,提升农房建设质量。因地制宜推进农村改厕、生活垃圾处理和污水治理,实施河湖水系综合整治,改善农村人居环境。提高农民科技文化素质,推动乡村人才振兴。

(三)围绕生活富裕目标,建设和谐乡村

1. 提高农村居民就业质量和收入水平

就业是最大的民生。要坚持就业优先战略和积极就业政策,实现更高质量和更充分就业。大规模开展职业技能培训,注重解决结构性就业矛盾,鼓励创业带动就业。提供全方位公共就业服务,促进高校毕业生等青年群体、农民工多渠道就业创业。破除妨碍劳动力、人才社会性流动的体制机制弊端,使人人都有通过辛勤劳动实现自身发展的机会。完善政府、工会、企业共同参与的协商协调机制,构建和谐劳动关系。坚持按劳分配原则,完善按要素分配的体制机制,促进收入分配更合理、更有序。鼓励勤劳守法致富,扩大中等收入群体,增加低收入者收入,调节过高收入,取缔非法收入。提高就业质量和人民收入水平。坚持在经济增长的同时实现居民收入同步增长、在劳动生产率提高的同时实现劳动报酬同步提高。拓宽居民劳动收入和财产性收入渠道。履行好政府再分配调节职能,加快推进基本公共服务均等化,缩小收入分配差距。扎实做好脱贫人员稳岗就业。接续做好脱贫享受政

策人口、边缘易致贫人口就业帮扶，促进脱贫人口稳定就业。

2. 优先发展农村教育事业

必须把教育事业放在优先位置，加快教育现代化，办好人民满意的教育。推动城乡义务教育一体化发展，努力让每个孩子都能享有公平而有质量的教育。发展素质教育，推进教育公平。完善职业教育和培训体系，深化产教融合、校企合作。加快一流大学和一流学科建设。健全学生资助制度，使绝大多数城乡新增劳动力接受高中阶段教育、更多接受高等教育。支持和规范社会力量兴办教育。加强师德师风建设，培养高素质教师队伍。办好继续教育，加快建设学习型社会，大力提高国民素质。加强职业教育培训，培育新型职业农民[①]。

3. 推进实施健康乡村建设

人民健康是民族昌盛和国家富强的重要标志。把保障人民健康放在优先发展的战略位置，坚持预防为主的方针，深入实施健康中国行动，完善国民健康促进政策，织牢国家公共卫生防护网，为人民提供全方位全周期健康服务。加强基层医疗卫生服务体系和全科医生队伍建设。全面取消以药养医，健全药品供应保障制度。

4. 注重巩固脱贫攻坚成果与乡村振兴有效衔接

一是推进机构稳步衔接。继续延续脱贫攻坚阶段帮扶机制，扎实做好巩固拓展脱贫攻坚成果同乡村振兴有效衔接各项工作，切实做到责任不缺位、工作不断档、力度不减弱，有序推进工作体系转换。二是推进政策稳步衔接。在5年过渡期内严格落实"四个不摘"要求，对现有帮扶政策分类进行优化调整，实现"稳定一批""衔接一批""创设一批"，防止政策"急刹车"，确保把政策"含金量"转化为巩固成果、平稳衔接的"生产力"，坚决守住防止返贫底线。三是推进工作稳步衔接。继续保持奋进态势"不松劲"，确保传好有效衔接"接力棒"。四是资金绩效管理衔接。持续加大资金投入。

---

① 何传新：《泰安市乡村振兴战略路径》，《决策与信息》2019年第7期。

根据有效衔接的任务需要，优化支出结构，规范金融扶贫运营。优化完善扶贫小额信贷和富民生产贷政策，确保过渡期脱贫人口小额信贷政策健康稳定运行。五是帮扶措施衔接，促进脱贫人口稳定增收。扎实做好项目监管，扎实做好后续扶持。聚焦黄河滩区居民迁建、移民避险解困和易地扶贫搬迁"三大工程"安置区，完善后续帮扶政策，实行社区、产业"两区共建"，做到产业聚集与人口聚集同步、经济发展与社会事业发展同步，实现搬迁群众稳得住、有就业、逐步能致富。

（四）围绕乡村文明目标，建成文明乡村

1. 开展文化惠民工程

加大投资开展送戏下乡，开展"文艺轻骑兵　惠民走基层"示范性演出，帮助群众组建庄户剧团，基层文艺团体、广场舞队，培育文化志愿者、乡土文化能人。充分利用"农家书屋"主阵地，开展全民阅读活动，在全市营造"读书好、读好书、好读书"的浓厚氛围，打响"书香泰安"文化品牌。

2. 开展城乡文明结对共建行动

选择省、市级文明单位与各县市区、功能区的村、社区结成城乡文明共建对子，重点帮扶新时代文明实践和文化振兴工作，以达到以城带乡、以乡促城、双促共进的目的。

3. 开展移风易俗巩固提升行动

深入开展"摒弃婚丧陋习、深化移风易俗"专项行动，通过红色党建引领绿色殡葬改革，总结"百佳红白理事会典型案例"。实施节地生态公益性安葬设施建设任务，组织开展"泰山作证、爱在七夕"集体颁证暨婚姻家庭辅导主题文明婚俗宣传教育活动，引领婚俗礼仪新风尚。

（五）围绕治理有效目标，建成民主乡村

1. 打造共建共治共享的社会治理格局

实施平安乡村。依法制止利用宗教干预农村公共事务，继续整治农村乱

建庙宇、滥塑宗教造像。依法加大对农村非法宗教活动和境外渗透活动打击力度，健全农村公共安全体系，持续开展农村安全隐患治理。加强农村警务、消防、安全生产工作。探索以网格化管理为抓手、以现代信息技术为支撑，实现基层服务和管理精细化精准化，推进农村"雪亮工程"建设。

2. 健全社会治理体制机制，打造振兴新引擎

一是强化组织领导。市委、市政府顶层设计，制定出台一系列推进全面推进乡村振兴加快农业农村现代化的政策和党政领导班子和领导干部推进乡村振兴战略实绩考核指标标准，坚决贯彻落实"五级书记抓乡村振兴"要求，各级党政"一把手"切实扛起"第一责任人"责任，市委、市政府主要领导亲自指挥、亲自调度，定期召开市委常委会会议、市政府常务会议，专题研究、部署推动乡村振兴，为乡村振兴战略的深入实施提供了坚强组织保障。二是突出示范引领。坚持"示范带动、全域培植、融合并进"理念，挂图作战、标旗推进。三是夯实要素保障。整合各级涉农资金，持续开展"财政惠农信贷通"试点，建立农业信贷担保体系，加大批而未供和闲置低效用地处置力度，保障乡村振兴新增建设用地；建立用地报件并联会审制度，促进乡村振兴项目及时落地。

3. 加强党建统领，激发组织新动能

一是筑牢基层战斗堡垒。推进农村、社区"两委"换届，配备35岁以下年轻干部，实施村、社区"一肩挑"。开展"百日攻坚开新篇"专项行动，组织"头雁领航乡村振兴"大培训，新一届村级"两委"班子成员和监督委员会主任轮训。市县选派第一书记，实现脱贫村、易地扶贫搬迁安置村、党组织软弱涣散村、乡村振兴任务重的村全覆盖。实施村党组织整顿提升行动。二是建强农村人才队伍。实施"优才回引"计划，安置乡镇工作人员，设置事业单位乡镇招聘计划、优秀村党组织书记定向岗位，为乡村振兴注入新生力量。实施"三支一扶"计划，抓好乡村人才培育，落实"双定向"基层职称制度。三是大力发展村集体经济。继续开展"双五十"村扶优培强，市级每两年遴选50个发展潜力大的村重点培树、50个基础最薄弱的村重点

整顿，激励后进争先进、先进夺红旗。推进村党组织领办合作社，推行"土地股份合作＋全程托管服务"模式。深化"百企联百村"行动，用好中央扶持资金。

4. 树立工业化经营理念，构建治理格局

一是借鉴工业"市场营销"理念。坚持新发展理念，围绕国际国内两个市场，构建以国内大循环为主体、国内国际双循环相互促进的新发展格局。积极培育农产品经纪人队伍，组建农民专业协会，实现分散的家庭经营与大市场的对接。完善农产品信息供求渠道，发展壮大购销组织，加快建设以龙头企业连锁直销为主要形式的营销网络，依托龙头企业，不断拓展农产品市场领域。大力扶持农产品、肉食、茶叶等出口型加工企业发展，扩大泰安农业的外向度，提高农产品国际市场竞争力。二是借鉴工业"规模化生产"理念。着力把龙头企业培育成规模化生产基地的建设主体。逐步将政府直接参与组织农产品基地建设，转变为在政府扶持引导下，由龙头企业组织农户实施。政府在按照优势产业区域布局、搞好建设规划的基础上，支持龙头企业通过土地承包、租赁、入股以及与农户联营等形式，因势利导实行土地流转，建立企业自己的生产基地。有关职能部门帮助企业争取涉农项目，加强基地基础设施建设，促进土地规模化经营。同时要探索将公益性农业项目交给民营企业实施的有效途径。三是借鉴工业"减员增效"理念，加快农民向二、三产业转移。要立足现有基础，规划建设各具特色的农副产品加工区，依托园区工业发展，扩大就业，实现农村劳动力就地转移。要重视对龙头企业职工和农民的技能培训，提高农民的科技文化素质。四是借鉴工业"科技创新"理念。以加快农业科技成果的转化应用为目的，重点推广和转化一批突破性农业新品种、畜禽养殖繁育、农产品保鲜储藏等科技成果，创建一批农业科技示范园、示范场，依靠科技提高产量、品质和效益。创新农业科技推广机制，实行"科技特派员制度"，采取"科技人员直接到户、良种良法直接到田、技术要领直接到人"的方式，进村入户送技术、送信息，指导农业生产，在全县培植了科技示范村、科技示范户，有效地解决了农业科技推广"最后一公里"问题。推进科研、生产、加工、销售、服务一体化，建立完善高效率的农业技术转化体系和高覆盖率的农业科技推广服务体系。健全完善市、县、乡三级农业信息网络体系，年内80%以上的乡镇建立起农业信息服务网，大力强化农业现代化服务体系。深入实施科技特派员工程。健全农业科技创新机制。积极引进推广先进适用的农业技术。加大农业科技政策扶持力度。办好农业科技示范园区。本着产品市场化、开发产业化、布局区域化、管理企业化、经营集约化、农科教一体化的原则，要进一步规范各类农业科技示范园区的管理，引导其搞好名优特新农产品的引进，加快先进农业技术的配套应用，探索现代农业的管理模式、经营模式和发展模式，更好地发挥典型引路和技术辐射作用。五是借鉴"双招双引"理念，吸引资本、技术、人才向农业流动。要扩大农业招商引资，借力发展。通过招商引资，引进技术、人才、资金、项目，发展壮大龙头企业群，推进农村工业化。要突出做好项目的规划、包装、设计，把项目作为引资载体，大力推进农业产业化项目建设①。

5.全面深化农村改革

健全完善农业社会化服务体系。一是加大政策支持力度。从农业农村发展实际出发，制定落实农业社会化服务优惠政策，进一步采取财政扶持、信贷支持、税费减免等措施，支持各类服务主体发展壮大。二是着力提升服务能力。通过培育服务组织数量、开展技能培训、优化融资环境、拓展服务领域、出台服务标准、创建服务品牌、创新服务方式等措施，提升服务组织实力，为农民群众提供全方位、低成本、便利化、有特色的服务。三是积极引导规范发展。充分发挥市场在资源配置中的决定性作用，大力培育服务市场和服务主体，强化工作指导，规范各类服务主体服务行为，尽快解决服务不到位、水平低、效果差等问题，确保农业社会化服务朝着制度化、规范化、标准化、经常化、普惠化方向发展。巩固完善农村集体产权制度改革。开展

① 何传新：《用工业化思维经营农业》，《泰安日报》2022年5月10日。

农村集体产权制度改革"回头看",对改革的重点环节进行再完善再提升。搞好全市农村集体产权制度改革工作总结验收,建议对改革工作中的先进集体和先进个人予以表彰。加强农村集体经济组织管理,规范集体经济运营行为。落实财政部、农业农村部《农村集体经济组织财务制度》,重点推进有条件的村集体经济组织与村民自治组织账务分离。探索集体经济发展路径,发展壮大村集体经济,促进集体经济提质增效。督促有条件的集体经济组织开展收益分配,让集体经济组织成员共享改革发展成果。

(编审:贺全进)

打造乡村振兴齐鲁样板的威海实践

王文祖　李建勇 ①

实施乡村振兴战略，是党的十九大作出的重大决策部署，是决胜全面建成小康社会、全面建设社会主义现代化国家的重大历史任务，是新时代"三农"工作的总抓手。自乡村振兴战略提出以来，威海市按照中央和省委决策要求，因地制宜、积极探索，大力实施"全域城市化、市域一体化"战略，持续推进美丽乡村建设，城乡发展更加协调均衡，农村基础设施建设、社会保障水平、均衡发展程度等都取得了明显实效。在新时代乡村振兴道路上，威海正以时不我待的精神，聚力产业、人才、文化、生态、组织等各领域，朝着"打造乡村振兴齐鲁样板"的目标阔步前行。

一、威海全面推进乡村振兴战略的做法与成就

威海立足各区市的具体特点，因地制宜，精准施策，规划建设市县镇三级 80 个乡村振兴样板片区，拿出 20 个片区重点打造，引导靠山的村庄多念"山"字经，靠海的村庄多做"海"文章，以片区为载体，努力向"特色化"要效益、向"科学化"要成果、向"产业化"要增收。2020 年以来，威海打造的样板片区共新开工产业项目 442 个，荣成市十里古香片区、临港区麓源果乡片区、文登区西洋参小镇片区等初步成长为产业基础厚实、彰显乡情

① 作者简介：王文祖，中共威海市委党校教授，科研处处长；李建勇，中共威海市委党校教师。

乡韵、经得起历史和实践检验的乡村振兴典型范例。聚焦破解制度弱项、资金制约、资源分散、人才短缺等难点问题，威海市强化问题导向、目标导向、结果导向，以精准施策推动"五个振兴"在威海大地落地生根、开花结果。优化财政支农投入供给，扩大政策实施范围，推行乡村振兴首席专家制度，打造乡村振兴专家服务基地……一系列新思路、新办法，让推动乡村振兴的"主心骨"真正硬起来、强起来，更多"土专家""田秀才"扎根农村。2020年，威海市喜摘中国最具幸福感城市桂冠；环翠区张村镇王家疃村、荣成市俚岛镇烟墩角村、文登区高村镇慈口观村三村入选第二批全国乡村旅游重点村；文登区、荣成市入围第一批省级农村改革试验区；威海刺参、无花果上榜省特色农产品优势区；宋村镇等6镇上榜省级农业产业强镇……广袤田野正不断长出新希望、焕发新风采。

（一）构建现代乡村产业体系

1.持续提升农业综合生产能力

严格落实粮食安全责任制和粮食生产稳定度双考核机制，将播种面积和产量任务分解落实到各区市，压紧压实粮食生产责任。落实好耕地地力保护补贴、种粮农民一次性补贴、农机具购置补贴等稳粮扶持政策，保护农民种粮积极性。成立由市县两级专家组成的粮食生产专家技术服务组，科学制定小麦、玉米等粮食作物田间管理、病虫害防治技术指导意见，指导农户落实各项关键技术措施。积极推进粮食绿色高质高效项目建设，集成推广粮食绿色高质高效标准化生产技术，提高粮食生产效率。按照布局合理、标识清晰、生产稳定、能划尽划的原则，完成省定70万亩粮食生产功能区划定任务。2021年全市粮食播种面积181.55万亩、产量70.9万吨，花生73万亩、产量20万吨。扎实推进"三品一标"工作。截至2021年底，威海市"三品一标"有效用标产品360个。其中无公害农产品68个，绿色食品199个，有机食品68个，农产品地理标志持有人单位9个，涉及25个产品。"三品一标"农业标准化基地面积共236.7万亩，"三品一标"产品产地认证面积占当地食用农产品面积的比率达到81%以上。

2. 强化农业全产业链培育发展

出台《推进精致农业发展实施意见》，推进产业高质高效发展。突出全链条化思维，围绕苹果、西洋参、海参、牡蛎、无花果等20大特色产业，开展建链补链强链工作，市级对被认定为"链主"的企业给予最高10万元奖励。目前，已成立产业协会（联盟）12个，每个产业配备了1个专家技术顾问团，与85个产业基地建立专家联系服务机制，产业基地374处，率先发布现代苹果、西洋参等威海地方标准39项。

3. 加快特色产业载体建设

支持精致农业发展，市级对省级、市级农业产业园分别给予50万元、20万元奖励；支持农产品加工业升级，对年度农产品加工设备投资50万元以上的主体，给予不超过实际投资40%的补助。全市累计建设现代农业产业园4处、农业产业强镇项目4个、优势特色产业集群项目2个。建设15处国家级海洋牧场示范区、34处省级海洋牧场示范区，持续扩大海洋牧场示范规模。水产品总产量达到280万吨，休闲渔业年游客量超过700万人次、收入超过100亿元。

4. 加快培育新型经营主体

支持产业人才建设，市级对认定为威海市产业领军人才、创新型技术人才的，分别给予50万元和20万元一次性奖励。支持农产品品牌培育，对当年获得有机食品、绿色食品认证的，分别奖励5万元和2万元。支持农业社会化综合服务，每年认定3—5个市级典型，每个奖励50万元。鼓励开展农民专业合作社规范提升示范县创建，对达标县给予50万元奖励。通过探索合作社与合作社之间"强强联手"组建农民专业合作社联合社的方式，着力解决单个合作社解决不了、解决不好的问题，已经成立了文登市汇润农产品专业联合社、威海锦绣大地有机农业专业联合社、乳山市天欣农产专业合作联合社，出资额3430万元，成员单位18家。市级以上农业龙头发展到178家；建成镇级农业社会化综合服务中心48处，实现了涉农镇街全覆盖；文登区被评为全省农民合作社质量提升整县推进试点区和国家农民合作社质量提升整县试点区。

5.加快推进产业融合发展

围绕加快实施乡村振兴战略，采用"农业＋旅游"的模式，大力发展休闲观光、特色采摘等多种形式的休闲农业，将休闲农业与乡村旅游培植成农业发展和农民增收的新亮点。培育国家级休闲农业重点县1个、中国美丽休闲乡村2个，省级休闲农业和乡村旅游示范县1个、省级美丽休闲乡村4个、齐鲁美丽田园4个，省级休闲农业与乡村旅游示范点5个、省级休闲农业精品园区（农庄）6个。开展国家电子商务进农村综合示范建设，在全市开展创建电商村镇活动，通过为村集体、村镇企业对接服务团队进行线上销售等举措，提升全市农村电子商务产业聚集水平，营造农村电子商务发展浓厚氛围，引导带动更多农民、企业利用电商增收致富。

6.大力发展乡村旅游产业

2021年，威海市成功举办"相约乡村振兴路"活动，对外发布60个"畅游山海·寻梦田园"活动打卡地名单，包括观光休闲基地35个、美丽乡村21个、红色旅游景点4个。"畅游山海·寻梦田园"系列活动以农为媒，助力游客感受乡村、品味农产、寻梦田园，以路为介，引导游客畅游山海、释放情感、寻找归属，既是威海乡村振兴成果的集中展示，更是打造乡村振兴齐鲁样板示范标杆的新起点。

7.创新农业社会化服务体系

威海市围绕实施乡村振兴战略，在全国率先创新农业社会化服务体系，在回答新时代"谁来种地、如何种地"问题同时，激活农村土地集体"统"的内在活力，着力破解"农民增收、集体增收"问题，形成可复制、易推广的现代农业发展模式，探索出一条农村集体经济发展的路径。

（1）搭建"一个中心、两大平台"，打造农业社会化服务综合体。一是建设镇级农业社会化综合服务中心。在1个镇试点成立全国首个农业社会化综合服务中心，并召开现场会在全市推广；镇级社会化服务中心按照服务半径3公里、辐射面积3—5万亩的标准建设，目前已经建设65个，已实现全市所有涉农镇全覆盖。二是建设"10+N"社会化功能线下服务平台。每个农业社会化综合服务中心统一设立农业类"一站式"政府服务窗口、培育引进农业社会化服务公司，主要有土地规模化经营、庄稼医院、农安监管等10项基本服务功能，并鼓励各镇结合产业特点，开展农村休闲旅游推广等特色服务，形成"10+N"的社会化服务功能模块体系。三是建设"3+N"信息化线上服务平台。建设土地信息服务平台、农机信息服务平台，建立各村土地电子信息数据库，清晰标注农作物种植、闲置撂荒等土地信息，为服务中心精准生产奠定基础；开发土地托管APP软件，提供土地流转线上交易和进度查询服务，及时了解土地托管进度，提高土地托管业务效率。建立劳动力信息服务平台，建立各村劳动力信息电子化档案，实现农民务工和经营主体用工双向高效对接，解决农户打工难、新型主体用工难的问题。"N"即各镇社会化服务中心结合实际，建立的农业空中讲堂、电商营销、农资直销等区域信息服务平台。

（2）探索"菜单式、保姆式"服务，实现农业生产全过程全覆盖。一是提供土地托管服务，解决谁来种地问题。面对农村空心化、人口老龄化这一问题，农业社会化服务中心主要提供3种土地服务模式："流转式"即村民将土地流转给村集体土地合作社，由其委托社会服务中心内的专业服务公司，进行自主经营，每年每亩收取1000元左右租金；"全托式"即村民将土地委托给社会服务中心内的专业服务公司，由其代为耕种管理，服务组织按亩收取一定粮食或收益。"入股式"即村民将土地入股，参与到公司经营、分红当中。二是提供"菜单式"生产服务，解决怎么种地问题。按照"你点餐、我列单"模式，由专业服务公司对耕地、播种、收获等每个环节明码标价，统筹开展订单种植、产销对接、质量追溯、品质评定等服务40余项，为村民提供"菜单化"服务。建立土地托管服务电子化信息台账，实现土地托管、机耕、施肥、用药、运输等全过程追溯监管，提高服务效益。三是提供标准化拓展服务，解决如何种好地问题。围绕标准化生产，利用专业化服务组织，推广农作物、蔬菜、果树等新品种 80 个，推广优质高效栽培技术 28 项，确保在成方连片地主导品种覆盖率和主推技术到位率达到 100%。围绕绿色生产技术服务，开发具有国内领先水平的测土配方施肥专家系统及手机 APP，全面推广水肥一体化技术，实现测土配方技术覆盖率达到 100%。

（3）坚持"政府领办、市场运作"，探索集体经济发展新路径。推动社会化服务中心持续发展，核心在于培育或引进 1 家产业链条长、现代装备齐全、拥有现代农业项目的专业服务公司，对流转的成方连片土地规范化经营，实现土地价值增值。村集体发挥牵头作用，将农户不愿耕种的土地调换集中起来，成立村土地股份合作社，整体打包给服务中心对外招商流转或委托公司托底经营，农户按股享受收益，集体获得增量和增值两部分收益。一是"增量"收益。由于土地调换集中经营，相邻地块沟壑地堰平整，小块地变大块地，一般每亩溢出土地 20%，收益归村集体所有。二是"增值"收益。组织镇级服务平台或市场主体对入股土地实施产业园区式统一布局规划，连片成方后对外招商，根据土地特点培植农业项目，以高附加值作物为重点，发展现代生态高效农业，增加农业经济效益，实现从"田里种粮"向"土里刨金"转变。积极争取涉农财政项目，改善土地的基础设施和生产能力，土地实现了增值，这部分收入由村集体、农户按比例进行分成。比如，一个村将 300 亩土地交由镇农业社会化综合服务中心经营为例，"增量"就是 300 亩土地连片成方后，可增加土地 60 亩（按每亩溢出土地面积 20% 计算），每年增加集体收入 3 万元（每亩土地传统种植年收益约 500 元）。"增值"就是经过招商后，原来一亩 500 元的土地可升值为 800 元，增值的 300 元按照村集体和个人 3:7 的比例分配，集体收入变成增值的 2.7 万元和增量的 4.8 万元两块，合计 7.5 万元，走出了一条可复制、易推广的集体经济发展新路子。

（4）坚持"共建、共治、共享"，打造乡村振兴的"孵化中心"。为最大限度地挖掘社会化服务中心的服务潜能，充分发挥其在乡村振兴中的载体作用，威海市加大政策配套和组织人员保障力度，努力推动乡村振兴。通过

"农业龙头企业＋社会化服务中心＋农户"模式，解决农民就地就业和农民增收。建立农民土地入股、抵押贷款等融资机制，为新型农业经营主体提供10万元至200万元信贷担保服务，解决社会化服务融资难、融资贵等问题。对加入村土地合作社的村民，每月交纳300元，即可享受到一日3餐上门服务，让农民享受到社会化服务成果。

（二）实施乡村建设行动

坚持规划引领，启动威海市级国土空间规划编制，荣成市、乳山市同步启动县级国土空间规划编制，初步形成了"市—县"两级国土空间总体规划成果。推进村庄规划应编尽编，已完成70个村庄规划编制工作。持续开展农村人居环境整治，先后开展了村庄清洁行动"春季战役""夏季战役"和"秋冬战役"，创建省级清洁村庄718个，市级清洁村庄保持全覆盖。扎实推进农村"厕所革命"，累计实施农村改厕42.2万户，覆盖率达到94.8%，建设农村公厕612座，实现300户以上自然村农村公厕全覆盖。着力补齐农村基础设施短板。开展新一轮农村生活污水治理提升，累计完成农村生活污水治理行政村946个，累计完成率39.71%，荣成市整县推进治理模式被列入省"秀水乡村"第一批典型经验。扎实推进农村清洁取暖改造，实现清洁取暖农村居民19.6万户，农村清洁取暖率达到44%。全市2475个行政村已实现生活垃圾收集、运输、处置体系全覆盖，农村生活垃圾无害化处理率达到100%。积极推广农村生活垃圾分类试点范围，新增农村生活分类村庄275个。农村饮水安全保障有力，村庄自来水普及率达到100%，所有单村供水村庄均安装净水设施。实现全省"四好农村路"示范县"一片红"，农村"户户通"全部完成。

（三）推进农业绿色发展

积极推动品种培优、品质提升、品牌打造。"大菱鲆良种繁育技术研究与示范""苹果矮化自根砧苗木质量标准及其繁育关键技术"等一批种业项目通过省级验收，建成苹果、无花果、大樱桃、薯类种植资源圃4个，收集保存种植资源200余个，培育"威青一号"无花果、"威红一号"苹果等新品种。新发展"三品一标"产品28个，涉及19家企业。加强品牌建设和管理，目前，全市共有省级知名农产品品牌22个、市级知名农产品品牌60个、省级知名农产品区域公用品牌3个。全面开展农业面源污染防治。实施农药化肥减量增效工程。实施农作物秸秆综合利用试点县项目。全市规模化养殖场粪污设施配建率达到100%，粪污综合利用率达到97%。强化渔政执法能力建设。以海洋渔船综合管控为重点，探索了渔政管理"威海方案""威海经验"，各区市均成立渔业执法机构，有力地促进了海洋渔业资源科学有序利用。

（四）以"人才杠杆"撬动乡村振兴

威海市坚持以人才智力为杠杆撬动乡村振兴，成立乡村人才振兴工作专班，面向全系统建立"人社系统乡村人才振兴工作专班"，明确分工、压实责任，进一步构建起市、区（市）上下联动的人社专班工作体系。制定《乡村振兴人才激励政策十二条》，进一步提升丰富威海市乡村人才振兴政策体系，加大基层对人才的吸引力。按照"人才以用为本"原则，制定《威海市专家服务基地建设管理办法》，逐步建立全市专家服务基层长效机制，发挥高层次人才服务乡村的示范引领作用，为乡村振兴注入源头活水。推行乡村振兴"首席专家"制度，试点出台管理暂行办法，推出特优专家10万元工作津贴、创办项目200万元资金支持、科研经费补助、人才公寓分配等一揽子优惠政策。组织实施乡村振兴"市级专业技术人才高级研修培训计划""威海市互联网农业与乡村振兴"高级研修班，邀请京东集团、英国城市大学CASS商学院博士后、华中农大"双一流"学科博士生导师前来授课，有力提升人才服务乡村振兴、助力产业发展的能力和水平。升级完善"威海市专业技术人员继续教育服务平台"，创新开发"威海专技培训"手机APP，采取"网上＋掌上"模式，提供农业技术、水利工程、林业工程等涉农专业在内的 30 多个系列 1500 多个学时的省级以上优质专家课件。积极开展联系服务企业和基层乡村走访调研活动，围绕城乡劳动者的就业创业需求和培训意愿，深化提升"授渔计划·就业创业培训下基层""精准扶贫直通车"和"乡村振兴培训直通车"等品牌培训活动。

搭建高层次人才对接服务平台。借助"威海国际英才创新创业大会"引才品牌活动的影响力和磁吸力，打造服务乡村的高层次、国际化人才技术项目对接交流平台。举办"2019 中国威海·国际英才创新创业大会高层次人才助推乡村振兴对接洽谈会"，与参会专家签约和达成合作意向 17 个。加强高技能人才培养载体建设。围绕本土技能人才培养，加强技师工作站、技能大师特色工作站等平台选拔推荐。通过搭建高技能人才研究培养平台，将持续促进高技能人才技能技艺传承，不断壮大本土技能人才队伍。引导鼓励高校毕业生服务基层。全面实施"万名大学生聚集计划"，释放政策效应，吸引省内外高校毕业生来威就业创业。引导和鼓励高校毕业生到基层工作，加大服务基层项目实施，健全基层成才保障，拓展到基层工作渠道和发展空间，以人才振兴助力乡村振兴。

（五）构建现代乡村治理体系

1. 加强基层党组织建设

威海坚持以提升农村基层党组织组织力为重点，创新完善村党组织领导下的自治、法治、德治相结合的乡村治理体系和机制，引领乡村治理水平迈上新台阶。启动农村基层党建"百千万"强基工程，制定《威海市村党支部建设标准规范》，三星级以上党组织达到 96.7%。实施后进薄弱村攻坚突破行动，评选乡村振兴"标兵村"30 个、"奋进村"20 个，全市集体经济收入 5 万元以上村达到 80%。开展帮扶联建，组织 290 家市直单位联系村，选派 375 名干部，组建 16 支乡村振兴服务队、43 个"进乡村"工作组。

2. 完善村民自治制度

持续推动"六治一网"在农村落实。狠抓农村社会治理补短板、强弱项、树典型、创品牌，大力推动完善党建引领、村民自治、信用体系、道德教化、法治建设等工作机制，进一步激发基层治理活力，推动乡村治理更好融入市域社会治理现代化整体布局。完善《村规民约》《村民自治章程》等村级自治制度。落实山东省实施《村民委员会组织法》办法，结合《妇女儿童权益保障法》《农村土地承包法》等法律法规，组织部、宣传部、农业农村局、公安局、妇联等相关部门联合制定《村规民约》《村民自治章程》等村级自治组织制度范本，督导各村根据实际情况进行修订。建立并实行了"四议两公开"民主决策制度，对《民主决策记录簿》进行了规范和印制，并定期对镇街"四议两公开"制度的落实情况进行现场督导检查，发现问题现场反馈并限期整改，确保工作落到实处。

3. 加强农村法治建设

持续深化网格化服务管理，推动优化农村网格设置，配齐网格员 2902 名，保持"一格一员"有效治理。深化农村网格"五色管理机制"，巡查上报涉农重点网格事件 8.8 万余件。在全省率先建成海上网格化治理体系，围绕排查"三无"渔船、涉海人员等查访居民 110 万户次，收集涉海涉船信息 3 万余条，协助处置涉海事项 2100 余件，为打赢渔船综合管控攻坚战作出重要贡献。深化"一村（社区）一警务助理""一村（社区）一法律顾问"机制创新，全市配备警务助理 2713 名、法律顾问 2813 名，面对面为农村居民提供优质治安、法治服务。创新推行"三师三官一员"进渔港机制，排查化解各类风险隐患 10869 件，相关经验被《人民日报》《大众日报》等党报宣传推介。大力推进加强镇级综治中心实体化规范化建设，推动整合融合公共法律服务、矛盾纠纷调解、心理健康服务、信访接待等社会治理资源，更好为农村群众提供"一站式"服务。

4. 完善乡村服务体系

在条件较好的农村社区参照城市社区设置服务大厅，配备大厅服务人员、社区专职工作者实行"一门式"办公，在其他农村社区设置村便民服务代办点，配备固定帮办代办人员，能够为村居有办事需求的群众，提供帮办、代办、代收、代缴等"一站式"服务。制定全市统一的《村（社区）事项基础目录》，基础目录内的事项，在社区服务大厅和便民服务代办点显著位置对外公开，在农村社区内广而告之，在山东政务服务网（威海）村级站点对外公开，并在政务服务网（威海）村级站点下实行"一网通办"。能在社区办理的直接办理，不能够直接办理的由代办员负责为本村（社区）居民全程代办、代理、代缴。强化公益互助培育，按照"就近、就熟"原则，依托农村社区党员干部、社区工作者、志愿服务者等，充实基层帮办代办服务力量，为社区企业群众提供政策咨询、帮办代办等服务。2021年度，全市村（社区）政务服务帮办代办人员2600余人，累计提供贴心服务24.5万次。

（六）持续加强农村民生保障

威海市积极开展"质量下乡百校行"、科研培训、教学研讨、资源评选、辐射引领等活动提高教师教学水平，促进教师专业发展。启动城乡学区建设，将学区、片区有机整合，实施教研协作区建设，建构城乡学校横向联系、中小学段纵向衔接的网状教研新模式。开展农村学校"双助工程"，实施农村义务教育阶段中小学校长助力培训工程和骨干教师助力培训工程，促进农村学校的精致发展。组建由7处县级医院牵头的紧密型县域医共体，建立县域统一的医学影像、远程心电、远程会诊等共享中心30余处。全市社区医院实现区市全覆盖，形成农村地区15分钟健康服务圈。将常住人口纳入基本公共卫生服务范围，全面实施2.0版家庭医生签约服务，加快基层向以健康为中心、医防融合服务新模式转变，推进慢病患者一体化管理服务。实施特困人员供养服务机构（敬老院）改造提升工程，将全市小、散、差的乡镇敬老院进行撤并整合，集中打造辐射带动力强、服务质量优的农村区域性养老服务中心。将31处敬老院整合成13处农村区域性养老服务中心，确保全市所有敬老院达到国家二星级以上标准。实施农村老年餐桌试点工程，推广村级自营、村级互助、村企联动三类助餐模式，为农村留守、高龄、残疾等老年人解决"一餐热饭"。将留守老年人纳入 12349 居家服务中心，并为特殊困难老年人每月提供 30—60 小时居家养老服务。因地制宜地对农村幸福院进行提档升级，打造村级微型养老院、居家养老服务中心。

（七）深入推进农村改革

1.深化农村集体产权制度改革

建立农村集体产权制度改革领导体制和工作机制，先后印发了稳步推进农村集体产权制度改革的实施意见等制度文件，进一步明确改革指导思想、基本原则和保障措施，指导农村集体资产产权改革有序开展。截至 2021 年底，全市 2713 个农村集体经济组织全部完成清产核资，产改完成村全部完成登记赋码。拓宽集体经济发展路径，强化政策支持，对集体经营性收入不足 5 万元的村庄，市县两级按照每村扶持不少于 30 万元的标准发展集体经济。积极探索"强弱结对、抱团发展"模式，引导村级党组织按照自愿、就近和互补原则结成联建对子，增加行政村集体收入。积极探索村级财务管理新机制，在全省率先实行了农村集体财务委托代理制，目前，威海市 73 个镇（街）的 2713 个村（居）全部纳入"三资"委托代理中心管理。深化改革成果。荣成市、文登区入选全省农村综合改革试验区试点县。在全市改革后的农村集体经济组织中选取 100 个村进行公司化运营试点，探索村民委员会事务和集体经济组织事务分离、分账管理，提升村级组织自我发展能力。

2.加快推进农村资金投入体制改革

威海市加大涉农资金统筹整合力度，2021 年市级安排统筹整合涉农资金预算 4.9 亿元。严格落实上级政策要求，分年度提高土地出让收入用于农业农村的比例，集中支持乡村振兴重点任务。人民银行威海市中心支行会同市财政局等部门印发了《关于协同推进农业信贷担保工作助力乡村振兴的意见》，引导全市 14 家金融机构与涉农担保实现实质性合作，发放鲁担惠农贷 24.14 亿元，支持涉农项目 2630 个，单个项目平均额度为 91.77 万元。鼓励社会资本投入乡村振兴，对农产品加工当年设备投资 50 万以上并竣工投入运行的项目，按照最高不超过实际投资的 40% 给予补助，最高补贴金额不超过 300 万元，以提升精深加工技术水平和农产品附加值，支持农产品加工业发展，为 43 家主体补助资金 3585 万元。

3. 加快县内城乡融合发展

强化县镇服务能力建设，把镇街建成服务农民的区域中心，建成农业社会化综合服务中心 48 处，实现涉农镇街全覆盖。文登区把乡镇作为推动乡村振兴的重要抓手，通过推行生产再组织、资源再整合，将乡镇打造成乡村服务中心、经济中心和治理中心。推进城乡基本公共服务均等化发展，整合"质量下乡百校行"与"双助工程"教科研培训活动；完善公共文化设施，建成覆盖所有村（社区）的综合性文化服务中心；推动优质卫生资源向基层延伸、向农村倾斜，将常住人口纳入基本公共卫生服务范围，服务项目扩大到 12 大类 51 项；打造山东省首个市域一体、覆盖城乡、惠及全体居民的居家养老和便民服务平台。

二、威海全面推进乡村振兴战略面临的挑战

威海市全面实施乡村振兴战略以来，农业农村各项工作取得明显成效，部分工作发生了历史性变革。但在乡村发展过程中仍然存在较多问题，其中大部分问题也是影响乡村振兴的普遍性问题。

（一）人口老龄化严重

威海市从 1987 年就开始进入了老龄化社会，分别比全国、全省早 12 年和 7 年。第七次全国人口普查数据结果显示，威海市 65 岁及以上老年人口占比已达 19.26%，已经很接近超老龄社会的国际标准，成为山东最"老"的城市。严重的空心化、老龄化问题造成乡村发展的内生动力不足，给全面推进乡村振兴战略带来巨大挑战。"以农为生的人，世代定居是常态，迁移

是变态。"① 然而，在经济快速发展的现代社会，农村人口的单向流出给农村发展带来严重挑战。从调研情况来看，目前威海市农村普遍面临年轻劳动力不足的问题，五六十岁左右从事农业生产的人也是少数，"老弱病残"成为农业生产的主力军。严重的人口流失，导致农业生产后继无人，土地撂荒，乡村振兴面临内生动力严重不足的困境。

（二）产业基础薄弱

1. 乡村产业发展动力不足

随着农业产业化的不断推进，乡村产业发展进程加快，但是在快速发展过程中也出现了一些不容忽视的问题，如产业特色不明显，趋同现象严重，经济效益不理想。同一产业中不同品牌的商品相互模仿，缺乏个性，不管是乡村振兴的模式打造，还是乡村产业的经营方式，形成同质化竞争。乡村产业链条较短，产品附加值不高，融合层次较低。现有乡村产业普遍规模较小，产业化经营程度低，大部分产品以原始状态直接进入市场，就算有部分加工厂也停留在初级加工状态，深加工能力不足，产品附加值不高。与农业现代化相适应的社会化服务体系发展不充分，仓储、冷链、物流、信息咨询等服务较为缺乏，产品销售也主要在本地市场。整体来看，大部分乡村产业的产、供、销处于不对称的分离状态，未形成一体化的融合式发展。

2. 新型农业经营主体发育不足

由于小农户直接面对市场风险和自然风险的能力较弱，龙头企业、农民合作社等逐渐成为乡村产业发展的带动主体。然而由于农村地区资本、技术、人才等相对缺乏，仓储物流类和冷链运输类设施发展滞后，激励政策不足且机制不完善，难以培育与引入更多优质的农业经营主体，尤其是经济效益高、带贫能力强的龙头企业。近年来，威海市政府逐步加大对新型农业经营主体科技创新的投入力度，乡村产业技术以及生产水平不断得到提升，农

---

① 费孝通：《乡土中国》，人民出版社 2015 年版，第 3 页。

业现代化程度也越来越高。但是整体来看，科技创新的示范带动效应尚未显现，特别是传统农业经营方式的科技创新还不强。目前大部分地区的乡村产业仍然以传统农业、种植业为主，现代化生产技术与传统经营方式衔接度不够，生产条件较为落后。

3.产业融合度低

虽然威海市农村一二三产业融合取得一定的成效，但在融合过程中还存在着各种阻碍。主要因为乡村产业链一般较短，产业之间缺乏有效融合。比如由于设备与技术条件的限制，农产品生产类产业往往只提供初级农产品，缺乏进一步深加工精加工，难以形成完整的产业链，无法实现从加工生产到物流、销售一体化的发展方式。农产品附加值较低，产品销售也大多以本地市场为主，所得利润有限。休闲农业和乡村旅游类产业形式也比较简单，大多还是农家乐为主，或者自然风景观赏、古镇古村游览等项目，缺乏有效的产业融合。在融合过程中各部门之间的配合度不高、效率低下，相关的支撑要素比如资金、技术、人才、土地等很难及时到位。在融合过程中农户不能很好地分享二三产业带来的增值收益，农户与新型经营主体之间很难在利益分配上达成协议。很多乡村至今还没有产业融合能达成共赢的意识，导致产业融合数量少、规模小，农产品加工缺乏深度，产品质量和档次不高，竞争优势不明显。

（三）城乡发展不平衡

城乡发展不平衡最具典型性和代表性，是多种发展不平衡不充分因素互相交织、动态变化的集中体现，成为新发展阶段制约城乡人民共同富裕目标实现的最大短板。乡村振兴战略旨在推进农业农村现代化，促进乡村全面发展，缩小城乡发展的不平衡，加快补齐共同富裕的"最大短板"。威海市在全面推进乡村振兴的过程中面临城乡要素流通不畅、乡村产业体系构建不完善、基础设施和公共服务存在短板、城乡收入差距较大等问题，制约农业农村现代化的发展，进而影响扎实推进共同富裕的进程。

三、威海全面推进乡村振兴战略的对策建议

（一）创新城乡融合发展

党的十九大报告对推动城乡融合发展作出部署，从而为实施乡村振兴战略提供了"城市与农村命运共同体"的创新路径。贯彻落实好城乡融合发展理念，推进城乡在空间及功能上的融合。首先，增强城乡要素互动。威海要充分运用公共财政、价格杠杆等政策手段，积极引导人、财、物、土地、技术等重要生产要素实现城乡双向流动。威海市可依托智慧城市建设科技创新平台，着力打造智慧农业示范区建设，积极推动广覆盖、内容全的农业科研信息网、基础数据库以及创新资源共享平台建设。建立健全以市场为导向的信息化服务体系，推动城市现代信息技术在农业农村领域广泛应用。其次，威海可利用城镇化水平高的特征，积极采取规划引导、政策扶持等方式方法，促进城乡之间的资源要素合理流动、科学配置。在高质量农田建设过程中，要持续完善财政支农政策体系，注意保持连续性、系统性，不断提高前瞻性、有效性，逐步缓解农田水利等基础设施薄弱问题。

（二）推进产业融合发展

针对一二三产业融合度低的问题，威海各地应该因地制宜，出台适合本地的农产品深加工与休闲农业、旅游农业同步发展的政策。通过扩大招商引资范围，实现以政府为主、企业和银行为辅的三方对接平台，实现产销融合发展。

1.延伸产业链

将初始产品供应向加工、销售延伸，使一二三产业高度融合形成一种新型的商业模式。围绕威海特色农产品，不断做优做强以粮食为基础的农产品，同时延伸花生、苹果、甘薯、无花果、大樱桃、西洋参、草莓等优质特色农产品产业链，在原始农产品生产的基础上继续做好花生油、苹果干、地

瓜干、草莓干、西洋参切片、无花果酒等深加工产业，实现农产品的精深加工，以实现市场主体的多元化需求，保证在市场上具有较强的竞争力，促进农民持续增收。

2.打造优势特色产业

根据威海市自然禀赋、气候特点、资源优势、发展现状和发展潜力，将现代农业发展与城市建设、美丽乡村、特色小镇、全域旅游相结合，引导农业产业由传统生产环节向加工、流通、服务、生态等纵向延伸，农业功能由单一生产向休闲观光、农事体验、文化传承、农业教育、健康养生等横向拓展，实现全产业融合，形成较为完整的农业产业链和价值链，建立与农民利益紧密联结机制，培育壮大本地农产品种植、管理、采摘、加工、销售、旅游及配套服务相融合的特色产业优势，加快农业转型升级、提质增效。

3.加强品牌农业建设

针对威海市地域特点及特色农产品相对优势，制定科学的农业品牌发展规划，抓好知名品牌的策划和打造，形成趣味品牌，促进产业集聚，实现"一个品牌带动一个产业，致富一方百姓"的目标。把创建高效生态农业示范区、建设农业科技示范园和优势农产品基地、打造田园综合体等与推进农业品牌化有机结合起来，推进品牌农业标准化生产体系建设，搭建品牌农产品营销推介平台，利用多种媒体扩大宣传，提升威海农产品品牌的社会影响力。

（三）健全乡村治理机制

农村治理困境能否破解关系着乡村振兴战略的成败。破解治理难题，健全治理机制是关键。

1.构建信用框架体系激发干群内生动力

威海依托市、县、区成立的社会信用中心，根据《威海市信用"进农村"工作推进方案》《威海市"海贝分"（农村）积分管理试行办法》，搭建农村信用管理平台，对全市所有村居的信用管理状况进行动态评测，确保农村信用管理"一把尺子量到底"。根据镇、村工作实际制定村级信用积分管理办法，为每位村民创建"一对一"信用档案，建立了"信息员采集、村议事会审核公示、镇街征信办上传"的信息汇集机制。把农村信用平台与市、县平台打通，群众在村里的加减分在全市通用，纳入全市联合奖惩，放大村级信用奖惩效应，建起明晰的农村信用管理形态体系。

2. 加强基层党组织建设

基层党建是农村各项工作的"牛鼻子"，习近平总书记指出："东西南北中，党政军民学，党是领导一切的。"[1] 威海通过探索"基层干部+普通党员+群众代表"的方式，加强农村基层党组织建设，充分发挥农村基层党组织的先锋模范作用，凝聚农村发展的各种力量，为乡村振兴战略的落实提供坚实的政治保障。威海市可依托区市党校优势，不断加强基层干部职业能力培训，增强基层干部的政治领导素养和组织管理能力，充分发挥基层领导干部在乡村振兴中统筹规划、凝聚农村发展力量的重要作用。

3. 畅通民意表达渠道

威海可利用村镇"阳光平台"，建立健全村务公开制度，让村民对于村内事务能够更加直观的了解，有利于促进村民对于村务的参与、管理和监督。根据《威海市信用"进农村"工作推进方案》《威海市"海贝分"（农村）积分管理试行办法》，完善"信用+"矛盾调解机制，构建和谐安定的基层治理环境，努力做到"小事不出村，大事不出镇"，充分发挥信用体系在解决村民矛盾和畅通民意表达渠道方面的规范作用，营造诚信为本的社会氛围，实现村民参与到民主管理转变，不断增强村民的责任意识。

（四）打好人才集聚组合拳

人力资源是乡村发展的内生动力，实施乡村振兴战略首先要后继有人，"要着力培育乡村发展所需的产业发展推动人、农业科技推广人和脱贫致富

---

[1] 《习近平谈治国理政》第三卷，外文出版社 2020 年版，第 16 页。

带头人。"① 发挥政策扶持，坚持特色培养，努力培育造就一批懂农业、爱农村、爱农民的"三农"工作队伍。

1.加强人才培养

威海可依托市域内的高等教育机构，通过一系列政策措施和资金支持加强农业人才培养队伍建设。依托山东大学威海分校、哈尔滨工业大学威海分校、北京交通大学威海校区、哈尔滨理工大学荣成校区等优质资源，加强农业类、管理类、技能类人才培养，提高对农林专业领域学生的政策扶持力度，着力培养造就一批农业农村的科技带头人、农业领域优秀青年工作者、科研人员和农业专家，把先进的技术和丰富的管理经验带入农村，让农村成为科研人员的试验田。同时，威海可利用优质教育资源，着力加强新型职业农民培育工程，发挥科技带头人作用，对农民进行定期培训和专业指导，通过"回炉重造"，不断转变传统职业农民观念，提高他们的种植技术和管理经验，"发挥资源禀赋对农村劳动力农内转移的积极影响"②，使广大农民不断适应农业现代化发展需求。

2.吸引青年返乡创业

威海市已经出台《威海市建设青年发展友好型城市实施方案》等一系列政策举措，在此基础上围绕"让城市对青年发展更友好，让青年对城市发展更有为"两个维度，重点解决青年在住房、教育、就业创业、健康、婚恋等方面的问题，小到暖心贴心的生活补助、租房补贴，大到购房安置、融资保障，构建起"全生命周期"青年友好型服务链条，吸引更多青年人来威海就业创业。

（五）培育多元发展新农村

充分发挥人才技术优势、资源优势、信息优势，结合地域实际，探索多

---

① 吴忠权：《基于乡村振兴的人力资本开发新要求与路径创新》，《理论与改革》2018年第6期。

② 罗明忠、罗琦、陈江华：《农业分工、资源禀赋与农村劳动力农业产业内转移》，《江苏大学学报（社会科学版）》2018年第2期。

种模式，把专家智力成果，转化为建设美丽乡村实实在在成效。

1."特色产业+"

威海市可按照"一村一品""几村一品"的理念，由乡村振兴首席专家牵头或参与创办农业专业合作社、家庭农场、行业协会，带动村集体和群众增收致富，发展起一批富民产业。威海文登区先后打造绿杨村灰树花菌、眠虎岭村金鸡菊、菜园子村羊肚菌等30多个特色产业村，累计提供就业岗位6000多个，一年可带动村集体增收800多万元，群众年收入增加3万元以上。威海可根据已有产业发展经验，在此基础上继续做优做强特色产业，不断推进产业振兴。

2."创意文旅+"

在既有挖掘民俗文化的基础上，威海可继续打造以首席专家为媒的文旅团队，在保留村庄原有风味的基础上，为乡村注入艺术元素，让老村庄焕发新活力，扮靓乡村面貌。根据大水泊镇的首席专家引领文创经验，逐步打造以"琴棋书画、诗酒花茶、歌舞影媒"为主题的特色文旅村落，流转农村闲置房屋，吸引社会资本，为农民增收致富。

（六）培育新型职业农民

要想真正解决威海农民老龄化问题，必须突破农业人才匮乏的瓶颈，迫切需要培育一批高学历、高素质、有知识、懂经营、会管理的新型职业农民。重视并培育新型职业农民，不仅要"输血"，更要"造血"，要为他们提供学习渠道和平台，畅通智力、技术、管理下乡通道，要从单向流动转向双向流动，让返乡、回乡、下乡的新农人成为新型职业农民。

1.适当发展服务业，提升农民幸福感

大部分青壮年宁可选择在城市打工艰难维持生计，也不愿回到农村种地生活，是因为在农村生活幸福感指数较低，即使有享受生活的时间和金钱，也很难有享受生活的场所，农村消费市场的发展跟老百姓日益增长的消费需求出现脱节。当前，威海市作为城乡融合发展先行区，依托城镇率水平的不

断提升，不断推进消费市场和服务产业向基层延伸，激活农村居民的消费能力，满足他们对生活的更高追求。第三产业的发展有助于提升农村人口尤其是年轻人的幸福指数，是留住青壮年劳动力的一个重要因素，威海市政府通过相关制度安排，采取具体措施推进乡村三产融合发展，为农村居民提供更优质的生活条件。

2.加大农业金融扶持力度

随着农业科技的快速发展，传统农业将会处于弱势地位，要想使农业年轻化，就要改变农业生产方式。因而，威海市要结合乡村振兴战略要求和胶东特色资源优势，加大对特色农业金融扶持力度，构建完善的金融体系，满足农村、农民、农业的多样化金融需求，让持续稳定的金融服务在城乡之间实现双向流动，这样才能为实现乡村振兴提供源源不断的动力。

乡村振兴是一项全面系统性工程，涉及乡村经济、生态文明、社会治理、党的建设等诸多方面，必须明确定位、全面发力、一体推进。威海要按照习近平总书记提出的推动乡村产业、人才、文化、生态、组织"五个振兴"要求，明确争当全省乡村振兴走在前列排头兵的目标定位，坚持一张好的蓝图干到底，一届接着一届干，紧紧围绕怎样让农业成为有奔头的产业、怎样让农村成为安居乐业的美丽家园、怎样让农民成为有吸引力的职业等关键问题，以乡村全面振兴推动农业全面升级、农村全面进步、农民全面发展。全市上下要把思想认识高度统一到中央、省委部署要求上来，与打造乡村振兴齐鲁样板威海篇紧密结合起来，不断增强人民群众的幸福感和获得感。威海市要紧紧围绕"畅游山海·寻梦田园"的乡村振兴主线，始终坚持以农为媒，助力游客感受乡村、品味农产、寻梦田园；以路为介，引导游客畅游山海、释放情感、寻找归属，威海实践既是威海乡村振兴成果的集中展示，更是打造乡村振兴齐鲁样板示范标杆的新起点。

（编审：王新志）

日照乡村振兴战略推进成效、挑战与对策

郑鹏飞　　时斌

摘　要：2021 年以来，日照市委、市政府认真贯彻中央、山东省委农村工作会议精神，严格落实中央、山东省委一号文件要求，印发了《关于全面推进乡村振兴加快农业农村现代化的实施意见》（日发〔2021〕1 号）文件，明确了 2021 年"三农"领域 75 项重点任务及责任单位，汇聚实施乡村振兴强大合力。在市委、市政府的坚强领导下，在各级各部门的共同努力下，乡村产业、人才、文化、生态、组织振兴取得实质性成效，全面乡村振兴取得了阶段性进展。全市乡村振兴工作虽然取得了新的进展，但也面临着一些困难和挑战：例如，对实施乡村振兴战略思想认识上存在误区，党领导农村工作的机制有待进一步完善，农村空心化、农民老龄化问题突出，乡村产业发展有起色但成色不足，农村基础设施欠账较多、公共服务供给不足等。"十四五"时期，"三农"工作重心转向全面乡村振兴，下一步，日照市将以习近平新时代中国特色社会主义思想为指导，立足新发展阶段，不断深化思想认识，进一步完善工作机制，加强党对农村工作的领导，合理优化乡村发展布局，推动农业全产业链高质量发展，实施乡村建设行动，着力破解乡村振兴面临的困难和挑战，以更高的标准、更有力的措施、更扎实的作风，为高质量高水平打造乡村振兴齐鲁样板贡献日照力量。

关键词：日照市；乡村振兴；成效；困难；对策建议

日照市始终高度重视"三农"工作，特别是乡村振兴战略实施以来，日照市深入贯彻习近平总书记重要指示要求和中央、省决策部署，认真落实

"三农"工作"四个优先"和"五级书记抓乡村振兴"要求，以打造乡村振兴齐鲁样板为总遵循，按照"全域谋划、分类推进、点上示范、面上突破"工作思路，建立了"1+1+5+N"政策体系，打造了一批乡村振兴样板工程，规划了"五纵一横"乡村振兴隆起带，点上发力，连点成线，扩线成面，全力实施片区打造，建立起"六带、八群、十区"的农业高质量发展支撑体系，乡村振兴战略稳步实施，"三农"工作迈上新台阶。

一、2021 年日照市乡村振兴战略推进成效

2021 年以来，日照市委、市政府认真贯彻中央、省委农村工作会议精神，严格落实中央、省委一号文件要求，印发了《关于全面推进乡村振兴加快农业农村现代化的实施意见》（日发〔2021〕1 号）文件，明确了 2021 年"三农"领域 75 项重点任务及责任单位，汇聚实施乡村振兴强大合力。在市委、市政府的坚强领导下，在各级各部门的共同努力下，乡村产业、人才、文化、生态、组织振兴取得实质性成效，全面乡村振兴取得了阶段性进展。

（一）发挥产业支撑作用，推进乡村产业振兴

1. 做好有效衔接的文章，脱贫攻坚成果巩固提升

一是做好政策衔接。围绕巩固提升脱贫攻坚成果，进一步健全完善防返贫动态监测和即时帮扶长效机制，帮扶对象收入和"两不愁三保障"等政策措施得到持续加强，严格落实"四个不摘"要求，制定出台"有效衔接"的若干措施，进一步健全完善防返贫动态监测和即时帮扶长效机制，新纳入系统 350 户 822 人，全部落实针对性帮扶措施，全市无返贫和新致贫。二是做好项目衔接。坚持建好新项目、管好老项目，今年投入资金 1.1 亿元，新实施产业项目 21 个，456 个已建成的项目全部运营良好，实现收益 5500 余万元，带动脱贫户户均收入 1300 元。继续开展免费职业技能培训，加大有组织劳务输出力度，完成转移就业 14862 人。三是做好资金衔接。持续加大各

级财政对巩固脱贫攻坚成果同乡村振兴有效衔接工作的投入力度，截至目前，市县二级共投入衔接资金1.52亿元。

2.做好稳产保供的文章，粮食产能稳步提升

一是抓好粮食和菜篮子供应。持续实施"藏粮于地、藏粮于技"战略，切实提升粮食生产能力。高质量推进27万亩建设任务，全市建成入库高标准农田169.36万亩；夏粮喜获丰收，小麦收获面积77.81万亩，单产430公斤以上，总产33.8万吨，首次实现面积、单产、总产"三增"。莒县成功争创为第一批"省级高标准农田建设示范县"。全市肉蛋奶产量为36.05万吨，同比增长3.57%，"菜篮子"产品供应充足。二是解决好种子和耕地问题。健全"源头严防、过程严管、后果严惩"工作机制，建立县乡村三级田长，实现耕地保护全覆盖。印发《关于加快推进现代种业创新发展的实施意见》，每年整合资金不低于3000万元，用于推动全市种业创新发展。着力培育"育繁推一体化"种业企业，年内评选5家市级种业龙头企业，每家企业奖补50万元。"志昌紫丰"葡萄以及新培育3个桃品种获农业农村部登记证书。三是持续优化畜牧业结构。以抓好生猪稳产保供为重点，联合国家统计局日照调查队共同开展生猪生产情况调研和形势分析。推进规模场建设补助项目实施，全市在建2020年生猪规模化养殖场建设补助项目共4个，中央投资300万元，已建设完成并通过验收。截至目前，全市生猪存栏80万头、出栏104.42万头；家禽存栏3363.40万只；牛存栏5.90万头、出栏3.79万头；羊存栏22.70万只、出栏25.80万只；奶牛存栏2.30万头。全市肉蛋奶产量为36.05万吨，同比增长3.57%。全市肉蛋奶等"菜篮子"产品总量充足，能够满足市场供给和城乡居民生活需求。

3.构建现代乡村产业体系，持续壮大乡村产业

一是着力构建"六带、八群、十区"现代农业高质量发展支撑体系。按照"一带一特色、一带一风景"目标，聚力打造"五纵一横"乡村振兴隆起带。围绕现代渔业、现代畜牧、茶叶、蓝莓、桑蚕、中药材、樱桃、蔬菜等特色产业，聚焦产业规模化、集群化、全产业链化，持续加大资金投入，在

隆起带上布局一批体量大、质量优、示范带动强、抗风险能力高的产业项目，推动现代农业高质量发展。新争创国家级农业产业强镇1个、国家级农业龙头企业1个，累计创建国家级农业产业强镇4个、国家级农业龙头企业4个、省级现代农业产业园4个、省级田园综合体2个。开展市级乡村振兴齐鲁样板示范区建设，计划打造10个市级示范区，每个奖补500万元。目前，示范区已完成创建方案编撰工作，计划于2022年6月完成验收。二是注重特色培育。按照"壮大规模、优化结构、打造品牌"思路，聚力打造绿茶、果品、中药材、桑蚕等特色优势农产品，全市特色种植业总面积突破150万亩，日照绿茶种植面积29.3万亩，年产干毛茶1.81万吨，面积和产量分别占山东省的60%和75%以上，日照绿茶列入全省13个优势特色产业进行重点培育打造。海洋渔业创新能力持续增强，全国首创的深远海养殖试验成功。

4. 加大新型经营主体培育力度

市级以上农民合作社示范社、家庭农场示范场分别发展到251家、207家。市级以上农业产业化重点龙头企业192家。全市农副食品加工业纳统企业数量由2021年的112个增长到129个，增幅15.2%；产值185.75亿元，同比增长21%。岚山区成功争创国家、省级农民合作社质量提升整县推进试点，莒县成功争创全省家庭农场高质量发展整县提升试点。

5. 推进农村集体产权制度改革

市、县、乡、村四级分别成立了工作专班，制定了实施意见及工作方案，适时召开会议推动改革工作，定期调度农村集体产权制度改革情况。制定下发《关于扎实做好当前重点工作如期完成农村集体产权制度改革阶段性任务的通知》，组织开展农村集体经济组织成员身份确认问题核查整改工作，多措并举推动农村集体产权制度改革"回头看"。市里落实督导指导职责，成立督导组，深入有关区县街道、村加强督导检查，推进工作落实。全市2979个村集体经济组织产权制度改革工作全部完成；目前，农村集体经济组织完成换届2950个，占总数的99%以上。承担的全省农村集体资产股权质押贷款试点顺利完成，股权质押 22 笔，贷款额 631 万元。通过推进清产核资和股份合作制改革，让广大农民清楚本村的家底，明确了个人在集体资产中的"份额"，从而消除了疑虑与误解，吃下了"定心丸"，促进了农村和谐稳定。

（二）坚持引育用留并举，推进乡村人才振兴

1. 聚焦"抓得实"，加强乡村人才振兴统筹谋划

充分发挥乡村人才振兴牵头部门作用，完善工作机制，压实工作责任，推进乡村人才振兴任务落地落实。一是强化规划引领。配合修订《日照市乡村振兴战略规划》，牵头修订《日照市推动乡村人才振兴工作方案》，优化工作目标，细化工作任务。二是完善工作责任体系。建立健全清单化管理、台账化推进的责任落实体系，紧盯 31 项重点工作任务，逐项明确时间表、工作措施、完成时限，建立工作台账，加强调度督查，推动各项工作落地见效。

2. 聚焦"育得强"，加大乡土人才培育力度

针对乡村人才需求，创新培养方式，拓宽培养渠道，着力打造乡村人才队伍。一是加快培育高素质农民。分解下达 2021 年高素质农民培训指标任务，全年培训 1100 余名高素质农民。启动建设高素质农民创业培训基地。二是加快培育农村转移劳动力。加强就业技能培训，扩大培训规模，拓展培训内容，丰富培训模式，大力培养新型职业农民、农村致富带头人。2021 年，全市已培训 21050 人次，比省下达考核指标超额完成 34%。三是加快培育基层专业技术人才。实施专业技术人才知识更新工程，广泛向社会征集培训项目，经过评选确定 5 个培训项目为重点培训项目，每个项目给予最高 10 万元的培训补助。推荐 3 个项目申报省级高级研修班。强化基层一线专技人才培训，提升基层专技人才素质。四是建立新型职业农民职称制度。继续开展职业农民职称评定试点工作，完成 2020 年度职业农民职称评审工作，评出农民助理农艺师 139 名，农民农艺师 26 名。培育高素质农民 1200 余名，

评定职业农民职称 171 人，1 人获全国农村创业创新优秀带头人称号。加大创业扶持力度，2022 年为农村自主创业农民发放创业担保贷款 5.16 亿元，扶持 2899 人自主创业。在莒县探索试点"乡村振兴合伙人"制度，通过资金扶持、专项奖励等，招募合伙人项目 106 个。

3. 聚焦"下得去"，引导各类人才向基层流动

强化资源整合，加大倾斜力度，引导激励各类人才流向农村、扎根基层、建功立业。一是推动科技创新资源向基层下沉。制订印发《日照市科技特派员管理办法》，对全市 25 个农科驿站开展科技服务情况进行了督导，进一步充实选派特派员力量，选派的 20 名副高级职称的科技人员按照帮扶协议和制定的措施开展基层服务活动 120 余次，培训乡村农业带头人 500 余人次，引进推广新品种 20 多个、新技术 50 多项，将先进技术和成果带到农村去转化。二是推动医疗卫生资源向基层下沉。扎实推进村卫生室标准化建设引领提升工程，已建设完成省级示范标准村卫生室 54 个，市级示范标准村卫生室 216 个。市级财政专门安排 500 万元资金，对通过验收的村卫生室予以奖补。进一步加强基层卫生人才队伍建设，对全市的 1000 名乡村医生分 5 期参加为期 45 天的全封闭培训。三是推动服务管理资源向基层下沉。健全常态化驻村工作机制，增强乡村振兴内在动力。加大专业人才选派力度，2022 年已选派教师 1400 人、科技工作者 400 人、医务工作者 150 人、文化旅游工作者 40 人，赴基层一线服务，支撑乡村振兴。日照市继续实施"三支一扶"基层服务项目。2022 年日照市共设置"三支一扶"岗位 54 个，共 4800 余人报考。作为全省唯一试点城市，2022 年日照市在支医岗位对招募方式进行改革，采取量化测评的方式代替笔试，对考生的学历、生源地信息、专业成绩、所获荣誉等信息进行赋分，根据赋分成绩确定面试人员名单，引导我市生源毕业生回乡就业。今年上岗 54 人，全部安排到乡镇基层就业。

4. 聚焦"留得住"，优化乡村人才服务质效

优化发展生态，强化服务保障，努力让广大人才心向基层、服务基层。

一是优化基层创业环境。拓宽《山东省创业担保贷款实施办法》支持范围，对返乡创业农民工、农村自主创业农民自主创业给予最高300万元贷款扶持。为3429名农村自主创业农民发放创业担保贷款65499万元，为172名返乡农民工发放创业担保贷款3535万元。组织开展了第二届"日照市十大返乡创业农民工"评选活动，评选了10名"日照市十大返乡创业农民工"。二是搭建人才服务平台。大力推进专家服务基地建设，省级乡村振兴专家服务基地达到6家，市级7家，培训基层各类人才5000余名，推动形成"产业＋人才、平台＋生态、技术＋赋能"基地集群发展格局。三是拓宽人才成长渠道。落实基层职称制度。完善"定向评价、定向使用"基层职称制度，落实基层农业技术、基层建设工程等职称评审标准条件，破除"五唯"倾向，体现"基层"特色，在乡镇事业单位从事专业技术工作人员可以根据工作年限直接申报职称，不受岗位结构比例限制。基层职称制度实施以来，共有564人获得基层高级职称，有力提高了日照市基层专业技术人员工作积极性。培育选树"农民工之星"。日照市总工会下发了《关于深入推进工会助力乡村振兴工作的通知》，在基层工会申报、区县总工会推荐的基础上，认定刘明旗等10名个人为市级"农民工之星"，并给予3千元的奖励资金，进一步推进农民工返乡创业工作。全年共评选市级乡村好青年45人，区县级乡村好青年共279人，镇级乡村好青年1560人。1535名35岁以下青年已进入"两委"班子，1181名"两委"委员兼任团组织书记，达77%，乡村好青年担任"两委"成员565人，担任团（总）支部书记554人，拉起了一支扎根农村的"好青年"队伍。目前已评选优秀乡村教师513名，优秀乡村教育工作者80名。2021年，190名优秀教干教师被评为全市爱岗敬业校长（园长）、爱岗敬业班主任和爱岗敬业教师。

（三）坚持塑形铸魂做实，推进乡村文化振兴

1.推动全市新时代文明实践走在前列

日照市新时代文明实践工作以思想意识为引领，以三大平台为阵地，以

丰富活动为载体，围绕群众日常生活中的所需、所盼，既解决思想问题也解决实际问题，做到接地气、聚人气，在全省实现"五个率先"，打通了宣传、教育、关心、服务群众"最后一公里"：一是率先构建"四级架构"组织体系。在全省率先成立市新时代文明实践指导中心，构建起市、区县、乡镇、村居四级组织架构体系。二是率先完成县镇村居全覆盖。在全省率先成立市新时代文明实践指导中心，构建起市、区县、乡镇、村居四级组织架构体系。建成新时代文明实践中心 7 个、分中心 56 个，实践站（所）1817 个，县镇村居覆盖率达 100%。五莲县、岚山区创建为全国试点，东港区、莒县创建为省级试点。三是率先向城市社区拓展。在村居工作基础上，推动向城市社区深入拓展，壮大新时代文明实践阵地建设。四是率先延伸推进特色阵地。紧贴群众生产生活轨迹，延伸窗口单位、"两新"组织、城市书房、养老中心等资源服务功能，不断推进覆盖特色文明实践站点。五是率先推进"数字赋能"智慧化建设。着眼数字化链接，统筹整合"线上＋线下"资源，着力构建起"文明实践云平台、有线智慧平台、现场实体化平台"立体化"三个平台"。

2. 多措并举推进移风易俗

市委宣传部、市民政局等 9 部门联合印发《关于做好 2021 年清明节祭扫工作的通知》，做好清明节祭扫服务保障工作，市文明办、市民政局联合发布《文明祭祀倡议书》，加强清明节期间移风易俗宣传，引导群众采用低碳、绿色、文明的方式祭奠故人。继免费证件工本费、复印费后，实行婚姻登记照相全免费，婚姻登记实现全流程免费服务。围绕群众反映强烈的天价彩礼、低俗婚闹、乱贴乱挂、随礼攀比等各种婚俗陋习，向新人发放《日照市新时代文明婚礼倡议书》，引导新婚夫妇签订《文明婚礼承诺书》，宣传不文明婚俗行为对社会和家庭的影响和危害，自觉抵制。创新开展了"文明迎亲"群众性文明实践活动。积极推行岚山头街道"5 元钱随礼"做法，大幅减轻群众人情负担；推行"文明迎亲"村规民约制，推动开展整治婚庆乱贴红纸行动。目前，全市村居社区有 470 余支"文明迎亲队"活跃乡里，涵养文明乡风。

3.深入推进文明村镇创建

深化文明村镇创建，目前全市文明达标村覆盖率为82%，力争到"十四五"末，县级以上文明达标村覆盖率到85%，其中市级以上达40%。持续深化文明家庭、五好家庭、星级文明户、好婆婆好媳妇等创建评选活动，开展"好家庭好家教好家风"巡讲巡展活动。以"美在我家"为主题，深化"美丽庭院"创建活动。

（四）坚持绿色发展理念，推进乡村生态振兴

1.坚持协同治理，统筹推进农业农村污染防治

一是推进农村黑臭水体治理，推进水环境改善工作。印发了《日照市农村黑臭水体治理实施方案》，实行农村生活污水、黑臭水体和养殖污染治水体一体化治理。印发了《关于进一步加强畜禽养殖污染监管的通知》推广了新型养殖污染处理模式，五莲县探索建立起"高位推进，全域提升，长效管护"的绿色养殖新模式，9384家养殖户全部完成环保整改提升，实现"看不见粪污，闻不到臭味"，走出了一条绿色养殖的新路子，形成了全域绿色养殖的新局面。在污水和黑臭水体治理中，还兼顾农村饮用水源地安全，对饮用水源地保护区、保护范围的黑臭水体和生活污水优先治理，协同推进农村环境整治工作。建立了农村生活污水治理巡查制度，结合日常监管工作对农村生活污水处理设施运行和进行定期巡查。结合农村环境整治验收，对每个新完成治理的农村生活污水和黑臭水体都对有关指标进行监测，从技术上保证了治理工作的质量和运行效果。

2.突出问题导向，持续推进农村人居环境整治

在全省率先建立了农村人居环境整治信息化平台，建立"无人机航拍＋交叉互评＋现场测评"模式，开发农村环境问题"随手拍"APP，实行监测全覆盖。部署开展了农村人居环境集中整治秋冬攻坚行动，不断推进村庄精细化管理水平，五莲县入选全省农村人居环境整治示范县。乡村建设稳步推

进，累计创建省级美丽乡村示范村 110 个、市级美丽乡村 1400 个、市级美丽乡村片区 27 个。

3. 坚持绿色发展，创新农业绿色发展模式

开展农资直营试点工作，探索创新"惠农码＋直营"模式，典型做法在中央农办、农业农村部《乡村振兴文稿》刊发。创新"闭环管理、有偿回收、监管考核"的农药包装废弃物回收处理新模式，完成回收 230 吨。开展养殖污染集中整治行动，建立"高位推进，全域提升，长效管护"的绿色养殖新模式，规模养殖场、专业养殖户粪污处理设施配建率 100%，相关典型经验做法被省充分肯定，在全省推广。

（五）发挥党建引领作用，推进乡村组织振兴

1. 不断完善乡村振兴工作领导体制和工作机制

一是印发《日照市抓党建促乡村振兴二十条措施》，实施"主题培训、骨干提升、强基固本、筑巢引凤、提质增效、责任落实"六项行动，明确 20 条具体措施，全力推进乡村振兴各项工作任务落实。二是落实"五级书记抓振兴"责任，市县组织部门结合任职谈话、干部考察、年度考核、专题调研等工作，对县乡党委书记和村党组织书记抓乡村振兴工作进行提醒，及时了解党组织书记抓乡村振兴工作实绩；将抓党建促乡村振兴纳入市县乡党委书记抓基层党建工作述职评议考核，增加赋分权重；继续推行乡镇（街道）"差异化"考核，分三类对乡镇（街道）进行抓党建促乡村振兴专项考核，分类推进、压实责任。三是抓好基层干部教育培训。制定《日照市新时代基层干部主题培训行动计划实施方案》，对区县直属部门机关干部、乡镇（街道）干部、县域国有企业和事业单位领导人员、村（社区）干部（含驻村干部）、乡村集体经济组织中的党组织负责人、非公有制经济组织和社会组织党组织负责人培训工作作出系统部署安排。开展基层干部乡村振兴教育培训专题调研，录制乡村振兴系列网络教学课程。选调学员参加中国干部网络学院基层干部培训师资网络集中培训。抓好换届后村干部赋能提升，以"强雁

阵、促振兴"为主题开展换届后村党组织书记全员轮训，市委组织部组织30名学员参加全省示范培训班次；牵头举办新任支部书记、35岁以下支部书记、女性支部书记、乡村振兴重点村支部书记等4个示范班次，重点培训基层党务、发展村集体经济、特色产业、基层治理等内容，累计培训490余人次；培育全市乡村振兴实训点132个，每次培训都组织开展现场观摩，增强培训效果。四是加强党委农办机构设置和人员配置。明确市农业农村局1名副局长兼任市委农办副主任，市民政局、市自然资源和规划局、市住房城乡建设局各1名副职兼任市委农办副主任，为市委农办增设督促指导科，增加行政编制2名，进一步加强了市委农办工作力量，强化其决策参谋、统筹协调、政策指导、推动落实、督促检查的职能作用。

2.乡村振兴考核落实机制更加健全

制定《2021年度市对区县（功能区）党政领导班子和领导干部推进乡村振兴战略实绩考核指标标准》，将区县（功能区）乡村振兴工作纳入高质量发展综合考核，加强考核结果应用，注重提拔使用乡村振兴实绩突出的党政领导干部。

3.加强党的基层组织建设和完善乡村治理

一是夯实党的农村基层基础。下发《关于选派第五批第一书记和驻村工作队抓党建促乡村振兴的通知》，持续向"脱贫村、乡村振兴任务重的村、党组织软弱涣散村和矛盾问题集中、群众意见较大的村"四类村，全覆盖选派第一书记和驻村工作队员；向55个美丽宜居乡村建设问题村持续选派"加强农村基层党组织建设工作队"，巩固拓展脱贫攻坚成果、全面推进乡村振兴。为做好驻村干部管理工作，市委组织部专门选派4名县处级干部挂职担任区县常委，择优安排部分年轻、发展潜力大的第一书记挂职乡镇（街道）党政班子成员，全力抓好农业农村及乡村振兴工作。高质量完成村"两委"换届工作，建立"市委主导、县乡党委主责、党委书记主抓"的"一体推进"责任体系，市县乡三级书记挂帅出征，全部担任换届领导小组组长；市委书记分4个片区调研，与所有区县委书记、镇街党委书记面对面交流，点问题、教办法、压任务；市政协主席等 5 名市级领导干部包联区县，带队 5 个督导组调研督导 20 余次；实行县级干部、乡镇班子成员和片区书记"三人团组"帮扶 175 个重点难点村，一线解决难题，全市 1727 个村（社区）全部完成"两委"换届，实现"一肩挑"比例、交叉任职率、学历结构上升和平均年龄下降的"三升一降"目标。持续开展软弱涣散村党组织整顿，下发《关于开展"补短板、解难题、促提升"全市第二轮软弱涣散基层党组织集中整顿的通知》，明确农村软弱涣散村党组织 15 条认定标准，把"换届信访问题突出、村班子'两张皮'、集体经济薄弱"等问题全部纳入范围，共排查确定党组织软弱涣散村 111 个，全部落实县级领导班子成员联系、乡镇（街道）领导班子成员帮包、第一书记派驻、县以上机关单位结对的"四个一"整顿措施。

二是完善乡村治理体系。强化党组织对群团组织、自治组织等基层组织的领导，创新党建带群建"一强三优"模式（强化党组织对群团工作的领导，优化群团组织运转、作用发挥和激励保障），统筹开展农村"美丽庭院""志愿服务队""乡村振兴巾帼行动"等工作。深化网格化管理和服务，依托行政村统一划分综合网格，健全"行政村党支部（总支、党委）—网格（村民小组）党小组（党支部）—党员联系户"的村党组织体系，统筹网格内党的建设、社会保障、综合治理、应急管理、社会救助等工作，形成党组织引领、多方参与的为民服务格局。结合党史学习教育，开展党组织"开门一件事"和"我为群众办实事"实践活动。全市共设立党员巷长 1.2 万名，为群众办理环境卫生整治、自来水改造、村庄亮化绿化、引进农业产业项目等为民实事 9700 多件。莒县"铸公心之魂、走善治之路"乡村治理典型经验被农业农村部正式发文推广。

二、日照全面推进乡村振兴中面临的困难和挑战

全市乡村振兴工作虽然取得了新的进展，但也面临着一些困难和挑战。

这些困难和挑战包括：对实施乡村振兴战略思想认识上存在误区，党领导农村工作的机制有待进一步完善，农村空心化、农民老龄化问题突出，乡村产业发展有起色但成色不足，农村基础设施欠账较多、公共服务供给不足等。

（一）思想认识上存在几种误区

1. 实施乡村振兴战略的紧迫性认识不足

与脱贫攻坚相比，乡村振兴无论是在时间要求、目标指向还是在参与主体上都明显不同。从时间上看，打赢脱贫攻坚战只有 5 年时间，时间紧迫性很强。2020 年顺利实现脱贫攻坚目标任务后，乡村振兴面临的是到 2035 年基本实现农业农村现代化和到 2050 年乡村全面振兴两个中长期目标任务，分别对应着 15 年和 35 年，从时间上看远没有脱贫攻坚的压迫性强；从目标任务来看，脱贫攻坚的目标非常明确，即到 2020 年稳定实现农村贫困人口不愁吃、不愁穿，义务教育、基本医疗和住房安全有保障。而乡村振兴的目标任务涵盖的内容要广泛得多，且难以量化，由此，有的地方对推进乡村振兴的紧迫性认识不足，在完成脱贫攻坚任务后，甚至有喘口气、歇歇脚的想法。

2. 存在畏难发愁情绪和急躁冒进情绪

一是面对农村空心化、农民老龄化问题突出，乡村振兴缺人才、缺技术、缺资金的现实，有的人对乡村到底如何才能振兴，甚至乡村还能不能振兴缺乏清醒认识，存有畏难发愁情绪，实际工作中有"等、要、靠"思想。二是对乡村振兴目标任务的长期性、艰巨性认识不足，对打好乡村振兴持久战的准备不够，对乡村振兴工作缺乏全域统筹规划和长远考虑，在实际工作中急于求成上项目，树样板、抓典型，不但效果不好，反而背上了沉重的包袱。

3. 对乡村振兴的主体认识有偏差

从参与主体看，脱贫攻坚的主体主要是各级党委政府部门，行政手段和财政资源是打赢脱贫攻坚战的主要依托。乡村振兴则涉及到方方面面，其参与主体以农民、企业和基层党组织为主。对此，有些地方在认识上存在偏差，在实际工作中受脱贫攻坚工作的惯性思维影响，往往越俎代庖，缺乏对乡村振兴真正主体的教育、动员和组织。现实中乡村振兴的真正主体特别是农民参与乡村振兴的意识不强，参与度不高，乡村振兴存在"上热下冷""干部干、农民看"现象。

（二）党领导农村工作的机制有待进一步完善

当前，"三农"工作正处在从脱贫攻坚到乡村振兴的衔接期。根据中央、山东省统一部署，日照市已经在原扶贫办的基础上组建了市乡村振兴局，同时把原市扶贫发展中心改组为市乡村振兴服务中心，各区县也相应组建了乡村振兴工作机构，实现了原工作机构全面转型，原工作力量全面转向乡村振兴。但从实际运行看，乡村振兴的组织机构和工作机制尚没有完全理顺，制约着其职能作用的发挥。一是乡村振兴局位置尴尬。由于"三定"方案尚未出台，乡村振兴局虽然已经组建成立，但其目前的主要工作仍然是脱贫攻坚而不是乡村振兴。二是由原市扶贫发展中心改组来的市乡村振兴服务中心，作为乡村振兴局下属事业单位（全省唯二），不具备统筹协调全市乡村振兴工作的职责、权限和能力。三是这次机构改革把市（县）委农业农村工作委员会办公室设在市（县）农业农村局，本意是想加强党对农村工作的领导，但目前市委农业农村工作委员会办公室在市农业农村局只设有一个职能科室秘书科，一共才 2 名工作人员，缺兵少将，运转起来疙疙瘩瘩，市委农办牵头抓总、统筹协调的作用没有很好地发挥出来，如此一来，党对农村工作的领导不是加强了而是削弱了。

（三）农村空心化、农民老龄化问题突出

与其他地区一样，由于种粮比较效益低，农民职业吸引力不强，农村青壮年多选择外出打工，日照农村空心化、老龄化问题日益严重。根据第七次

全国人口普查结果，十年间，日照城镇化率提高 14.05%，农村人口从 148.2 万人减少到 115.4 人，净减少 32.8 万人。全市 2800 多个行政村，村均人口不到 400 人，很多村常住人口不到户籍人口的一半。村庄数量多、规模小，带来诸多问题，如造成农村基层行政资源和土地的浪费，乡村基础设施建设效费比不高等。由于农村人口的结构性外流，留在农村的农民大多年龄偏大，虽然仍怀着对土地的感情在耕作，但随着年龄的增长，劳动能力下降，种粮的精细化程度不如以前，长此以往，必将影响到农业生产特别是粮食的稳产保供。农村老弱妇孺在资源禀赋、生产能力、知识水平、集体合作意识上等方面普遍较弱，一方面会影响农村发展的内生动力，另一方面也会降低村庄的向心力和凝聚力，加大乡村治理难度。

（四）乡村产业发展有起色但成色不足

从总体看，近年来日照乡村产业发展有起色但成色不足，有亮点但规模不大，产业规模、产业层次、产业链条、产出效益、产品品牌等都还需要进一步提升。一是产业发展规模小、布局散，品种、品质、品牌水平还比较低，同质化现象还比较突出。二是产业层次不高。虽然农业园区较多，但规划层次低、科技含量不高，存在"群山多高峰少"的现象。三是产业链条短。农业龙头企业少，带动力不强，一二三产融合发展机制不健全，很多产业还停留在"洗洗泥""去去皮"层面。四是随着土地用途限制趋紧，环保约束日益严格，市场主体忧患意识增强，发展现代高效农业、畜牧业、文旅融合项目等动力有所减弱。

（五）农村基础设施欠账较多，公共服务供给不足

农村公共基础设施仍然存在短板，供暖、供气等仍然滞后，难以满足群众高质量生产生活需求；人居环境水平有待进一步改善，特别是农厕改造、农村生活污水治理、农村生活垃圾处理等都存在不同程度的问题；基础设施的运行维护缺乏有效的制度机制和资金保障，基层财政支出压力很大。从公

I

共服务方面看，农村教育资源配置不均衡，不少学校师资配备不足、教学质量不高；医疗卫生条件仍然还比较落后，村卫生室建设水平参差不齐，就近就医难在部分偏远乡村仍然存在，特别是新冠疫情暴露出农村应急医疗卫生体系建设存在明显短板；农村居民基本医疗保险、大病保险、基本养老保险等基本社会保障制度体系仍有待进一步健全完善。

三、日照全面推进乡村振兴的对策建议

（一）思想上深化对乡村振兴工作重要性的认识，搞好顶层设计，科学有序推进

1.深刻认识实施乡村振兴战略的重大意义，增强做好新时代"三农"工作的责任感、使命感、紧迫感

2020年12月28日，习近平总书记在中央农村工作会议上指出："三农"工作在新征程上仍然极端重要，须臾不可放松，务必抓紧抓实。在这次会议上，他还深刻指出："在向第二个百年奋斗目标迈进的历史关口，在脱贫攻坚目标任务已经完成的形势下，在新冠肺炎疫情加剧世界动荡变革的特殊时刻，巩固拓展脱贫攻坚成果，全面推进乡村振兴，加快农业农村现代化，是需要全党高度重视的一个关系大局的重大问题。"[①] 我们一定要深刻理解把握习近平总书记关于新发展阶段"三农"工作战略地位的重要论述，关于"粮食安全是战略问题"的重要论述，关于"'三农'工作在构建新发展格局中地位作用"的重要论述，关于加强党对"三农"工作全面领导的重要论述，摒弃一切喘口气、歇歇脚的想法，继续把解决好"三农"问题作为党委、政府工作的重中之重，举全党、全社会之力推动乡村振兴，促进农业高质高效、乡村宜居宜业、农民富裕富足。

[①] 《习近平谈治国理政》第四卷，外文出版社2022年版，第192页。

2.加强顶层设计，科学有序推进

习近平总书记指出：全面实施乡村振兴战略的深度、广度、难度都不亚于脱贫攻坚，必须加强顶层设计。科学的顶层设计能够避免畏难发愁和急躁冒进。2022年是日照市实施乡村振兴战略第一个中长期规划《日照市乡村振兴战略规划（2018—2022年)》的最后一年，亟须要制定新的中长期战略规划指导乡村振兴实践。要按照习近平总书记的要求，在科学分析、深化研究农业农村现代化到2035年、本世纪中叶的目标任务的内涵和外延的基础上，加强顶层设计，科学制定农业农村现代化的阶段性任务目标，特别是制定好《日照市"十四五"推进农业农村现代化规划》，科学有序推进乡村振兴。

3.充分调动各方面力量全面助力乡村振兴

实现乡村振兴不只是党委政府的事、基层干部的事、农民的事，要发动全社会力量投入到乡村振兴事业中去。要通过向农民深入宣传党的乡村振兴战略，广泛发动农民、教育引导农民、组织带动农民，把广大农民的积极性充分调动起来。要通过完善利益联结机制，特别是通过"资源变资产、资金变股金、农民变股东"，尽可能让农民参与进来。同时要充分尊重广大农民意愿，维护农民权益，让广大农民在乡村振兴中有更多获得感、幸福感、安全感。要运用市场思维，依靠市场力量和社会资源推动乡村振兴，最广泛地动员各方社会力量参与到乡村振兴战略中。

（二）加强党对农村工作的领导，健全完善工作机制

乡村振兴牵涉的部门很多，全面推进乡村振兴，党的领导是关键。加强党对农村工作的领导，必须健全党领导农村工作的组织体系、制度体系、工作机制，特别是县以上各级党委要发挥好农村工作领导小组牵头抓总、统筹协调作用，健全议事协调、督查考核等机制。一是认真落实党委书记抓乡村振兴责任制，基层党委书记，特别是县委书记切实扛牢"一线总指挥"责任，把更多精力放在农村工作上。积极发挥乡村振兴工作专班机制，加强统筹协调和沟通衔接，积极引导各方面政策、资金、项目、人才等向农业农村汇

聚。二是抓紧充实党委农办工作力量，健全完善运转机制，切实发挥好牵头抓总、统筹协调、督查落实职能，把党对农村工作的领导落到实处。三是尽快明确乡村振兴局"三定"方案。可以考虑将乡村振兴局下属的乡村振兴服务中心的工作力量充实到党委农办，实行乡村振兴局与党委农办合署办公，使乡村振兴局和党委农办共同发挥牵头抓总、统筹协调、督查落实职能，这样既能充实农办的力量，又有利于发挥乡村振兴局的作用。四是完善工作落实机制，加强对县乡党政领导班子和领导干部乡村振兴工作的实绩考核，将其纳入党政领导班子和领导干部综合考核评价内容，强化考核结果运用。

（三）适应农村空心化、老龄化发展趋势，合理优化乡村发展布局

推进乡村振兴，必须直面农村日益空心化、老龄化的现实。城镇化是大势所趋，未来农村人口将会进一步向城镇转移，相当一部分村庄将进一步萎缩，甚至消失。无视这一基本事实，在乡村振兴过程中对所有村庄齐头并进配套基础设施和公共服务，不但力有不逮，也是对有限资源的浪费。在这种情况下，将城乡作为一个整体，科学谋划城镇、乡村规划布局，探索通过组织融合、产业融合、居住融合等方式合理优化村庄建制，减少村庄数量，扩大村庄规模，实现村庄规模化、集约化发展将是必然选择。通过合理优化村庄建制，优化乡村发展布局，增加耕地面积，提高土地利用效率，科学布局乡村产业，增加农民就业机会，改善农村生活基础设施，提高农民生活质量。

（四）依托乡村特色优势资源，推动农业全产业链高质量发展

习近平总书记指出，产业兴旺是解决农村一切问题的前提。乡村振兴，关键是产业要振兴。产业振兴，重点是立足现代农业进一步延伸产业链、拓展产业价值空间。

1.用工业化思维、项目化方式做大做强农业优势产业

发展现代农业产业，需要跳出"就农业抓农业"的传统思维模式，创新

抓农业和农村工作的思路和方法，以工业化思维、市场化理念推进农业产业发展。要通过设施工业化、产品加工化、加工精细化、企业龙头化，瞄准农业优势产业，大力培育农业"链主"企业和重点农产品加工产业集群，加快构建"接二连三"的农业全产业链。比如，日照的生猪出栏量很大，但屠宰、加工等相关企业不多，产业链条短、收益少。通过出台扶持政策，重点支持日照康信食品深加工、莒县浮来生猪屠宰、青岛隆铭五莲县肉牛养殖等大项目建设，同时配套推进以中粮黄海粮油为核心的沿海豆粕饲料加工产业集群建设，能够实现生猪养殖全产业链齐头并进发展，在肉类养殖、屠宰、加工等产业上打造出生猪、家禽、饲料3个百亿级的产业集群。再比如，日照具有丰富的海洋养殖资源，但海洋渔业发展一直层次比较低，水产养殖以散户为主，集中度不高，养殖方式比较粗放。通过建设现代渔业园区推动沿海养殖"登陆"园区实现转型升级、绿色发展，同时通过发挥山东美佳集团的"链长"带动作用，精准配套实施一批强链补链项目，实现现代渔业养殖、水产品加工、技术研发和装备制造等产业链融合发展，打造海产品加工产业集群，能够把日照建设成为全国重要的水产品精深加工基地。

2. 立足日照优势做大做强特色农业

大力发展特色农业对推动乡村产业振兴、增加农民收入具有重要意义。日照特色农业资源丰富，经过多年培育和发展，已经在茶叶、桑蚕、蓝莓、樱桃、中药材、蔬菜、畜牧、渔业等产业上形成自己传统优势。比如，茶叶作为日照最重要的农业特色产业，全市茶园总面积达29.9万亩，年产干毛茶1.9万吨，总产值37亿元，面积、产量、产值均居全省首位。日照绿茶被列入全省13个优势特色产业重点培育打造，日照巨峰（绿茶）特色产业集群进入山东省特色产业集群名单。茶产业在日照推动农村产业振兴、带动农民富裕方面具有举足轻重的地位。东港区茶园种植面积10.1万亩（投产茶园8.9万亩），产量6500吨，系列产值13.5亿元，全区有255个村种植茶园，20余万人从事茶叶相关产业，茶农亩均收入9500余元。岚山区茶叶面积达16.2万亩，平均亩产值超过8200元。今后，可充分发挥这些丰富的农业特色资源，延伸产业链条，做响农业品牌，加强技术创新，激发产业活力，以特色农业推动乡村产业振兴。

3. 坚持规模化、园区化、品牌化发展

农业产业附加值相对较低，达不到一定规模就谈不上效益。因此要围绕规模化发展目标，着力推进土地规范有序流转，鼓励开展适度规模经营，大力培育种养大户、农民合作社、家庭农场、龙头企业等新型农业经营主体，加快构建现代农业经营体系。具体可通过岚山区国家级农民合作社质量提升整区推进试点和莒县省级家庭农场高质量发展整县提升试点，加快发展一批省、市级龙头企业和示范场、示范社。借鉴推广日照茶仓"公司＋合作社＋基地＋农户"模式，推动绿茶、蔬菜、果品、桑蚕、中药材等特色产业标准化、集约化、规模化发展。

现代农业园区是推进乡村振兴的重要抓手，是农村产业发展的重要平台。日照在这方面有良好基础，正在围绕"五纵一横"乡村振兴隆起带，深入实施"百园千镇万村"工程，积极推动总投资 40 余亿元的曲坊现代农业产业园、卫岗乳业产业园等项目，支持莒县争创国家级现代农业产业园，加快推进东港区、山海天省级现代农业产业园和莒县龙山镇衔接乡村振兴集中推进区建设，布局创建国家级、省级农业产业强镇和乡土产业名品村。

发展农业产业必须把品牌建设摆在重要位置，切实抓好农产品"三品一标"创建，扎实推进品种培优、品质提升、品牌打造。特别是要重视日照绿茶品牌建设，深入实施日照绿茶"区域品牌、产品品牌、企业品牌"三位一体品牌建设战略，在抓好省级特色农产品优势区、省级知名农产品区域公用品牌创建的同时，积极解决好"酒香也怕巷子深"的问题，大力整合茶业品牌资源、展会资源，积极组织茶企广泛参加节会、展会、茶叶年会等茶事活动，不断提高日照绿茶的品牌知名度、美誉度。

（五）实施乡村建设行动，推进乡村全面振兴

实施乡村建设行动，是推进乡村振兴的重要载体。乡村振兴是为农民而

兴，乡村建设要为农民而建，推进乡村建设要充分尊重农民意愿。同时要充分认识乡村建设的长期性、复杂性，坚持"硬件""软件"并重，坚持数量服从质量、进度服从实效，统筹把握好时度效，让农民有更强的获得感。

1. 加快农村基础设施建设，补齐基础设施短板

日照正在全面开展包括农村基础设施网在内的提升基础设施承载能力的"七网"行动，在农村统筹推进路水电、数字乡村、现代物流等"八大行动"，启动实施总投资244亿元的8大类50项重点项目，深入实施"四好农村路"提质增效专项行动、农村供水工程、农村电网巩固提升工程等，促进道路、供水、环卫、燃气、污水处理等基础设施向农村延伸，形成以县道为骨架、乡道为支线、村道为脉络的农村路网，实现中心城镇、集中居住社区燃气、供暖城乡一体化，补齐农村基础设施短板。

2. 深化农村人居环境整治，提升农民生活质量

通过实施农村人居环境整治提升五年行动，分类推进农村改厕规范升级，分区分步推进农村生活污水治理，全面提升农村生活垃圾治理水平，统筹推进美丽乡村建设，力争到2025年全市农村人居环境质量进一步提升，各项管护长效机制健全完善、规范运行，农村人居环境整治迈入制度化、规范化、常态化发展轨道。

3. 统筹县域基本公共服务建设，提升农村公共服务水平

加强基础性、普惠性、兜底性民生建设，推动教育、医疗、体育等基本公共服务供给由注重机构行政区域覆盖向注重常住人口服务覆盖转变，让公共服务资源向乡村延伸、向农民倾斜，逐步推动实现城乡公共服务均等化。教育方面，开展农村义务教育学校强校扩优行动，推进区域、城乡学校结对和集团化办学，推动教育资源均衡配置，全面提升农村薄弱学校办学水平；实施强镇筑基行动，提升乡镇驻地学校办学水平，带动乡村学校办学质量共同提高。医疗卫生方面，实施紧密型县域医共体建设，强化医共体牵头医院作用，建立县、乡、村三级医疗卫生机构分工协作机制，提升基层医疗卫生服务水平。

　　"十四五"时期，"三农"工作重心转向全面乡村振兴，其难度、广度、深度都不亚于脱贫攻坚，下一步，我们将立足新发展阶段，进一步增强乡村振兴的战略决心和发展定力，做实基础、做亮特色、做强优势，锚定乡村振兴齐鲁样板打造，加快推进农业农村现代化。

（编审：李国江）

临沂市乡村振兴"三步走"路径 创新发展报告

杨盛林①　宋佳栋②

摘要：实施乡村振兴"三步走"新路径，打造长三角中心城市北翼乡村振兴增长极，不能再走过去"农村产原料、城市搞加工，村村点火、户户冒烟"的无主题传统发展模式，而要"测土配方"。"测土"即知己知彼，审时度势，理清思路，精准定位；"配方"，即以需定产，彰显特色，结构优化，精耕细作。临沂市坚持市场导向，对标长三角地区中高收入消费群体的消费需求，依据全市各县区主体功能区规划与自身市场定位，因地制宜，探索独具特色的与长三角中心城市对接协调的路径模式。着力提升优质特色农产品供给能力，依托农业资源禀赋，实行生产、加工、运输、供应、检验检测"标准化"，鼎力打造长三角中心城市的农产品供应基地；以山水、生态、历史、民俗、人文发展文游，鼎力打造长三角中心城市的"后花园"；以商、农、企、产"招商"，鼎力打造长三角中心城市产业转移的"大后方"。

关键词：临沂乡村振兴；"三步走"路径；测土配方；强农惠农

坚持走中国特色社会主义乡村振兴道路，是新时代我国高质量发展、进一步完善农村生产力与生产关系的一场革命性实践。乡村振兴需要新思维，路径建设需要新探索。2021年，临沂市委、市政府牢记习近平总书记重托，

---

①　临沂市委党校经济学教研部教授。

②　临沂市委党校管理学教研部讲师。

以开放视野审视临沂乡村振兴的"势"与"场"，审时度势，精准施策，规划实施打造长三角地区农产品供应基地、休闲旅游"后花园"和产业转移"大后方"的"三步走"新路径，积极对接长三角地区目标市场，坚持"彰显特色、质优量足、保障有力、品牌运营、精准对接"，努力打造乡村振兴齐鲁样板"临沂模式"。这是临沂继"三农"工作重心由脱贫攻坚、全面小康转向全面推进乡村振兴、深化农业供给侧结构性改革的必由之路。其实践价值在于必将激活农村生产要素，培育农业农村发展新动能，推动临沂市农业经营制度、产业结构、社会化服务等创新性发展，构建现代农业产业体系、生产体系、经营体系；其理论价值在于临沂作为农业大市融入长三角一体化国家大战略，南北联手同下一盘棋，创建协同发展新路径，助力"质量、效率、动力"三大变革；其学术价值在于作为山东省"三农"理论新探索和乡村振兴战略的新实践，为加快推进农业农村现代化提供理论思考和实践案例。

一、临沂市创新乡村振兴"三步走"路径取得的成效

道路关乎命运，求实奠定根基，创新开拓未来，践行铸就成功。临沂市探索实施对接长三角中心城市"三步走"创新发展路径一年来，为临沂乡村振兴全面起势插上了"腾飞的翅膀"，在2020年度省对市乡村振兴战略实绩考核中，临沂市位居全省第一。

（一）打造长三角优质农产品供应基地

1. 坚持党管农村工作，强化政策供给

坚持党对经济工作的集中统一领导，是实施乡村振兴战略的必然要求。近年来，临沂市先后出台了《临沂市推动乡村产业振兴工作方案（2018—2022年）》《临沂市打造长三角中心城市农产品供应基地工作方案》（临农委发〔2020〕3号），规划了"三步走"路径的时间表、路线图、责任书，发扬"踏

平坎坷成大道，推倒障碍成浮桥"的斗争精神，从财政、金融等多角度助推长三角优质农产品供应基地高水准建设。

（1）财政政策靶向发力。从 2021 年开始，临沂市财政连续三年每年列支 1 亿元奖补资金，重点规范打造 300 个优质农产品基地，推进农产品"五品""五标"工作，即品类、品牌、品种、品相、品质改良工程和标准化生产、标准化服务、标准化检测、标准化运输、标准化销售提升行动，以产品升级满足消费升级。

（2）全力推进国家级普惠金融服务乡村振兴改革试验区建设。制定出台《临沂市普惠金融服务乡村振兴改革试验区三年行动方案》，构建金融服务"进山入乡"新机制。2021 年 6 月，费县成立全省首家"两山银行"，积极探索生态资源价值转化路径，创新推出"种植贷""品牌贷"等八大系列生态金融产品，费县"两山银行"成功入选国家林业和草原局林业改革发展典型案例，国务院发展研究中心主办的《中国发展观察》2021 年第 21 期刊登了《践行"两山"理念，赋能生态价值——山东省费县"两山银行"的实践与思考》，对费县"两山银行"的实践模式进行了深入研究；2021 年 9 月，蒙阴县发布了山东省首份村级 GEP 核算报告，创新开发 GEP 贷，激活了生态产品蕴含的经济价值，拓宽了"两山"转化路径；兰陵县创新实施土地经营权证、大棚证抵押贷款"两证贷""新型职业农民贷""宅急贷""集体建设用地抵押贷款""农业保险贷"等 20 余种乡村振兴金融产品。除此之外，临沂金融信息综合服务平台、风险补偿基金、乡村振兴债权融资、生态资源价值转换、农村集体资产股权质押贷款、农村宅基地使用权抵押贷款等一批改革创新成果走在了全省前列，为临沂对接长三角市场源源不断输入"金融血液"，金融创新赋能乡村振兴。

2.坚持产需适配，优化农产品供给机制

组织开展长三角市场需求和临沂特色农产品"两项调查"，针对长三角中心城市市民的需求和喜好，主动优化种养结构，引导临沂农产品种养殖企业实现精准适配。2020 年以来，临沂市累计举办优质农产品走进长三角系列推介活动 50 余场次，签订产销合作协议 282 个；2021 年 10 月，临沂农发集团"产自临沂"沂蒙优质农产品走进长三角苏州运营中心正式成立，实现了销售网络和生产源头的无缝对接。① 同时，临沂以国家物流标准化试点城市建设为契机，大力发展智能型冷链物流，兰陵蔬菜从地头到长三角餐桌只需 12 个小时，实现了"上海点单、兰陵接单，当天采摘，当天送达"。

3. 坚持规模化经营，完善现代经营体系

因地制宜发展特色农业。2021 年，临沂市创建国家级农业产业强镇 7 个，全国"一村一品"示范村镇 19 个，省级以上特色农产品优势区 4 个，省级现代农业产业园 5 个，省级"一村一品"示范村镇 21 个，培育畜牧屠宰加工、莒南花生、苍山蔬菜等年产值超过 20 亿元优势特色产业集群 10 个，市级以上农业产业化重点龙头企业 910 家，稳居全省前列。针对农业生产碎片化和生产效益不高的问题，大力推动集中连片种植和集约化经营，新培育市级示范农民合作社 150 家、家庭农场 109 家，市级以上示范农民合作社达到 1239 家、家庭农场达到 592 家，村党组织领创办合作社 2402 家，覆盖 58% 以上的行政村。恒丰农机合作社、金丰公社社会化服务经验列入全国农业社会化服务典型案例，其中金丰公社在全国 20 多个省建立了 300 多家县级公社，服务上千万农民。截至 2021 年底，临沂市累计建成 6.9 万亩种植类基地，20 家加工类基地增加产能约 7 亿元，30 家养殖类增加生猪（肉牛）出栏 22 万头，对长三角地区销售额同比增长 12%。加快推进农业社会化服务，新评选农业生产性服务市级示范组织 49 家，新增省级示范组织 14 家；争取中央财政资金 2772 万元，在 5 个县区开展托管服务 33.8 万亩②。

4. 坚持特色品牌建设，提升农副产品附加值

完善品牌准入、管理、保护及退出机制，形成全市统一的"产自临沂"

---

① 临沂市委改革办：《临沂市创新实施"三步走"路径对接长三角推动乡村全面振兴》，http://linyi.sdchina.com/show/4673621.html，2022 年 1 月 5 日。

② 武光玉、赵泽军、王雯、李学坤：《逐梦沃野绘新景 临沂市农业农村局党建引领推动乡村全面振兴》，《临沂日报》2021 年 12 月 23 日。

品牌建设标准。发布 5 类 30 个对接长三角主要农产品临沂团体标准，在长三角城市授权"产自临沂"品牌店，在 CCTV1 综合频道和 CCTV13 新闻频道播放宣传片，全面提升"生态沂蒙山、绿色农产品"的美誉度和影响力。蒙阴蜜桃、莒南花生、平邑金银花入选 2021 中国品牌价值区域品牌百强，培育价值过 10 亿的区域品牌 11 个、企业品牌 7 个。新增绿色食品获证企业 5 家、产品 30 个，全市"三品一标"有效用标企业 273 家、产品 503 个。成功举办第九届兰陵（苍山）菜博会，达成交易额 104.53 亿元①。沂水县金龙山合作社生产的晚熟有机蜜桃，通过"产自临沂"品牌授权、整体营销，年销长三角市场 400 多吨，一个桃子在上海市场就能卖到 28 元。

（二）打造长三角休闲旅游"后花园"

农文旅融合发展是挖掘乡村资源潜力、释放农村要素活力、发展现代农业、促进农民增收的"不二法门"。临沂市结合山水特色和沂蒙红色优势，精准对接长三角旅游市场高品质旅游、不同层次需求，坚持精品化打造、全域化提升，持续开展市场营销宣传，具有沂蒙乡土特色的农文旅产业步入高质量发展快车道。

1.顶层设计，引导旅游业健康发展

临沂市委、市政府将旅游业定位为战略性支柱产业，列入"十优"产业进行培育，先后编制了《临沂市乡村旅游发展总体规划》《临沂市"十四五"全域旅游发展总体规划》《临沂市文旅融合发展三年行动计划》，出台《2021年旅游团队奖励办法》。加大扶持力度，印发了《关于促进旅游民宿高质量发展的实施意见》，鼓励引导旅游民宿规范化、特色化、精品化发展，发展旅游民宿 200 余家，其中精品民宿 80 余家，涌现了一批个性特色鲜明、管理服务优质、市场反响良好的精品旅游民宿，在部分旅游资源较为丰富的乡

---

① 武光玉、赵泽军、王雯、李学坤：《逐梦沃野绘新景　临沂市农业农村局党建引领推动乡村全面振兴》，《临沂日报》2021 年 12 月 23 日。

镇呈现了精品民宿集群化发展态势。① 举办乡村旅游提升发展培训班、旅游民宿集聚区创建培训班，多次组织重点镇村申报培训。沂南县铜井镇、蒙阴县桃墟镇等 6 个乡镇（街道）入围山东省旅游民宿集聚区创建名单；沂南县铜井镇三山峪村、郯城县胜利镇贾湾村等 25 个村庄成功创建第二批山东省景区化村庄；沂南县岸堤镇柿子岭村、沂水县泉庄镇尹家峪村等 7 个村被山东省文化和旅游厅、山东省发展和改革委员会认定为 2021 年度全省乡村旅游重点村，沂水县泉庄镇原舍·桃颂民宿还被全国旅游标准化技术委员会评定为全国首批乙级民宿。

2. 耦合"红""绿"资源，塑造临沂旅游特色

红色沂蒙、绿色风情是临沂的靓丽名片。作为沂蒙精神发祥地，临沂充分发挥临沂"红"的资源优势，优化研学旅游"红线"，打造了 20 个精品景区，策划推出了 1—5 日游精品旅游线路 66 条。蒙阴孟良崮、临沭朱村、沂南红嫂家乡、莒南省政府旧址、沂水沂蒙山根据地、费县大青山等，成为长三角游客接受红色革命教育的热门目的地。目前，全市发展红色旅游特色村 30 多个、红色精品旅游线路 30 多条。组织重点景区、旅游小镇、乡村旅游特色村实施提升改造，打造以沂南朱家林田园综合体、兰陵压油沟风景区为代表的乡土文化体验，"世界地质公园"蒙阴岱崮地貌等特色景点。自实施"三步走"以来，临沂成功创建国家级全域旅游示范区 1 个、乡村旅游重点镇 1 个、乡村旅游重点村 8 个、乙级民宿 1 家；省级全域旅游示范区 2 个、乡村旅游重点村 10 个、精品文旅小镇 4 个、景区化村庄 42个、五星级和四星级民宿各 1 家；《兰陵县卞庄镇代村："农文旅"三位一体构建乡村振兴"共同体"》入选《2021 世界旅游联盟——旅游助力乡村振兴案例》，获得"第四批全国旅游标准化示范市""山东省乡村旅游示范市"等称号。

---

① 高雯雯、佟永靖、徐凌薇：《打造沂蒙民俗品牌　添彩长三角休闲旅游"后花园"》，《中国旅游报》2021 年 11 月 12 日。

3.组合式宣介推广，提高旅游市场知名度

根据长三角、京津冀、苏豫皖、省内四大重点客源市场的 21 个重点城市营销计划和《2021 年临沂市旅游团队奖励办法》，临沂开展春夏秋冬四季旅游主题活动，策划参与了"沂蒙红动中国"第五届山东文化和旅游惠民消费季暨长三角百万车友自驾游沂蒙活动、长三角临沂商会联盟成立暨临沂市全面对接长三角招商旅游推介会、"亲情沂蒙·红色临沂"旅游主题推广月、好客山东游品荟、沂蒙之夏·嗨游临沂、好客山东·"豫"见美好生活——2021 好客山东共享美好生活旅游推介会等活动。[①] 赴上海精准对接上海静安区旅游协会、上海春秋国际旅行社等，并达成合作意向。2021 年 7 月 1 日至 3 日，上海百人旅游大团队走进红色沂蒙。制定长三角客源市场开发战略，开展精准化市场营销，以上海、南京、苏州、杭州等长三角重点客源城市为重点，利用各种媒体平台，采取多种形式吸引更多省外游客到临沂观光旅游、休闲度假。

4.完善基础设施，丰富旅游业态

起草《旅游品质提升百日攻坚集中行动实施方案》，对全市旅游景区、旅行社、导游领队、星级饭店、旅游民宿等，开展为期百日的全面提升行动，全方位提升旅游服务水平。第一，加快智慧旅游建设。成功创建全国旅游标准化示范市，开发启用"临沂文旅云""码上游临沂"两个服务平台，推动景区完善门票预约、客流监测、安全监控、指挥调度、智慧讲解、预订服务等智慧旅游系统。目前，全市 4A 级以上景区基本建成门票分时预约和客流监测系统，河东、沂南、费县等县区建立了旅游数据平台，推动实现基于大数据的精准营销、服务提升和产业运行监测。第二，实施城乡快速路网"153060"工程，加快推进"一环二圈九通道"快速高效公路网和"两纵三横一连"沿河快速路网建设。全市打造红色专线、生态大道、风景绿道等 12 条，改造提升旅游集散中心、游客中心 18 处，"爱尚沂南红色之旅"环线入选中国"十大最美农村路"。未来京沪高铁二通道通车后，长三角中心

---

①　《临沂：致力打造长三角地区休闲旅游"后花园"》，《大众日报》2021 年 9 月 19 日。

城市到临沂时间可缩短至 2 个多小时。第三，丰富旅游业态。大力培育夜间文旅消费集聚区 18 处、特色小吃 100 家，文旅康养融合发展示范区 5 处。2021 年郯国文化旅游特色小镇、彩虹文化运动休闲特色小镇、竹泉村景区等 3 个项目获评第一批省级夜间文化和旅游消费集聚区，沂水县雪山彩虹谷景区被国家体育总局、文化和旅游部认定为国家体育旅游示范基地，沂南县沂蒙泉乡文旅康养融合发展示范区、汤头温泉文旅康养融合发展示范区等 5 个单位为山东省文旅康养融合发展示范区。2020 年以来共接待长三角游客 700 万人次以上。①

（三）打造长三角产业转移"大后方"

临沂以长三角一体化国家战略为契机，锚定长三角产业转移机遇，借势借力，行"和合之局"，建链补链强链，助推产业升级。

1.挂图作战，链式招商

健全完善"一库一图一录"。"一库"即招商引资项目库，重点围绕全市"十优"产业和各地主导产业，策划包装对外招商合作项目库，加强对外宣传发布。"一图"即"招商热力图"，以产业建链、强链、补链为主线，全面展现平台载体、产业用地、投资合作机会、政策扶持等信息，实现挂图作战、精准对接。"一录"即产业转移目录，研究承接长三角地区农副产品加工、新材料、医养健康、现代金融等产业转移目录，精准承接长三角地区产业转移。目前共梳理承接长三角核心地区产业转移目录项目 84 个，健全完善针对长三角地区宣传推介产业项目 30 个，兰山区引进上海中通、圆通、荣庆物流等"头部"企业，放大临沂国际商城优势。重点推进乡村振兴项目招商，集中资源引进一批长三角地区龙头型、牵引型企业。聚焦粮油、蔬菜等 8 大类优势农产品，以及兰陵蔬菜、平邑金银花、蒙阴蜜桃等 44 个具有地方特色的单品资源，以资源优势带动区域合作，促进产业互补互融，把资源优势

---

① 郑连胜：《在乡村振兴齐鲁论坛 2021 上的主旨发言》，2021 年 10 月 16 日。

转化为产业优势。

2.市级统筹，分进合击

坚持全市一盘棋，县区唱主角。临沂在长三角地区经商和务工人员约60万人，立足这一巨大人脉资源，市县两级开展不同形式、不同层面的商务洽谈活动，吸引长三角客商来临沂考察交流、投资兴业。出台《临沂市柔性引进人才实施办法》，引导在外人员带理念、带技术、带资金、带经验、带信息回乡发展。2021年，市级领导和各县区、开发区党政主要负责人赴长三角地区开展招商活动95次，新签约招商引资项目144个，签约金额1134.32亿元，其中过10亿元项目68个，过30亿元项目6个，益海嘉里鲁丰包装科技产业园、月星集团环球港、莫干山全屋定制家居等一批重大项目落地①。以开发区为主平台，聚焦重点产业、重点企业深入对接。依托经开区、高新区、费县、平邑、郯城等五大医药产业园区承接引进相关医药企业落地；依托山东临工、宏发科技、华盛中天等企业和省级高端装备产业园区进行装备制造招引；依托临港高端不锈钢及先进特钢产业基地和骨干企业加强与新材料产业企业的合作；依托化工产业园区吸引长三角地区高端化工产业转移，引进大数据、现代物流、文化创意等现代服务外包项目。

3.完善平台，优化服务

与长三角地区开展"跨省通办""跨域通办"，首创的跨域通办证照制作辅助系统被26市推广应用，异地审批提速60%，兰陵县率先实现沪鲁电子证照互认应用，郯城县电子印章实现40多个城市互认共享。2021年10月，成立临沂市对接长三角科创大走廊建设指挥部，推进高新区、罗庄区、兰陵县等合作共建高新技术产业隆起带、协同发展先行区，为与长三角地区开展产业互联互通打造强力载体。2021年11月6日，在上海举办临沂市"走进长三角城市群营商环境成果"展示会，向长三角客商展示临沂亲商、爱商、护商的诚意和措施。2020年，全市在建长三角地区招商引资项目270个，

① 《建设长三角地区产业转移"大后方"工作情况报告》，2022年1月7日。

到位资金 275 亿元；2021 年，在建长三角地区招商引资项目 388 个，到位资金 492.2 亿元，同比增长 44.1%，占全市引资总量的 35.1%[①]。

二、临沂乡村振兴"三步走"实施路径的优势条件及制约因素

（一）优势条件

1. 地理标志优势

临沂是鲁南区域核心城市，南与江苏省接壤，主动对接融入长三角的区位优势明显。临沂地形地貌多样，山区、丘陵、平原各占三分之一，现有耕地面积 1253 万亩，约占全省总量的 1/9；地表水资源总量 51.6 万立方米，占全省水资源总量的 1/6。临沂粮、油、果、菜、茶、药等多种农产品种植和畜禽、渔类等产品养殖规模、产量均居全省前列，全市粮食播种面积 965.9 万亩，总产量 412.7 万吨、位居全省第 6 位；油料总产 75.8 万吨、居全省第 1 位；蔬菜总产 765.8 万吨、居全省第 4 位，水果总产 360.3 万吨、肉蛋奶产量 140 万吨，均居全省第 2 位。苍山大蒜、蒙阴蜜桃、沂南黄瓜、临沭柳编、莒南花生、沂水生姜、平邑金银花等"产自临沂"区域公共品牌支撑起"生态沂蒙山、优质农产品"的良好口碑，先后被授予"中国蔬菜之乡""中国大蒜之乡""中国牛蒡之乡""中国金银花之乡"等称号，是"中国桃业第一市""国家级出口食品农产品质量安全示范区"，被誉为"中国食品之都"。临沂部分农产品在长三角市场占有率约 40%，每年 300 多万吨高品质、无公害蔬菜瓜果供应上海等地，其中蒙阴蜜桃主要销往长三角地区，上海市场每 3 个蜜桃中有 2 个产自临沂；兰陵县蔬菜主要销往长三角，供应量占上海的 30%、苏杭的 10% 以上。临沂与上海蔬菜集团、永辉超市等建立了良好关系。临沂新城金锣肉制品有限公司约有 30% 的产品销往长三角

---

① 《建设长三角地区产业转移"大后方"工作情况报告》，2022 年 1 月 7 日。

地区，约占市场的 60%；长三角城市每卖出 3 只咸水鸭就有 1 只来自临沂。

2. 物流市场优势

临沂建设了"临沂至长三角区域物流专线"，打造高效的两地快运网络，实现两地运输夕发朝至，将物流时间缩短至 8 小时内，便捷高效的物流形成了临沂南融长三角的交通优势。全市现有物流园区 23 个，物流企业 2700 多家，营运货车约 15.6 万辆，配载线路 2000 多条，覆盖全国所有县级以上城市，通达所有港口和口岸，物流价格比全国平均低 30%。2019 年临沂上榜国家发展改革委、交通运输部确立的国家商贸服务型国家物流枢纽承载城市和全国综合运输服务示范城市，素有"南义乌、北临沂"之称，被誉为"商贸名城"和"全国物流之都"[1]。

3. 人文情感优势

临沂是长江以北最大的商流、物流、资金流、信息流中心，自改革开放以来就与长三角地区人员交往、经济联系密切，来自浙江、江苏、福建、广东等长三角、珠三角的约 20 万名客商在临沂经商兴业，40 多万名临沂籍务工经商人员在上海挥洒汗水、创新创业，其中兰陵县有 30 万人在上海做蔬菜生意，平邑县有 10 万人在上海搞家政服务；临沂各县区在上海、苏州、南京等地均成立了商会，并在重点城市建立了流动党委，开展商务合作，拓展市场、积累人脉。政策沟通、设施联通、贸易畅通、资金融通、民心相通，打破省域"藩篱"障碍，构成了临沂南接长三角城市群的理念融合、情感交流的人文优势。

(二)制约因素

1. 宏观政策支持力度较其他省市偏弱

(1)临沂市对接长三角中心城市的政策缺乏有机衔接。从现有政策支

---

[1] 临沂市委改革办：《"商仓流"一体化发展临沂商城实现"全链条"转型升级》，2021年12月21日。

持力度看，缺少省级以上高层次重大战略支持。2021年11月，山东省政府印发的《关于新时代支持沂蒙革命老区振兴发展的实施方案》，虽然提出将临沂打造成为长三角优质农产品供应基地，但在两地制度设计、对接平台、农产品标准制定等方面，还需要省级层面加大支持力度。2018年11月，国务院印发的《淮河生态经济带发展规划》，虽然包含临沂市，但未涉及上海、苏州等与临沂经济往来密切的城市。《长江三角洲区域一体化发展规划纲要》，要求建立区域农产品统一监管、检测、执法、质量标准和追溯体系，实施绿色农产品标准化生产合作、农产品品牌互认、产品带标带码上市。临沂作为长三角之外的城市，无法享受政策便利。（2）省级层面与长三角跨区域对接机制有待加强。山东省提出打造新旧动能转换先行区，先后规划了"省会经济圈""胶东经济圈""鲁南经济圈"，战略布局侧重省域内部循环，与长三角一体化跨区域协同发展机制相比，与长三角的融合相对欠缺。比如，山东省"十四五"规划省级、胶东圈、省会圈接轨的侧重点为东接韩日，北融京津冀，涉及长三角合作方面仅有两处。临沂市全力打造"一基两后"的农业农村发展布局，与长三角城市在感情认同、思想观念、消费习惯、财政金融、科技人才、产业结构、生产标准、交通物流、供应链条、监管检测、追溯体系、品牌推介等对接协调还需深化对接，高效畅通的农产品供应体系建设有待加强。（3）政府与市场主体"半联动"。从市级统筹协调力度看，前期都是龙头企业、行业协会、商会为主，引导本行业企业对接长三角当地商会、市场等，后期成立流动党委对接商会。但政府间的协作缺乏顶层设计，缺少定期对接交流机制，工作机制有待进一步理顺优化，政策落实还没有形成合力，致使两地合作关系不稳定，相关资金投入不足，农业融资不活跃，"融资难""融资贵"的问题表现没有完全解决。

2.体制机制不完善

（1）农村基层党组织发挥领导作用不到位。乡村人才"引不来、留不住"，乡村靠谁兴、谁来引领的乡村治理主体问题突出。当前，农村党员干部队伍仍存在年龄结构老化、经营理念落后、专业人才不足的问题，虽然出台了一系列引进青年人才、优化党员结构的政策，但仍需要时间调整。经济薄弱村的党组织缺乏吸引力，专业人才留不住、不愿来。农村党组织负责人面临人员选用范围小，很难吸引外部人才进入的渠道与机制，进而影响到农村的发展和一些经济组织功能的发挥。（2）家庭联产承包责任制进程中"统分结合"失衡。村集体经济组织地位弱化、集体资产流失、农村资源闲置、农村社会治理效能低下。部分村依赖土地承包费艰难度日，导致村集体经济收入不高，管理运行困难，村集体组织力、凝聚力、号召力不强；有的村级组织涣散，对群众诉求回应不及时、不到位，遇到问题绕道走，导致群众意见很大；一些合作社没有发挥作用，"空壳社""问题社"现象仍然存在，甚至成为侵占公共财产的工具；农村契约精神和利益保障机制建设相对滞后，农民对一些违约企业缺乏有效制衡机制，与企业订单交易缺乏契约精神，不按标准种养殖，造成产品质量不高、双方利益受损。（3）新型农业经营主体不强。"谁来种地""不愿种地""不会种地"问题制约现代农业发展，传统农业服务主体规模小、组织化程度低、服务能力弱；农业龙头企业规模不足，带动能力偏弱，辐射范围较小；农民专业合作经济组织层次低，管理水平不高，竞争力不强，"五化五标五品"落地实施较慢；农产品输出模式单一，从事农产品加工销售的企业数量少，受生产设备简陋、技术落后等因素影响，品种不丰富、质量不稳定，带动农民增收能力有限。

3. 市场竞争态势严峻

（1）周边省市强力竞争。从上海农产品市场供给情况看，山东、安徽、江苏、浙江、河南、江西、广东以及东北等地区均有输入，主要以长三角周边地区为主。目前，一些省份围绕抢占长三角农产品市场，纷纷拿出真金白银政策措施，全力对接推进。安徽省制定《关于加强长三角绿色农产品生产加工供应基地建设的实施意见》，实施"158"行动计划，提出到 2025 年每个县至少重点培育 1 个优势主导产业全产业链优势特色产业集群；全省建立长三角绿色农产品生产类、加工类、供应类示范基地 500 个；面向沪苏浙地区的农副产品和农产品加工品年销售额达到 8000 亿元。① 安徽有 600 多家农产品贸易公司注册在上海，年销售额超 500 亿元，30% 的优质粮油初加工产品销往沪苏浙地区，农副加工食品销售额高达 3600 亿元。② 江苏盐城市以"盐之有味"农产品区域公共品牌接轨大上海，全市建成 37 个上海市外蔬菜主供应基地，年销售额达 330 亿元；南通提出打造上海的后花园、后菜园、后粮仓；徐州建成上海蔬菜外延基地 16 个，占上海外延基地总量的 42%；浙江台州黄岩 17 种特色农副产品集体开拓上海青浦西郊农产品交易中心；河南省商丘市睢县与上海蔬菜集团合作共建上海蔬菜主供应基地等。这一系列举措，直接导致近年来临沂农副产品在上海市场的占有率不断下降，对临沂对接长三角提出了严峻挑战。（2）农产品品类之间对接不均衡。临沂农副产品产量一直稳居山东省前列，但产品品类多且分散，对接需求不精准。比如，上海居民多喜绿叶菜，但临沂茄果类蔬菜种植规模较大，品类不匹配；临沂中高端生鲜果蔬品质距离上海高端市场有一定差距，大量蔬菜进入低端批发市场，中高端产品占比较低；农户依靠传统耕作方式种植，农产品季节性跟不上需求，蔬菜种植规划不合理，大量蔬菜集中上市导致价格不高，不能有效填补季节性蔬菜短缺的市场空间。从市场占有率看，超过 10% 的只有沂南肉鸭、蒙阴蜜桃、平邑罐头和中药材、兰陵辣椒和黄瓜、沂南黄瓜、临沭地瓜和柳编、蒙阴鲢鳙鱼，其中兰陵和沂南的黄瓜、蒙阴蜜桃、临沂新城金锣肉制品有限公司的肉制品超过 50%；5%—10% 的有临沭花生、兰陵大蒜、莒南草莓和生猪、山东化海农牧集团海圣农牧科技公司白羽肉鸡等；低于 5% 的有莒南花生、郯城稻米、费县西红柿、沂水生姜和苹果、费县山楂和板栗、莒南茶叶、蒙阴苹果和长毛兔、金胜粮油和玉皇粮油等。（3）农产品生产、加工、运输标准难以满足长三角市场需求，这是占领上海市场的关键。与上海周边市县相比，临沂存在运输距离的劣势。目前，

---

① 周琦：《融入长三角，安徽加快推进农业高质量发展》，《中国经济周刊》2021 年第 9 期。

② 汪永安：《安徽加快建设长三角农产品绿色加工基地》，http://ah.people.com.cn/n2/2021/0525/c358428-34742584.html，2021 年 5 月 25 日。

临沂现有兰陵县利源蔬菜合作社、兰陵县家瑞合作社、兰陵县佰盟种植专业合作社、兰陵县申坤蔬菜产销合作社、河东区珍林园合作社、费县盛农果蔬种植合作社等6个上海市蔬菜外延基地,总量少、规模小,品种单一,供应不稳定。优质农产品基地(园区)和标准化养殖场总体不足,标准化供给、销售市场体系未完全建立。冷链物流发展相对滞后,部分生鲜农产品和食品存在"卖不了、运不出、储不行、成本高"的问题。"产自临沂"标准体系不健全,在长三角地区的影响力、知名度还远远不够。(4)其他诸多要素约束。一是距离长三角较远,一些企业不愿把企业向临沂转移,又因经济形势下行及疫情影响,企业投资意愿降低,投资趋势放缓。投资方因市场、融资等多种因素考虑,普遍存在观望思想,项目建设的主动性严重不足,产业转移难度加大。二是优惠措施与企业期待有一定差距。受土地指标、能耗指标、环境容量不足等要素资源制约,一些投资较大的高质量项目,往往会有较高的配套要求及更多的政策性支持要求,但临沂现有政策难以满足;部分中小项目又面临着政策扶持少、落地难的问题,用地成本较高,进一步造成某些成长型企业难以落地。三是招商引资市场化竞争加剧。由原来的比地区之间优惠政策向比营商环境、产业链供应链配套程度等转变,又因受事业单位改革、疫情等多种因素影响,一些县区投促系统工作机制不顺畅,招商形势和工作思路处于深刻调整期,存在工作力度和工作热情降低等问题。

三、临沂优化乡村振兴"三步走"路径的对策建议

"测临沂、长三角之土",知己知彼,审时度势,理清思路,精准定位;"配南北对接和合之方",以需定产,彰显特色,结构优化,精耕细作。

(一)发挥体制机制支撑保障作用,强化与长三角城市的政策衔接

一是打通对接长三角的体制机制障碍。长三角一体化建设刚刚起步,尚未探索出成形的合作模式和发展路径。临沂要抢抓机遇,利用现有基础,积

极对接上级部门争取上级政策支持，突出抓好郯城县、兰陵县对接长三角"三步走"先行区探索，及时总结推广经验模式。县区和职能部门要对中央和省市委关于支持区域协调发展、革命老区发展的相关政策文件进行梳理，充分借势借力现有政策红利；要对照上海关于农副产品、旅游和产业转移的相关文件，主动做好政策调整、标准对接、产业链对接。要搭建定期交流对接平台，县区部门每年梳理对接目录和相关事项，由市级领导带队与长三角相关城市定期开展高层对接。二是对接需求做好规划。坚持"投其所好、供其所需、取我所长"原则，瞄定长三角 27 个中心城市市场需求，以高质高效、适销对路为重点，每个县区重点培植 1—3 个特色主导产业，持续扩大规模，加快产业发展。比如，兰陵县可围绕蔬菜产业转型升级，积极调整种植结构，加快新品种引进，提升利源蔬菜、家瑞、佰盟、申坤等上海市蔬菜外延基地水平，建设长三角中心城市"菜篮子"生产基地。沂南县可围绕肉鸭、黄瓜、大樱桃等产业，抓好常山庄省级乡村振兴齐鲁样板示范片区建设，叫响"沂南肉鸭""沂南黄瓜"品牌。费县可抓好胡阳镇西红柿国家农业产业强镇、20 万亩板栗、15 万亩核桃生产基地建设，提升盛农果蔬种植合作社上海市蔬菜外延基地建设，打造好"费县西红柿""费县核桃""费县板栗"等品牌。三是继续选派优秀干部到长三角地区挂职。每年选派优秀县级干部到长三角地区政府、重点企业挂职，重点选派蔬菜产地、旅游和经济部门的年轻干部，到长三角对口政府、关联企业挂职锻炼。

（二）以市场为纽带，以标准为桥梁，"请进来"与"走出去"相结合接轨长三角

全方位对接长三角中心城市的理念、市场、标准、科技，促进临沂农业加快转型发展，把临沂红绿资源优势转化为高质量发展胜势。一方面，要千方百计"走出去"，把临沂好山好水好风光资源禀赋充分展示出来，把"蒙山沂水，红色故事"讲得更精彩，以多彩沂蒙、魅力沂蒙吸引更多人走进临沂、投资临沂。依托兰陵菜博会、沂蒙优质农产品交易会、山东（临沂）食品产业博览会、山东粮油产业博览会等农业展会，积极推介临沂。主动走进长三角，积极对接上海西郊国际、鼎俊集团等企业，积极探索与新媒体、互联网平台建立合作关系，发挥其渠道优势，不断扩大"生态沂蒙山、优质农产品"的影响力和市场曝光度。另一方面，要真心诚意"请进来"，善于"借水行舟"，加大与长三角的精诚合作，以市场衔接、政策互惠、产业协作、人才交流和文化融通为纽带，在南北融合发展中不断增强临沂自身的内生动力。以长三角城市的质量标准倒逼临沂农产品转型升级、提质增效，通过搭建不同形式平台，推动临沂和长三角地区联合制定生产、加工、运输等规范标准和优质农产品基地认定办法。探索由农发集团参与的农药经营、环境治理等体系，确保农产品质量安全例行监测合格率。加大投入力度，加强示范带动，加快推广水肥一体化应用技术。大力推行社会化服务，总结推广金丰公社、中化MAP等经验做法，支持浙大山东（临沂）农研院创新发展。瞄准长三角中高端市场中高附加值农产品，主动规划生产结构，联合上海蔬菜集团等企业，加大对市内农民合作社、家庭农场、龙头企业、农业产业化联合体等组织筛选、扶持力度，重点提升蔬菜品种和品质，在持续提升现有省级农业标准化生产基地基础上，按照"三化""十二有"标准，规范提升优质农产品基地（园区）。

（三）发挥基层党组织的引领带动作用，激发乡村发展活力

乡村发展归根到底是靠农民，靠土地，靠农业。一是完善农村党组织书记选配改革，健全选拔任用、动态调整、末位淘汰、分类储备等机制，全面推行兰陵县"四雁"工程和郯城县村党组织书记专业化管理做法，建设"一懂两爱"的农村工作队伍，以头雁带动群雁高飞。二是完善乡村人才梯队。深入推进以农村青年党员、青年干部、青年人才培养为主的"三青项目"，解决好优秀青年入党难，选任年轻优秀村党组织书记挂职乡镇党政领导班子成员，组织有潜质的青年村党组织书记到先进村学习提升，设立产业发展基金鼓励青年干部领办实施产业项目。三是引导基层党组织书记把增加村集体

收入作为夯实基层组织的基础、密切党群干群关系的重要抓手。村支部书记、村"两委"班子有没有战斗力，关键看能不能增加村集体收入，要把增加村集体收入纳入村支部书记考核指标。党支部领办合作社要作为经济领域的群众工作，把农民组织起来加入合作社，把农业的利润更多地留给农民，让群众认识到自己的根本利益。将党支部政治引领、合作社抱团发展、群众能动作用等要素有效融合，实现抱团发展。

（四）拓展延伸农业全产业链，促进一二三产业深度融合发展

一是按照"一县一园、一镇一业、一村一品"思路，开展现代农业产业园、农业产业强镇、乡土产业名品村三级联创，持续扩大产业规模。以"产自临沂"为统领，用好农产品品牌提升专项资金，对全市农产品进行品牌分类、优化组合，不断提升"生态沂蒙山、优质农产品"影响力和美誉度。加快推动农产品加工从数量规模向质量效益、初级加工向精深加工、低端产品向高端品牌转变，引导企业优化重组、强强联合，将畜牧屠宰加工、莒南花生、苍山蔬菜、蒙阴蜜桃、沂水食品、沂南肉鸭等6个特色产业打造成百亿级产业集群。二是从产业融合上突破，对接城市需求，整合农业资源，聚合农村功能，融合产业要素，构建集循环农业、创意农业、农事体验于一体的城乡"联姻"新模式。充分考虑自然的、民族的、文化的、产业的条件，集中财政资金，引导社会工商资本在城市郊区、大型农业产业园区、农业生产条件好、美丽乡村建设有基础、自然风光优美的旅游景区周边，拓展农业的内涵外延和农村人文风情，进一步挖掘农业的文化价值、生态价值、休闲价值。三是重点打造特色鲜明、产业聚集、功能强大的农业产业循环综合体，打造龙头企业牵头引领、专业合作社组织实施、农民群众广泛参与的利益共同体，打造产业平台、新型社区、绿色田园、文化商旅"四位一体"的美丽乡村经济联合体。立足红色文化、乡村风情和山水生态等特色，精品开发旅游项目，精心培育旅游业态，推动农文旅深度融合，实现从"卖产品"向"卖风景""卖文化""卖体验"转变。四是加大招才引智力度。政策要瞄准农副

产品深加工、文创产品设计、直播电商等薄弱环节，以培养科技创新与推广人才、经营管理人才、职业技能人才、企业家及创新创业带头人为重点，加大招引力度，精准招引人才，为一二三产业融合发展提供人才保障和智力支持。

（五）以新型农业社会化服务组织为依托，推动服务业态模式创新

一是加大政策扶持力度，形成金丰公社、农村供销合作社、农民专业合作社"双龙领舞、三社务农、错位唱戏"的社会化服务新格局。充分发挥龙头企业辐射带动作用，吸引社会各界力量广泛参与社会化服务体系建设，鼓励各类涉农企业和涉农人员以入股、兼职、创业等方式服务"三农"，通过财政扶持、信贷支持、税收优惠等激励措施，引导工商资本支持农业农村，把社会力量引入农村，把现代服务业嫁接农业。二是创新服务模式，提升服务能力水平。金丰公社与农村供销合作社要互为犄角、优势互补，充分利用自身体系网络化、机制市场化、资源整合化、农民组织化、服务规模化等农业社会化服务骨干力量的优势，拓展服务领域，延伸服务链条，全链条介入农业生产服务、农产品流通、加工、仓储、物流等全过程，探索资源集约、股权连接、经营带动、农民自愿、服务托管、利益共享等合作模式，打造模式多样、机制灵活、覆盖全面的社会化服务新体系，打通万家小农户融入现代农业的通路，实现农业适度规模经营。三是设计科学合理的乡村振兴各方利益分配机制保障。企业以盈利为目的，农民以增收为根本，良性的发展必须要保障多方利益。比如，"公司＋村＋家庭农场"的运营模式，即由村集体、旅游公司、家庭农场主按照约定比例进行利益分配，村民再从村集体中享受分红[①]。这种模式照顾了多方面利益，所以有利于发展的良性循环，有利于提高村集体在乡村治理中的分量。再如，通过"以工入股"和"土地入股"的方式领办合作社，调动农民参与集体建设积极性，又利用"工票"可

---

① 马蓉睿：《扎实推进乡村振兴战略七条道路》，《兵团党校学报》2018 年第 5 期。

兑换生产要素和股份的功能，对村民收入进行二次分配，提升乡村治理现代化水平。

（六）做好"红绿蓝古"文章，提升休闲旅游"后花园"建设水平

临沂市第十四次党代会提出，要坚持以红带绿、以绿映红、红绿接蓝、古今辉映，进一步提升文旅大市发展水平。一是加强规划引领。做好全市旅游规划的整体设计，以红为魂、以古为线、山水相依，打破区域限制，整合各类资源，对一些发展较好的田园综合体、乡村旅游集中地，以点带面，连片打造。二是大力发展红色文旅。推出一批红色精品线路，以党性教育基地、历史遗迹为依托，瞄准大学思政课，积极拓展以大学生爱国主义教育为主要内容的培训，以青少年爱国主义教育为主要内容的红色研学游，以普通群众红色文化体验为主要内容的全方位沉浸式红色文化旅游。三是做好融合文章，丰富旅游业态。沂蒙山区有 500 多处红色遗址遗迹，大部分与现在的景区融于一体，要充分挖掘红色资源、绿色资源、蓝色资源和历史资源，做好融合文章，一体打造，深入推进全域旅游发展。加快发展康养旅游、生态旅游、文化旅游，加快景区改造提升和旅游项目建设，提升服务质量。四是开展精准市场营销。引导旅行社转型发展，瞄准长三角客源市场推出一系列优惠措施、精品线路，做细做专团队游市场。实施精准营销，推动市县联合营销，加大长三角地区中心城市广告宣传投放力度，组织旅游营销"小分队"赴 21 个重点客源城市开展旅游宣传推广。[①]

（七）精准对接，撬动产业转移"大后方"建设

紧扣乡村振兴"三步走"的产业需求，科学策划招商需求库、项目载体资源库，加强项目策划包装和推介。一是在链式招商上下工夫。灵活运用不

---

① 《临沂市落实"12345"总体思路　做好"十四五"开局重点文旅工作》，http://www.sdslch.com/contents/17/914.html，2021 年 3 月 11 日。

同招商方式，瞄准行业领先、企业攻坚和高端科研院所招引，大力实施补链、稳链、扩链、强链等工程，进一步完善产业配套、拉长产业链条、构筑产业集群。强化以链促群，集中优势资源，扶持"链主"企业，放大磁场效应，吸引上下游配套企业，实现集群集聚发展。二是在产业承接平台上下工夫。沂河新区建设要围绕对接长三角区域一体化战略桥头堡的定位，强化产业链招商，主动承接产业转移。发挥临沂商城专业市场集散优势，布局地产品加工基地，形成"市场连基地、基地连企业、企业连市场"的贸工一体化格局。规划建设临沂商城地产品产业园，筑巢引凤大力招引商城地产品制造企业，逐步实现地产品制造业由以卖为主到产卖融合转变。三是在优化营商环境上下工夫。为全市重点招商引资项目提供"全程式、跟踪式、保姆式"服务，对投资主体反映的困难问题，第一时间予以解决。

（编审：贺全进）

德州市乡村振兴研究报告

中共德州市委党校　　陈宝华[1]

农业农村农民问题是关系国计民生的根本性问题，必须始终把解决好"三农"问题作为全党工作重中之重。2017 年 10 月，习近平总书记在党的十九大报告中首次提出乡村振兴战略，强调要坚持农业农村优先发展，并按照"产业兴旺、生态宜居、乡风文明、治理有效、生活富裕"的总要求促进城乡融合、加快推进农业农村现代。实施乡村振兴战略是党中央的重大决策部署，也是化解城乡发展不平衡和乡村发展不充分问题的重大举措；是以工促农、以城带乡发展阶段的必然要求，也是实现全体人民共同富裕的内在要求。从世界范围内看，推进乡村振兴也是经济发展规律的使然，因为在工业化初始阶段，农业支持工业、为工业提供积累是普遍现象；但在工业化进入中后期，工业反哺农业、城市支持农村，实现工业与农业、城市与农村协调发展，这也是普遍现象。

德州是我国典型的传统农业地区，地处华北平原腹地，属于黄淮海冲积平原，面积 10356 平方公里，地形平坦，土地肥沃。2021 年德州市粮食播种面积 1600 万亩，[2] 粮食产量占山东省的七分之一、全国的百分之一强，是山东省的农业大市，属于全国农产品主产区。2020 年末，德州户籍人口 597.8 万，其中农村户籍人口高达 397.6 万，[3] 占全市户籍人口的

---

①　作者简介：陈宝华，男，中共德州市委党校（德州行政学院）科研处，副处长、副教授。

②　本文凡未注明出处的数据，均来自德州市乡村振兴职能部门相关材料。

③　德州市统计局、国家统计局德州调查队：《德州统计年鉴 2020》，第 45 页。

66.6%。2021年，德州农村居民人均可支配收入达到19020元，稍高于全国的18931元，但低于全省的2.08万元，由此可见，德州乡村整体发展水平还不高。另外，德州农业农村基础设施建设相对滞后，社会事业欠账较多，迫切需要通过实施乡村振兴战略实现跨越式发展，加快农业农村现代化。

一、德州市全面推进乡村振兴战略

2017年以来，德州立足农业大市实际，深入贯彻落实习近平总书记关于乡村振兴工作的重要指示精神和党中央决策部署，紧紧围绕省委、省政府对德州乡村振兴的工作要求和考核指标，统筹推进乡村振兴各项重点任务，努力在打造乡村振兴齐鲁样板中实现率先突破。

（一）德州市乡村振兴推进机制

习近平总书记要求五级书记抓乡村振兴。中央负责顶层设计和政策引导，省级做区域统筹和部署，市级抓全面推进，县、乡、村负责具体落实。这意味着五级书记要发挥乡村振兴的领导作用，尤其是县委书记要当好乡村振兴的一线指挥员。

1.加强组织保障，完善工作机制

在实施乡村振兴战略过程中，德州市全面加强党对农村工作的领导，坚决落实五级书记抓乡村振兴工作要求，健全领导体制机制，强化责任担当落实。2019年德州市就成立了市乡村振兴工作专班，由市委副书记任组长，市政府一名副市长任副组长，5名副市长分任五大振兴工作专班的组长，专班下设办公室，实行集中办公，负责统筹推进乡村振兴工作、总结推广典型和考核。德州市、县两级建立了"农业农村委员会＋乡村振兴工作专班＋乡村产业、人才、文化、生态、组织五个振兴工作专班"工作运行机制。德州坚持市级抓统筹，县乡两级抓具体落实，在工作谋划、项目安排、措施保障上目标同向，在工作推进上相互衔接、上下联动、集中突破。

2.科学统筹谋划，坚持规划先行

德州农村地域广、人口多、农业大，乡村振兴涉及产业发展、乡村建设、乡村治理、城乡融合等方面，必须做好规划引领，才能保障各项工作有章可循、稳步推进、取得实效。德州市着力构建了"1+1+5+N"规划政策体系。第一个"1"是指每年初德州市委、市政府根据中央和山东省的一号文件精神制定和发布德州市的1号文件；第二个"1"是指在2018年制定的指导全域乡村振兴的《德州市乡村振兴战略规划（2018—2022年）》；"5"是指产业、人才、文化、生态、组织五个振兴工作方案；"N"是指乡村振兴的若干配套政策和措施。2021年，德州市还谋划了率先突破三年行动，编制"1+7"行动方案，即《关于实施乡村振兴率先突破三年行动的意见》以及乡村产业振兴、人才振兴、文化振兴、生态振兴、组织振兴、镇村建设和乡村治理等7个三年行动方案。

3.加强顶层设计，保障工作推进

德州根据山东省委、省政府的指示精神，提出在打造乡村振兴齐鲁样板中率先突破，力争走在全省乡村振兴的前列，为此德州全力以赴，强化顶层设计，保障工作推进，全面推进乡村振兴战略实施。每年1月份，德州市委召开全市农村工作会议，根据中央农村工作会议和山东省委农村工作会议精神制定德州市乡村振兴工作要点，对全市乡村振兴重点任务进行细化分解，每月调度进展情况，推动乡村振兴落地见效。2021年初，德州市委组织召开全市农村工作会议，印发了《关于全面推进乡村振兴加快农业农村现代化的实施意见》（德发〔2021〕1号），安排部署2021年全市"三农"工作任务以及各项重点攻坚任务，全面推进乡村振兴。2022年1月，德州市委召开全市农村工作会议，提出坚持"事争一流、唯旗是夺"要求，强调各县市区要扎实有序推进乡村发展、乡村建设、乡村治理、乡村文明等重点工作，促进城乡融合发展、农民共同富裕。

（二）德州市推进乡村振兴的做法与成效

2021年，德州市实现农林牧渔业总产值767.11亿元，比上年增长8.7%；农林牧渔业增加值416.65亿元，增长7.5%；在全省乡村振兴专项考核中排名第二。

1. 全力推进乡村产业振兴

（1）粮食和重要农产品供给保障能力不断提升

德州市自2009年率先在全国实现"亩产过吨粮、总产过百亿"以来，始终把稳粮稳产作为农业发展的首要任务，粮食种植面积、总产、单产呈现"三增"势头。2021年秋收时，在遭受连绵阴雨天气的不利条件下，德州市粮食生产再次增收，实现"十八连丰"，总产量达到761.6万吨，连续7年稳定在700万吨以上，在全省粮食生产稳定度这一乡村振兴重要指标考核中始终名列前茅，为保障国家粮食安全、建设京津冀南部重要生态功能区作出了突出贡献。德州市"菜篮子"产品和肉蛋奶产品供应充足，蔬菜种植面积100万亩，养殖场户5800家，其中规模养殖场1411家。2021年末，蔬菜（含食用菌）产量652.8万吨；生猪存栏329.5万头，生猪全年出栏458.7万头；主要畜禽肉类总产量67.6万吨，比上年增长10.1%；禽蛋产量48.3万吨，增长5.0%；奶类产量26.6万吨；水产品产量6.04万吨①。

（2）现代农业生产基础日益稳固

截至2021年底，德州市累计建成高标准农田607.7万亩，占全市耕地面积的62.97%，齐河、禹城入选全省高标准农田整县推进示范县创建名单。德州市农业生产设施和装备条件显著增强，现代种业发展进展迅速，创建国家级良种繁育基地县2个、省级良种繁育基地县2个，良种繁种面积22万亩，主要农作物良种覆盖率达99%。德州市积极推动土地适度规模经营，

---

① 德州市统计局：《2021年德州市国民经济和社会发展统计公报》，德州市统计局，2022年3月22日，http://dztj.dezhou.gov.cn/n3100530/n3100065/c70143504/content.html。

2021 年底，农村承包地流转面积 398.13 万亩，占全部承包地（822 万亩）的 48.44%，农作物生产综合机械化水平达到 95.8%[①]。全市供销社系统已建成为农服务中心 62 处，总占地 1485 亩。此外，德州市还不断调整优化农业内部结构，着力打造京津冀优质农产品供应基地。

（3）现代高效农业形成新动能

大田农业规模经营虽然提高了农业劳动生产率，但农业整体产出增加不明显。德州市针对这一新问题，提出要用工业化的思维、市场化的手段发展设施农业和高效农业，提高单位土地面积产出。一是推进智慧农业大棚项目建设，目前智慧农业大棚项目运营良好，智慧农业技术加速扩散，临邑、陵城、庆云 3 个项目日产番茄总量近 40 吨。二是实施重大项目建设，通过招商引资引进了"央联万贸城（德州）现代农产品（食品）流通产业园"项目。三是大力开展农产品品牌建设，延伸了产业链条，提高了产品附加值。

（4）乡村产业融合发展有序推进

德州市以推进产业融合发展为目标，积极创建现代农业产业园、产业强镇、龙头企业等产业融合载体。开展现代农业产业园区创建，2021 年，德州市拥有国家级现代农业产业园 2 家，省级现代农业产业园 8 家，省级以上产业园数量居全省第一，创建市级现代农业产业园 42 家。实施产业强镇建设，培植全国"一村一品"示范村镇 15 个、全国乡村特色产业十亿元镇 3 个、省级产业强镇 22 个、省级乡土产业名品村 214 个，新入选粤港澳大湾区"菜篮子"基地 1 家，总数达 6 家[②]，新增全国农业产业强镇 1 个，总数达 5 个。创建"新六产"示范县 4 个、示范主体 40 个、市级以上田园综合体 4 个。实施新型经营主体提升工程，培育农民合作社 1.35 万家、家庭农场 7356 家，发展社会化服务组织 4168 家，培育国家级龙头企业 10 家、省级 66 家、市

---

① 德州市统计局：《2021 年德州市国民经济和社会发展统计公报》，德州市统计局，2022 年 3 月 22 日，http://dztj.dezhou.gov.cn/n3100530/n3100065/c70143504/content.html。

② 德州市统计局：《2021 年德州市国民经济和社会发展统计公报》，德州市统计局，2022 年 3 月 22 日，http://dztj.dezhou.gov.cn/n3100530/n3100065/c70143504/content.html。

级以上 236 家，引进国际知名农产品（食品）加工企业和国家级农业产业化重点龙头企业 18 家。

（5）乡村产业发展活力有效激发

德州市整建制成功创建省级农产品质量安全市，争取上级财政资金 36.4 亿元。"三品一标"（无公害农产品、绿色食品、有机农产品和农产品地理标志）认证产品 884 个、认证面积 655.8 万亩，占食用农产品耕地面积的 71.11%①。创建全国蔬菜质量标准中心试验示范基地 5 家。"德州味"品牌成功发布，品牌运营中心、展销体验中心启用。组建 13 个现代农业产业技术体系创新团队。与中国农科院等大院大所建立合作关系，与多家金融机构签订战略协议。

2. 多措并举推进乡村人才振兴

（1）完善乡村人才振兴机制政策

德州市研究起草《德州市乡村人才振兴三年行动方案》，确定五大专项行动，将乡村人才振兴纳入县市区推进乡村振兴战略实绩考核，纳入市委人才工作领导小组工作要点。在全市开展了"万名干部下基层"助力乡村振兴活动，鼓励企业与村庄建立结对帮扶关系，派人员到村参与推进乡村振兴。选派 2096 名优秀教师开展城乡教师交流，从二级以上医院选派 40 名优秀人才到乡镇卫生院担任"业务院长"。

（2）拓宽乡村人才引进回乡渠道

为了增加德州农村的人力资源存量，德州市着力畅通人才、智力、技术下乡通道。吸引"走出去"的大学生、退伍军人、在外务工经商的农民工回乡创业或工作，依托农村丰富的农业资源发展乡村产业。上线德州智慧就业平台系统，组织开展"线上招聘"，发布人才需求 2.1 万个。县以下补充教师 3100 人，引进农业高端领军人才 23 人，"三支一扶"招募大学生 550 人。

---

① 德州市统计局：《2021 年德州市国民经济和社会发展统计公报》，德州市统计局，2022 年 3 月 22 日，http://dztj.dezhou.gov.cn/n3100530/n3100065/c70143504/content.html。

（3）大力培养乡土人才

德州市积极培养、发现乡村本土人才，千方百计改善乡村人才待遇，让乡土人才留得安心、工作顺心。2288 名工作满 20 年、30 年的基层中小学教师享受直评直聘政策；选树乡村好青年 2576 人，其中推荐 1060 人进入村"两委"班子；培训基层宣传文化干部 150 人、非遗传承人 100 余人、文艺业务骨干 200 余人。开展农村转移劳动力职业培训 4.9 万人次，开展涉农线上空中课堂直播培训 79 期，培训 5000 余人次。培训基层农技人员 767 人、高素质农民 3556 人。

（4）建设乡村人才"双创"基地

德州市乡村振兴融合发展高端专家服务项目获批全省唯一一个人社部专家服务基层活动示范项目。推荐申报两家省级乡村振兴专家服务基地、45 个全国农村创业创新园区，新设 23 家市级乡村振兴专家服务基地。为保障基地专家的居住和生活，优化乡村人才居住环境，2021 年德州市投资 2031 万元，建设了乡村人才公寓建设项目 47 个、人才公寓 187 套。

3. 全面促进乡村文化振兴

（1）新时代文明实践站所建设成效显著

2021 年，德州市制发《德州市深化拓展新时代文明实践工作清单》，实现县级新时代文明实践中心、乡镇（街道）文明实践所全覆盖；建成村级文明实践站 5032 个，覆盖率达 99.27%，组建各级文明实践志愿服务队 9582 个，开展活动 9.8 万次。重点推动县级新时代文明实践志愿服务平台建设，12 个县市区全部搭建线上融合平台。德州市依托新时代文明实践中心和站所建设，实现了精准对接基层群众需求，打通了宣传群众、教育群众、关心群众、服务群众的"最后一公里"。

（2）农村思想道德建设不断加强

德州市深入实施"四德工程"，广泛开展示范创建活动，共建立市级"四德工程"示范镇 24 个、市级示范点 542 个、县级示范点 892 个，建成村（社区）善行义举四德榜 8126 个。积极挖掘群众身边的感人事迹和先进典型，

2021年共评选"德州好人"346人,德州"好人之星"30人,评选第二届德州市"诚信之星"50人,"诚信使者"50人。

(3)农村公共文化服务水平进一步提升

德州市大力实施"一村一年一场戏""一村一月一场电影""戏曲进校园"工程。2021年围绕庆祝中国共产党成立100周年,开展了"唱支山歌给党听"、全市"大家唱"群众合唱展演展播比赛、红色经典京剧演唱会等系列主题文化活动1000余场次,开展戏曲进乡村872场,放映农村公益电影17104场。

(4)移风易俗工作深入开展

德州市在乡村倡树新时代文明,不遗余力推进文明乡风、淳朴民风、良好家风建设,封建迷信、铺张浪费、天价彩礼等不良风气得到有效遏制。全力推进生态节地公益性公墓建设"三年攻坚战",德州市内共建成县级公益性骨灰安葬设施11处、乡镇级或村级骨灰安葬设施576处。

4.稳步推进生态宜居乡村建设

(1)农村人居环境大幅改善

德州市在圆满完成农村人居环境整治三年行动的基础上,稳步开展农村人居环境整治提升五年行动。一是开展美丽乡村建设,30个省级示范村已经建设完工10个,35个市级示范村已完工23个。二是推进农村人居环境提升,全市7800多个村开展了村庄清洁集中行动、5680个村开展了绿化美化工作,累计完成农村厕所改造58.8万户,建成农村公厕454座,实现了300户以上的自然村、乡镇驻地村、美丽村居示范村农村公厕全覆盖。三是实施农村地区清洁能源建设行动,农村清洁取暖改造完成率达到100.5%。四是开展农村生活污水和黑臭水体治理,完成巩固提升行政村130个,完成农村黑臭水体治理25处,超额完成省定任务。五是完善城乡环卫一体化体系建设,农村垃圾实现"户集、村收、镇运、县处理",建成城乡生活垃圾填埋场和焚烧厂15座。六是开展"美在我家"主题活动,创建"美丽庭院"17.2万户。

(2)农业生产加快向绿色发展转型

德州市持续开展化肥、农药减量化行动,2021年共争取中央资金875

万元，省级资金 930 万元。小麦病虫害统防统治覆盖面积 400 多万亩，推广应用缓释肥、生物肥等新型肥料，同时增施有机肥，推广水肥一体化面积 2.5 万亩。提升农业废弃物资源化利用水平，秸秆综合利用率达 96%，畜禽粪污资源化利用率稳定在 90% 以上。引黄灌区农业节水工程建设全部完工，完成投资 36.05 亿元，新建改建桥、涵、闸、泵站等建筑物 1058 座，整治骨干、末级、田间渠道 588 条 2100 公里，新改建维修田间泵站 198 座、机井 3355 座，配套计量设施 3663 套，新建信息化平台 14 套。顺利完成美丽幸福示范河湖建设，投资 4600 万元实施水利移民扶持项目 40 个，治理水土流失面积约 7 平方公里。

（3）农村基础设施不断升级

德州市农村基础设施条件大幅改善。一是整建制实现城乡供水一体化，一体化率达到 97% 以上，2021 年建成 33 项重点水利工程，改建提升 540 个村供水管网，完成 36 个村供水提质工程，推进节水型社会建设，县域节水型社会达标率 64%，创建 10 个国家级县域节水型社会建设达标县。二是实施"四好农村路"三年集中攻坚行动，总投资 53.8 亿元，2021 年全市新建改建"四好农村路"837 公里，建制村通硬化路率（硬化路到村口）达到 100%，实现快递进村全覆盖。三是完成农村电网改造升级，改校、改暖、建设党群服务中心等投入巨大、成效显著。

5.扎实推进乡村组织振兴

（1）基层党组织作用大幅提升

德州市圆满完成新一轮村"两委"换届，村级"两委"成员年龄结构、文化结构明显优化，党组织书记平均年龄下降到 45.33 岁，高中及以上学历的提高到 85.18%，"一肩挑"比例达到 99.22%。实施"打造区域党建联合体，推进乡村融合发展"书记项目，推进农村区域党建联合体建设，在扩面和提质上同时发力，全市已成立农村区域党建联合体 426 个，覆盖 3071 个村，占全市行政村总数的 60%，基层党组织运行效率大幅提升。实施村党组织领办合作社规范提升"十百千"计划，鼓励支持基层党组织领导发展壮大农村集体经济，增强自我造血能力，夯实乡村振兴物质实基础。

（2）村庄布局优化和治理提升

德州市实施了乡村振兴融合发展行动，以新一轮村"两委"换届为契机稳妥推进村级建制调整，促进新建农村社区党组织、管理、生产生活融合，共计减少行政村 2849 个，全市行政村数量由 7951 个融合为 5102 个，解决了村小村散、活力不足等问题，提高了管理效率。全力推进党建引领网格化治理，建立"网格吹哨、部门报到"机制，农村网格进一步织牢织密，乡村治理体系进一步完善，自治、德治、法治相结合的乡村治理体系基本建立，初步形成共建共治共享乡村善治格局。乡村善治的"平原实践"经验全国推广。大力推进农村数字化管理，尤其是新建农村社区，按照城市小区标准安装摄像头、开展物业服务，建设智慧管理社区，让农村居民享受城市生活和服务。

（3）集体经济实力不断增强

德州市实施了村级集体经济发展壮大行动，积极争取中央财政资金扶持壮大村集体经济项目，对收入 5 万元以下村实行台账式管理、项目化推进，截至 2021 年底，村集体经济收入 5 万元以下的村全部清零，10 万元以上的达到 80%。

6.农民生活持续改善

德州市农民持续增收，2021 年农村居民人均可支配收入为 19020 元，同比增长 11.9%，增速高于城市居民 4 个百分点①。洗衣机、冰箱、小家电等成为多数农村家庭的标配，不少农民还购买了家用小轿车，甚至在县城购买了商品房。2008 年以来，先后有 40 多万农民搬进了农村新社区，并在家门口的产业园区就业，大大改善了农村居民的生活条件，实现了就地城镇化。

---

① 德州市统计局：《2021 年德州市国民经济和社会发展统计公报》，德州市统计局，2022 年 3 月 22 日，http://dztj.dezhou.gov.cn/n3100530/n3100065/c70143504/content.html。

7. 乡村改革向纵深推进

德州市借助国家和省级试点、示范创建等将乡村改革向纵深推进。德州市扎实推进承担的 23 项国家级试点和 31 项省级试点，禹城市入选全国农村宅基地制度改革试点，平原县入选全省乡村振兴政策集成改革试点县和全国农民合作社质量提升整县推进试点县，乐陵市入选全省家庭农场高质量发展整县提升试点，武城县入选产城融合推进就地城镇化试点、城乡建设用地增减挂钩节余指标跨市交易试点等。深化农村产权制度改革，完成了承包地"三权分置"改革，稳步推进宅基地"三权分置"改革，通过清产核资，对集体"三资"进行了折股量化改革。山东省农村产权交易中心德州市管理中心正式揭牌。

（三）德州市推进乡村振兴的特色经验

1. 发展边角经济

随着城镇化的加速，村庄的空心化程度不断加深，德州中心城区和县城周边及偏远村庄的空心化率已经超过 50%，村内大量房屋长期空置、低效利用甚至坍塌废弃，不但影响村容村貌，而且导致土地资源严重浪费。但现实问题是，废弃、闲置房屋的农户大多不愿意放弃宅基地的资格权，即便愿意放弃，村集体也没有财力有偿回收。实施乡村振兴战略以来，德州各县市区都在谋求化解上述难题。临邑县逐步探索出边角经济模式，不但解决了废弃宅基地影响村容村貌问题，而且将传统村庄打造成了生态宜居的美丽乡村。

临邑县的主要做法是：村党支部发挥领导作用，依托村股份经济合作社组织村内未外出就业的闲散劳动力发展集体经济，首先对村内废弃宅基地进行摸排走访，征得农户同意后，对宅基地及村内道路两旁、房前屋后闲散地等一并进行整理整治，统一种植绿化苗木或经济作物，苗木可以绿化美化村内环境，葡萄、金银花、辣椒等作物美化环境的同时带来经济收益。该模式由村集体、农户、闲散劳动力三方参与，农户以宅基地入股，村集体负责经营管理，闲散劳动力负责作物管理实现灵活就业，三方年底按照签订的合作协议分享边角经济收益。

边角经济模式权责明确，利益边界清晰，三方同时受益，属于典型的帕累托改进，而且该模式操作简单，易于推广，具有良好的经济和社会价值。

2. 闲散土地回收利用

土地是农村最重要的资源。农村的承包地和宅基地，主要由农户使用和支配，村集体掌握的土地资源十分有限。德州天衢新区赵虎镇近年来通过整治村庄闲散土地，推动了村级集体经济发展，为乡村振兴唤醒了沉睡资源。

闲散地属于集体所有土地，主要包括坑塘地、撂荒地、"四荒地"等。赵虎镇闲散地整治主要涉及回收和运营两个环节。其主要做法是：一是镇党委靠前指挥，强化镇级支持，突出村级主体，镇村协同推进闲散地回收。二是规范回收程序，广泛发动群众，公开透明、一视同仁回收闲散土地。三是土地回收后，开展精准测绘，明确土地的集体产权，以防今后被侵占。四是坚持"留足运营地块，适度租赁回笼资金"的工作思路，引导各村增强主体意识，从实际出发，创新利用闲散地发展集体经济的模式。

赵虎镇前期在 12 个村开展闲散土地整治试点，共收回闲散土地（不包括机动地、废弃闲置宅基地）约 2400 亩，村均回收土地 200 亩左右。各村兼顾当前困难和长远发展，摸索出集体经营、公私合营、土地入股、项目开发和土地流转等 5 种集体经济发展模式，为村集体经济发展和产业兴旺打下了基础。

3. 党支部领办土地股份合作社

随着德州大量农民进城，农村基本经营制度越发需要发挥"统"的作用。德州市在全市推行农村党支部领办土地股份合作社发展模式，壮大了农村集体经济，促进小农户与现代农业有机结合，解除了进城务工经商农民的后顾之忧。

村党支部发挥领导作用，领办土地股份合作社，将不愿意耕种、不能耕种农户的承包地以入股的形式交由村集体统一管理，由村党支部招募本村劳动力进行统一经营，或者与种粮大户、家庭农场合作经营，充分发挥土地的规模经营优势，提高劳动生产率。土地股份合作社一般以种植小麦、玉米等大田粮食作物为主，每年分夏秋卖掉粮食后进行初次分红，农户每亩地可以得到 800 元左右的保底收入，年底进行综合核算，扣除农资、管理、集体留成后再进行二次分红，每亩地的总收益在 1000 元左右，与农户投资投劳自主经营收益接近。近 5 年来，德州市发展各类党组织领办合作社 4653 个，涉及 3099 个行政村、占全市行政村总数的 60.7%，入社群众 19.17 万户。党支部领办土地股份合作社适应了新时代生产力发展的新要求，满足了农民诉求，是乡村振兴背景下落实农村基本经营制度的创新之举。

4. "党建联合体"推动乡村联合振兴

德州市一半以上的村庄人口在 500 人以下，人口最少的村不足 50 人，村庄"散、多、小、弱"的弊端日益凸显。全市农村发展面临着"弱村发展难、强村突破难"的困境，严重制约着乡村振兴。为此，德州市打破"就村抓村"路径依赖，突破村与村之间的行政界限，综合考虑农村产业相关、地缘相近、人文相亲等因素，因地制宜打造乡村振兴党建联合体。通过党建联抓促组织融合、产业联建促发展融合、资源共享促服务融合，通过组织融合引领产业融合和服务融合，推动村庄向"聚、少、大、强"转变，实现抱团发展、联合振兴，形成了一批富有生机和活力的村庄共同体，探索形成了农村集约集聚发展、党建引领乡村振兴的新路子。党建联合体依托"党建联合体—村党组织—联户党员（网格员）"三级管控的网格化管理体系，将为民服务代办、矛盾纠纷调处、党员志愿服务等工作安排直达每名联户党员，实现"小事不出村、大事不出片"，带来了基层治理效能的提升，变"组织优势"为"治理优势"。

5. 启动"吨半粮"生产能力建设

保障国家粮食安全是乡村振兴工作的底线任务。德州作为农业大市，承担着保障国家粮食安全的重任。为此，德州市主动扛牢"粮食安全"大旗，把粮食安全作为德州乡村振兴的首要任务，落实"书记抓粮"责任，扎实推进"吨半粮"生产能力建设，确保"十四五"期间建成 100 万亩核心区，打造全国第一个大面积"吨半粮"示范区。德州市统筹推进良种、良田、良法、良技、良户、良网深度融合，实施现代种业提升工程、高标准农田提升工程、耕地地力提升工程、增产技术模式集成推广工程、农机装备提升工程、科技服务网络提升等六大工程，每一个工程有一个专家技术团队和一个行政服务团队，落实种、耕、播、肥、防管六统一。建立了"书记抓粮"机制，四级书记一起抓，层层落实书记"指挥田"，实现村抓样板田、镇抓示范方、县抓核心区、市抓高产片，确保了吨半粮创建高效实施。德州市每年列支不少于 2 亿元财政资金进行奖补，突出规模化种植，重点培育各类社会化服务组织、种粮大户、家庭农场等新型农业经营主体，开展粮王大赛。2021 年 9 月 10 日，农业农村部部长在德州调研时对"吨半粮"创建给予充分肯定。

二、德州市推进乡村振兴面临的主要问题

五年来，德州市坚持农村优先发展，五大振兴取得明显成效，在实践中创造了平原农村地区推进乡村振兴的诸多做法和典型经验，在省内乡村振兴单项考核中连年名列前茅。但在取得成绩的同时，德州市乡村振兴也面临着底子薄、资金少、人才缺、改革难等问题。

（一）乡村产业发展质量不高

德州虽为农业大市，但不是农业强市，乡村产业整体发展水平仍然不高，还未达到产业兴旺的要求，农业现代化远未实现。

一是农业收益率还比较低。德州现代高效农业发展较为缓慢，农业科技贡献率低，普通农产品多，品牌影响力小，以销售初级农产品为主，附加值低。二是新型农业经营主体层次偏低。高素质农民数量少，种粮大户、家庭农场经营能力偏弱，社会化服务组织不发达，缺少大型龙头企业，1.35 万家农民合作社，省级以上示范社仅有 110 家（全省 1253 家），市级以上示范社只有 578 家。三是农业"新六产"发展滞后。农业与二三产业融合度比较

低，乡村产业链条短，未能发挥农业的多种功能，缺少吸纳农村劳动力就近就业的产业链。四是乡村新产业新业态发展缓慢。电商、民宿、乡村文旅等产业规模都比较小，只分布在部分村镇，远未形成"一村一品""一镇一业"的产业集群优势。五是农业科技创新能力弱。2020年德州市省级产学研基地仅有33个，与山东省农业先进市潍坊、烟台相比，分别少96个、81个。六是区域公共农产品品牌数量少，影响力小，竞争力不强。截至2021年底，德州市仅有3个省知名区域公用品牌（全省69个）和32个企业产品品牌（全省600个），2021年"德州味"区域公用品牌形象刚刚发布，知名度和影响力还比较有限。

（二）基础设施和公共服务落后

近年来，德州市域乡村的基础设施和公共服务水平有了很大提升，但相较于市域城市或较发达地区农村，德州乡村的基础设施和公共服务水平依然较为滞后。究其原因：一是德州属于山东西部经济实力较弱的地市，2021年全市地区生产总值为3489亿元，一般公共预算收入仅为234亿元，财政资金紧张，工业反哺农业、城市支持乡村发展的能力有限，乡村建设资金投入不足，难以对市域乡村实施大规模的财政转移支付和投资。二是德州市乡村地域广阔，村庄众多且布局分散，有限的财力投入只能实现低水平的面面俱到。三是村集体经济实力薄弱，几年前80%以上的村庄都是集体经济薄弱村、空壳村，根本无力提升村内基础设施和公共服务，近年来虽然80%以上的行政村集体经济收入超过了10万元，但与提升村内基础设施和公共服务的巨大投入需求相比也只是杯水车薪。

（三）农村生态环境问题仍较突出

过去的农业生产方式比较粗放，科技水平较低，经营管理不科学，致使农村人居环境恶化、生态遭到破坏。比如，因为不能科学使用化肥导致了土地板结和水体富营养化，过量和不科学使用农药导致了农产品农药残留超标和水体污染，农业养殖户和企业对畜禽粪便处理不当导致了面源污染，部分村庄存在垃圾围村现象，小散乱污性质的个体户和企业导致农村水体、空气和土地遭受严重污染。当前德州市农村污染治理和生态修复任务十分艰巨，疫情对农村人居环境整治提升行动产生不利影响，必须引起高度重视。

（四）乡村治理难度上升

一是德州市农村乡土社会特征明显，传统道德文化和宗族影响力依然强大，再加上市场经济背景下金钱、利益至上等观念的侵蚀，导致村民集体观念严重淡化，社会主义乡村文化亟须重塑。二是村民的原子化倾向明显。他们或者在外务工经商，或者在城市里求学和工作，常年游离于其所属的村集体之外，即便常年生活在村庄里的农民，也是各自生活、自主从事农业生产，跟村集体的关系也十分松散。这就导致村集体在乡村治理中难以影响村民，更难以带动村民按照村集体的要求和规范来统一行动。三是村级党组织为民服务缺乏物质基础，服务能力不强，多半处于有心无力状态，但基层群众对基本公共服务的需求却在不断增加，这就导致基层党组织和自治组织满足农村居民对美好生活向往的能力严重不足，治理上存在短板和困境。四是农村基层党组织在市场经济冲击下出现了组织涣散、人员老化、能力不足等问题，部分基层党组织的影响力、号召力出现弱化现象。

（五）乡村人力资源流失严重

由于农村经济相对落后和公共服务水平不高，德州市乡村劳动力、人才等人力资源要素持续流出。一是德州农村人口大量净流出。2019 年末德州市农村户籍人口高达398.7万[1]，但实际生活在农村的人口仅有262万[2]，

---

[1] 德州市统计局、国家统计局德州调查队：《德州统计年鉴2020》，第45页。

[2] 德州市统计局、德州市第七次人口普查领导小组办公室：《德州市第七次全国人口普查公报（第六号）》，德州市统计局，2021年6月10日，http://dztj.dezhou.gov.cn/n3100530/n3100065/c63270540/content.html。

并且以老年人、妇女、儿童居多。根据七普人口数据推算，德州市农村户籍劳动力约 238 万，[①] 转移到城市的农村人口约 136 万，主要是青壮年劳动力。二是德州农村人才大量流失。德州农村青少年通过升学离开农村，一些能人也纷纷离开农村到城市务工经商，这些人才一旦离开很难再回流农村。三是乡村吸收人才创新创业的平台载体少，留才政策机制不活，乡土人才培育力度不够，导致乡村创新创业活力不足、产业发展缓慢、就业机会少、工资低、增收难，又会促使人力资源加速流出，从而让乡村的人力资源与产业发展陷入恶性循环。如果不加快推进乡村人才振兴，绝大多数村庄的命运只能是因人口和人才大量流失而衰落甚至消亡，乡村将一蹶不振。

（六）乡村振兴内生动力不足

当前德州乡村振兴还主要依赖各级政府推动和投入，但乡村振兴主体是农民和村集体，二者推进乡村振兴的内生动力和能力明显不足。一是德州农民和村干部思想观念仍然比较保守、知识能力有限，难以适应现代农业和市场经济的发展需要，在推进乡村振兴上积极性不高，主体性缺失，"等靠要"思想比较严重，甚至出现了"干部干、群众看"的现象。二是乡村发展模式已经形成路径依赖，同时村内利益关系已经相对固化，政府输血式增量改革虽然推进阻力相对较小，但很难激发内生动力；改变农户土地占有量不均等、宅基地面积超标、闲散土地回收等涉及利益调整的存量改革难度极大，却是激发乡村内生动力的关键所在。三是农村市场化改革滞后，导致农村市场体系不健全，生产要素流动不顺畅，农业经营体制机制不灵活，乡村发展与市场经济存在脱节现象。四是村集体经济薄弱，乡村自我造血功能太弱，无力自主推进乡村振兴和实现共同富裕。更为严重的是，农业经营收益又以购房、消费等方式加速流入城市，导致农村农业

---

① 按照国际惯例，我国劳动力为 15—59 岁年龄的人口。

发展资金进一步流失。

（七）土地资源优势发挥不充分

德州现有耕地 998.5 万亩 [①]，同时还拥有大量的农村宅基地、集体经营性建设用地与公共用地。但在推进乡村振兴中，德州土地资源的优势并未充分发挥。一是德州平原农村土地规模经营优势发挥不充分，目前仍有一半以上的土地仍由小农户自主经营，土地产权分散所导致的土地条块分割依然普遍，生产经营效率较低，土地整合利用困难较大。二是农作物仍以普通的小麦、玉米种植为主，种植结构单一，产品附加值低，农地经营者增收困难。三是土地制度改革仍不到位，集体经营性建设用地入市还没有全面施行，农村宅基地"三权分置改革"仍在试点，农民土地权益变现困难。四是城乡建设用地增减挂钩政策限制较多，农村整治回收闲置废弃宅基地、闲散地积极性不高，乡村建设用地指标上市交易困难，且价格只有每亩 40 万左右，省内定价偏低，难以充分利用这一政策为德州乡村振兴输血。

三、深入推进德州乡村振兴的建议

乡村振兴是德州市推进"三农"工作的总抓手，经过五年的实践和探索，既取得了显著成绩，但也面临一些亟待解决的难题。实践表明，乡村振兴只能是渐进式振兴、不平衡推进、分步实施。在上述背景条件下，本研究结合德州市乡村发展的实际，针对乡村振兴建设中面临的突出问题，分别从规模经营、产业发展、资金投入、生态文明、乡村治理、人口人才、深化改革等方面提出了应对之策。

---

① 张双双：《山东德州加快建设 43 个高标准农田项目》，《大众日报》2021 年 12 月 20 日。根据文中"山东德州共建成高标准农田 683.7 万亩，占全市耕地面积的 68.47%"的表述可反推德州市耕地总面积。

（一）加快推进土地规模化经营

土地规模化经营是平原地区实现农业现代化的必然选择。德州市作为重要的粮食、蔬菜和瓜果生产基地，其乡村振兴必然建立在现代农业的基础之上，必然要实行规模化经营、机械化耕作、标准化生产和社会化服务，必须牢牢守住粮食安全这个底线。

一是加快土地流转。一方面让更多的农民在土地承包权益不受损的前提下摆脱耕地束缚，实现转移就业，获得更多工资性收入；另一方面推动土地的集中规模化经营，培育新型农业经营主体，提高农业劳动生产率。二是依托山东省农村产权交易中心德州市管理中心，整合全市的农村产权交易平台，建立德州市统一的农村土地产权交易信息市场，为土地流转和集中规模化经营提供交易平台，并加强对土地流转的引导、协调和服务。三是推广大田作物规模经营模式。全力实施100万亩"吨半粮"核心区建设，成方连片建设高标准农田，采用规模经营模式创建粮食高产示范方、高产片，发展现代高效农业经济。四是鼓励农业新型经营主体通过德州市农村土地产权交易信息市场大规模流转土地，从事规模化经营和专业化服务，尤其要大力引进农业现代化龙头企业，支持其与村级组织和县乡政府合作，从事农业规模经营和开发，发展农产品深加工，做实供应链，延伸产业链，留住价值链，提升德州市农业农村现代化经营水平。五是加快农业人口转移和保障其就业，鼓励小农户依法自愿有偿流转土地，转移到二三产业务工经商，增加工资性收入，完善进城农业人口廉租房、周转房制度，吸纳农村学生到城镇中小学就读，为农业转移人口市民化创造条件。

（二）推动乡村产业高质量发展

德州农村实现产业兴旺和振兴，不仅是实现农业现代化，还要繁荣发展农产品加工业、农业生产性服务业等产业，加快一二三产业融合发展。

一是大力推进农业现代化。德州市应把农业纳入到工业化大生产的体系之中，运用现代科技培育良种、科学种植和管理，提高农业生产的科技含量；通过"机器换人"，实现机械化耕作和标准化生产，大幅提高劳动生产率；运用现代信息技术，实现农业的精细化管理和绿色生产，提高资源利用效率；大力发展农业生产性服务业，细化农业社会分工。二是大力发展设施农业和智慧农业。增加农业资本投入，通过信息化等高新技术提升农业的科技含量和农产品品质，积极推广智慧农业大棚模式和技术。三是加快一二三产业融合，发展"新六产"。借助乐陵万亩枣林、夏津黄河故道、武城辣椒等既有农业资源，拓展农业的多种功能，发展休闲观光农业。四是积极推广"电商+"模式。鼓励支持各县区打造农村电商产业园和电商村镇，引导黄河涯蜜桃、夏津桑葚、乐陵小枣、宁津家具等采用"直播带货"等新的营销方式，不断推进线上线下融合销售模式创新。五是大力发展乡村旅游。选取自然条件好、基础设施良、景观独特的村镇，引进高端资本和企业，改造村居民宅，发展乡村民宿、养老产业，从而满足城镇消费升级产生的新需求，带动德州乡村发展。

（三）加大投资，大力推进乡村建设

当前德州乡村建设欠账较多，迫切需要拓展资金来源渠道，加大投资力度，实施乡村建设行动，改善乡村基础设施，提升公共服务质量，实现城乡一体化发展。

一是设立惠农研究智库。德州市应设立惠农研究智库，认真研究和积极利用中央和省级关于乡村振兴的各项惠农政策，提出争取政策和资金支持的建议，供市县决策参考，从而获取优惠支持和减轻农村支出压力。二是加大对乡村的财政支持力度。德州要积极争取上级财政资金支持，整合各类乡村扶持资金，筹措设立乡村发展基金，加大乡村振兴投入，并形成乡村振兴资金与经济发展同步增长来支持乡村发展的长效机制。三是高标准开展乡村建设行动。德州市应把基础设施建设的重点放在农村，加快农村公路、供水、供气、环保、电网、物流、信息、广播电视等基础设施建设，推动城乡基础

设施互联互通。四是加大对农业农村的金融支持力度。强化金融机构对农业农村的贷款支持，落实农村土地经营权抵押贷款政策，适当降低各类经营主体的贷款门槛。五是积极引导社会资本参与德州的乡村建设。在政策允许范围内，通过 PPP 模式，以特色小镇、产业园区等为载体，鼓励工商资本到农村从事开发经营。

（四）强化环境治理和生态修复，建设美丽宜居乡村

习近平总书记曾经在参加十三届全国人大一次会议山东代表团审议时强调，要推动乡村生态振兴，坚持绿色发展，加强农村突出环境问题综合治理，打造农民安居乐业的美丽家园，让良好生态成为乡村振兴支撑点。

一是实施乡村生态和环境修复工程。德州应加大投入，强化生态环境修复，推行测土配方科学施肥，采用生物防治减少农药使用，严禁工业和城镇污染向农业农村转移，关停小散乱污企业破解农村污染难题，建设污水处理设施和完善垃圾收集清运办法，还农民一个美丽的乡村。二是加强农村突出环境问题综合治理。加大对德州乡村水体、土壤、空气污染的治理力度；加强农业面源污染防治，实现投入品减量化、生产清洁化、废弃物资源化、产业模式生态化；推进有机肥替代化肥、畜禽粪污处理、农作物秸秆综合利用、废弃农膜回收、病虫害绿色防控。三是实施农村人居环境整治提升五年行动。德州要继续实施村庄分类建设，积极稳妥推进城中村、城郊村拆迁改造，建设新型农村社区，彻底改变村容村貌；对于历史文化和生态较好，确定保留的村庄，要加大投入，全面改造提升，建设美丽宜居乡村。

（五）推进乡村治理体系和治理能力现代化

德州市必须把夯实基层基础作为固本之策，建立健全"党委领导、政府负责、社会协同、公众参与、法治保障"的现代乡村社会治理体制，坚持自治、法治、德治相结合，确保乡村社会充满活力、和谐有序。

一是实施"头雁带动工程"。大幅提升村党组织带头人素质，配强培优

村级干部队伍，充分发挥村党组织书记和主任"一肩挑"的优势，建立激励村"两委"及其成员推进乡村振兴的机制。二是完善乡村治理架构。德州市要激活村股份经济合作社，做实村级集体经济组织，完善其法人资格，大力发展集体经济。三是充分发挥基层群众自治制度的优势。利用乡村熟人社会的特点，强化道德约束，弘扬农村互帮互助、睦邻友好等优良传统，通过好媳妇、好婆婆、好家庭的评选，调动乡村居民自律的积极性，强化自我管理、自我教育、自我服务、自我监督。四是提升农民素质和精神风貌。培育文明乡风、良好家风、淳朴民风，不断提高乡村社会文明程度；广泛开展文明村镇、星级文明户、文明家庭等群众性精神文明创建活动；加快农村移风易俗，遏制大操大办、厚葬薄养、人情攀比等陈规陋习。五是推进农村文化现代化。积极抵制封建迷信活动，加强无神论宣传教育，丰富农民群众精神文化生活；加强农村科普工作，提高农民科学文化素养。另外，还应充分发挥乡贤的作用，并运用现代物联网、大数据等手段，提高社会治理的现代化水平。

（六）优化人口结构，培养造就乡村振兴人才队伍

当前德州乡村常住人口绝对数量虽然庞大，但不足以支撑乡村振兴。因此，德州推进乡村振兴要把重点放在优化人口结构上，强化人力资源要素支撑，培养造就乡村振兴的人才队伍。

1.打造高素质乡村干部队伍

基层干部是德州乡村振兴和治理的中坚力量，要培养有知识、会管理、能创新的高素质农村干部队伍，增强基层党组织和党员干部带领农民致富、引领农村发展的能力，深化第一书记和驻村工作队制度，继续从德州市县党政机关、企事业单位选派优秀干部到村任第一书记。

2.大力培育新型职业农民

德州要走农业经营人口少而精的路子，培养懂技术、会经营的新型职业农民。全面建立职业农民制度，支持新型职业农民通过弹性学制参加中高等

农业职业教育，支持农民合作社、专业技术协会、农业龙头企业等主体承担培训任务。德州市农业农村局应为职业农民评定职称，引导符合条件的新型职业农民参加城镇职工养老、医疗等社会保障制度。大力培育乡土人才，依托农科大讲堂、"庄户学院"，让农技人员、致富能手现身说法，在田间地头培育更多"田秀才""土专家"。

3.加快培育新型农业经营主体

加快培育"产权清晰、机制灵活、运行规范、管理民主"的新型农业经营主体，完善其法人资格，保障其公平参与市场经济的权益，建立新型农业经营主体规范发展领导小组，在今后 3—5 年内大幅增加省级示范家庭农场、示范合作社、龙头企业的数量。

4.吸引各类人才投身乡村建设

德州要尽快完善政策，提升含金量，吸引大学生、进城务工人员、退伍军人、新乡贤等各类人才回乡创新创业或者投身乡村建设，对在乡村振兴中做出突出贡献的人才和企业要给予政治待遇和荣誉，培养造就一支懂农业、爱农村、爱农民的"三农"工作队伍。同时，德州要大力优化人才发展环境，实施乡村人才安居工程，建设乡村人才公寓，不断提高人才待遇，注重以情感、事业留人。

（七）深化农村产权制度改革，壮大集体经济

乡村要振兴，必须激发德州乡村发展的内生动力。德州乡村面积大、人口多、欠账也多，单靠外力推动和资源性补血，难以持久全面快速推进乡村振兴，这就需要深化乡村产权制度改革，发展农村集体经济，尽快夯实乡村全面振兴的物质基础。

1.深化农村土地制度改革

德州要用好承包地"三权分置"改革的成果，利用试点创建的机遇，深化宅基地"三权分置"改革，加快探索推进集体经营性建设用地入市，用好城乡建设用地增减挂钩政策和节余指标调剂管理办法，通过市场化改革将土

地作为德州推进农业农村现代化的第一资源。

2.深化农村集体产权制度改革

构建形成"归属清晰、权能完整、流转顺畅、保护严格"的农村集体产权关系，使资源变资产、农民变股民、资金变股金，释放农村集体"三资"作为生产要素的活力，更好地参与市场经济运行，激发农村现代化的内生动力。

3.发展壮大集体经济

以深化农村改革为动力，以盘活沉睡资源为基础，以整合资源投入为手段，以壮大集体产业为重点，以提升经营管理为保障，发展壮大新型农村集体经济，助力乡村振兴。[①] 有序推进农村党支部领办土地股份合作社，发展多种形式的集体经济，在经营管理中增强基层党支部的管理、服务水平和凝聚力，发展和壮大集体经济；对空闲宅基进行整治，发展边角经济；利用空置、低效利用宅基地，发展农家乐、养老产业，提高闲置宅基地的利用率，采取灵活方式利用宅基地发展农村产业，增加农民和集体的财产性收益。

（编审：樊祥成）

---

① 陈宝华：《壮大集体经济 助力乡村振兴》，《德州日报》2021 年 12 月 30 日。

聊城市乡村振兴取得的成就、问题与对策

淳悦峻　杨增美　郭敬生

摘要：实施乡村振兴战略是党的十九大做出的重大决策。聊城市作为传统的农业大市，是重要的商品粮棉、蔬菜、果品、畜禽生产基地和农副产品深加工及出口基地。全市乡村振兴工作已经全面起势，各项措施不断落地生效，乡村面貌焕然一新，农民生活更加富裕。贯彻落实党中央关于乡村振兴战略的重大决策部署，总结聊城市实施乡村振兴战略的实践经验，客观审视短板和问题，进而提出针对性的措施，有助于推动聊城市进一步打造乡村振兴齐鲁样板，实现农业农村现代化。

关键词：乡村振兴；聊城市；成就；问题与对策

务农重本，国之大纲。三农问题是关系国计民生的根本性问题，实施乡村振兴战略是党的十九大做出的重大决策。聊城市是传统的农业大市，是重要的商品粮棉、蔬菜、果品、畜禽生产基地和农副产品深加工及出口基地。全市乡村振兴工作已经全面起势，各项措施不断落地生效，乡村面貌焕然一新，农民生活更加富裕。贯彻落实党中央关于乡村振兴战略的重大决策部署，总结聊城市实施乡村振兴战略的实践经验，客观审视短板和问题，进而提出针对性的措施，有助于推动聊城市进一步打造乡村振兴齐鲁样板，实现农业农村现代化。

一、聊城市乡村振兴取得的成就及经验

（一）聊城市乡村振兴取得的成就

1. 巩固脱贫成果取得新成效，展示聊城风貌

（1）扶贫项目开展有保障。2021年，全市统筹整合涉农资金总规模为41.7亿元，再创历史新高。截至2021年底，共有13个项目入选全省第三批乡村振兴重大项目库，入库项目及贷款额度为近三年来的最高水平，有效确保了扶贫项目的资金支持。（2）扶贫资产运转有实效。聊城市在全省率先开发防返贫智慧云平台，落实各级财政衔接资金7.7亿元，新建项目244个，扶贫资产总体运转良好。投入的扶贫资金撬动社会资本3.9亿元，新建"两场同建"项目71个，辐射带动2600余名困难劳动力在"家门口"就业增收。（3）扶贫成果巩固有典型。聊城是2021年山东省巩固拓展脱贫攻坚成果的督察中未发现问题的四个城市之一。2021年，主要帮扶政策保持稳定，稳岗就业率在山东省保持前列，消费帮扶的做法和经验被国家发改委列为典型案例向全国发布推广。（4）脱贫攻坚成效有衔接。制定了支持外出务工、促进就地就近就业、引导中西部省份脱贫人口来聊就业、优化提升就业服务、加大脱贫人口职业技能项目制培训、鼓励企业稳岗留工等高含金量措施。根据签订的2021年鲁渝劳务协作框架协议，促进彭水籍农村劳动力就业315人。建立的城乡一体化电子商务物流配送体系，解决了农村电商物流配送"最后一公里"的问题，促进了城乡融合发展。

2. 乡村富民产业获得新发展，结出聊城硕果

（1）综合生产能力有提升。2021年，聊城克服秋汛等不利因素的影响，粮食生产实现"十九连丰"，成绩居全国地级市前列，聊城市农业农村局被推荐为全国粮食生产先进集体。农林牧渔业增长8.9%，位居全省前列；规模以上农产品加工企业营收增长19.06%，突破780亿元。（2）农业产品特色有亮点。聊城绿色食品认证总量和增量连续八年居全省第一位，种质资源

普查进度列全省第一位，为国家现代农业示范区。新增 2 家农业产业化国家级重点龙头企业，增量居全省第一位。此外，新增全国乡村特色产业十亿元镇 2 个、全国"一乡一业、一村一品"示范村镇 1 个。新增省级特色农产品优势区 1 个、知名农产品企业产品品牌 6 个。临清市、东阿县、高唐县分别被评为中国"桑黄之都""黄河鲤鱼之都""锦鲤之都"。（3）农业科技应用有硕果。创建了以莘县为核心区的国家农业科技园区。积极推进全程机械化示范创建和"两全两高"农机化发展，主要农作物耕种收机械化率达到89.13%。新增省级现代农业产业园 2 个、市级产业园 21 个。（4）产品质量安全有支撑。农产品质量安全监管体系、检测体系和可追溯体系不断完善。全面推进农业首席质量官工作，353 名农业首席质量官持证上岗，全市 8 个县（市、区）均创建成为农产品质量安全县，农产品质量合格率连年保持在98% 以上。完善的体系和专业的人才支撑为聊城农产品质量安全提供了有效保障。

3. 乡村人才队伍迸发新活力，释放聊城效应

（1）"头雁"效应凸显。"耿店（山东）'棚二代'乡村大学"揭牌，成为全省首家设在乡村的市级培训基地。认定首批市级"乡村振兴劳务基地"17家，累计吸纳脱贫群众 152 人，帮助脱贫群众增收 152.73 万元。人社部把聊城市大力发展"乡村振兴劳务基地"工作列为全国"稳就业保就业典型经验"，向全国推广。（2）"辐射"效应突出。依托现有 4 家省级乡村振兴专家服务基地，开展专家服务活动 50 余次，培训乡土人才 3500 余人。所报送的2 家"2021 年度省级乡村振兴专家服务基地候选单位"均入选。省级服务乡村振兴继续教育基地培训 9107 人，完成目标任务的 303%。（3）"回流"效应显现。通过评选活动选树"十大返乡创业农民工"和 7 名"优秀返乡创业农民工"，发放奖金 30 万元。通过举办技能大赛活动，吸引青年人返乡创业。（4）"示范"效应明显。阳谷县成功发展劳务合作社 24 处，发展社员1700 多人。其中，50 周岁以上劳动力超过 70%，158 名脱贫群众实现稳定增收。人社部肯定了此项举措，并刊发了工作信息，推广聊城经验做法。

4. 乡风文明建设焕发新气象，形成聊城印象

（1）文明实践取得成效。建立了中心、所、站三级贯通的体制机制。已经建成县级新时代文明实践中心 11 个、新时代文明实践所 135 个、新时代文明实践站 2401 个，实现新时代文明实践站（所）全覆盖。（2）文化工作取得进步。打造惠民文艺品牌"聊城文艺大讲堂"，开展文化科技卫生"三下乡"5600 余场、"我们的中国梦——文化进万家"等系列群众性文化活动6954 场、"一村一年一场戏"文化惠民演出 8082 场。依托农家书屋开展阅读活动 8000 余场。（3）文艺作品获得认可。新时代扶贫题材电影《初心照黄河》在中央电视台电影频道播出，山东梆子现代戏《承诺》《孔繁森》分别入选"百年征程·时代华章"庆祝中国共产党成立 100 周年山东省优秀剧目展演节目。（4）红色资源得到挖掘。组织编纂了《山东红色基因图谱·聊城卷》，收录了 153 处红色遗址、18 处烈士陵园、35 处纪念场馆和 10 处其他设施。6 个村庄入选山东省红色文化特色村培育创建名单，新建设鲁西第一个党支部纪念馆、中共卫东县党史陈列馆、阳谷县钢铁十姊妹精神传承展馆等红色教育基地。

5. 农村人居环境展露新容颜，涵养聊城气质

（1）规划编制个性化。在全省率先启动村庄规划管理办法编制，因地制宜，完成了 429 个村庄的规划编制。（2）村庄建设规范化。2000 个市级清洁村庄环境持续巩固，729 个村庄得到全面整改提升，创建省级美丽乡村示范村 176 个，市级美丽乡村示范村 500 个，美丽庭院示范户占常住庭院的25.11%。（3）垃圾处理无害化。所有村庄都已采用了生活垃圾"户集、村收、镇运、县处理"处置模式，所有的村、镇都已完成生活垃圾收集、转运和处置体系建设，生活垃圾通过焚烧发电方式全部实现无害化处理。临清市、冠县、阳谷县、东阿县、茌平区、开发区的 25 个镇 894 个村开展了农村生活垃圾分类试点。（4）污水处理有效化。2021 年，投资 5.6 亿元资金用于农村生活污水治理。已开工建设的村庄数为 589 个，超出任务数 121 个，已全部完成验收。全市农村黑臭水体治理已完成 10 条，超出任务数 2 条，已全部完成验收。（5）绿化美化整体化。2021 年，新造林 3900 余亩，任务完成比高达 131%。村庄绿化美化 1000 余个，覆盖面积达到 3459 亩。新建改建提升农村公路 2191.4 公里，危桥改造工程完成 20 座。管护长效机制建设初步完成。

6. 基层组织建设再上新水平，淬炼聊城作风

（1）规范换届进展顺利。截至 2021 年底，聊城市 2166 个行政村全部顺利完成了换届选举。村党组织书记通过法定程序担任村民委员会主任比例达 98.2%，超出全省平均水平 0.5 个百分点。换届后"一肩挑"比例大幅提高 34 个百分点，达到 98.2%，村党组织书记、"两委"成员平均年龄分别较上届降低 1.6 岁、3.6 岁，高中以上学历占比分别较上届提高 11.5、18.7 个百分点，年龄和学历结构实现"一降一升"。（2）涣散状态整顿顺利。建设 887 个乡村振兴党建联合体，覆盖全市 5590 个原行政村，有序推动了村庄由散变聚、由小变大、由弱变强，被评为聊城市改革攻坚优秀创新案例，编入了纪念"莱西会议"30 周年座谈会案例。持续开展软弱涣散基层党组织集中整顿工作，第二轮共确定 186 个整顿对象。同时，推动驻村帮扶工作常态化，确定新一轮第一书记帮扶村 654 个。（3）功能优势发挥顺利。以农村集体经济组织、党支部领办合作社、供销社、农业产业化龙头企业为重点，培育服务型经营主体，充分发挥了不同服务主体各自的优势和功能。

7. 农业农村改革形成新格局，探索聊城模式

（1）土地流转规模更加庞大。截至 2021 年 10 月，聊城土地流转面积达到 384.45 万亩，占家庭承包总面积的 48.49%。全市宅基地确权已全部完成。（2）新型经营主体更加壮大。聊城农民合作社达 16636 家。其中，国家级示范社 21 家、省级示范社 187 家、市级示范社 270 家。家庭农场 2809 家。省级示范家庭农场 42 家、市级示范家庭农场 150 家。（3）农村电商模式更加成熟。在农村制度改革的推进下，整合产业规模大、特色突出的乡镇、村，发展电子商务园区，打造了"实体经济＋电子商务＋现代

流通"的产业发展模式，实现网络零售额达 128.2 亿元，增速在山东省列第一位。其中，农产品网络零售额达 17.4 亿元，总量列全省第五位。(4) 综合服务体系更加完善。县、乡农村综合产权交易平台全面建成并规范运营，县级农资集中配送中心已全部建成并投入使用，累计建设乡镇配送分中心 191 处。农业社会化服务带动面积达 2300 万亩，稳定服务小农户 110 万户以上。农村电商综合服务体系更加完善。(5) 集体资产管理更加清晰。全市共清理出各类土地 30.43 万亩、林木 40.1 万棵、机械设备 1427 台、房屋 3199 间，规范合同 5.79 万份，追回欠款 0.64 亿元，清理出村集体"三资"合计 4.74 亿元，村均增加 2 万余元。通过清理资产、规范合同，集体资产更加明晰。

(二) 聊城市乡村振兴取得成就的经验

1.借鉴精准扶贫经验，书写乡村振兴新答卷

(1) 注重优化产业结构。投入产业扶贫资金 4.57 亿元，建成蔬菜种植、特色养殖、扶贫车间等项目 120 个，年收益有望达到 3698.8 万元，帮助 6.07 万贫困群众实现增收。实现了扶贫和乡村振兴的有效衔接。(2) 注重探索实践途径。根据贫困群众和企业双向需求，将扶贫资金重点向贫困人口相对集中、往年项目较少的地区倾斜，招引农业龙头企业、劳动密集型企业建设规模农场、就业工场，推动农业提质增效，带动农村富余劳动力就近就业增收。(3) 注重创新扶贫举措。开展"六进"活动，即扶贫产品进机关、进学校、进医院、进企业、进军营、进社区等，通过扶贫专柜、直播带货等线上线下多种方式销售扶贫产品，实现产业发展、扶贫企业受益、贫困户增收、消费者满意的"多赢"目标。共认定扶贫产品 488 种，累计销售扶贫产品 11.37 亿元。该扶贫经验做法在全省予以推广。

2.抓牢产业振兴关键，培育乡村振兴新动能

(1) 注重延伸产业链。推动一二三产融合，延长产业链条，有效实现农业增产、增值、增效、增收。临清古典家具制造、冠县灵芝文化产业、阳谷

红木家具雕刻等特色乡村文化产业得到发展壮大。（2）注重补充产业链。围绕特色产品及精品粮油，深入推动"链长制"，发挥联动作用，新创建省级示范联合体 10 个以上。全面落实推动农产品加工业发展的有关政策，推动农业龙头企业加快发展。（3）注重锻造产业链。将传统产业和互联网融合，在促进传统产业升级的同时，又催生出新的业态。研究出台农村电商扶持政策，推动农村电商快速高质量发展。积极对接省智慧农业综合服务平台，建设智慧种养应用基地。

3.把牢人才振兴抓手，激发乡村振兴新动力

（1）出台激发人才主动性的新政。出台的《关于进一步加强高层次高技能人才引进工作的实施意见》要求扩大对人才补贴范围，提高人才补贴标准，增加人才购房补贴政策等，形成了含金量高、操作性强的新一轮人才新政。修订并完善了《职业培训补贴标准目录》，培训专业（职业）更加丰富，达到 237 个，充分调动了人才的主动性。（2）推进激发人才积极性的改革。修订完善基层职称制度，进一步放宽限制条件，加大倾斜力度，激励广大专业技术人才扎根基层一线、服务乡村振兴。加大新型职业农民职称评定的办法，使更多"土专家""田秀才"参与进来，为推动乡村振兴提供强有力的人才支撑。（3）制定激发人才创新性的举措。依托省级乡村振兴专家服务基地，着力加强对专家服务基地的管理服务工作，推动专家服务基地在基地建设、招才引智、引领支持专家服务产业情况和辐射带动周边地区科技创新、产业发展情况方面发挥作用。

4.筑牢生态文明根基，绽放乡村振兴新颜值

（1）全面协调推进。按照"梯次推进、凸显成效、示范引领"的原则，全面提升乡村生态振兴各个方面，在各项工作中形成了一批能够在全市乃至全省、全国推广的典型经验和做法。（2）重拳出击整治。针对"脏乱差丑危污"六类问题，集中实施乡村清洁"六治"攻坚行动，部署开展乡村清洁"百日攻坚"专项治理行动。实施 11 个美丽乡村片区化打造工程，整体提升105 个村庄基础设施水平，突出问题得到有效治理。（3）及时弥补短板。实

施"平清种增改"自主治理行动，持续开展常态化"四不两直"暗访调研，发现并整改问题点 8550 个。"解剖暗访""片区化打造"等典型经验作为示范案例在全省推广。

5. 做好党建引领文章，谱写乡村振兴新篇章

（1）实施"头雁"工程。实施村党组织带头人"头雁领航"工程，全面推行村党组织书记专业化管理。做好第一书记和"加强农村基层党组织建设"工作队工作。全市公开遴选 303 名村党组织书记。其中，289 名村党组织书记到岗后，就各地落实村党组织书记县级党委备案管理实施细则进行指导。（2）实施"归雁"工程。将"抓党建促乡村振兴"纳入市县乡党委书记抓基层党建工作述职评议考核，以党建责任落实推动乡村振兴责任落地。逐县制定回引政策、召开驻京驻外优秀人才恳谈会，吸引 1068 人回乡创业、260 人回村任职，动态储备 8160 名村级后备力量。（3）实施"雁阵"工程。建立"县管镇抓、抓镇促村"工作机制，市县两级组织部门对乡镇（街道）开展全覆盖解剖调研，帮助基层发现问题、解决问题，提升村级工作规范化、制度化水平。指导各乡镇（街道）把村级工作规范运转作为支部评星定级的重要内容，全市五星级党支部已达 1179 个。

6. 壮大集体经济规模，挖掘乡村振兴新潜力

（1）注重集体经济增收固本。注重总结典型案例经验做法的基础上，推广土地流转和农业生产托管等有效措施，村党组织领办合作社数量由年初的 217 个增至年底的 1899 个。发挥资金撬动作用，市级财政连续 3 年每年列支 1000 万元，组织实施一系列村集体经济发展项目。（2）注重农村改革拓展成果。规范引导龙头企业、专业合作社、家庭农场、种养大户、社会化服务组织等健康发展，通过大力推广农业生产托管、土地流转等多种经营方式，提高农业适度规模经营水平。（3）注重督导调研专款专用。针对用好财政专款，建好财政资金扶持壮大村级集体经济项目，开展"全覆盖"督导调研，全面清理农村集体"三资"，就发现的问题及时进行反馈、督促整改，确保不留死角，有效维护村集体和群众合法权益。

二、聊城市乡村振兴存在的问题及成因

（一）聊城市乡村振兴存在的问题

1.产业结构亟待优化，风控能力较弱

（1）产业结构层次偏低。聊城市是一个以种植小麦、玉米、蔬菜为主的农业大市。第一产业比重过高，农业大而不强。2021年，第一产业占比为14.2%，远高于全国和全省的7.3%。二三产业发展较为滞后，三次产业融合度较低。"聊·胜一筹""莘县蔬菜"等农产品品牌推出时间较短、影响力有限，尚需进一步打造。农产品精深加工严重滞后，龙头企业极少、产业链条短、同质化竞争比较严重，农产品附加值低。生产性服务业、现代物流业落后，乡村旅游起步晚、规模小、发展慢。农产品出口受国内外政策影响大，效益时好时坏。现代农业产业园、农业特色小镇等新型载体极少，田园综合体建设刚刚起步。（2）农业科技含量不够。聊城市缺乏带动能力较强的农业科研平台。农产品种子主要靠市场购买，特别是蔬菜种子绝大部分是花高价从国外进口的。育种、育苗等技术落后，不能满足产业发展的需要。农产品深加工技术落后，造成产品粗加工多、精加工少，初级产品多、深加工产品少，中低档产品多、高档产品少。农村电商、数字农业、智慧农业虽然已经出现，但规模极小。农业生产能力现代化水平、农产品质量安全治理能力、农业标准化生产能力尚待提升。（3）抗灾防灾能力较弱。农业基础设施建设，特别是农田水利体系不完善、基地建设水平不高、粮食烘干能力不足等问题导致难以应对强降雨、干旱等极端自然灾害，重要农产品供给能力尚待提升。2021年秋季，连续多日降大暴雨，严重影响了聊城市蔬菜的产销、玉米的收获和小麦的秋播。（4）返贫隐患大。脱贫人口数量多，占山东省脱贫人口的近10%。部分群众脱贫基础较薄弱，政策性收入占比较高，抵御风险能力较差。一旦遭遇天灾人祸，容易造成致贫返贫。

2.人才数量质量不足，保障机制较差

（1）青壮年劳动力流失严重。目前，聊城市每年在外打工的劳动力都在100万人左右，约占全市劳动力总量的近1/3，绝大部分是青壮年农民。留守在农村的劳动力多为老弱妇幼人群。农村老龄化、空心化问题日益凸显。"归雁工程"刚刚实施，高质量劳动力回归尚需时日。（2）人才队伍不完备。聊城市乡村振兴所急需的党政干部、专家学者、优秀企业家、新型职业农民、农业职业经理人、工匠传承人、建筑师、规划师、非遗传承人、医生、教师、律师等复合型人才，农业企业负责人、农民合作社带头人、家庭农场主、专业大户等生产经营型职业农民，从事现代农业产前、产中、产后经营性服务的信息员、经纪人等专业服务型职业农民十分缺乏。截止到2021年底，被评为"土专家""田教授"职称的只有199名。新型职业农民职称评定仍处在试点阶段。（3）机构编制不健全。聊城市的乡镇农技推广机构混编混岗、在编不在岗问题比较严重，真正从事农技推广岗位工作或从事专业工作的人员极少。基层农技推广人员在职称评定上困难重重，新型职业农民职称评定仍处在试点阶段。（4）职业技能提升相当有限。农民和农机人员培训机会极少。2021年1—11月份，开展职业技能提升行动只涉及到8.8万人次，其中开展农村转移就业劳动力培训只有4.3万人次，培训乡土人才仅为3500余人。

3.文化基础设施薄弱，活动质量不高

（1）文化基础设施薄弱。聊城市乡村办的图书室、文化活动室利用率低，且存在有名无实现象，群众性文化活动开展还不广泛。城乡公共文化服务体系一体建设推进缓慢，"农村半小时、城市一刻钟"的公共文化服务圈的设想尚未实现。县级融媒体中心尚不具备向基层干部群众提供综合服务的能力，距离"媒体＋政务＋服务"的良性运行模式相差甚远。（2）精神文明建设不到位。聊城市对于习近平新时代中国特色社会主义思想和社会主义核心价值观宣传工作不够扎实。"四德"建设水平不高，农村思想道德水平尚需全面提升。移风易俗整治工作松懈。一些地方的赌博行为重新抬头，甚至封建迷信活动也死灰复燃。（3）优秀文化传承创新力度不足。聊城市非物质文化遗产的摸底工作尚未开展，保护传承非常困难。对乡村优秀传统文化的传承创新力度不够，优秀传统文化与基层现代化治理衔接不足，宣传优秀传统文化、歌颂党百年光辉历程、礼赞新时代精神风貌的好作品数量极少，能够吸引住年轻人的更少。（4）文化活动质量不高。聊城市文化惠民工程开展不够，各类群众性文化活动知晓率和群众参与度有待提高。群众性文化活动组织数量很少、质量较低，文化活动形式十分单一，通过电影、戏曲、图书等媒体传播的健康精神食粮很难被村民享受到。

4.环境治理力度不大，生态短板突出

（1）村庄发展规划落实不易。聊城市大部分村庄虽然编制了科学的发展规划，但落实起来难度较大。农村居民生态环保意识较弱，参与积极性不高，良好生活习惯还未全面养成。资源利用效率、生态系统质量较低，生态循环绿色低碳发展尚需推动。（2）生态文明建设工作进展不快。聊城市各级政府各部门在下达生态文明建设指示及开展工作时往往沟通协调不畅，造成"拉链式"工程现象频发。个别镇村对农村人居环境整治重视程度不够、措施不力，缺少具体行动。房屋建设缺少科学规划和地方特色，道路硬化没有全覆盖。个别村庄村容村貌"脏乱差"，残垣断壁、积存垃圾、乱堆乱放、畜禽类污染等问题仍然存在。（3）治理工作标准不高。聊城市的改厕、改路、改暖、改电等农村"七改"建设以及美丽乡村建设仅仅达到省里的最低要求。生活污水治理和黑臭治理建设标准不高，质量参差不齐。施工时破坏的路面及设施进行恢复不及时。乡村绿化质量一般，树种单调、森林质量和绿化景观水平低。特别是在春夏之交，杨絮满天飞，散落聊城市各地。既影响了居民身体健康，又极易引起火灾。

5.基层组织建设薄弱，后备力量匮乏

（1）村级组织领导素质不高。2021年底的聊城市村"两委"换届虽然成功地使村党组织书记和"两委"的年龄、学历结构实现了"一降一升"，但升降的幅度并不大，仍然存在着年龄偏大、文化水平较低的问题。有的村组织存在软弱涣散问题，整顿措施不够细致，责任压得不紧不实，督促指导力度需进一步加强。村干部坐班值班、"四议两公开"民主决策等制度督促落实不够。教育、医疗、保险等农村基本公共服务水平相对不高。（2）党组织联合体作用发挥不够。聊城市党建联合体建设刚刚开始，内部大多存在着"形合神难合""面和心不和""组织合产业不合"的问题，未能在乡村振兴中发挥基层党组织的"头雁"作用。家庭农场不规范，规范运作的合作社少，有经营性收入的村党组织领办合作社占比较低。截至 2021 年底，集体收入在 5 万元以下的村尚未全部消除，10 万元以上的村占比不到 80%。（3）村级后备力量培养不到位。2021 年村"两委"换届结束后，聊城市委组织部会同相关部门给每个村储备 2 名以上年轻后备力量，以破解"后继无人"难题，但尚未制订计划，形成实施方案。（4）乡贤参与治理作用发挥不够。乡贤文化宣传力度不够、乡贤参与乡村治理的制度还不够健全、推动乡贤发挥作用的能力不尽相同、乡贤回乡创业吸引力不强、乡贤资源培育挖掘不足、乡贤作用发挥渠道单一。

（二）聊城市乡村振兴存在问题的成因

1. 干群思想认识程度不高

（1）党员干部思想认识程度不高。由于长期受传统农耕文化的影响，聊城市部分基层党员干部存在着不敢担当、不想作为、因循守旧、效率低下、混天度日、小成即满、粗枝大叶、弄虚作假、自私自利、闭门造车等"作风十弊"。特别是一些村党组织书记文化水平较低，思想观念陈旧，致富带富能力不强、服务意识较差、担当精神缺乏。有的甚至成为"挂名村干部"。他们对乡村振兴战略实施重要意义认识不足，在实施过程中没有起到先锋模范作用。（2）部分基层党组织思想认识程度不高。聊城市部分基层党组织领导班子成员不团结、因循守旧、不敢担当、不想作为，缺乏创新意识和攻坚克难的进取精神。没有把实施乡村振兴当做一项政治任务来抓紧抓实，没有重点安排资金、技术、人才等生产要素扶持经济薄弱的乡村。（3）部分群众思想认识程度不高。受传统农耕思想影响，加之以往部分政策实施效果不佳，聊城市部分群众对于乡村振兴的意义认识不到位，把乡村振兴看做是政府和干部的事，没能以主人翁的角色积极主动参与，成为乡村振兴的主体。

2. 政策扶持力度不够

（1）农业支持保护政策不完整。聊城市的小麦、玉米等大宗商品受成本"地板"和价格"天花板"双重挤压，加之国内外粮食价格倒挂，种粮比较效益偏低。在这种情况下，如何既保住粮食稳产增产，又让农民增加收入，上级尚未出台一套完整的政策，来完善农业支持保护体系。（2）用地政策倾斜力度不够大。2021年，聊城市农业用地总面积占土地面积的80.5%，大多被确定为永久基本农田。在村级种植经济作物、发展二三产业用地既受上级的规划和土地指标限制，又受土地征收价格高、征用难、审批时间长等因素制约，严重影响了聊城市乡村产业振兴项目的实施。（3）农业发展资金投入不充足。上级对农业的资金投入虽然逐年增加，但并不满足农业生产的需要。农业拨款到达聊城市后，有的被部门分割，有的被分散使用，真正运用到农业生产和农户身上的并不多。信贷资金供给渠道较为狭窄，银行借贷门槛高、手续繁琐，部分金融机构出于规避风险的考虑，存在惜贷现象，使聊城市现有的乡村产业发展融资政策得不到落实，经营者难以得到足够的发展资金。（4）产业发展政策不完善。聊城市各级政府比较重视农业生产、农田管理以及救灾急救等问题，但对于农产品深加工的政策扶持与引导相对不足，龙头企业与农户的利益联结机制不完善。农业生产和农产品深加工产业布局不均衡，缺乏协调性、时效性，造成了同业竞争和无序竞争的恶果，也使得大部分区域未形成和突显产业聚集效应。

3. 科技研发推广力度不大

（1）科技经费投入偏低。2021年，聊城市农业科技投入不到年销售收入的1%，超过80%的规模以上农产品加工企业没有研发经费支出。造成了加工企业现代管理技能、先进技术装备、自主研发能力和科技人才的缺乏，制约了农业生产和农产品加工技术的研发和运用，阻碍了农户和农产品加工企业的创新与发展，抑制了市场变化应对能力。（2）科技研发推广较难。聊城市县、乡两级农业科技部门经费紧缺问题普遍存在，财政投入的明显不足导致了通过实地进行技术试验、示范、推广的很少，大部分仍停留在走村串户、田间地头、口传面授等传统宣传式的农技推广模式上。（3）信息服务水平不高。聊城市社会化信息服务不健全、不完善，服务程度不高，农民获取与农业生产、技术、标准、管理、营销等有关的信息不多、途径不畅，直接导致农民对新技术接受能力相对较弱、对新产品的市场前景信心不足。

4. 土地流转机制运行不畅

（1）土地流转数量占比低。土地流转受聊城市经济发展水平落后、法律制度组织政策的缺失或不到位、农民在土地流转过程中利益补偿不足和农民社会保障制度不完善等多种因素影响，难度大、速度慢。截至 2021 年底，全市土地流转面积不到家庭承包总面积的一半，严重影响了农业现代化进程。（2）土地流转行为不规范。目前，聊城市农村土地流转只是根据承包方与使用方双方口头或者书面协议来进行，且大都是邻里之间或者亲戚朋友之间，没有经过原发包方的同意。部分农户土地经营权已经超过承包期或者无期限转让，危及了家庭承包制的执行。（3）土地流转存在投机性。聊城市土地市场培育不健全、发展滞后，造成土地转让中的欺行霸市、倒买倒卖、私自转让等投机行为。部分农户举家搬到城镇后，承包土地不上交，却以土地经营权转让为幌子变相出卖土地。部分农户由于经商亏本或者没有稳定收入来源和居住条件，就将承包的土地顶替债务人债款或者将口粮田转让出去，自断退路，为社会治安带来隐患。

5. 资源环境约束影响不利

（1）耕地质量低且存量少。聊城市虽然耕地面积较大，但由于开发较早、索取过度，致使其质量下降，全市土壤有机质含量仅为 1.37%。土地垦殖率很高，后备资源少，导致农业发展后劲不足。目前，全市未开垦的土地只剩下约 4 万亩，远低于山东省的多数地市。（2）过度使用化肥农药等。近年来，聊城市粮食和蔬菜等主要农产品总量持续提升，很大程度上是依赖于化肥投入强度的持续增加。2021年，全市单位农用地化肥施用量高达615千克/公顷，是全省平均水平的1.47倍。过度的农药、化肥、地膜投入，造成了土地污染、地力下降，从而影响了农产品的质量、效益。（3）水资源约束不断加剧。聊城市处于温带季风气候区，降雨量集中，但总量很小。2021年，人均占有水资源量不到全国平均水平的1/6。节水灌溉面积仅占耕地灌溉面积的55.64%，农田灌溉水有效利用系数仅为0.6307。地表水资源的有限，导致全市部分区域地下水超采过度，近年来漏斗面积不断扩大，已占全市总面积的42.2%。水资源约束的不断加剧，严重影响了聊城市农业现代化进程。（4）人力资源短缺现象严重。聊城市存在的政策不力、企业数量少、产业落后且发展缓慢等各种因素，影响了年轻人在本地发展的积极性，导致大批青壮年农民到外地打工，出现了人力资源要素向外流失较多、回流本地较少、农民老龄化严重等问题，造成了农村人力资源短缺。

三、聊城市大力推进乡村振兴的对策及建议

（一）建设现代产业体系，推动农业高质量发展

1.扛牢粮食安全责任，提升重要农产品的供给能力

（1）增强重要农产品供给能力。坚决遏制耕地"非农化"、防止"非粮化"，加大高标准农田建设，提升耕地质量，稳定粮食播种面积和产量。优化粮食等重要农产品的种植结构和品种结构，提升供给能力。优化调整生态养殖布局，落实生猪稳产保供政策，推进设施渔业、绿色养殖高质量发展。大力发展现代高效农业，培育壮大特色优势产业，推动精品粮油、绿色蔬菜、健康畜禽、特色水产、生态林果五大产业集群高质量发展。（2）提升农业生产能力现代化水平。高标准推进农业基础设施建设，进一步提升农机装备应用水平，提升农业综合生产能力。提升农业数字化水平，推动数字经济和农业深度融合，推动数字农业发展。提升农业科技化水平，加大具有较强

带动能力的农业科研平台的建设，加大农业科技研发投入，提升科技成果推广效率，加强种质资源保护，加快"鲁西种苗谷"建设，发展商业化育种、集约化育苗，提升农业发展竞争力。

2.提升农产品质量安全治理能力，打造特色农产品品牌体系

（1）提升农产品质量安全治理能力。农产品质量安全是农业高质量发展的生命线。进一步提升农产品质量安全监测能力，完善农产品质量安全监管体系、检测体系、追溯体系，筑牢农产品绿色发展保障。构建农产品质量安全网格化管理体系，实施全过程质量安全管理，实现对农产品安全生产的高质高效管理。加大农产品安全监督检查力度，全面实施农产品质量安全产地准出和市场准入制度，形成农业制度化生产。推进农产品生产的标准、质量、品质等的建设，提升农产品标准化生产水平，提升农产品标准化生产能力。全面推广绿色高产高效生产技术，加大对农药化肥等农业投入品的严格管理，全面形成绿色生态生产方式。（2）打造特色农产品品牌体系。农业质量效益和竞争力提升的关键在于推动农产品品牌化发展。打造特色农产品品牌体系，进一步提升"聊·胜一筹""莘县蔬菜"等品牌影响力，扩大阿胶、灵芝、桑黄"聊城三宝"的影响力，形成高端知名品牌效应。挖掘企业品牌文化，打造东昌雕刻葫芦、冠县鸭梨等特色手工艺品和农特产品品牌，加大东阿阿胶、魏氏熏鸡、临清八大碗、潘家驴肉等推广力度。

3.推动乡村产业融合发展，提升乡村发展新动能

（1）推动农产品深加工业高质量发展。立足农业产业优势，加大优质专用粮油加工、蔬菜精深加工、特色畜禽加工等农业深加工业产业链供应链战略设计，推动农产品深加工全产业链发展。加大农产品精深加工业项目培植力度，以农产品深加工项目高质量建设带动农产品深加工业高质量发展，重点推动阳谷县智能高效食品产业园、临清市桑黄精深加工产业园、冠县灵芝大健康项目、莘县白玉山药及绿色果蔬精深加工项目等高水平建设。推动农产品深加工企业加大新生产技术应用，提升深加工技术水平，增强高端优质农产品供给能力。推动农产品深加工企业进行智能化、信息化改造，推动农

产品深加工业智能化、信息化发展，提升深加工业生产基础提档升级。（2）推动乡村旅游业高质量发展。利用乡村特色资源，培育乡村旅游新业态，推进农业旅游业高端化、品牌化发展。加大乡村休闲旅游项目建设，着力推动金堤河十字坡生态旅游文化产业园项目、茌平区佳乡田园综合体建设项目、阳谷县运河闸群展示体验文化公园、古胶康养旅游综合体项目等高水平建设，打造形成乡村旅游产业特色品牌，增强乡村旅游高端供给能力。

4.构建现代农业流通体系，提升农产品流通效率

（1）推动乡村物流产业高质量发展。乡村物流产业的高质量发展是乡村振兴的重要推动力。加大传统物流设施建设，进行信息化、数字化、智能化改造，推动传统物流设施升级。高标准建设农产品现代冷链物流体系，打造区域性现代化冷链物流中心，提升乡村物流服务质量。加大优势农产品生产区域现代化批发市场建设，高标准建设县域商贸中心，实现市场流通体系建设与生产布局的有机衔接，提升流通效率。（2）推动乡村电商产业高标准建设。完善农村电商扶持政策，加大农村电商产业发展支持力度，推动农村电商高质量发展，促使聊城优质农产品更高效率地进入市场。科学布局村级电商服务站点，在县乡和具备条件的村建立物流配送网点，扩大电子商务进农村覆盖面，全面实现快递进村。加大农村电商项目建设，高标准推进临清市农产品电商产销中心项目、阳谷县智慧农业服务交易市场综合平台项目、东昌府区农副产品电商物流智慧城等项目建设。

（二）构建人才管理体系，实现人才服务现代化

1.加大人才培育和引进力度，打造立体化人才体系

（1）推动内生人才更高质量成长。大力实施"归雁工程"，增加资金、政策等支持，鼓励家乡人回乡投身乡村振兴。全面建立新型职业农民培训制度，加大培训力度，利用聊城大学、职业院校等主体，培育有技术、善经营的"土专家""田秀才"，全面提升农业生产技能。畅通城乡要素双向流动通道，发挥耿店乡村实用人才培训学院等平台作用，支持科技人员下乡、大学

生回乡。优化农村人才奖励机制，开展乡村人才评先树优，充分调动各类人才的积极性、主动性和创造性。（2）引进高端人才服务乡村振兴。根据乡村振兴需要，积极引进农业大数据、数字农业、农业信息化等发展需要的高端人才。加大与高校院所对接力度，加大农技推广、畜牧兽医、病害虫防治等方面的专业人才的引进，为乡村振兴提供坚实的人才支撑。引进农业生产经营高端管理人才、乡村文化建设人才、基层组织建设人才等，打造立体化人才体系。

2.搭建人才服务平台，打通人才服务乡村振兴通道

搭建人才服务乡村振兴平台和完善基层农技推广服务体系，推进各方面人才高质量参与乡村振兴和提供高水平服务。（1）高水平搭建人才服务乡村振兴平台。搭建各类人才参与乡村建设的服务平台，激励农业科技领军人才、青年科技人才和高水平创新团队等各类人才参与乡村振兴。推动企业、高校、科研院所在乡村设立研发平台、成果转化平台、试验试种基地、现代产业园区、科技园区等，促进人才向乡村流动。加大农村发展信息平台共享机制建设，推动各类人才更高效率地服务乡村振兴。（2）优化完善基层农技推广服务体系。根据农业产业特色、生产规模、区域布局、农技推广等需要，加强基层公益性农技推广服务组织建设，科学合理布局农技推广机构，高效推广农业科技研发成果。加强基层公益性农技推广队伍建设，不断提升基层农技人员综合能力。

（三）推进乡风文明建设，提升先进文化引领力

1.持续推进文明乡村建设，提升乡村文明水平

（1）加强农村思想道德高水平建设。以习近平新时代中国特色社会主义思想为引领，广泛开展爱国主义、集体主义、社会主义宣讲教育，推动社会主义核心价值观进乡村、进农户，提升农民的价值观念。深入推进社会公德、职业道德、家庭美德、个人品德的高水平建设，全面提升农村思想道德水平。加大诚信传播和弘扬，提升家庭诚信意识，建设诚信农村、诚信家庭

和诚信个人。全面推进家庭、家教、家风建设，加大文明家庭、文明个人等精神文明创建，提升文明家庭建设的数量和质量，实现文明家庭、文明个人全覆盖。（2）高质量开展移风易俗活动。推进村规民约和村民议事会、红白理事会等建设，引领形成文明健康、友善和谐的邻里关系。加大移风易俗重点领域突出问题的专项治理，开展面向农村的反对封建迷信、反邪教宣传活动，引导群众坚决抵制非法宗教活动，严厉打击赌博等犯罪行为，引导树立乡村文明新风尚。

2.提升公共文化服务水平，优化乡村文化供给能力

（1）推动文化惠民创新开展。强化城市优质文化产品和服务对农村的高效供给，推动文化工作者和志愿者等投身乡村文化建设，全方位构建文化惠乡村服务体系，形成以城带乡、以城促乡的公共文化惠农村发展格局。加大资金、人才等政策支持力度，推进乡村文化资源数字化、媒体化建设，高标准推进"一村一品"文化品牌建设，推动优质文化资源高效率供给。（2）推动现代文化产业快速发展。高标准构建"农村半小时、城市一刻钟"的公共文化服务圈，形成优质文化产品对农村的供给体系，增强文化产品供给能力。深入挖掘聊城农村传统文化资源，利用传统文化资源加大文化项目建设和开发，推动农村现代文化产业发展，激活乡村文化资源。

（四）加强生态环境建设，达到宜居宜业高水平

1.提升生态环境治理能力，持续改善乡村生态环境

（1）推动农业绿色低碳发展。强化生态环保意识，高标准推进农村绿色生产生活创建，引导农村全面形成绿色低碳的生产生活和消费方式。全面推广农业绿色生产技术，推进农业生产投入品减量化、产业模式生态化，实现对农药、化肥等使用过度的根本治理，推动农业实现清洁生产。提升土壤污染防治标准，加强农用地土壤污染全过程综合防治，防控农业面源污染，提升土壤的生态质量和稳定性。（2）全面提高资源利用效率。提升畜禽粪便收集和处理效率，加大农药包装废弃物回收处理，推动农业生态循环发展。加

快现代化节水管网设施建设，实现水资源循环利用，推行水资源刚性约束管理，提升水资源综合利用效率。

2.加大人居环境治理，持续改善人居环境质量

（1）推进生活污水高效治理。提升生活污水治理和黑臭治理建设标准，全面治理农村生活污水乱排乱放问题。加快农村生活污水处理设施升级改造及配套管网建设，提升农村生活污水治理能力，实现农村生活污水资源化利用。高标准清理乡村区域河道内、桥梁两侧的垃圾杂物，恢复乡村水系生态系统，实现生态环境全方位有效治理。（2）推动村容村貌整体提升。进一步高标准推进水、电、气建设以及"四好"农村路建设，实现农村基础设施现代化、网络化。高质量持续开展"平清种增改"，提升道路硬化和胡同硬化质量，全面清理村内杂物垃圾，实现人居环境高效治理。加大养老设施建设，丰富村庄建设内涵，提升农村宜居宜业水平和质量。加大制度建设，强化激励机制，高质量推进美丽庭院创建，提升群众参与的积极性和主动性，全面提升农村人居环境。

（五）完善基层组织建设，实现社会治理现代化

1.优化干部队伍建设，提供坚强有力的组织保障

（1）加强基层党的组织建设。高水平推进党建联合体建设，全面打造坚强的农村基层党组织，形成更多的乡村振兴齐鲁样板。深入推进农村过硬支部建设，严格落实"四议两公开"制度，全面推进党务村务公开，打造发展型、为民型、阳光型、实干型党支部。（2）提升支部书记素质能力。深入实施"头雁工程"，选拔政治素质高、群众基础好、致富带富能力强的带头人担任村党组织书记。结合乡村振兴需要，加大支部书记素质培训力度，整体提升党组织带头人队伍能力。（3）优化提升党员队伍素质。加大基层党员队伍建设，从专业大户、返乡创业人员等人员中发现优秀人才，优先发展为党员。高质量开展党员教育培训，常态化组织党员到先进发展村学习考察，提高农村党员的综合素质和致富带动能力。

2.加大乡村治理建设，实现乡村治理能力现代化

（1）优化完善村民自治。全面落实"民主选举、民主决策、民主管理、民主监督"等村民自治实践，实现乡村治理民主化。进一步推进乡村自治发展，引导农民转变思想认识，提高村民参与乡村治理的能力和水平，实现村民全过程参与乡村治理。大乡贤文化宣传力度、健全乡贤参与乡村治理的制度，推动乡贤回乡创业、深入挖掘乡贤资源，优化乡贤发挥作用的渠道。（2）高质量推进依法治村。加大乡村法治建设力度，依法治理农村各项事务，提升乡村社会治理成效。高质量持续推进送法下乡，高标准建设公共法律服务站和村级公共法律服务点，提升法律援助咨询服务覆盖率，提高村民学法懂法用法的普及率，推动法治乡村高质量建设。

（六）推进农村农业改革，释放发展内生新动力

1.巩固和完善基本经营制度，提升农业生产经营水平

（1）培育壮大新型农业经营主体。依法依规治理土地流转投机性问题，促使土地经营权有序规范流转。高标准培育家庭农场和种养大户，提升农民专业合作社运行质量，推动行业领军型农业龙头企业高质量发展，构建立体化、多层次的新型农业经营主体。（2）推进农业产业化联合体创建。高质量推进党支部领办合作社，健全分配机制和优化利益连接机制，积极引导小农户积极参与，提升小农户参与的水平和规模，推动农业生产的现代化经营高质量发展。

2.加大集体经济改革创新力度，促使集体经济高质量发展

（1）发展新型农村集体经济。通过发展特色产业、盘活闲置土地资源等，创新农村集体经济发展思路，推动新型集体经济发展。加强农村集体经济组织规范化建设，建立健全集体经济经营管理制度，进一步清理村集体现有资产资源，规范村级集体资产运作，提升集体经济运营管理的质量和水平。（2）推进集体产权制度改革。进一步明晰农村集体资产所有权，推进经营性集体资产股份合作制改革，推动农民变股东、资源变资产、资金变股金

全面展开。加强分红监督管理，实现农村集体资产全程监管，保障农村集体经济组织和农民合法利益。高标准推进农村集体资产产权交易平台建设，提升集体经济股权的增值效能，提升集体资产的股权收益。

（编审：贺全进）

滨州市乡村振兴调查报告

张维亮　　宋刚　　陈汝敏　　宋立成 ①

习近平总书记强调，实施乡村振兴战略是一篇大文章，要统筹谋划，科学推进。为了准确把握滨州市乡村振兴进展，科学提出全面推进全市乡村振兴的合理化建议，滨州市委党校课题组在广泛调研的基础上，与中共滨州市委农业农村委员会办公室、滨州市乡村振兴局、农业农村局、组织宣传等部门进行深入座谈，全面了解近年来滨州市产业振兴、人才振兴、文化振兴、生态振兴、组织振兴情况，结合 2021、2022 年中央一号文件精神和滨州市经济社会发展"十四五"规划要求，总结前期的成绩和经验，分析存在的问题与挑战，指出未来努力的方向和重点，形成调查报告。本报告共分为六个部分：第一部分科学分析了乡村振兴滨州特色；第二部分全面总结了滨州市推进乡村振兴的主要做法和成效；第三部分以案例分析的方式，剖析了滨州市近年来在产业振兴、组织振兴、壮大村级集体经济等方面涌现的典型实践；第四部分提出了当前及今后一个时期滨州市全面推进乡村振兴面临的问题和短板，最后是相关的政策建议。

一、正确认识和突出乡村振兴的滨州特色

习近平总书记 2018 年 3 月 8 日在参加十三届全国人大一次会议山东代

---

① 张维亮，滨州市委党校政治经济学教研室主任；宋刚，滨州市委党校政治经济学教研室副主任；陈汝敏，滨州市农业农村局三级调研员；宋立成，滨州市农业农村局农经站长、高级经济师。

表团的审议时专门强调，要推动乡村振兴健康有序进行，规划先行、精准施策、分类推进，科学把握各地差异和特点，注重地域特色，体现乡土风情。按照习近平总书记的重要指示和近几年中央一号文件精神，对照《乡村振兴战略规划（2018—2022年）》的具体部署，滨州市在实施乡村振兴战略的过程中，突出了以下特色。

（一）突出黄河下游悠久的农耕文明和渤海革命老区红色文化、社会主义建设和改革开放时代先进文化为传承的滨州乡愁文化

滨州市南山北海，中间有滋养了中华民族五千年悠久历史文化、哺育了亿万华夏儿女生生不息的母亲河——黄河穿过。黄河流域的农耕文化，是中华文明的发源。黄河下游的乡村，是中国农村最典型的代表类型之一。滨州市的乡村，从号称泰山副岳的长白山脉，到波涛翻滚的渤海之滨，集聚了中华农耕文化的悠久历史，并极富滨州特色。这些特色，在实施乡村振兴战略中，要保留、开发和充分利用。比如以魏集古村落、狮子刘、西纸坊等为典型代表的黄河乡居，以孙子、范仲淹、董永、杜受田等历史名人为代表的兵学文化、忧乐文化、孝义文化、政德文化，都是中华文化历史长河中璀璨的明珠，而这些文化在滨州广大乡村发展历史中得到了广泛而深入的传承。胡集书会、火把李庙会、唐里庵庙会、吕剧、东路梆子、渔鼓戏、滨州剪纸等非物质文化遗产，也是滨州在全国最具特色的文化元素。

滨州是渤海革命老区的中心地带，在抗日战争时期和解放战争时期，在中国共产党的领导下，渤海革命老区军民以巨大的牺牲和奉献精神，为社会主义新中国的诞生作出了巨大的贡献，形成了"不屈不挠、艰苦奋斗、顾全大局、无私奉献"为特征的老渤海精神。在新时代乡村振兴战略实施中，老渤海精神依然具有重大的现实意义。

在社会主义建设和改革开放的历史时期，滨州大地上涌现出了先进的乡村文化。杨柳雪被周恩来总理誉为棉区的大寨，是一面红旗。打渔张是黄河下游第一项引黄灌溉工程，它的建成开启了黄河变害为利的历史进程，是人

民治黄的历史丰碑。魏桥创业、西王集团、中裕集团等现代化的大型企业集团，都源自乡村，他们注重优秀文化传承，也是滨州实施乡村振兴战略的重要产业保障。

（二）突出以林水会战为基础的绿色生态特色

滨州市十余年以来坚持在乡村实施林水会战，绿色发展具备了良好的生态基础。南部山区的封山育林，沿黄地区的平原绿化，北部沿海的贝壳堤和湿地，都形成了规模化的生态效应。沿黄河、小清河、徒骇河、秦口河、马颊河、德惠新河等河岸堤坝的绿化林带，起到了巨大的生态屏障和水土保护作用。惠民县是全国著名的平原绿化先进县，滨州北部沿海有全球三大贝壳堤之一，滨州贝壳堤岛与湿地已经划为国家级自然保护区。引黄灌溉、南水北调工程在滨州经济社会生态发展中起到了巨大的支撑作用。

（三）以河海相连为骨架的黄蓝叠加产业特色

滨州市农村产业基础雄厚，农副产品产量高、品质好、加工转化率高，为滨州全面推进乡村振兴提供了强有力的产业支撑。滨州是全国重要的粮棉产区，也是重要的水果、蔬菜、肉类、水产品产区。沾化冬枣、阳信鸭梨、惠民水蜜桃、邹平水杏、博兴麻大湖白莲藕等果蔬蜚声中外，许多农产品获得绿色产品认证和原产地认证。

滨州的粮食加工产业被国家粮食和物资储备局命名为"粮食产业滨州模式"，以西王、三星、渤海、香驰、中裕等一大批中外驰名的骨干龙头企业为代表的、全市众多中小企业共同发展的粮油食品加工产业形成了集群，在全国具有典型意义。同时，以阳信牛羊肉生产加工、博兴南美白对虾养殖加工、沾化无棣沿海水产品加工等畜牧水产加工产业在全国具有一定优势。

（四）以示范园区为引领的集群发展特色

滨州市已创建各级现代农业示范园区近200个，每一个都具有一定的辐射力和带动力。滨州沿黄生态高效现代农业示范园区建设已经起步，正在逐渐显现效益，国家农业高科技示范园滨州园区以及中裕、鑫诚、博华等现代农业示范园区的示范带动作用越来越大。土地有序流转、适度规模经营发展状况良好，家庭农场、农业合作社、农业龙头企业等新型农业经营主体逐步成为建设现代农业的骨干力量，为滨州市实施乡村振兴战略打下了坚实基础。

二、滨州市推进乡村振兴的主要做法与成效

近年来，滨州市深入学习贯彻习近平总书记关于"三农"工作的重要论述，立足优势、补短强弱，乡村振兴面上有推进、点上有突破，脱贫攻坚成果持续巩固，产业发展基础进一步夯实，乡村建设行动全面启动，乡村治理水平明显提升。2021 年 10 月 21 日，中央农办主任、农业农村部部长唐仁健来滨调研"三秋"生产，对滨州农业农村工作和全面推进乡村振兴工作给予充分肯定。

（一）高位部署推进，逐步完善政策机制体系

一是全面安排部署。滨州市认真落实"五级书记抓乡村振兴"要求，市委常委会会议、市政府常务会议经常研究部署"三农"有关工作，定期组织召开市委农业农村委员会全体会议、市委农村工作会议、全市乡村振兴重点工作调度推进会议等"三农"重要会议，全面安排部署全市乡村振兴工作。二是完善政策体系。滨州市委、市政府高度重视乡村振兴工作，编制了乡村振兴规划，制定出台了一系列推进乡村振兴的重要文件，配套出台了产业、人才、文化、生态、组织振兴 5 个行动方案以及粮食、果业、畜牧业、渔业 4 个行业高质量发展工作方案。三是强力督导推进。建立五个振兴工作台账，共梳理 46 大项、135 单项重点任务，制定《全市乡村振兴重点工作推进落实机制》，对重点工作实行月调度、季督导、半年评估、年度考核，确

保工作按时序推进。

（二）注重有效衔接，不断巩固拓展脱贫攻坚成果

一是持续巩固拓展脱贫成果。脱贫群众"两不愁三保障"水平持续提升，1.2 万脱贫群众生活水平达到农村中等以上水平，退出被帮扶群体。2021 年度 6.5 万脱贫享受政策群众人均收入 11997.8 元，同比增长 20%，保持全省前列。二是不断完善防贫监测帮扶机制。在全省率先探索防贫监测帮扶长效机制，2021 年新排查识别防贫监测帮扶对象 1517 人，累计识别 10177 人，全部落实针对性帮扶措施。防贫监测帮扶机制得到山东省乡村振兴局充分肯定。三是努力提高产业扶贫项目绩效。利用 2021 年度专项衔接资金 2.14 亿元实施 11 个产业帮扶项目，目前全市 696 个产业扶贫项目健康运营，实现年收益 1.04 亿元，脱贫享受政策群众人均项目受益 1600 元以上，名列全省前列。四是精准落地落实帮扶政策。严格执行"四个不摘"要求，教育资助脱贫享受政策和监测对象家庭学生 9155 人次，医保报销 1.5 亿元，惠及 34445 人次脱贫群众，改造脱贫户危房 1089 户；脱贫享受政策群众低保和特困供养率达到 72%，保持全省前列。

（三）扛牢压实责任，提高保障粮食安全的能力和水平

一是全面压实粮食安全责任。2021 年粮食生产再获丰收，粮食面积 881.99 万亩、总产 372.2 万吨，同比分别增长 0.21%、0.53%，连续 16 年丰产丰收，粮食总产创历史新高。二是不断夯实粮食生产基础。高质量完成 50 万亩高标准农田建设任务，累计建成高标准农田 416 万亩，在全省高标农田建设综合评价中获得"好"等次（全省共 5 个市）。博兴、邹平被省确定为高标准农田整县推进示范县，入选数量列全省第一。三是全面强化农业科技支撑。推进农机农艺融合，成功创建全省首批"两全两高"农机示范市（全省共 3 个市）和全省"平安农机"示范市（全省唯一）。首创并推广的小麦高低畦技术增产 10% 以上，获省主要领导批示肯定。大力实施种子工程，

6 个玉米品种通过省级审定，为历年最多。

（四）聚焦提质增效，推动乡村产业高质量发展

一是推动产业集群化发展。滨城区、惠民县、阳信县 3 个县区 2 个产业成功入选国家优势特色产业集群，是全省唯一两个产业集群均入围的地级市，惠民县皂户李镇、惠民县麻店镇、博兴县乔庄镇等 5 个乡镇入围全国农业特色产业"十亿元乡镇"，全市粮食食品产业主营业务收入达到 1796 亿元，增长 12%；畜牧水产相关产业产值突破 1178 亿元，增长 15.9%。实施沾化冬枣、阳信鸭梨等特色产业提档升级工程，新建冬枣大棚 2 万亩。二是提升三产融合水平。做大做强精深加工，新增国家级农业龙头企业 2 家，省级以上数量达到 78 家，数量居全省前列。积极对接粤港澳大湾区"菜篮子"建设平台，共 16 家生产基地签约，数量全省第二。农村电商蓬勃发展，淘宝村数量达到 65 个，居全省第二位。三是推进农业绿色发展。推进农业废弃物资源化利用，农作物秸秆综合利用率达到 94.76%，畜禽粪污综合利用率达到 91.23%。大力推介"食域滨州"区域公用品牌，新增省级知名农产品品牌 7 个，总数达到 35 个，成功承办全省第四届农民丰收节。

（五）加快补齐短板，扎实推进乡村建设行动

一是不断完善农村基础设施。持续推进"四好农村路"建设，新改建农村公路 669 公里，改善路面 1100 公里。加大水利建设，顺利完成 68 个村的农村供水提质工程。推进农村电网巩固提升，新建改造中低压线路 311 公里。大力推进农村清洁取暖，完成改造 10.44 万户。加大农产品仓储保鲜冷链设施建设，争取冷库建设项目 231 个、补贴 4802 万元，项目数和资金数均居全省首位。二是大力推动农村环境整治。强力开展路域和农村环境综合整治，共清理三大堆 18.63 万处、废旧房屋及残垣断壁 6661 处，农村环境面貌大幅改善。完成新增农村生活污水治理任务 444 个村、巩固提升 143 个村，实施农村厕所规范升级改造 2501 个村，农村生活垃圾无害化处理率达

97%。实施美丽乡村"十百千"工程，创建14个美丽乡村示范片区、100个省市级美丽乡村示范村。三是加快补齐公共服务短板。改善农村学校办学条件，新改建乡村中小学及幼儿园12所，新增8所省级乡村温馨校园，创建数列全省第一方阵，乡村薄弱学校100%纳入集团化办学管理。提升基层医疗卫生机构服务能力，全市90家乡镇卫生院、1486家村卫生室标准化建设指标均超过省平均水平。四是持续健全乡村治理体系。深化村民自治实践。印发《关于进一步做好村规民约（居民公约）和村（居）民自治章程修订工作的通知》（滨民〔2021〕15号），统一制定《村（居）民自治章程示范文本》，全市3202个村（社区）全部制定或修订了村规民约、居民公约、村（居）民自治章程，3202个村（社区）全部成立了公共卫生委员，206个城市社区全部成立了社区环境和物业委员会。印发深化村级议事协商的实施意见，组织开展村民说事、民情恳谈、百姓议事等协商活动，打造村级议事协商示范点。制定《滨州市需要基层群众性自治组织开具的证明材料清单》，实施基层群众自治组织开具证明清单制度。完善"全科大网格"体系，调整网格255个，配备网格员1.08万名，累计流转社会治理及民生服务事项108万件，化解各类矛盾7666件。深化平安乡村建设，常态化推进扫黑除恶专项斗争，推动"雪亮工程"向基层延伸。五是不断提升乡风文明程度。制定印发《滨州市精神文明创建管理办法》《滨州市文明单位动态管理办法（试行）》《滨州市文明村镇创建工作细化指导标准》，推进新时代文明创建管理规范化、制度化、常态化。持续发挥好新时代文明实践中心作用，文明实践活动实现全覆盖。做好乡村公共文化服务，村级综合文化服务中心建成率100%，"一村一年一场戏"免费送戏工程实现全覆盖。深入推进移风易俗，新建生态绿色公墓51处，总数达到291处。

（六）落实优先发展，强化支持保障措施

一是加强基层党组织建设。高质量完成村"两委"换届，各项指标均达到或超过省定要求，1190名农村在外优秀人才、487名乡村好青年进入村级

班子，村党组织书记"一肩挑"比例达 97.9%。深化过硬支部建设，确定软弱涣散村党组织整顿对象 216 个并全部落实"四个一"整顿措施。健全选派干部常态化驻村机制，共选派新一轮各级第一书记 864 名。二是加大资金支持。统筹整合省级以上涉农资金 34.5 亿元，总量全省第四；设立 5.08 亿元市级乡村振兴重大专项资金，比上年增长 15.8%。组建全省首家市级金融支农联盟，新增担保农业经营主体 5599 户，新放"鲁担惠农贷"30.8 亿元，增长 115%。整村授信村庄 621 个，总数达到 3505 个，覆盖率 70%。三是强化人才支撑。加大人才招引，招聘"三支一扶"89 人，引进 1899 名本科大学生入乡。注重人才培养，培育高素质农民 2540 人，完成农村转移劳动力培训 3.56 万人次，均超额完成省定目标任务。强化人才服务，全面落实基层"直评直聘"职称评审政策，开工建设乡镇安居房 1482 套，让基层留得住人才。四是深化农村改革。规范有序推进土地流转，流转面积 346.6 万亩，流转率 63.3%。探索实施农村集体经营性建设用地入市，完成用地出让 45 宗、面积 1291 亩。加强农村宅基地管理，宅基地使用权确权登记发证率 97.9%。

三、滨州市全面推进乡村振兴的典型实践

滨州市在全面推进乡村振兴工作中涌现出许多典型，对推进全市乡村振兴工作起到了带头引领作用。其中，中裕集团创造的龙头企业带动型农村一、二、三产业融合发展模式，通过实施"淬火工程"发挥农村党员乡村振兴先锋模范作用的实践，邹平市"实体强村"壮大村级集体经济典型模式，在全国具有较强的可复制可推广的价值。

（一）"中裕模式"：龙头企业带动型的农村一二三产业融合发展

推动农村一二三产业融合发展，其目的是充分利用农业资源，开发农业多种功能，延长农业产业链，提高农业附加值，形成农业产业新业态和商业模式，促进现代农业发展和农民持续增收。

从 2004 年成立之初，中裕公司就坚定不移地走"全产业链"之路。经过 10 余年的发展，中裕集团构建了一条涵盖高端育种、订单种植、粮食初加工、精深加工、绿色养殖、废弃物综合利用、冷链物流、餐饮服务、便利商超等九大板块、横跨一二三产业的绿色高效农牧循环产业链，解决了"粮头大食尾小""农头大工尾小"的矛盾，实现了产业链首尾相连、一二三产业协调发展。通过深耕粮食全产业链，企业逐渐成长为"全国小麦粉加工50 强企业""全国挂面加工 10 强企业"，先后被授予"国家农产品加工业示范企业""全国放心粮油进农村进社区示范加工企业""山东省农业产业化重点龙头企业"等荣誉称号。

1. 把农民增收、消费者满意、企业增效作为产业融合发展的目的

"中裕模式"以"服务粮农、满足消费"为着眼点，以保证粮农收入为基础，满足消费者需求为目的，提高企业效益为核心，既能够使农民每亩小麦纯增收 200 元左右，又能保障消费者的权益和利益，还能促进企业效益的不断提高，是一种"共赢"的发展模式。

2. 把农业供给侧结构性改革作为产业融合发展的主线

中裕集团坚持从三个方面入手，推动农业农村发展由过度依赖资源消耗、主要满足量的需求，向追求绿色生态可持续、更加注重满足质的需求转变，实现农业增效、农民增收、农村增绿。

一是调优产品结构，突出"优"字。中裕集团坚持消除无效供给，增加有效供给，减少低端供给，拓展中高端供给，突出"优质专用"大宗农产品和"特色优势"其他农产品的生产供给，在做大做强主业的同时，发展规模高效养殖业，做大做强优势特色产业，优化原料生产区域布局，提升产品质量和食品安全水平。

二是调好生产方式，突出"绿"字。零污染、零排放、无害化是现代农业最鲜明的特征。中裕集团推行绿色生产方式，农牧结合，绿色循环，用"变废为宝"保护"碧野蓝天"。

三是调顺产业体系，突出"新"字。中裕集团通过大力发展乡村休闲旅

游产业、推进农村电商发展、加快发展现代食品产业、培育特色餐饮业等新产业新业态，促进三产深度融合，实现农业的全环节升级、全链条升值。

3.把龙头企业带动、上溯与下延作为产业融合发展的方式与路径

中裕把"全产业链"作为企业建设的方向，目标紧紧锁定整个链条的两端，服务粮农，服务消费。一方面，以优质的产品满足消费需求，保障民众的食品安全，同时将"服务消费"过程中获取的利润向粮农反哺；另一方面，通过土地流转和基地建设，实现规模化、标准化种植；通过耕地质量改造，发展绿色有机农业；通过良种研发繁育以及订单种植、成立农业合作社，推动优质小麦产业化；通过推广应用智能机械和现代农业技术，提升生产效率，降低劳动力成本，促进农民转型就业。一系列系统化的措施最终直接带动30余万家订单农户的家庭增收。

4.把构建生态、绿色、循环产业链条作为产业融合发展的要求

随着企业规模的不断壮大和产量的持续增长，一些传统意义上的"废料"不断增加。为解决所谓的"废料"问题，中裕集团通过不断创新，再造小麦加工工艺流程，将种植、加工、养殖、废弃物综合利用有机融合在一起，直到真正形成上下游严密承接的闭合式循环。借助这一循环链，中裕真正实现了耕地的有机化改造，加工业的环保零排放，为保护"碧野蓝天"做出了应有的贡献，做到了经济效益与生态效益的"双赢"。变废为宝、高效节能、吃干榨净、闭合循环，这是"中裕模式"最鲜明的四大特点。

5.把政府政策支持作为产业融合发展的保障

农业供给侧结构性改革的核心以及三次产业融合的关键是理顺政府和市场的关系，实现"三大激活"：通过深化粮食等重要农产品价格形成机制和收储制度改革、完善农业补贴制度等重要举措，激活市场；通过改革财政支农投入机制、加快农村金融创新、深化集体产权制度改革和探索建立农业农村发展用地保障机制等重大政策举措，激活要素；通过培育新型农业经营主体和服务主体、开发农村人力资源和吸引各类人才回乡下乡创新等政策措施，激活主体。各级党委政府强有力的政策支持是"中裕模式"的形成和发

展重要保障。政府提供了政策、资金、技术等多方面保障，极大加强了企业的外部经济性，为企业健康发展和"中裕模式"的形成打下了良好的基础。

（二）"淬火工程"：发挥农村党员乡村振兴先锋模范作用的实践

2017年起，滨州市探索实施共产党员"淬火工程"。"淬火工程"，以推进"两学一做"学习教育常态化制度化为目标，以"不忘初心、牢记使命"为主题，以乡镇（街道）党校为阵地，开展农村党员轮训，坚持党员自我教育和自我管理，为农村党员设岗定责，定期参加志愿服务活动，更好发挥农村党员乡村振兴先锋模范作用。

1.主要做法

（1）搭建阵地，保障教学师资，夯实教育基础

一方面，坚持节约就简，充分利用乡镇（街道）腾退闲置的校舍、办公用房等既有设施，按照"四区十有"标准，完善功能设置，建设乡镇（街道）党校86处，其中盘活利用腾退办公用房47处、闲置校舍18处、党群服务中心5处、企业场所等16处，既保证了阵地建设，又节约了成本。在人员编制、机构规格等方面，探索规范乡镇（街道）党校实体运行机制。目前，已有二十多个乡镇（街道）党校在党建工作办公室挂牌（副科级），明确2—3名工作人员。另一方面，以县（市、区）为单位，建立不少于200人的"淬火工程"师资库，引导农村党员领导干部、优秀村党组织书记和农村老党员、优秀离任村干部代表走上讲台，讲述乡村振兴真实案例故事，用身边事教育身边人并实现县域内师资力量交流共享。

（2）优化课程，创新管理形式，确保参学效果

一方面，坚持把锤炼党员党性贯穿始终，组织党员诵读党章党规、重温入党誓词、学唱革命歌曲、观看红色影片。组织乡镇（街道）党（工）委书记、党（工）委委员上党课，并与参训党员谈心谈话，进一步了解掌握党员的所思所想、所急所困。召开专题组织生活会和主题党日活动，规范和提高组织生活质量。比如，邹平市2019年以来突出"一班一策"精准培训，坚

持在培训前先征求意见，根据问题需求设置课程，探索开设了乡村振兴示范班、集体增收专题班、软弱涣散整顿班、非物质文化遗产传承班等特色班次。另一方面，坚持改革创新，强化学风建设，积极探索党员自我教育、自我管理、自我肃纪模式，通过民主推选班委、现身说法、学风督察等形式，让党员既当学员又当教员，既他律又自律，改变了过去"老师教、学校管、学员学"的单一模式，激发党员自我教育管理的主动性创造性。同时成立"学风督察队"，强化自我监管，规范内务卫生、课内外纪律等，督查结果记入参训档案。

（3）注重实践，设置平台载体，拓延培训成果

一方面，每年一次设岗定责。建立党员训后跟踪纪实管理制度，按照"因村制宜、因事设岗、因人选岗、因岗定责"的原则，围绕政策宣传、环境整治、扶贫帮困、致富带富、纠纷调解等方面，组织农村无职党员亮身份，开展设岗定责，并将完成情况作为民主评议和量化积分的重要内容，推动农村党员在乡村振兴中由"无职"变"有责"、"无为"变"有为"。另一方面，每月一次志愿服务。全市组建党员志愿服务队3434支，让有条件的党员与群众结对，做到"三掌握、五到位"，即掌握思想情况、掌握生活情况、掌握诉求情况，政策宣讲到位、日常探视到位、卫生清理到位、情感传递到位、民意收集到位。

2. 工作成效

通过实施"淬火工程"，农村普通党员接受经常性教育不到位、基层党员教育师资力量不足、教育阵地建设相对滞后和基层党组织组织生活制度执行不到位等难题得到有效破解，越来越多的农村党员离开炕头、放下锄头、走出村头，走进基层党校，增强了党性意识、组织观念和规矩意识，推动了党内教育向广大党员拓展、全面从严治党向基层延伸。

（1）通过整合资源搭建了教育阵地

利用乡镇（街道）腾退闲置的校舍、办公用房和党群服务中心等既有设施建设基层党校，既保证了阵地建设，又节约了成本；通过党员领读、现身

说法、交流经验等自我教育、自我管理，既丰富了教学内容和形式，又破解了师资不足问题；通过坚持教育高标准、生活低标准，倡导党员发扬艰苦朴素的作风，既保证了培训实效，又做到了勤俭节约，降低了培训成本，解决了经费紧张问题。

（2）通过党性教育强化了党员意识

把开展共产党员"淬火工程"作为加强政治建设、严肃党内政治生活的一种方式。结合"不忘初心、牢记使命"主题教育，深入学习习近平新时代中国特色社会主义思想相关文献，组织党员原原本本地诵读党章党规，结合开展生动鲜活的党史教育，组织党员重温入党誓词、学唱革命歌曲、观看红色影片、讲述身边先进故事等活动，引导广大党员牢记党员身份、传承红色基因、践行初心使命。

（3）通过集体生活增进了党员团结

采取以党支部为单位调训的方式，让同一支部的党员同吃、同住、同学习，强调集体行动、步调一致，增强了党员的组织观念、集体意识，增进了党员团结。比如，无棣县车王镇二郎庙村是一个后进村，三天的同吃同住同学习，解开了党员尘封多年的心结。支部书记张建敏同志说："大家在一块儿学习、一起生活，有了平心交流的机会，年轻的给老同志让个座、倒碗水，晚上谈个心，矛盾就化解了，关系变得融洽了。"

（4）通过纪实管理规范组织生活

在党校教师指导下，以支部为单位开展"主题党日"活动，落实"三会一课"等基本制度，召开专题组织生活会，开展民主评议党员工作，帮助党员掌握各项组织生活制度的要求、流程等，提高参加组织生活的积极性。同时，完善落实"民主议政日"、主题党日等制度，推动"淬火工程"有效融入党员日常管理。

3.经验与启示

（1）必须坚持激发内力

基层党员特别是农村党员，受年龄、知识学历等客观因素影响，参训积极性和主观能动性不高,导致党员教育培训内生动力不足,这是目前党员教育培训工作亟待解决的问题。做好农村党员教育培训工作,必须把激发党员学习内生动力作为重要手段,变革培训观念,改变过去"老师教、学校管、学员学"的单一模式,实现以老师传统讲授式为主向以"学员为主体"的自我教育、自我管理为主的培训模式转型,充分发挥学员作为学习主体的自主作用,变"要我学"为"我要学"。必须始终强调党员"主人翁"意识,从领读领学、学风督察、内务管理、吃饭休息等各个方面,坚持自我管理、从严管理,增强严守纪律、改进作风、认真学习的思想自觉。

（2）必须坚持实效导向

从现实情况看,当前农村党员有"三盼",即盼教育培训机会更多、盼形式方法更灵活、盼学习内容更实用。开展党员教育培训,必须注重融入乡村振兴大背景,把握好"贴近基层、贴近生活、贴近需求""缺什么就补什么"的原则,满足党员教育培训个性化、多样化需要,在突出抓好党性教育的同时,围绕乡村振兴、村党组织领办合作社、化解矛盾纠纷、村务管理等设计课程,开展更多实操性现场教学,强化实践实干,做到学用结合、知行合一,并通过开展党员承诺践诺、设岗定责、志愿服务等实践活动,进行跟踪问效,看党员思想政治表现变化、看干事创业能力变化、看服务群众意识变化、看先锋模范作用发挥变化等。

（3）必须坚持常态长效

一名党员坚强的党性必须在严格的组织生活和长期的党性教育中锤炼养成,只有通过反复的"淬火"打磨,才能百炼成钢,永葆先进性。做好农村党员教育培训工作,既要充分考虑农村党员规模庞大、情况复杂、工学矛盾突出的现实,突出"短、平、快",利用农闲、休息日等业余时间,集中时间办班,集中精力学习,不求多、只求精,力求实现工与学的"互动双赢";又要探索结合党支部评星定级和党员量化积分管理,注重将好的做法和制度融入日常,常抓不懈、久久为功,将简单的事情认真做、反复做,以春风化雨的方式引导党员将理论学习、作风锤炼融入日常。

（三）邹平市"实体强村"壮大村级集体经济典型模式

近年来，邹平市通过实施"实体强村"工程，因村制宜，分类施策，挖掘和整合各类资源要素，积极探索壮大村级集体经济典型模式，有力推动了村级集体经济提质增效。

1. 资源有效利用型

模式说明：对村集体机动地、空闲宅基地、坑塘、荒地、河堤河滩等资源进行全面清理，查清利用现状，明确土地资源的集体权属，通过集中整治整合，采取公开发包经营、集体统一经营、发展重点产业和项目等方式，增加村集体收入。

案例1：临池镇南山村有效利用旧村盘活校舍，增加集体收入。南山村通过盘活旧村宅基地，将土地复垦流转，实现村集体经济增收1.5万元。针对村周边租房需求，将部分校舍改造成公寓房出租，增加集体收入2.5万元。

案例2：焦桥镇后三村整理闲散地，建设蔬菜大棚对外承包，开发利用空闲地，多举措增加集体收入。后三村积极探索"土地连片流转＋蔬菜大棚承包"模式，将12.4亩农户闲散地集中整合流转，建成2个第五代高标准蔬菜大棚对外发包，每年增加集体收入1万元。开发利用空闲地并发包，每年增加集体收入12.6万元。集中整治整合集体土地120.5亩，用于支持重点产业和项目的发展，每年为村集体增收近20万元。

案例3：台子镇沙里村开发闲散地、零散涝洼地，壮大集体经济。沙里村将闲散地回收整理，产权收归村集体，整理回收空闲地44块，面积40亩。大块空闲地村集体出资统一栽种2000余棵核桃树，较小的空闲地和荒地发包给村民。对村周边17亩零散涝洼地进行综合开发，探索"以地换物"模式，即乡村能人承包村集体土地，以提供村庄绿化、道路修整、打造围村林、护村河景观等服务为对价，抵交承包费。

2. 规范合同管理型

模式说明：对违规发包、非法占用、宅基地超占等土地问题，集中收回、重新发包；对无效合同、超期合同、口头合同、低价合同等问题，逐一梳理、全面规范；对拖欠承包费、村集体欠款等债权债务问题，拉出清单、督促清缴，其中存在资金不入账、坐收坐支等问题的，从严问责处理；对固定资产、公益设施等无收益资产，明晰产权、规范管理，增加集体收入。

案例1：临池镇王家村清理低价承包合同再发包。王家村西南处有集体果园土地296亩，30年前，以8—20元/亩的价格承包给村民，2017年土地承包到期，经过党员村民代表会一致同意，村集体收回果园承包地。通过划分地块、分别招标，以每年300—2100元/亩价格再发包，每年增加村集体收入13万元。对其中年限、价格、使用权等不明确或不合理条款，协商签订补充协议，每年为村集体增收1万元。

案例2：明集镇南宋村动真碰硬清理陈年合同。南宋村突出党员带头，深入细致做好群众工作，对村中河岸陈年合同进行集中整理，全部收归村集体后进行集中发包，解决村集体资产被占用问题，增加村集体收入150万元。

案例3：韩店镇实户村对村内资源统一梳理规范，重新发包，壮大集体收入。2022年初，实户村对全部土地逐块核对梳理，清理被占用河岸土地3千余米、鱼塘11亩。通过民主程序，对闲置土地资源整理后，划分6个标段，向村民公开招标发包，承包期限20年，为村集体经济增收26.4万元。

3. 土地规模经营溢出型

模式说明：村党组织充分发挥服务职能，发挥引领带动作用，吸引农民合作社、家庭农场、种养大户和农业龙头企业等新型经营主体到本村流转农户承包地，实现本村农业成方连片、适度规模经营。对村土地进行连片统一整理，溢出土地，村集体可获得土地流转租金收入。

案例1：明集镇段桥村集体流转土地，溢出土地发包增加集体收入。段桥村实行土地区域连片整理，把范围内的地边地界、生产路、沟壑等改造成耕地，将6900亩土地流转给57户种粮大户，流转完成后，溢出集体土地1100亩，每年为村集体增收76万元。

案例 2：台子镇长船村整理土地重新发包，壮大集体收入。长船村对全村耕地、荒地、湾塘、边角地等全面清理，整理出集体土地 222 亩。根据土地的地理位置、富足程度、生产条件，重新开发利用、盘活经营，对 200 亩富足土地进行重新发包，每年为村集体增收 24.3 万元。

4. 土地托管分成型

模式说明：将农户手中的耕地以自愿、有偿的方式统一收回集体，由村股份经济合作社进行管理经营，所得收益由村集体和农户分成，实现资源集聚、集体和农户共同增收。

案例 1：九户镇成家村首创"8721"分红模式，壮大集体经济。成家村成立润成种植专业合作社，村民以土地入股，村集体整合土地后统一发包，邹平市供销社生资公司出资承包并经营。红利分配模式为"8721"，即供销社向合作社社员支付 800 元 / 亩的承包费，在农产品收益后，供销社、村集体和农田管理员按照 7：2：1 的比例对净利润进行分成。2021 年成家村在分红主体中增加流转土地的社员，合作社在支付社员承包费的基础上，其余土地经营收入再由供销社、社员、村集体、农田管理员按照 6：2：1：1 的占比进行分配。2021 年村集体增收 5.13 万元。

案例 2：孙镇蔡家村探索"支部 + 合作社 + 农户"经营模式，壮大集体经济。蔡家村成立蔡家绿机源种植专业合作社，按照"支部 + 合作社 + 农户"经营模式，由合作社流转并经营全村 2200 余亩土地。在保证农户每亩地 800 元收入的基础上，2021 年村集体收入 100 万元。收益分配采取"5221"模式：即 50% 作为合作社运营基金（用于化肥农药、耕地浇水等涉及农业生产的各项开支），20% 作为村集体收入，20% 作为合作社股民按土地入股的分红，10% 作为村集体公益基金。

5. 支部领办创办经济组织型

模式说明：村集体通过领办创办专业合作社或农业公司等，采取"支部 + 合作社 + 农户""支部 + 公司 + 农户""合作社 + 村集体 + 农户"等模式，发展特色种植、农产品深加工、储藏保鲜、物流运输等经营性项目，增加集体收入。村集体充分利用农村劳动力,牵头组建劳务合作社、劳务公司等,通过承接劳务输出、环卫保洁、物业管理、社区服务、村级公路养护、绿化管护、家政服务、企业后勤保障等业务,获取服务性收入。

案例1:长山镇后槐村党支部领办劳务合作社,劳务输出增加村集体收入。后槐村出资50万元成立邹平长山振槐农业发展专业合作社,积极承接劳务派遣、市政工程建设、路域环境管护等项目,逐渐形成以"项目"立社的运营模式和发展路径,每年收益超20万元,为村集体增收8.2万元。

案例2:长山镇长韩村党支部领办山药种植合作社,发展集体经济。长韩村将发展山药种植作为村集体增收突破点,成立长韩村致富农业发展合作社。流转土地20亩种植山药。2021年,合作社生产细毛山药近10万斤,销售收入达65万元,促进村集体增收15万元。

案例3:魏桥镇里八田村成立社区服务公司和为民合作社,多元壮大集体经济。2018年,里八田村注资500万元成立山东新田社区服务有限公司,经营范围涵盖城镇环境一体化工程、社区服务、市政工程等。在开展废旧房屋和残垣断壁清零行动中,公司承担周边村庄的清理任务,营利5万元。2021年,公司承包全镇旱厕吸污业务,截至目前增收14万元。2020年,里八田村注资200万元成立魏桥镇新田为民合作社,开展流转土地、农机租赁、粮农物资销售等业务。借助邹魏路改造征地拆迁时机,探索实行股份合作经营,投资700万元,对邹魏路沿线29套沿街商铺进行统一建设,出租后预计村集体增收30万元。

案例4:孙镇怀家村支部领办股份合作社,发展瓜蒌种植。怀家村投资60万元成立村党组织领办合作社,改变村集体将资源简单发包租赁的发展模式,组织村民以土地入股,种植瓜蒌100亩,预计2022增加村集体收入10万元以上。同时,在100亩瓜蒌种植基础上,计划用50亩进行立体种植试验,瓜蒌架下种植高标准绿色蔬菜,预计每亩再增加收入1000元。

案例5:黄山街道大李村党总支领办合作社,发展猕猴桃、蜜薯种植。2018年大李村成立邹平市沣硕园果蔬农民专业合作社,投资320万元流转土地 460 亩，建设绿色生态猕猴桃园区，开发生态农业观光旅游项目。合作社以种植多品种猕猴桃、天然有机蜜薯、樱桃、蟠油桃等农产品为主，村集体以集体土地入股占比 12%，社员 96 人以资金、土地、劳务等入股占比 88%，2021 年合作社收入 30 万元，人均分红 1000 元，村集体收入 3.3 万元。

案例 6：高新街道新三村成立劳务合作社，推动强村富民。新三村成立劳务合作社，主动对接村庄周边大型工地，承接危旧房拆除、土方工程、绿化养护、卫生保洁等项目。合作社成立三个月收入 10 万元，截至目前，已收入 115 万元，村集体获得项目分红，同时增加农村闲散劳动人员经济收入。

6.特色产业带动型

模式说明：村集体通过大力培育发展"名优特稀新"经济作物，打造"一村一品"示范村，打造特色优质农产品种养示范基地，推进优势特色农业标准化生产、产业化经营、专业化服务，拓展集体服务项目，增加村集体收入。探索发展乡村旅游，立足乡村特点、优势、资源及特色产业，村集体依托农业产业、自然风光、民俗风情、农耕文化等资源优势，领办或与其他主体联合创办乡村旅游公司或合作社，积极发展生态观光、农家乐、农耕体验、健康养老等乡村旅游项目，拓宽集体增收渠道。

案例 1：台子镇李金村成立农民专业合作社，发展无花果、葡萄特色种植，开展旅游采摘促增收。李金村成立尚志无花果农民专业合作社，通过土地入股、劳务入股等多种方式带动周边 260 户、700 人参与无花果种植，户均增收 2 万元，村集体增收 1.2 万元。2021 年，利用中央扶持资金 250 万，建设 8 个冬暖式高温大棚，村集体增收 4 万元。

案例 2：西董街道南洞村党支部领办合作社，发展青李种植，打造研学基地。南洞村党支部领办合作社发展"青李"种植，合作社以服务营销入股，利用"抖音""快手"等短视频平台加强包装宣传，积极联系圣豪、联华等大型超市，拓宽销售渠道，所得利润 10% 归村集体所有。通过开展南洞村第一届"青李"采摘节，青李销售收入达每亩 10000 元，增加村集体收入 5

万元。

7. 投资实业强村型

模式说明：城中村、镇街驻地村，依托区位优势，村集体通过建设沿街房、专业市场等，租赁给业主经营，收取租金或管理费来增加集体收入。

案例1：黄山街道黄东村依托区位优势，开发建设商品房、沿街商铺。黄东村紧抓城南新区规划发展建设机遇，率先开展旧村改造，大力发展楼宇经济。成立置业公司，投资8亿元建设4个商品房楼盘，出售后实现村集体经济增收2000万元。2009年以来，黄东村利用5%的商贸用地指标，开发建设近4万平方米的沿街商铺，实现村级资源向资产转变，制订商贸沿街房只租不卖政策，确保村集体经济长期持续增收，商铺全部出租后，每年可为村集体增收1700万元。

案例2：黛溪街道安家村发展沿街商铺、建设幼儿园，推动共同富裕。2016年，安家村对原永安商场及村居民住宅旧址进行提升改造，规划建设2层综合性商业网点和4栋13层住宅，其中沿街商铺3796.26平方米。2018年完成建设，5月完成34套沿街商铺的招商租赁，每年增加村集体收入131万元。同期建设高标准安家村幼儿园对外租赁，每年收取租赁费70万元，2021年实现村集体经济总收入1210万元。

案例3：好生街道乔家村建设木材市场，开发沿街商铺，推动乡村振兴。乔家村立足好生家居产业优势，通过对木材市场集体运营，逐步形成占地320亩，木材经营业户120家，年销售额近8亿元的规模，实现村集体增收320万元。推进社区建设，建成公寓楼22栋（含社区服务中心一处），6万平方米，通过进行社区管理，收取物业费，每年实现村集体收入70万元。自建公墓一处，对30个公墓进行经营管理，每年增加村集体收入10万元。

8. 实施旧村改造型

模式说明：抢抓土地增减挂钩等政策机遇，实施旧村改造，对农村居民低效无序的土地利用方式进行改进，提高用地效率，腾退建设用地，并将腾退出的土地用于改善村居环境、发展壮大村级集体经济和产业提升。

案例1：焦桥镇牛家村、明集镇柴家村抢抓土地增减挂钩政策机遇，建设新型农村社区。2017年，牛家村实施增减挂钩整村搬迁项目，结余用地指标265亩，结余资金2000万元，每年获利息180万元，旧村复垦土地460亩，每年村集体收取承包费增收35万元。柴家村抢抓城乡建设用地增减挂钩项目机遇，通过拆旧建新，结余土地指标134亩，获得增减挂钩项目资金6700万元并全部用于农村社区建设，村民不花钱住上楼房。复垦旧村土地200亩，流转后村集体年均增收20万元。

案例2：韩店镇徐王村整村搬迁。徐王村抢抓整村搬迁时机，通过实地走访、问卷调研、召开民主议政日等方式深入了解村情民意，推动实现整村搬迁，探索"搬迁增收"路径。解决原徐王村人口居住较为分散，周边空闲地较多，难以整合发展的问题。整体搬迁后整理复垦老村土地125亩，对外进行发包，每年增加村集体收入18万元。

案例3：高新街道徐毛村创新"村企合作"模式进行旧村改造，实现腾飞蝶变。2010年徐毛村与邹平泰兴施工有限公司合作实施旧村改造。邹平泰兴施工有限公司为徐毛村进行新村建设，徐毛村以152亩土地使用权及1000万元作为工程款。邹平泰兴施工公司在该地块建设滨河美地小区对外销售，小区物业由徐毛村负责。2021年，通过物业服务，村集体增收34万元。

模式说明：针对农村历史遗留的"一户多宅""空心村"问题，充分用活土地增减挂钩政策，通过清理闲散宅基地、养殖区等各类空闲地，增加耕地面积。复垦后的土地被重新发包给村民，村民将土地用来发展种植，切实唤醒了农村的"沉睡土地"。

案例1：长山镇丁公村拆除空闲宅基地，实现集体收入裂变增收。丁公村以小土地增减挂钩项目实施为契机，拆除空闲旧宅基30户、闲置养殖户4户，平整复垦土地面积48亩，争取奖补资金2160万元，除补偿费用、复垦费用外，村集体结余资金1450万元。

案例2：台子镇沙窝村清理一户多宅，指标兑换，壮大集体经济。沙窝村牢牢把握政策机遇，通过党员带头、群众配合，扎实开展村集体资产清理行动，对废旧房屋、残垣断壁及一户多宅等统一回收，拆除一户多宅 6 处，废旧房屋 2 户，整理回收空闲地 8 块，面积 7.5 亩，通过整合土地，指标兑换，实现村集体增收 187 万元。

9. 扶持资金抱团型

模式说明：对上积极争取中央扶持发展壮大村集体经济资金 2000 万元，惠及 40 个村，鼓励村级组织精准实施扶持项目。为确保项目真"造血"、造"真血"，对扶持集体经济发展项目严格项目策划和计划，市委组织部和市农业农村局严格把关，因村制宜找准项目，以村集体为实施主体组织实施好项目。坚持集中力量办大事，将扶持资金充分整合，增强项目抗风险能力。

案例 1：明集镇牛家村整合周边 5 村扶持资金成立党建联盟，抱团发展。牛家村联合周边 5 个村庄，整合中央扶持资金 300 万元，依托合作社共同成立明集镇现代高效设施农业示范基地建设项目。基地投资 300 万元建设韭菜大棚 38 个，合作社负责运营、种植、销售，以流转土地、资金投入和服务运营入股分红，其余 5 个村根据资金投入比例折算股份分红。2022 年 2 月合作社已实现销售收入 140 万元，村集体增收 25.3 万元，其余 5 个村各增加村集体收入 4 万元。

模式说明：针对农村产业项目选择难、有风险、收益不能保证的现状，组织镇街将部分村扶持资金整合投资到经营手段丰富、抗风险能力强、发展有潜力的企业集中使用，签订保障协议，收益后每年给村分红。

案例 1：邹平市供销合作社联合社粮食储存项目辐射带动多村稳定增收。项目涉及九户镇、孙镇、码头镇、好生街道共 20 个村。项目预计总投资 1 亿元（其中帮扶资金 1000 万元），由邹平市国有资产中心和邹平市供销社共同出资，邹平市农业发展集团运营，主要经营小麦良种繁育、粮食烘干、粮食储存、土地合作、土地托管、设施农业等业务。项目以中央财政资金扶持建设的 1000 吨粮仓作为抵押，以保全资金。目前，该项目已投入运营，预计年均可实现集体增收 80 万元，村均增收 4 万元。

10. 村企合作（联姻）型

模式说明：通过村企合作（联姻），实现农民、村集体、企业三方共赢，实现村集体经济发展。

案例1：临池镇古城村加大招商引资力度，为村经济发展增添后劲。古城村围绕木器加工、设备加工等产业，引进搪瓷设备厂、木材加工厂等40家中小企业，租赁集体建设用地200亩，每年租赁收入60万元，同时为该村及邻村提供就业岗位100个。依托空闲地进行开发利用，在原古城瓦厂建设面积12000平方米的物流园，对外租赁，每年增加村集体收入50万元。

案例2：魏桥镇楼子张村引进招商项目，盘活废旧资源，壮大集体经济。楼子张村创办旭翔农业合作社，依托村东1.3万平方米养殖小区，吸引周边8家养殖户入驻。合作社将剩余秸秆草料统筹统销到青岛、淄博等地大型养殖场，每年增加村集体收入30万元。养殖小区现有存栏奶牛、肉牛218头，每年实现经济效益302万元，增加村集体收入4.5万元。积极招商引资，盘活村集体资产，引进"春芳肉鸭养殖场"项目，养殖场占地54亩，投资302万元，年肉鸭出栏量30万只，年创造经济效益50万元，村集体增收6.8万元，解决15人就业。

案例3：魏桥镇田李靳村优化土地租赁形式，引进企业共同发展。田李靳村积极引进中小企业8家，针对不同类型不同领域企业占地，设置不同租赁形式和标准，吸引企业落户本村。不但解决村内剩余劳动力再就业问题，企业租赁费增加村集体收入62万元。

案例4：魏桥镇魏桥村发展电力产业增加收入。魏桥村与魏桥铝电公司协调，建设供电站1处，村民用电每度下调至0.5元，同时为镇驻地的中心医院、魏桥高中、孟寺村、世纪路沿街商品房供电，全年总购电量800万度左右，为魏桥村增收150万元。

11. "三权分置"增收型

模式说明：村集体和农民盘活利用闲置宅基地和闲置住宅，通过自主经营、合作经营、委托经营等方式发展民宿、文旅产业，带动集体经济发展。

案例 1：西董街道大马峪村率先完成"三权分置"全省试点，发挥红色资源优势，成为"网红村"。大马峪村依托独有的"革命根据地红色小延安"红色文化资源，引入文旅开发公司，有偿使用宅基地 42 套，盘活 12 套宅基地和 11 亩土地用于旅游开发，2021 年村集体收入 14.8 万，村内基础设施明显提升，大马峪从原来的"空心村""后进村"成为"网红村""示范村"。

案例 2：西董街道郭家峪村发挥山区自然资源优势，建设民宿促增收。郭家峪村对"一户多宅"宅基地进行清理，清理院落 15 处。进行宅基地"三权分置"改革，为发展旅游业、民宿产业及农家乐提供条件。招商引资 200 万元，建设精品民宿 4 套，其中住宿 3 套、餐饮 1 套，建成运营后每年可为村集体增收 10 万元。党支部领办合作社牵头，村集体以 15 亩土地入股占比 10%，村民以资金、劳动力等入股，投资 60 万元打造溪河源采摘大棚及特色餐饮，建设采摘大棚 4 个，种植玫瑰、草莓等，建设沿河餐饮观光亭 5—6 处，建成运营后预计增加村集体收入 3 万元。投资 30 万元建设特色农产品石磨坊，建设磨面粉坊体验馆，进行小米、地瓜、水杏等加工销售，项目建成后预计每年增加村集体收入 3 万元。

四、滨州市全面推进乡村振兴中面临的问题和短板

尽管滨州市乡村振兴各项工作进展顺利，涌现出一批先进典型，部分领域走在全省乃至全国前列，但与人民日益增长的美好生活需要相比，仍然有一定差距，在全面推进乡村振兴进程中仍然面临一系列问题和短板。

（一）乡村振兴战略推进不平衡

由于发展基础不同、重视程度不同、推进力度不同，各县镇推进乡村

振兴进程存在不平衡性。滨州市乡村振兴有不少亮点，但有的地方对乡村振兴重要性认识不到位、思考不深刻，认为乡村振兴事太多、皮太厚，工作中缺主线、少杠杆，找不到有力的"灵魂"抓手，对工作平推平拥，导致"点亮面暗"。对乡村振兴的整体规划滞后于实际推进的需要，各类配套政策得不到落实，"满眼都是乡村振兴的好政策，可就是享受不到"是基层农业农村从业人员的普遍心声。部分县市区对上争取不积极、不主动，在申报"2020年粮食绿色高质高效创建项目县"工作中，除省直管县外，只有沾化区提出申报。滨城区、高新区部分农民合作社负责人反映农业设施用地审批较慢，生产中必需的机械设备无处存放，对正常生产造成一定影响。

（二）农业高质高效发展面临瓶颈制约

乡村产业规模化、标准化程度不高，部分农产品档次不高、品牌不亮。产业结构不优，种植业增加值占农林牧渔总增加值的近50%，比例过大，蔬菜、食用菌瓜果等特色高效经济作物面积较小。农业科技研发能力弱，原来的优势产业，如沾化冬枣、阳信鸭梨、无棣金丝小枣等，由于近几年科技攻关和品牌打造没有跟上，造成品质退化、面积萎缩、竞争力下降。惠民县虽然注册了"惠民原耕"区域公用品牌，但涵盖农产品数量不多，且多数农产品局限于初加工产品，且科技含量不高，缺乏精深加工、二次增值的产品，难以提升品牌农业的竞争力。博兴县无公害南美白对虾养殖面积达到3.5万亩，年产量近2万吨，然而大多数产品被运往外地进行精深加工并贴牌出售，成倍的附加值"花落他家"。粮食生产受制于干旱、洪涝、低温冻害、大风冰雹等极端天气及引黄灌溉用水指标不足，农业生产靠天吃饭的局面还没有根本改变。畜牧产业链不够健全，除肉牛、肉禽外其他畜禽品种龙头企业少，规模小，加工能力有限，原料型产品输出多，精深加工产品上市少。三产融合程度不紧密，加工链条短，附加值不高，产业化企业"多而不聚"，产业发展聚合力"散而不强"。绿色发展理念仍待强化，种养主体分离，粪污还田利用水平较低。食用农产品合格证工作各县区不平衡，生产主体、消费者对合格证的认识不到位，部分市场环节索证、查验缺失，市场对农产品质量安全水平的约束机制没有形成。新型农业经营主体辐射带动小农户能力不强，存在和小农户间相互合作层次不高、利益联结不紧密等问题。

（三）农村发展动能不够强劲

农村农业基础设施依然薄弱，部分农田水利、农村道路等基础设施标准不高、管护缺失。一些农田水利设施比较破旧，导致有些地方仍然存在靠天吃饭现象；北部沿海地区水利条件不能满足农业生产的需要，受黄河用水指标等因素制约，加之农田水利基础设施薄弱，农田因浇不上地造成减产的现象仍然存在。农村人居环境整治任重道远，村容村貌脏乱差问题存在反弹现象，农村公共基础设施维护长效管护机制未健全，农村环境面貌仍有较大提升空间，农村公共服务水平仍然不够完善，长效机制发挥作用小。农村青壮劳力流失，从业人员年龄大、文化程度低，普遍对信息化意识不强、观念落后，缺乏互联网思维，限制了农民对信息技术、网络知识的学习理解和运用，农村发展内生动力不足。目前，滨州市仍有40%以上的农户进行分散经营，承包土地规模小，企业管理制度尚不健全，信息化建设水平比较落后，难以进行农业科技创新，造成"互联网＋"现代农业在企业中应用困难。农业龙头企业、农业合作组织虽已成为农业科技创新的新生力量，但目前能进行大量科技创新投资的较少，取得创新成就的还不多。

（四）惠农强农政策的支撑作用未得到充分发挥

农村金融服务缺位，农业经营主体贷款难、融资难、成本高的现象普遍存在。政策性农业保险保障效果未得到充分发挥，没有做到应保尽保。农村基本养老金偏低，农民缴纳的补贴标准不高，加之服务对象的知识水平普遍较低，对社保政策理解不到位，导致农民缴纳热情不高。邹平市有部分农民合作社在发展过程中遇到资金问题，而负责任人因年龄原因无法获得银行贷款，制约了下一步发展；还有部分家庭农场种植的经济作物，因规模相对较小而不能参加农业保险，农户种植积极性受到影响。

五、全面推进乡村振兴、加快农业农村现代化建设的几点建议

从容应对百年变局和世纪疫情，推动经济社会平稳健康发展，必须着眼国家重大战略需要，稳住农业基本盘、做好"三农"工作，接续全面推进乡村振兴，确保农业稳产增产、农民稳步增收、农村稳定安宁。对照《滨州市乡村振兴战略规划（2018—2022 年）》提出的各项目标任务，滨州市要聚焦五大振兴，以推进农业农村高质量发展为主线，着力在难点问题上攻坚、在薄弱环节上补短、在固有优势上创新，推进粮食生产稳面积提产能、产业发展稳基础提效益、乡村建设稳步伐提质量、农民增收稳势头提后劲，按照"走在前、干在先、落在实"的工作要求，担当作为、狠抓落实，为打造乡村振兴齐鲁样板贡献滨州力量。

（一）守底线，坚决扛牢政治责任

根据 2022 年中央一号文件精神要求，滨州市乡村振兴首要的任务是坚决守住三条底线：

1. 坚决守牢粮食安全底线

2021 年秋季滨州市全市范围气候异常，导致秋粮收获延迟，小麦播种严重延迟并质量不高。2022 年春季小麦长势比往年偏弱，新冠疫情干扰了春季田间管理，对小麦后期管理提出了更大的挑战。因此，必须以超常超强的力度，坚决打赢稳粮保丰收这场硬仗，确保全年粮食面积和产量稳定在 880 万亩以上、370 万吨以上，同时足额完成上级下达的大豆种植任务。要严守耕地红线，落实耕地保护目标责任制，足额完成 60 万亩高标准农田

建设任务。大力实施种子工程，强化良种繁育与推广，积极选育一批新品系。加强盐碱地土壤改良和良种培育，推动"盐碱地吨粮田"关键技术试验示范。

2. 坚决守牢防止返贫底线

要严格落实"四个不摘"工作要求，完善防止返贫动态监测和帮扶机制，强化衔接资产和项目管理，坚决防止返贫和新致贫。这项工作任务艰巨，因为疫情影响和难以预料的极端天气影响，农民增收面临困难。对防止返贫工作必须实行动态管理，坚决不让一家一户一人出现返贫问题。

3. 坚决守牢安置区建设底线

持续抓好问题排查整改和安置区建设，在保证质量安全前提下，确保按时建成并达到入住条件。

（二）保质量，持续推动产业高质高效发展

1. 推动产业深度融合发展

在延链强链上持续用力，新认定市级农业龙头企业 30 家，总数达到410 家以上，培育一批年产值超百亿的农业"链主"企业。推动粮食食品、畜牧水产两大产业，粮食食品主营业务收入、畜牧相关产业、渔业总产值分别达到 1840 亿元、1280 亿元、220 亿元。围绕农产品加工业高质量发展先行县建设，支持滨州市滨城区持续完善以粮食种植加工、绿色生猪养殖两大优势特色产业为主导的现代农业产业体系；支持邹平市做优做精玉米精深加工主导产业，做大做强、做优做精休闲观光农旅结合产业。

2. 推动特色产业提档升级

壮大优势特色产业集群，实施好国家级沿黄小麦、肉牛产业集群发展项目。建强现代农业产业园、农业产业强镇等产业发展载体平台，新认定市级以上农业产业强镇 8 个、乡土产业名品村 100 个；再争取 1 家省级现代农业产业园，力争实现县市区全覆盖。出台农业产业高质量发展实施方案，持续推进冬枣、鸭梨、肉牛等特色产业提质增效。加大"食域滨州"

区域品牌宣传，创建省级知名农业品牌 5 个以上，新认定"三品一标"35个以上。

3.推动农业产业绿色高效

测土配方施肥技术覆盖率稳定在 95% 以上，水肥一体化技术发展到 25万亩，统防统治面积达到 800 万亩次以上，秸秆综合利用率达到 94% 以上。推动畜禽粪污资源化利用，畜禽粪污综合利用率保持在 90% 以上。

（三）夯基础，扎实推进乡村建设行动

1.加强农村基础设施建设

大力实施乡村建设行动，抓好农村路、水、电、气、讯、仓储物流等基础设施建设，重点推进通村道路、冷链物流等既方便群众生活又促进生产的基础设施建设，新改建农村公路 360 公里，积极申报国家级和省级冷链物流试点项目。

2.扎实推进人居环境综合整治

开启新一轮农村人居环境整治五年行动，重点抓好生活垃圾和农村污水整治、"厕所革命"、畜禽粪污以及农业生产废弃物处理，不断健全完善长效管护机制。扎实推进美丽乡村建设，打造美丽乡村示范片区 10 个，创建省市级示范村 100 个以上。

3.不断改进乡村治理

积极推广运用积分制、清单制、数字化等治理方式，不断健全农村基层党组织领导下的自治、法治、德治相结合的治理体系，推动社会治理"全科大网格"提质增效。

4.加强农村公共服务

提高农村公共服务的标准和水平，持续推进城乡教育、医疗、文化、养老等基本公共服务均等化。开展乡风文明建设，充分发挥政府推动和引导作用，切实发挥好新时代文明实践中心载体作用。深化农村移风易俗，新建农村公益性绿色公墓 52 个。

（四）激活力，全面深化农业农村改革

1.稳妥推进农村土地改革

发展多种形式的适度规模经营，土地流转率稳定在63%以上。加强农村宅基地管理，加快推进房地一体宅基地确权登记。创新探索经营性农村集体建设用地入市方式，盘活农村建设用地资源。

2.用好集体产权制度改革成果

加快建立农村不动产登记数据库及信息平台，引导包括承包地经营权、宅基地和农民房屋使用权、集体收益分配权在内的各类农村产权入市交易，壮大村集体经济组织，不断增加集体和农民收入。

3.全面打造社会化服务体系

着力提升农业经营主体发展质量，新认定市级家庭农场示范场20个、农民合作社示范社30个、农业社会化服务示范组织20个，社会化服务面积达到900万亩以上。

（五）强支撑，集聚各类要素助推乡村振兴

1.健全工作推进机制

压紧压实各级书记抓乡村振兴责任，发挥好考核指挥棒作用，探索将脱贫攻坚工作中形成的有效做法运用到推进乡村振兴上，建立健全一抓到底的乡村振兴工作体系。

2.建强基层党组织

发挥农村基层党组织战斗堡垒作用，落实好抓党建促乡村振兴工作要求，持续加强农村基层党组织建设，提升村党支部书记履职能力和带领农民群众致富能力。

3.落实资金保障

深入推进涉农资金统筹整合，全面落实落细各项惠农政策，建立健全"三农"财政投入稳定增长机制，土地出让收入用于农业农村比例达到7%。

持续加大金融支农力度，大力推进政策性农业保险，主粮保险覆盖率达到80%以上。

4.强化人才支撑

落实好"定向评价、定向使用"基层职称评审政制度和"直评直聘"政策，让基层留得住人才。大力实施农村实用人才培育工程，培训高素质农民2500人以上。

（编审：樊祥成）

菏泽市乡村振兴研究报告

王忠军　仝永华 ①

乡村振兴是实现农业农村现代化的必然要求。自 2018 年以来，伴随菏泽市乡村振兴各项工作由探索、起步到全面起势，全市农业农村发展焕发出蓬勃生机。为全面了解菏泽乡村振兴战略的实施情况，总结经验，查找问题，为今后持续加快菏泽市乡村振兴步伐出谋划策，菏泽市委党校成立课题组，深入市县有关部门和乡村，在广泛调研的基础上撰写了本研究报告。

一、菏泽市实施乡村振兴取得的成就

菏泽市地处鲁西南平原，辖 7 县 2 区、1 个省级经济技术开发区和 1 个省级高新技术产业开发区，167 个乡镇（街道）、4650 个村民委员会，乡村总人口 808.68 万人。现有耕地面积 1164.23 万亩，永久基本农田 939.8 万亩，其中粮食生产功能区（小麦、玉米）775 万亩，重要农产品生产（棉花）保护区 90 万亩。2020 年全市农林牧渔业总产值 604.86 亿元。2021 年全市农林牧渔及其服务业总产值 686.99 亿元，可比增长 9.0%，其中农业实现产值 420.17 亿元，可比增长 6.0%，第一产业增加值为 390.92 亿元，同比增长 7.7%。2021 年农村居民人均可支配收入 16872 元，增速居山东省第二位。

---

①　作者介绍：王忠军，中共菏泽市委党校副教授，乡村振兴与黄河流域高质量发展研究室副主任；仝永华，中共菏泽市委党校教授，中共菏泽市委党校副校长。

菏泽市农副产品资源丰富，是全省乃至全国重要的商品粮生产基地，是全国著名的"西瓜之乡""西红柿之乡""芦笋之乡""大蒜之乡"和中药材生产基地，鲁西黄牛、小尾寒羊、青山羊被称为三大"国宝"。党的十九大以来，菏泽市紧紧围绕党中央乡村振兴战略部署，积极落实山东省委省政府关于推进乡村振兴各项要求，同时立足自身实际制定发展规划，稳步推进乡村振兴各项工作。近两年，菏泽市乡村振兴全面起势，步伐加快，成绩斐然。

（一）产业振兴取得显著成效

1. 农业综合生产能力稳步提高

一是粮食生产连年稳固增长。全市建成高标准农田 750 万亩，农作物耕种收综合机械化率达 91%。2020 年全市粮食总产 793.95 万吨，较上年增长了 1.6%；尽管 2021 年遇到了近 30 年最严重的小麦条锈病和强降水，夏粮依然实现了面积、单产、总产"三增"，全年粮食总产达 157.5 亿斤，占全省的 1/7。二是林牧渔业平稳发展。2020 年林业产值 13.06 亿元，同比增长 2.0%；2021 年产值 13.59 亿元，可比增长 4.9%。2020 年牧业产值 181.47 亿元，增长 5.3%；2021 年产值 208.22 亿元，可比增长 19.6%。2020 年渔业产值 14.61 亿元，2021 年产值 17.74 亿元，可比增长 5.2%。2021 年肉蛋奶总产量达到 135 万吨，水产品产量达到 8.5 万吨，农林牧渔服务业可比增长 7.0%。

2. 特色产业初成规模

近年来，菏泽市着力培育特色农业品牌。目前，全市共有全国"一村一品"示范村镇 21 个，全国乡村特色产业十亿元镇 4 个、亿元村 1 个，中国美丽休闲乡村 3 个。菏泽市牡丹种植规模与产值持续扩大，芦笋深加工量和大蒜产量全国第一。农业科技园区蓬勃发展。定陶区、郓城县现代农业产业园被认定为首批省级现代农业产业园，曹县、郓城获批参与创建农业农村部沿黄肉牛产业集群项目，天华电商产业园等 17 家主体入选 2021 年全国农村创业园区（基地）目录，鄄城县、成武县产业园基本建成省级现代农业产业园①。目前，菏泽市成功打造 5 个国家级农业产业强镇、26 个省级农业产业强镇。

3.新型经营主体发展迅速

截至 2021 年底，菏泽市拥有农业产业化省级和国家级重点龙头企业达到 64 家，其中农业产业化国家重点龙头企业 6 家。农民合作社注册达到 3.4 万家，其中国家级、省级示范社分别达到 44 家、263 家；家庭农场超过 1 万家，农业社会化服务组织达到 9110 家，其中省级示范服务组织 12 家，9 家合作社入选全国合作社 500 强。规模以上农副产品加工企业达到 1004 家，实现营业收入 1079.5 亿元，同比增长 37.9%。

4.农村电商规模持续扩大

菏泽市农村电商起步早、发展好、规模大，在国内具有较大影响力。近几年，这些优势得到持续扩大，尤其是曹县"大集模式"被积极推广。目前，全市共建成电商产业园区 51 个，淘宝村、淘宝镇分别达到 516 个、84 个，数量继续保持全国地级市第 1 位。全市各县区实现了淘宝村镇全覆盖，菏泽市被认定为"全省电子商务示范城市"并获批创建"全国电子商务示范城市"，曹县继续保持全国县域第二大"超大型淘宝村集群"，农村电商成为菏泽的靓丽名片。

5.农业发展质量稳步提高

目前，菏泽市已建成省级标准化农产品生产基地 60 个、全国绿色食品原料标准化生产基地 55 万亩、全国蔬菜质量标准中心试验示范基地 3 家、国家级与省级标准化养殖示范场 33 家和 160 家。全市共有省级知名农产品企业产品品牌 31 个、区域公用品牌 3 个，283 个村被认定为省级乡土产业名品村，"三品一标"农产品认证数量 1064 个，农产品质量安全监测合格率稳定在 97% 以上，在山东省内名列前茅。创建省级以上特色农产品优势区 2

---

① 《菏泽市 2022 年政府工作报告》，菏泽市人民政府网，2022 年 2 月 23 日，http://www.heze.gov.cn/art/2022/2/23/art_11143_10353914.html。

个，其中，曹县芦笋入选国家级特色农产品优势区，陈集山药入选省级特色农产品优势区。

6.土地经营规模化、集约化稳步推进

农村承包地确权登颁证基本完成，加快了土地流转，带动了规模化经营，为科学化、规模化、现代化农业发展提供了广阔的平台，也加快了乡村振兴步伐。2021年菏泽市农村土地流转面积321.17万亩，同比增加35.76万亩，增长12.5%。土地流转面积占耕地面积的比重为25.9%，比上年提高了2.9个百分点。① 目前，全市土地适度规模化经营率达56%，共计704.1万亩，有6427个村（组）成立了新型农村集体经济组织。

（二）人才振兴有序展开

1.乡村人才队伍日益壮大

近年来，菏泽市通过出台一系列政策措施，在全国大中城市建立251家市县级返乡创业服务站，鼓励支持各类人才返乡创新创业。目前，全市共吸引30万左右在外人才返乡创业，仅2021年就有8.1万人返乡领办创办实体4.03万家，引进过亿元项目77个，总投资额达到223.5亿元；共吸纳158名"三支一扶"大学生投身农业生产第一线。

2.从业人员技能素质不断提升

2021年，菏泽市与省科技特派员创新创业共同体建设活动相结合，从基层选派了50名科技人员组成10个产业服务团，深入农村进行产业帮扶。同时，菏泽市加大对基层农技人员和农民的职业培训，全年共培训87356人。

3.重才、用才良好氛围日益浓厚

2021年菏泽市举办"中国农村青年致富带头人走进菏泽"活动，开展"村

---

① 《2021年菏泽农村土地流转规模不断提高》，菏泽市人民政府网，2022年2月7日，http://www.heze.gov.cn/art/2022/2/7/art_231893_10351744.html?xxgkhide=1。

村都有好青年"选培计划，60 人入选第七届齐鲁乡村之星，30 人入选市级乡村之星，有效发挥了农村先进典型带动农业农村发展、促进农民增收致富的示范带动作用。

（三）乡风文明建设呈现新气象

1. 新时代乡村文明实践中心遍地开花

菏泽市委建立了常委联系帮包县区新时代文明实践中心建设工作机制，推动了文明实践活动规范化、固定化。2021 年共打造新时代乡村文明实践家庭站、广场、基地等 2000 余处。实践中心的志愿者们利用各自所长帮助居民排忧解难，在乡村营造了清新的文明风尚。单县郭村镇"郭村文明实践协奏曲"典型做法入选中央文明办《建设新时代文明实践中心怎么干》系列丛书。

2. 新农村移风易俗深入推进

为摒除农村陈规陋习，菏泽市积极倡导现代文明价值理念，深入推进农村移风易俗，引领新时尚、新方式。2021 年 12 个红白理事会经验做法入选全省"百佳红白理事会典型案例"。深入开展"摒弃婚丧陋习 深化移风易俗"等文明实践专项行动，郓城"婚事新办"、巨野"白事一碗菜"、单县"文明实践银行"等一批典型做法得到中央、省充分肯定。

3. 公共文化产品和服务日益丰富

目前，菏泽市、县、乡、村四级公共文化设施全部实现免费开放。为扎实推动优秀传统文化进乡村、进社区、进校园，突出戏剧、曲艺、书画、民间文艺等传承弘扬，菏泽市每年开展冬春文化惠民季等系列文化惠民活动，形成了菏泽市农村文化艺术节、鲁西南鼓吹乐大赛、菏泽市民间艺术会演等一批品牌文化活动。仅 2020 年举办的 196 场次各类展演、展览、论坛等活动，就吸引 119.2 万人次的群众参加。自开展"一村一年一场戏"惠民演出以来，共演出 7888 场。自 2016 年开展农村公益电影放映工作以来，累计送电影下乡 33 万余场。

（四）乡村人居环境显著改善

1.黄河滩区居民迁建取得重大胜利

黄河滩区居民迁建工作从 2017 年正式开始，共涉及菏泽市牡丹区、东明县和鄄城县 8 个乡镇、182 个自然村、14.6 万人，其中，28 个村庄就地就近建设村台社区，6 个村庄需要外迁，总投资 150 多亿元。在滩区迁建过程中，菏泽市创新工作思路和方法，解决了"十大难题"，于 2021 年 5 月底，历时 5 年完成滩区迁建。滩区迁建共建成 28 个村台、6 个外迁社区，14.6 万滩区群众告别水窝子，圆了"安居梦"，复垦耕地 4472.9 亩。

2.美丽宜居乡村建设稳妥有序推进

通过"三清一改"，全市建成省级美丽乡村示范村 192 个，市级美丽乡村 299 个。经过多方筹集资金 46.8 亿元，推动 163 个安置区全部开工建设，已建成 128 个，建成数全省最多。2021 年底，全市纳入省台账管理的 163 个城镇开发边界外安置区已全部建成，正陆续投入使用。

3.农村人居环境整治工作扎实推进

菏泽市积极推进村庄环境卫生整治常态化、规范化。农村面源污染治理取得显著成效，秸秆综合利用率、废旧农用地膜离田率、畜禽粪污综合利用率分别达 92%、82.8%、89.37%。

4.农村基础设施建设进一步加强

农村"七改"工程已基本完成，2021 年实施危房改造 2736 户，新增污水治理村庄 343 个、提升改造 100 个，新改建农村公路 1803 公里，建制村通公交率 93%。

（五）乡村治理稳步推进

1.基层党组织建设持续加强

菏泽市持续加强软弱涣散村党组织整顿，顺利完成新一轮村（社区）"两委"换届，调整年龄偏大、学历偏低、工作不胜任的党组织书记 673 名，"一肩挑"比例分别达到 93.4%、89.7%，年龄、学历结构实现"一降一升"。深入实施基层党建"红色工程"创建行动，创新开展抓党建促乡村振兴示范片区建设工作，确定市级示范片区 41 个、涵盖 429 个村。

2. 村级集体经济不断壮大

菏泽市印发《关于重点突破发展壮大村级集体经济的意见》等文件，建立党组织领办合作社 3857 个，村集体收入全部超过 5 万元，其中 50 万元以上的村达到 400 个。

3. 乡村治理体制机制得到完善

市县乡村矛盾纠纷调处化解中心建设全面铺开，推行"百姓吹哨、干部报到"5G 视频接访模式。2021 年以来，排查各类矛盾纠纷 7412 件，化解率达到 98%。定陶区马集镇梁堂村、巨野县田桥镇王土墩村等 4 个村被认定为全国乡村治理示范村。

4. 乡村治理体系建设工作不断向纵深推进

郓城县入选全国乡村治理体系建设试点示范县，定陶区入选省级乡村振兴政策集成改革试点县，乡村治理示范村国家级 8 个、省级 3 个。

二、菏泽市实施乡村振兴的经验及做法

（一）巩固脱贫攻坚成果是乡村振兴的重要前提

1. 扛牢扛实政治责任

菏泽市委、市政府研究制定了《关于实现巩固拓展脱贫攻坚成果同乡村振兴有效衔接的实施意见》，层层拧紧责任链条，坚决防止松劲懈怠。持续加大资金投入力度，仅 2021 年各级财政投入衔接资金 21.6 亿元，发放脱贫人口小额信贷 4154.9 万元，为推进巩固拓展脱贫攻坚成果同乡村振兴有效衔接提供了有力资金保障。

2.抓住衔接关键环节

围绕山东省脱贫攻坚评估验收和扶贫开发工作成效考核反馈的问题，由市级领导牵头组成督导组，逐条核查研究、逐项抓好整改落实，并在全市开展了2次针对防止返贫的拉网式排查，做到不漏一人。同时，依托医保、卫健、民政、残联、教育、卫健等部门对脱贫不稳定户、边缘易致贫户、突发严重困难户等进行动态监测，有效防止了返贫现象的发生。

3.提升脱贫保障水平

首先，通过产业项目提升脱贫户的抵御风险能力。市政府与龙头企业、农村经营大户约定经营权、强化监督权，确保5310个产业扶贫项目资产正常运转，使脱贫人口继续享有收益，该做法被新华社以内参形式报道。2020年为扶贫大棚、光伏等扶贫资产投保，获得保险理赔960.6万元，收益全部用于享受脱贫政策的农户。其次，稳定就业提升行动。菏泽市促进弱劳力、半劳力等脱贫享受政策人口就近就地就业，加大对脱贫劳动力职业培训补贴力度，建成扶贫车间3606个，解决39475人的就业问题；开展"春风行动"等就业帮扶活动，提供3.3万个就业岗位。最后，内生动力提升行动。菏泽市通过启动"记录小康工程"，鼓励党员干部群众接续推动巩固拓展脱贫攻坚成果同乡村振兴有效衔接。联合中国扶贫发展中心、华中师范大学等单位，总结菏泽市在脱贫攻坚过程中涌现出来的典型案例和宝贵经验，编辑出版了《攻坚克难——解决区域性整体贫困的菏泽实践》《中国脱贫攻坚——菏泽故事》。

（二）完善体制机制是乡村振兴的有力工作保障

1.健全政策规划体系

菏泽市认真贯彻党中央决策部署和省委、省政府工作要求，制定了符合市情的"1+1+5"政策规划体系，编制印发了《菏泽市乡村振兴战略规划（2018—2022年)》，搭建了实施乡村振兴战略的四梁八柱，并配套编制了5个振兴专项方案，2021年又制定了《关于全面推进乡村振兴加快农业农村现代化的实施意见》。

2.健全组织机构

市县两级均成立了由同级党政主要负责同志任主任的农业农村委员会，将市县扶贫工作机构调整为乡村振兴局。市委书记和市长多次深入农村专门调研脱贫攻坚，考察重点乡镇建设、产业发展、美丽宜居乡村等乡村振兴的重点工作，身先示范承担起了乡村振兴第一责任人的重任。

3.建立绩效考核机制

为确保乡村振兴各项举措落在实处，菏泽市制定了《菏泽市县区、乡镇（办事处）党政领导班子和领导干部推进乡村振兴战略实绩考核实施细则》，把乡村振兴战略实绩考核纳入全市高质量发展综合绩效考核内容，对其中的重点指标进行量化、细化，并严格落实月调度、月通报制度，推动各县区扎实做好乡村振兴重点工作。

（三）重点产业是撬动农业整体发展的支点

牡丹、大蒜、芦笋、山药、中草药等特色农业在菏泽具有较长的种植历史，种植面积大，在周边地区具有一定影响力。近年来，这些特色农产品种植规模稳步扩大，相关的加工服务业陆续涌现，产业链不断拉伸，产业综合收益不断提升。2021年，全市中草药种植面积比上一年增加18432亩，蔬菜及食用菌种植面积增加205623亩。这些特色产业集中成片，形成了一定的规模效应。像成武、单县、巨野等地大蒜种植，跨越几十个乡镇，收获季节吸纳十几万外来打工者，大蒜交易、冷藏、加工形成了一个完整产业链。截至2021年底，菏泽市共有全国"一村一品"示范村镇21个。

（四）农村电子商务是促进农业产业化的有效途径

1.政府的引领与扶持是农村电子商务发展的先决条件

菏泽市委、市政府十分重视农村电子商务对农业产业化发展的促进作用，自2015以来连续出台了40多项相关文件和优惠政策，积极引导和支持农村电商发展。其中，2018 年出台的《菏泽市人民政府关于印发菏泽市电子商务发展三年（2018—2020 年）行动计划的通知》《菏泽市人民政府关于支持农村电商双创示范点示范园特色产业集群发展的意见》《菏泽市人民政府关于鼓励发展年销售额千万级亿级电商类店铺及"互联网＋"新型企业的实施意见》等文件，从顶层设计上作出设计规划，极大提振了农村广大从业者的信心，为菏泽市农村电子商务迅速发展壮大创造了重要条件。除此之外，菏泽市建立了市、县、乡、村四级电商管理服务体系。市级电子商务产业领导小组负责调度全市电子商务发展情况，协调部门层级之间的关系；县区成立县级电子商务服务中心，指导全县（区）电子商务工作；各乡镇明确具体责任人负责辖区电子商务工作；每个行政村也指定一名"两委"成员负责该项工作。

2. 千方百计突破制约农村电子商务发展的人才与资金瓶颈

农村电子商务发展起步阶段最大制约因素就是缺人才、少资金。菏泽市之所以在农村电子商务上发展迅速、成就显著，很大程度可以说是得益于较好解决了人才与资金的制瓶颈问题。2015 年在农村电商发展方兴未艾之时，为满足人才需求，菏泽市政府与清华大学、山东工艺美院等高校签署人才合作协议，委托代为培训农村电商人才。此外，菏泽市还大规模采用"请进来"形式举办不同层级的专门培训。据统计，自 2015 年以来全市共开办培训班3000 余期，参训人次达 40 余万。在疫情防控期间，菏泽市委托中国国际电子商务中心为 500 余家电商企业提供免费线上培训；同时针对疫情期间电商业态的快速迭代升级，我市抢抓直播电商发展机遇，在全国地级市中率先出台《直播电商发展行动方案》，直播、短视频、社区电商等新兴业态在我市多面开花。菏泽市主动迎合时代变化，创新筹资思路，利用"互联网＋金融"模式解决了资金短缺问题。市商务局和中国银行、莱商银行签订战略合作协议，由它们与京东金融对接网商贷或开发电商贷系统，拓展电商企业融资途径。蚂蚁金服（曹县）运营中心为中小企业提供自动授信、无抵押、免担保小额信用贷款，已累计发放贷款 80 亿元，放款量列全省第 1 位。

另外，蚂蚁金服还为演出服饰、木质家具等优势产业提供给免费"0账期"服务。

（五）扶贫车间为乡村振兴增添了活力

1.扶贫车间是推进巩固脱贫攻坚成果同乡村振兴有效衔接的重要形式

2015年在实施精准扶贫的实践中，鄄城首创的扶贫车间在解决村集体"空壳"问题、增加贫困人口收入、促进农村经济发展方面发挥积极作用。菏泽市因势利导、大力推广，截至目前共建成运营扶贫车间3606个，累计安置和带动30.5万名群众就业，实现9.7万名群众稳定脱贫。同时，菏泽市将扶贫车间作为重要的创业培育平台，为乡村发展培育致富能人。目前，全市所有扶贫车间都由能人经营管理，60%以上为返乡创业者，新培育创业致富带头人4244名。

2.扶贫车间是助推乡村振兴的重要支撑点

首先，扶贫车间为农村经济发展增添了活力。扶贫车间利用村庄剩余劳动力，因地制宜发挥本地资源优势，从事劳动密集型产业生产，既方便了农民就近就业，又增加了村集体收入，也刺激了当地经济发展。同时，扶贫车间的发展促进了产业聚集，无形中又带动了农业产业结构调整，加快了产业融合发展。其次，扶贫车间促进了乡村文明。对村民而言，在扶贫车间工作既能增加收入又不耽误处理家庭日常事务，"挣钱顾家两不误"。有了稳定的收入，村民自立自强、靠辛勤劳动创造美好生活的信心和志气增强了；有了相对固定的工作，村庄闲散人员明显减少了；有了家人陪伴，村民的安全感和幸福感增加了。

（六）滩区迁建为乡村振兴创造了有利条件

黄河滩区内洪涝灾害多、生活生产条件恶劣、收入渠道少、基础设施差且建设与维护成本高，是导致滩区内大量居民处于贫困状态的重要原因。滩区迁建后，人们的住宿、生活、工作条件发生了很大变化，为致富奔小康创造了有利条件。

1.滩区迁建为乡村振兴打下了扎实的物质基础

滩区内交通闭塞，与外界交流不便、信息滞后，不少老人终其一生没有走出过滩区、没有进过县城；滩区的群众把主要人财物力放在抵御洪水上，基本徘徊在温饱线上。滩区迁建后的现代化新村建设配套齐全，道路四通八达，群众再也不用把人财物力耗在防洪水上，而是一心一意专注于搞好生产、发展经济、致富奔小康上。

2.滩区迁建为乡村振兴留下了宝贵精神财富

滩区迁建过程就是发扬艰苦奋斗精神的过程。在滩区迁建中，每个工作人员都始终吃住在工地、工作在一线，尽管工作生活条件比较差，但没有人离开岗位。他们白天督促施工一丝不苟，晚上开会研究问题认认真真。5年能够完成如此大的迁建工程，靠的就是这种艰苦奋斗精神与坚强的毅力。接续推进乡村振兴，也继续发扬着这种精神。

3.滩区迁建为乡村振兴积累了重要工作方法

滩区迁建是全新的问题，既要谨慎摸索又要大胆创新，既要有序推进又要对重点难点打破常规集中攻坚。滩区迁建工程中遇到不少难题，如，由于村台沉降导致地基施工困难，鄄城县采用井点降水方法加快台体基础处理，并在此基础上对4个村台实施强夯，仅用23天时间圆满完成了160万平方米的村台强夯任务，为村台社区如期开工建设争取了宝贵时间。为缩短建设工期，提升工程质量，鄄城县实施"百日决战""突击月""迁建冲刺""村台攻坚""问题清零"等专项行动，成功在2020年底前完成了全部迁建任务。

4.滩区迁建为乡村振兴注入了发展活力

滩区迁建不仅要让群众"搬得出"，更重要的是要让他们"稳得住""能发展""可致富"。沿黄几个县区在着手迁建的同时就积极谋划发展特色产业。如，东明县规划建设了黄河滩区生态高效农业观光示范园、现代农业产业园等一批重点项目建设，努力将黄河滩区打造成现代农业发展的聚集区；牡丹区依托黄河资源，把文化旅游确立为产业重点，整体流转土地，公司化打包经营土地，发展高效观光农业。另外，沿黄县区同步支持群众就业创业，通过就业培训、致富车间、劳务输出等方式，增加富余劳动力就业岗位，促进搬迁群众就业，增加群众收入。通过这些举措，明显改变了昔日村民收入渠道单一、收入水平低、长期徘徊于温饱的层面，为滩区群众迁建后奔向富裕生活创造了积极有利条件。

5.滩区迁建为乡村振兴激活了内生动力

黄河滩区迁建在推进各项工作过程中，让滩区群众真切感受到各级党委政府对这个工程的重视与投入，真实感受到各级干部的无私奉献和吃苦耐劳精神，从而激发他们对未来美好生活的向往与追求，激发他们建设家园的热情。迁建过程中，县、乡、村三级干部坚持"三到户"，为群众解忧答疑；组织村民代表到现场监督，回应群众对工程的关切；搬迁做到公平、公正、公开、稳妥。可以说，从制定搬迁政策、征地换地，到设计户型、工程建设、整体搬迁、旧村拆除复耕等每个环节都让滩区群众充分参与其中，争取群众支持，发挥群众主体性，确保群众满意。

三、菏泽市推进乡村振兴存在的主要问题

（一）城乡融合发展体制机制和政策体系有待继续完善

1.城乡生产要素双向流动不充分

目前，菏泽市城乡统一的建设用地市场没有形成、城乡金融资源配置不均衡，人才、土地、资金等因素更倾向由乡村流向城市，导致乡村发展因城市的不断"虹吸"愈加困难。这是乡村发展动力不足的一个重要原因。

2.城乡公共资源配置不均衡

农村公共资源配置薄弱，阻碍乡村发展。例如，在公共交通上，虽然有了"村村通"公路，但一些公路建设质量差，长期破损得不到及时修复；"村村通公交车"班次间隔时间长且运行不规范等，使村民无法享受市民公交出

行的便利。再如，城乡医疗水平差距很大，患有重大疾病的农村居民主要选择到菏泽市区、省城济南甚至北京、上海等城市的大医院就医。在基础教育、社会保障、文化娱乐等方面，菏泽市域内城乡差距依然明显存在，制约着乡村振兴战略的顺利实施。

3.农业高质量发展仍在路上

绿色兴农、质量兴农是农村传统种植向高质量农业发展的必由之路。尽管绿色生态发展的理念已经得到广泛宣传，农业规模经营主体以及纳入到农业产业化链条的农业经营主体已经在很大程度上走上绿色发展轨道，但是未纳入到农业产业化经营体系内的小农户依然采用传统种植。许多农民一面抱怨因质量不高卖不上好价钱，一面一如既往地靠大量使用农药、化肥获得高产量。在全市范围内彻底改变农业发展方式粗放、农产品供给适应性不强的状况，任务依然十分艰巨。

（二）农业产业化整体水平不高

1.农业结构层次低，效益不高

菏泽市传统种植业仍占农业总产值的六成，现代农业增加值占农林牧渔业增加值的比重仅为一成左右。2021年全省评出15个农产品加工示范县、13个农产品加工示范园区，菏泽市未占1席。受育种、耕作、管理等方面的影响，菏泽市农业还存在产品质量不高、经济效益低的问题，再加上不少人重产量而轻质量，使得大部分农产品仍然处于低端层面，即便丰产也难有经济上的高回报。

2.产业结构简单重复，产业链短且整体处于低端

在农业产业化发展起步阶段，不少地方把设施农业和观光农业作为实现产业突破的两种主要形式，最常见的就是建设温室大棚和采摘垂钓园。由于这些业态初始时新颖、新鲜吸引了不少人，其他地方就争相效仿，时至今日温室大棚和采摘垂钓园已随处可见，结构重复、同质化现象严重。菏泽市农业产业化的另一个突出特点就是短、低端。尽管菏泽农产品种类多、产量

大，但加工业基本上都是初加工，比如山药、西瓜、中草药等多是对产品进行包装，缺少深加工。这样的农业产业化还是以卖原字号为主要，几乎不产生附加值。

3.品牌辐射带动能力弱，农民收益不稳定

尽管这些年菏泽市在打造"三品一标"农产品上取得很大成绩，获得"三品一标"认证的农产品数量在山东省内也名列前茅，但品牌的影响力不强，特别是知名特色产品品牌少，大多数农产品在当地销售。农产品外销少，常常导致产品积压、价格内卷；农民凭直觉减少种植、养殖时，又会造成农产品缺乏，价格上涨。如此循环，农民生产没有稳定计划，经济收益也像坐过山车一样。

（三）生态环境治理依然任重道远

1.生活污染、生产污染问题依旧突出

农村人居环境脏乱差现象尚未得到根治：不少村庄街道随处可见牲畜粪便、生活垃圾，村巷时常被生活污水阻断，一些村头场院常年堆着腐烂的秸秆、树枝，田野随风飘着废弃的地膜，沟渠暗黑的水面浮着各种垃圾。

2.基础设施建设不到位

很多村庄存在垃圾箱少、分布不均；垃圾处理站离村庄远，得不到及时清运导致垃圾外溢堆积。而生活污水横流主要是因为很多村庄以前没有铺设下水道规划，当前也没钱补修。池塘沟渠的污染也是缺乏排污设施造成的。

（四）人口老龄化与村庄"空心化"突出

《菏泽统计年鉴2021》显示：2021年，全市乡村总人口数比2020年减少75259人，劳动力资源数减少33210人，乡村从业人数也减少了57275人，其中从事农业的人员减少21771人。排除生老病死造成的人口变动，可以很明显地看到农村人口迁出或城镇化转移在显著增加，而这些流出的人口显然具备较高的人力资本，留在村庄的以年老多病、劳动能力偏低的农民居多。这背后隐含着一个事实是：农村年轻人口依然在快速流出，老龄化问题愈加严重。

　　与人口老龄化密切关联的是村庄的"空心化"。统计数据显示，2021年菏泽市人口净流出 29298 人。在农村有一个很突出的现象："80 后""90 后""00 后"外出就业、务工，他们的父母"60 后""70 后"不再留守老家而是随着子女一起外出生活。举家迁移的人一年难得回来几次，有些甚至基本没回来过。

（五）农村基层党组织堡垒作用不充分

　　虽然农村"两委"最新换届使得村级党组织整体得到加强，但仍有一些村级党组织软弱涣散。这些村党组织只满足于完成乡镇安排的硬性任务，对村庄发展既无思路也无办法；有的连基本的党员活动也开展不起来，更谈不上增强基层党组织的吸引力与战斗力。还有的村干部作风不实，习惯搞形式主义，对实施乡村振兴战略不积极、不认真，甚至借一些支农、惠农政策谋取个人或小团体利益。这些问题，不仅仅影响地方经济社会发展，还直接影响了农村党群干群关系和执政基础的巩固。

（六）文化短板制约乡风文明的振兴

1. 经费投入不足

　　不少人认为乡村文化建设是"软指标"而非"硬任务"，再加上很多县乡财政基本上属于"吃饭财政"，在保工资都显得吃力的情况下根本没有充裕的资金用于文化建设。

2. 文化基础设施薄弱

　　一些村庄除了安装有一些健身器材之外，缺少必要的文化活动场所和音响、器乐、表演服饰等器材。有些农家书屋书籍数量少、品种少，不能满足村民需求。

3. 文化活动单调

　　有的地方满足于通过开展农村公益电影放映活动、"一村一年一场戏"

免费送戏工程，把戏剧、电影等文化产品"一送了之"，忽视农村实际和农村居民对文化活动的需求。同时，民间文化活动开展不充分，特别是带有地方特色的文化活动更加少见。

4.文化建设缺乏人才

一方面，村庄严重的"空心化"让乡村缺少文化活动的创造者和参与者；另一方面，村庄外部的文化人才资源也很少有机会介入农村文化活动。

此外，菏泽市巩固拓展脱贫攻坚成果依然任务艰巨。全市仍有36.6万群众脱贫享受政策，占全省的26%。脱贫攻坚和乡村振兴衔接项目推进不快，有的县区仍有项目未动工。

四、菏泽市进一步实施乡村全面振兴战略的对策与建议

（一）创新城乡融合发展体制机制

1.创新城乡要素融合机制

城乡融合发展的核心是生产要素的融合，包括资金、人才、技术、信息等在城市与农村之间自由的流动。这些要素的流动应当符合市场经济的一般属性要求，而不能寄托于外力强制干预。为实现人才融合，就要创新城乡人才流动机制，从待遇、福利、工作生活环境等方面凸显乡村对人才的吸引力，使进入乡村的人才留得住、干得好。为实现资本流通的融合，一方面要采取措施刺激农村资本回流；另一方面要积极引导社会资本投向农村，还要支持城乡金融组织体系创新、业务创新，提高乡村振兴的金融服务水平。为实现就业选择的融合，既要鼓励农民到城市自主创业，也要疏通市民进入农村创业发展的渠道。为实现产业发展的融合，要继续推进农业供给侧改革、优化城乡生产力布局、促进城乡一二三产业融合发展，催生更多的新产业、新业态，激发乡村振兴潜力。

2.创新城乡公共服务融合体系

首先，要建立城乡统一的公共医疗卫生体系，合理配置城乡医疗卫生资源，最大限度解决看病难、看病贵问题。为此，要加强中心城镇或乡镇卫生院建设，从医疗水平、设施、器材等方面提升卫生院水平，使其真正承担起保一方百姓卫生健康的基本职能。其次，要建立城乡统一的社会保障体系。包括城乡一体的基本医疗保险制度和大病保险制度、基本养老保险制度、社会救助体系、最低生活保障制度等等。再次，要建立城乡统一的教育体制，统筹配置城乡师资，实现城乡教育资源均等化。为此，要继续加大引导城市的优势教育资源下乡进村的力度，从职称、工资福利及工作生活条件改善上为优秀中小学教师与管理者创造积极投身农村教育的有利条件。最后，要建立城乡统一的就业管理体制，营造城乡平等的就业政策环境，为城乡居民提供平等的创业支持以及职业技能培训，实现城乡公平就业。

（二）全面提高农业产业发展水平

1.稳固提高粮食产能

首先，必须守牢耕地保护红线，坚决不允许利用各种名目侵占耕地良田，不允许抛荒、撂荒，要尽可能增加耕种面积，为粮食生产安全提供基础保障。其次，要通过建设高标准农田、良种选育、科学管理不断增加粮食的产量、提高质量，为维护国家粮食安全贡献菏泽力量。

2.打造农产品优质品牌

要把质量兴农、品牌强农和提高农业绿色化、优质化、品牌化水平作为农业发展的方向。首先，要围绕牡丹、芦笋、大蒜、中药材、果蔬等优势特色产业，突出抓好品种培优、品质提升、品牌打造、标准化生产，引领带动乡村产业壮大规模、提档升级。积极培育乡村旅游、健康养老、电子商务等新产业、新业态，拓展乡村产业发展空间。其次，要加快标准化生产示范基地创建，推进农产品标准化生产，推广农作物病虫害专业化统防统治，规范高毒禁限用农药经营和使用。再次，要鼓励支持农民专业合作社或企业开展农产品质量认证，不断提高"三品一标"农产品市场占有率。最后，要建立健全产地准出和农产品全程可追溯制度，持续强化农业监管执法，保障农业生产和农产品质量安全。

3. 加快发展农产品加工业

一手抓"顶天立地"，重点培育年产值过 10 亿元的支柱型龙头企业，加快形成一批农产品加工优势产业集群，确保规模以上农副产品加工企业稳定在 1000 家以上；一手抓"铺天盖地"，对有基础、有潜力的中小企业进行重点扶持，提高农产品加工转化率。

4. 壮大农业产业园

在地域布局上，要按照"一县一园、一镇一业、一村一品"思路，促进县乡村联动发展，县级围绕优势产业创建省级现代农业产业园，乡村围绕优势产业做好产业链的衔接服务。在发展规划上，2022 年要建成单县、巨野两个省级现代农业产业园，同时启动东明县省级现代农业产业园的创建，力争新获批 2 个省级现代农业产业园；乡镇围绕区域特色种养业、特色加工业、特色文旅业，创建省级农业产业强镇，2022 年新增农业产业强镇 6 个以上；村级围绕传统手工业、传统食品业、传统小商品加工业等，创建省级乡土产业名品村，2022 年新增乡土产业名品村 60 个以上。

5. 构建现代农业经营体系

大力培育农产品龙头企业、农民合作社、家庭农场等新型农业经营主体，着力推动农业社会化服务，鼓励发展多种形式适度规模经营。加快农业全产业链培育发展，推进延链、补链、壮链、优链，贯通产加销、融合农文旅，拓展产业增值增效空间。深化农村集体产权制度改革，激发农村资源资产等要素活力，多种路径发展壮大新型集体经济。

（三）以美丽村居建设引领生态振兴

1. 巩固人居环境综合整治成果

首先，继续完善专职保洁员制度。要通过加强管理与监督强化专职保洁员的工作责任意识，要通过绩效考核调动他们的工作积极性。其次，要善于把人居环境综合整治的好做法纳入村庄规章制度、村规民约。最后，要加强对村民的宣传教育，营造人人自觉维护卫生环境、爱护家园的良好氛围。

2.完善公共基础设施

首先，加紧完善直接影响健康生态环境的日常生活生产设施，包括铺设排污管道集中收集处理污水粪便，实行雨水污水分流，提倡垃圾分类，尤其是严格处理好有害垃圾。其次，继续完善影响村民便捷生活生产的基础设施，重点是修复损毁的村街巷道、健身设施、路灯、沟渠、桥梁、机井等。最后，进一步完善影响村民幸福感的现代化基础设施，特别是提升改造宽带网络使村民享有城镇居民一样的快捷信息渠道，提升改造村村通公路使村民出行更方便。

3.美化村庄

首先，把村居布局及道路纳入规范化整治。对新建房屋严格依照规划建设，对村街胡同尽量取直美化。其次，继续提高村庄绿化率。不仅要绿化好村头路边、塘沿渠旁，还要绿化好村街与公共活动区域。最后，提高绿化美化效果。要把种植树木从经济型转向多样化，多栽种花类灌木、果树等美化村容村貌的植物。

（四）多措并举推动人才振兴

1.促进城乡人才流动

通过发展文化创意产业、休闲观光产业等新产业新模式，吸引爱农村、懂农村的社会人才投身乡村发展，参与乡村建设，形成"城带镇""镇带村"双向带动模式，实现以产业发展带动人才振兴的目的。

2.培育懂技术、善经营、会管理的"新农人"

对于生产经营型的农民，要通过培训提高他们的市场分析、投融资决策、品牌建设、市场运营、组织管理、风险防控等方面的能力；对于专业技能型的农民，要通过培训使他们具备科学化、规模化、精细化的种植、养殖或农产品加工能力；对于从事生活性服务的农民，要通过培训使他们具备服务礼仪、环境优化、电商平台运用等从业知识和技能。

3. 吸引人才返乡回流

首先，鼓励人才回流创业。地方政府和村级党组织要创造有利的生产生活环境和条件，主动为返乡人才提供缴纳失业保险、进行就业技能培训、提供小额贷款等必要服务。其次，拓宽人才回流渠道。鼓励各地通过现代信息技术，采取设立网站、微信公众号等方式，让在外地工作、学习的本地人了解家乡情况及发展的需求与动向；建立在外本地人才信息档案，通过微信及时交换信息、共享资源；开设本地人才服务专线，为企业和用人单位提供专业的政策咨询、人才推荐；与人力资源和社会保障部门、高校建立合作交流机制，定期发布用人需求、项目信息。

（五）强化农村基层党组织建设

1. 培育、用好"头雁"

首先，实行多元化培训。要着眼于村党组织书记综合素质与全面能力提升进行多渠道、多形式的培训。既要有理论素养的学习教育，也要有致富带富能力的实操训练；既要有教室课堂的集中学习，也要有先进示范点的观摩学习，还要鼓励其充分利用现代信息网络通过自学，丰富知识、增长见识。其次，加强跟踪管理。要尊重人才成长规律帮助村党组织书记成长，既要放手使用又要密切跟踪，在重要事情、关键环节考验、锻炼他们，不能换届之后对他们放任自流。再次，扎实做好传帮带。选一些工作扎实、经验丰富的村党组织书记与经验和能力较弱村干部结对，向他们传授经验。乡镇包村干部也要肩负帮助村干部提高工作能力与水平的职责，乡镇要把这项工作纳入对包村干部的考评中。最后，抓好考评。要在完善绩效考核制度的同时，积极探索科学的考评机制，确保好制度有好效果。要在科学考评的基础上加大奖惩力度，对表现突出、争得荣誉的个人必须在物质上有所体现，对于违反纪律，消极怠工的也必须有所惩罚。

2. 打造有较强战斗力的"两委"班子

首先，把道德标准放在选用班子成员的首要地位。这里的道德既包含政治道德，即坚定拥护党的号召、清正廉洁，又包含伦理道德，即热心公共事务、乐于无私奉献。其次，要注重班子成员的年轻化、专业化。在同等情况下尽可能使用年轻和具有一定特长的人进班子。再次，要加强对班子成员的培训。县乡要把对村级"两委"班子成员的培训纳入日常工作，定期进行不同主题的培训。最后，要加强对班子成员的管理监督。要把上级监督与村民监督密切结合起来，不仅要有完善的制度更要有有效的机制。

3. 锻造本领过硬的乡村振兴干部队伍

首先，要根据五大振兴需要从市县选派优秀干部进村工作，方式、形式可以灵活多样，但人选一定要具备两个重要条件：一是愿意致力于乡村振兴，二是具有农村急需的特长知识，如种植、养殖、专业服务等。其次，要整合乡村振兴的干部队伍力量。要通过制度机制把省市县驻村干部与乡村干部有机融合起来，互补长短、形成合力。

（六）文化建设先行，促进乡风文明

1. 加强公共文化服务建设

首先，提供符合农民意愿的公共文化服务产品。要改变农村公共文化产品自上而下的行政化配置模式，真正把农民当成文化建设的平等主体，根据他们的需求提供对应的服务产品。例如，针对农村留守儿童多的问题，农村书屋配置书籍要多提供高质量的适合少年儿童的卡通漫画类书籍；针对农村留守老人多、文化层次低的特点，要多搞些戏曲表演之类活动。其次，完善公共文化服务平台。农村公共文化服务并不仅仅是文化书屋、健身广场这些形式，还应随着农民生产生活变化推出多种多样的服务平台。例如，当前青壮劳动力大都外出打工，留守农村的都是老人、儿童和妇女。由于亲情分离，留守儿童、老人、妇女心理健康问题十分突出，公共文化要搭建有助于解决他们心理健康的服务平台。再如，农民迫切需要拥有致富能力、了解市场经济信息和用工信息，公共文化服务也应搭建这样的服务平台。另外，农村婚丧嫁娶和其他喜庆活动都需要场所，如果村组织提供这样的场所既可以增加集体收入，还有助于移风易俗。目前很多地方建设的文化礼堂、文化大院就是成功的例子。

2. 传承农村优秀传统文化

对自身的历史文化资源善加利用，有助于牢固乡风文明的根基。菏泽村庄大多具有比较长的历史，积累了大量的文化资源。比如，春节期间，村民相互登门拜年，这一比较隆重的形式加深了村民之间的感情，也融洽了邻里关系。还有一些传统技艺具有比较悠久的历史像柳编、草编等在一些村庄已经传承了几代人。这些都是历史文化积淀，不应当被丢弃。因此，要丰富乡风文明建设的内容与形式，重视对乡村文化教育及历史文化收录编辑工作，切实把乡村优秀的人文地貌特色保护好、开发好、利用好，为深入发掘乡村文化与繁衍乡村特色产品、特色品牌提供有力支撑。要运用现代科技手段，凸显地域特色，打造具有乡村特色风貌、体现地域人文特质的乡村文化产业和特色文化品牌。

3. 加强农村思想道德建设

乡风文明指的是民风民俗要符合文明的要求，而民风民俗只有以文化之才能摒除杂质，留存文明的精髓，这个过程需要借助思想道德建设。为此，要大力推进社会公德、职业道德、家庭美德、个人品德建设，开展时代楷模、道德模范、最美人物、身边好人等学习实践活动，运用爱国主义教育基地开展鲜活的道德教育，更好地成风化俗、涵育美德。

主持人：仝永华

执笔人：王忠军

课题组成员：刘华伟　郭存德　李行

（编审：樊祥成）

责任编辑：洪　琼

图书在版编目（CIP）数据

山东乡村振兴蓝皮书.2021—2022 / 中共山东省委党校（山东行政学院），
　　中国社会科学院哲学研究所，山东乡村振兴研究院 编；朱光明，冯颜利
　　主编 . — 北京：人民出版社，2023.11
　ISBN 978 - 7 - 01 - 025769 - 3

I.①山…　II.①中…②中…③山…④朱…⑤冯…　III.①农村 - 社会主义建设 -
　研究报告 - 山东 -2021—2022　IV.① F327.52

中国国家版本馆 CIP 数据核字（2023）第 111303 号

山东乡村振兴蓝皮书（2021—2022）
SHANDONG XIANGCUN ZHENXING LANPISHU (2021—2022)

中共山东省委党校（山东行政学院）
中国社会科学院哲学研究所　　编
山东乡村振兴研究院

朱光明　冯颜利　主编
徐加明　刘岳　副主编

人民出版社 出版发行
（100706　北京市东城区隆福寺街 99 号）

北京汇林印务有限公司印刷　新华书店经销

2023 年 11 月第 1 版　2023 年 11 月北京第 1 次印刷
开本：710 毫米 ×1000 毫米 1/16　印张：26.25
字数：420 千字

ISBN 978 - 7 - 01 - 025769 - 3　定价：128.00 元

邮购地址 100706　北京市东城区隆福寺街 99 号
人民东方图书销售中心　电话（010）65250042　65289539